铁路营业线施工安全相关知识

中国铁路济南局集团有限公司　编

中国铁道出版社有限公司

2026年·北　京

内 容 简 介

本书共分十一章，包括：基本法规、规章制度与基础知识，施工安全管理，劳动安全与专项作业安全管理，施工料具、设施设备安全管理与防护，施工计划与登销记管理，施工安全防护，路基轨道桥涵工程施工，电力牵引供电工程施工，通信信号工程施工，应急管理知识，安全管理行为学知识等。为更好地帮助参加培训人员学习、理解相关知识，本书附录了劳动安全复习题，施工安全相关知识复习题(管理、作业人员)，部分施工防护实景化参考示意图等。

本书可作为铁路营业线施工(维修)技术、管理人员的培训教材，也可供铁路建设管理人员从事铁路营业线施工及安全管理参考。

图书在版编目(CIP)数据

铁路营业线施工安全相关知识/中国铁路济南局集团有限公司编．—北京：中国铁道出版社有限公司，2022.5(2026.3 重印)
ISBN 978-7-113-29036-8

Ⅰ.①铁… Ⅱ.①中… Ⅲ.①铁路施工-安全培训-教材
Ⅳ.①U215.8

中国版本图书馆 CIP 数据核字(2022)第 058760 号

书　　名：铁路营业线施工安全相关知识
作　　者：中国铁路济南局集团有限公司

策　　划：朱敏洁
责任编辑：朱敏洁　　　　**编辑部电话：**(010)51873134　　**电子邮箱：**zhuminjie1105@163.com
封面设计：尚明龙
责任校对：孙　玫
责任印制：赵星辰

出版发行：中国铁道出版社有限公司(100054，北京市西城区右安门西街 8 号)
网　　址：https://www.tdpress.com
印　　刷：天津嘉恒印务有限公司
版　　次：2022 年 5 月第 1 版　2026 年 3 月第 6 次印刷
开　　本：787 mm×1 092 mm　1/16　**印张：**19　**字数：**443 千
书　　号：ISBN 978-7-113-29036-8
定　　价：55.00 元

编审委员会

主　　编：单红日　　　　　　主　　审：张　铭

副 主 编：郑海鹏　　　　　　副 主 审：谭　勇

编审人员：（以姓氏笔画为序）

王凤民　王瑞金　兰仁京　刘桂全　刘高波

孙忠尧　肖保明　张　楠　张凤军　杨志伟

陈　勇　陈晓勇　陈树森　宣兆亿　韩清亮

蒋　渤

【前 言】>>>>

安全是铁路运输生产永恒的主题。营业线施工安全是铁路运输安全工作的重要组成部分，铁路营业线施工必须把确保安全放在首位，既要保证施工队伍的劳动安全，也要保证营业线行车安全，切实贯彻好各项安全生产规章制度，抓细、抓实、抓牢安全生产工作，防止各类事故的发生。

当前，铁路建设快速发展，营业线施工任务繁重。随着铁路营业里程不断增加，列车开行数量、运行速度不断增大，营业线施工环境越来越复杂，管理要求越来越严格，对于各级管理人员尤其是施工现场作业人员的职责落实、作业标准、岗位技能提出了更高的要求。

近年来，随着《中华人民共和国安全生产法》修改和《铁路技术管理规程（高速铁路部分）》《铁路技术管理规程（普速铁路部分）》《铁路工程基本作业施工安全技术规程》等规范、标准陆续修订公布，以及国家铁路局、国铁集团、各铁路局集团公司对铁路营业线施工安全管理办法细则的印发和修订，营业线施工相关法律、法规依据及规章制度要求进一步完善，安全管理更加有据可依。

按照营业线施工安全管理规定要求：施工（维修）负责人和施工项目经理、副经理，安全、技术、质量等主要负责人，施工单位的安全员、防护员、联络员、带班人员和工班长应经过铁路局集团公司有关部门或指定单位营业线施工安全培训，未经培训或培训不合格的人员不得担任上述工作。为了让参加培训人员更好地理解和掌握培训知识，更好地应用于现场管理，编者根据培训需求组织编写了本培训教材。希望通过培训学习，使参加培训人员掌握国家、国铁集团、铁路局集团公司等有关营业线、邻近营业线施工及安全管理规定，熟悉相关基础知识，提高业务素质和综合技能，胜任营业线施工安全管理要求，切实保证施工安全和铁路运输安全。

本书由王新春、张利春总策划，黄海策划，济南局集团公司成立编审委员会进行编写审定。在编审过程中，得到了济南局集团公司相关部门、单位的大力支持。参与本书编审相关工作的还有刘景涛、周瑞泉、刘传富、党毅涛、高磊、鲁玉刚、董玉森、赵潇然、姜盼、刘保国、黄仁崇等同志。集团公司周国锋、徐复兴、鞠鹏、许春光、李国振、袁敦磊、刘胜、崔振广、刘毅、李明伟、牛兆彦、孟祥波等同志对本书的编审工作提供了指导和帮助，在此表示衷心的感谢。

本书涉及有关规章制度截至时间为2022年4月底。

书中不妥之处，敬请广大读者和专家批评指正。

编　　者

2022年4月

#【目 录】>>>>

第一章 基本法规、规章文件与基础知识

第一节 基本法规

铁路营业线施工安全的基本法规政策体系包括国家法律、法规、部门规章与规范性文件四个层次。

本节介绍的基本法规是指国家法律与行政法规、地方法规。铁路营业线施工涉及的国家法律主要包括《中华人民共和国安全生产法》(以下简称《安全生产法》)、《中华人民共和国铁路法》(以下简称《铁路法》)、《中华人民共和国建筑法》(以下简称《建筑法》)、《中华人民共和国防洪法》(以下简称《防洪法》)等,涉及的行政法规主要包括《建设工程安全生产管理条例》《安全生产许可证条例》《铁路运输安全保护条例》《铁路交通事故应急救援和调查处理条例》《生产安全事故报告和调查处理条例》《民用爆炸物品管理条例》《关于特大安全事故行政责任追究的规定》《特种设备安全监察条例》《防汛条例》《建设工程质量管理条例》等,涉及的地方法规主要有《山东省铁路安全管理条例》。下面仅就《安全生产法》《建设工程安全生产管理条例》《铁路安全管理条例》《山东省铁路安全管理条例》等主要法律法规做简单介绍。

一、《安全生产法》

《安全生产法》是我国有关安全生产的基础法律,是规范我国安全生产工作的一部大法,是我国安全生产法律制度的核心,是一部“生命法”“稳定法”。《安全生产法》于 2002 年 6 月 29 日由第九届全国人大常委会第二十八次会议审议通过,自 2002 年 11 月 1 日起施行。《全国人民代表大会常务委员会关于修改〈中华人民共和国安全生产法〉的决定》由中华人民共和国第十二届全国人民代表大会常务委员会第十次会议于 2014 年 8 月 31 日通过,自 2014 年 12 月 1 日起施行。2021 年 6 月 10 日第十三届全国人民代表大会常务委员会第二十九次会议通过全国人民代表大会常务委员会关于修改《中华人民共和国安全生产法》的决定,自 2021 年 9 月 1 日起施行。

《安全生产法》确立了安全生产监督管理、生产经营单位安全保障、生产经营单位负责人安全生产责任、从业人员的安全生产权利义务、安全中介服务、安全生产责任追究、事故应急和处理等七项基本法律制度,全面系统地规定了全国安全生产工作中各方面的关系及其职责。2021 年 6 月 10 日修改后的《安全生产法》分为 7 章,共 119 条。

新《安全生产法》主要明确了 10 大重点内容,一是以人为本,坚持安全发展;二是建立完善安全生产方针和工作机制;三是落实“三个必须”,确立安全生产监管执法部门地位;四是强化乡镇人民政府以及街道办事处、开发区管理机构安全生产职责;五是明确生产经营单

位安全生产管理机构、人员的设置、配备标准和工作职责;六是明确了劳务派遣单位和用工单位的职责和劳动者的权利义务;七是建立事故隐患排查治理制度;八是推进安全生产标准化建设;九是推行注册安全工程师制度;十是推进安全生产责任保险。

(一)立法的目的、调整范围、各方责任、工作方针和法律作用

1.立法的目的

《安全生产法》立法的目的是加强安全生产工作,防止和减少生产安全事故,保障人民群众生命和财产安全,促进经济社会持续健康发展。

2.调整范围

《安全生产法》调整范围为在中华人民共和国领域内从事生产经营活动的单位(以下统称生产经营单位)的安全生产,适用本法;有关法律、行政法规对消防安全和道路交通安全、铁路交通安全、水上交通安全、民用航空安全以及核与辐射安全、特种设备安全另有规定的,适用其规定。

《安全生产法》是对所有生产经营单位的安全生产普遍适用的基本法律,因此说,建筑业企业从事建设活动时,同样必须依照《安全生产法》的规定进行生产经营,违法必究。

3.各方责任

《安全生产法》规定了生产经营单位及其主要负责人、从业人员、工会组织在安全生产方面的责任。

(1)生产经营单位必须遵守本法和其他有关安全生产的法律、法规,加强安全生产管理,建立健全全员安全生产责任制和安全生产规章制度,加大对安全生产资金、物资、技术、人员的投入保障力度,改善安全生产条件,加强安全生产标准化、信息化建设,构建安全风险分级管控和隐患排查治理双重预防机制,健全风险防范化解机制,提高安全生产水平,确保安全生产。

(2)生产经营单位的主要负责人是本单位安全生产第一责任人,对本单位的安全生产工作全面负责。其他负责人对职责范围内的安全生产工作负责。

(3)生产经营单位的从业人员有依法获得安全生产保障的权利,并应当依法履行安全生产方面的义务。

(4)工会依法对安全生产工作进行监督。生产经营单位的工会依法组织职工参加本单位安全生产工作的民主管理和民主监督,维护职工在安全生产方面的合法权益。生产经营单位制定或者修改有关安全生产的规章制度,应当听取工会的意见。

4.安全工作方针和机制

《安全生产法》规定,安全生产工作坚持中国共产党的领导。安全生产工作应当以人为本,坚持人民至上、生命至上,把保护人民生命安全摆在首位,树立安全发展理念,坚持安全第一、预防为主、综合治理的方针,从源头上防范化解重大安全风险。安全生产工作实行管行业必须管安全、管业务必须管安全、管生产必须管安全,强化和落实生产经营单位的主体责任与政府监管责任,建立生产经营单位负责、职工参与、政府监管、行业自律和社会监督的机制。

从建设领域看,安全生产涉及从开工到竣工验收全过程、全方位和各生产要素,必须坚持安全生产工作的基本原则,实施全员、全方位、全过程安全生产管理与控制。

5. 法律作用

《安全生产法》是对人们生产实践过程中安全生产管理经验的总结，是对自然规律认识与运用的提炼，是为保障人们在生产过程中安全和健康，提高企业经济效益、社会效益，促进社会稳定、持续发展建立起的基本保障。《安全生产法》是国家法律、法规体系的重要组成部分，是对人们在劳动过程中行为的规范与约束，具有普遍的约束力和强制性。进行生产经营的单位与主要负责人、从业人员、工会组织以及安全生产监管人员只有认真执行《安全生产法》的各项规定，才能维护正常的生产秩序，防止生产事故的发生。《安全生产法》自颁布实施以来，使我国安全生产管理有法可依，公民学习法律、运用法律，安全生产法律意识逐步提高，对于忽视生命、违法生产单位和人员起到了震慑作用，对恶性事故起到了有效扼制作用。总之，《安全生产法》的作用可归纳为：

(1)《安全生产法》是贯彻党中央、国务院安全生产方针、政策的有效保障。

(2)《安全生产法》是经营企业安全生产与管理、政府部门监督与管理的重要依据。

(3)《安全生产法》是保护劳动者安全和健康的重要手段。

(4)《安全生产法》是实现安全生产，减少事故发生的技术保证。

(二)生产经营单位的安全生产保障

1. 安全生产保障法律规定

生产经营单位必须具备法定的安全生产条件，否则不得从事生产经营活动。《安全生产法》第二十条规定“生产经营单位应当具备本法和有关法律、行政法规和国家标准或者行业标准规定的安全生产条件；不具备安全生产条件的，不得从事生产经营活动”。

2. 生产经营单位及其主要负责人在安全生产方面的主要责任

(1)建立健全并落实本单位全员安全生产责任制，加强安全生产标准化建设；

(2)组织制定并实施本单位安全生产规章制度和操作规程；

(3)组织制定并实施本单位安全生产教育和培训计划；

(4)保证本单位安全生产投入的有效实施；

(5)组织建立并落实安全风险分级管控和隐患排查治理双重预防工作机制，督促、检查本单位的安全生产工作，及时消除生产安全事故隐患；

(6)组织制定并实施本单位的生产安全事故应急救援预案；

(7)及时、如实报告生产安全事故。

生产经营单位的安全生产管理机构以及安全生产管理人员应当恪尽职守，依法履行职责。生产经营单位作出涉及安全生产的经营决策，应当听取安全生产管理机构以及安全生产管理人员的意见。生产经营单位不得因安全生产管理人员依法履行职责而降低其工资、福利等待遇或者解除与其订立的劳动合同。危险物品的生产、储存单位以及矿山、金属冶炼单位的安全生产管理人员的任免，应当告知主管的负有安全生产监督管理职责的部门。生产经营单位可以设置专职安全生产分管负责人，协助本单位主要负责人履行安全生产管理职责。

3. 生产经营单位的安全生产管理机构以及安全生产管理人员主要职责

(1)矿山、金属冶炼、建筑施工、道路运输单位和危险物品的生产、经营、储存、装卸单位，应当设置安全生产管理机构或者配备专职安全生产管理人员。其他生产经营单位，从业人员超过一百人的，应当设置安全生产管理机构或者配备专职安全生产管理人员；从业人员在一百人以下的，应当配备专职或者兼职的安全生产管理人员。

(2)生产经营单位的安全生产管理机构以及安全生产管理人员应当恪尽职守，依法履行职责。一是组织或者参与拟订本单位安全生产规章制度、操作规程和生产安全事故应急救援预案；二是组织或者参与本单位安全生产教育和培训，如实记录安全生产教育和培训情况；三是组织开展危险源辨识和评估，督促落实本单位重大危险源的安全管理措施；四是组织或者参与本单位应急救援演练；五是检查本单位的安全生产状况，及时排查生产安全事故隐患，提出改进安全生产管理的建议；六是制止和纠正违章指挥、强令冒险作业、违反操作规程的行为；七是督促落实本单位安全生产整改措施。

4.关于生产经营单位内有关人员的资质、教育、培训、考核规定

(1)生产经营单位的主要负责人和安全生产管理人员必须具备与本单位所从事的生产经营活动相应的安全生产知识和管理能力。

(2)危险物品的生产、经营、储存、装卸单位以及矿山、金属冶炼、建筑施工、道路运输单位的主要负责人和安全生产管理人员，应当由主管的负有安全生产监督管理职责的部门对其安全生产知识和管理能力考核合格。考核不得收费。

危险物品的生产、储存、装卸单位以及矿山、金属冶炼单位应当有注册安全工程师从事安全生产管理工作。鼓励其他生产经营单位聘用注册安全工程师从事安全生产管理工作。注册安全工程师按专业分类管理，具体办法由国务院人力资源和社会保障部门、国务院应急管理部门会同国务院有关部门制定。

(3)生产经营单位应当对从业人员进行安全生产教育和培训，保证从业人员具备必要的安全生产知识，熟悉有关的安全生产规章制度和安全操作规程，掌握本岗位的安全操作技能，了解事故应急处置措施，知悉自身在安全生产方面的权利和义务。未经安全生产教育和培训合格的从业人员，不得上岗作业。

生产经营单位使用被派遣劳动者的，应当将被派遣劳动者纳入本单位从业人员统一管理，对被派遣劳动者进行岗位安全操作规程和安全操作技能的教育和培训。劳务派遣单位应当对被派遣劳动者进行必要的安全生产教育和培训。

生产经营单位接收中等职业学校、高等学校学生实习的，应当对实习学生进行相应的安全生产教育和培训，提供必要的劳动防护用品。学校应当协助生产经营单位对实习学生进行安全生产教育和培训。

生产经营单位应当建立安全生产教育和培训档案，如实记录安全生产教育和培训的时间、内容、参加人员以及考核结果等情况。

(4)生产经营单位采用新工艺、新技术、新材料或者使用新设备，必须了解、掌握其安全技术特性，采取有效的安全防护措施，并对从业人员进行专门的安全生产教育和培训。

(5)生产经营单位的特种作业人员必须按照国家有关规定经专门的安全作业培训，取得相应资格，方可上岗作业。特种作业人员的范围由国务院应急管理部门会同国务院有关部门确定。

5.对生产经营单位建设项目中安全生产问题的规定

(1)生产经营单位新建、改建、扩建工程项目的安全设施，必须与主体工程同时设计、同时施工、同时投入生产和使用。安全设施投资应当纳入建设项目概算。

(2)矿山、金属冶炼建设项目和用于生产、储存、装卸危险物品的建设项目，应当按照国家有关规定进行安全评价；矿山建设项目和用于生产、储存危险物品的建设项目的安全设施设计应当按照国家有关规定报经有关部门审查，审查部门及其负责审查的人员对审查结果负责；矿山、金属冶炼建设项目和用于生产、储存、装卸危险物品的建设项目的施工单位必须按照批准的安全设施设计施工，并对安全设施的工程质量负责。矿山、金属冶炼建设项目和用于生产、储存、装卸危险物品的建设项目竣工投入生产或者使用前，应当由建设单位负责组织对安全设施进行验收；验收合格后，方可投入生产和使用。负有安全生产监督管理职责部门应当加强对建设单位验收活动和验收结果的监督核查。

(3)建设项目安全设施的设计人、设计单位应当对安全设施设计负责。

(4)矿山、金属冶炼建设项目和用于生产、储存、装卸危险物品的建设项目的施工单位应当加强对施工项目的安全管理，不得倒卖、出租、出借、挂靠或者以其他形式非法转让施工资质，不得将其承包的全部建设工程转包给第三人或者将其承包的全部建设工程支解以后以分包的名义分别转包给第三人，不得将工程分包给不具备相应资质条件的单位。

6.对生产经营单位作业场所和生产工艺、设备管理规定

(1)生产经营单位应当在有较大危险因素的生产经营场所和有关设施、设备上，设置明显的安全警示标志。

(2)安全设备的设计、制造、安装、使用、检测、维修、改造和报废，应当符合国家标准或者行业标准。

(3)生产经营单位必须对安全设备进行经常性维护、保养，并定期检测，保证正常运转。维护、保养、检测应当做好记录，并由有关人员签字。

(4)生产经营单位不得关闭、破坏直接关系生产安全的监控、报警、防护、救生设备、设施，或者篡改、隐瞒、销毁其相关数据、信息。

(5)国家对严重危及生产安全的工艺、设备实行淘汰制度。生产经营单位不得使用应当淘汰的危及生产安全的工艺、设备。

(6)生产经营场所和员工宿舍应当设有符合紧急疏散要求、标志明显、保持畅通的出口。禁止占用、锁闭、封堵生产经营场所或者员工宿舍的出口、疏散通道。

7.对危险设备(设施)、危险物品、危险作业及重大危险源管理规定

(1)生产经营单位使用的危险物品的容器、运输工具，以及涉及人身安全、危险性较大的海洋石油开采特种设备和矿山井下特种设备，必须按照国家有关规定，由专业生产单位生产，并经具有专业资质的检测、检验机构检测、检验合格，取得安全使用证或者安全标志，方可投入使用。检测、检验机构对检测、检验结果负责。

(2)生产、经营、运输、储存、使用危险物品或者处置废弃危险物品的，由有关主管部门依照有关法律、法规的规定和国家标准或者行业标准审批并实施监督管理；生产经营单位生产、经营、运输、储存、使用危险物品或者处置废弃危险物品，必须执行有关法律、法规和国家标准或者行业标准，建立专门的安全管理制度，采取可靠的安全措施，接受有关主管部门依法实施的监督管理。

(3)生产经营单位对重大危险源应当登记建档，进行定期检测、评估、监控，并制定应急预案，告知从业人员和相关人员在紧急情况下应当采取的应急措施；生产经营单位应当按照国家有关规定将本单位重大危险源及有关安全措施、应急措施报有关地方人民政府应急

管理的部门和有关部门备案。有关地方人民政府应急管理的部门和有关部门应当通过相关信息系统实现信息共享。

(4)生产经营单位应当建立安全风险分级管控制度，按照安全风险分级采取相应的管控措施。

(5)生产经营单位应当建立健全并落实生产安全事故隐患排查治理制度，采取技术、管理措施，及时发现并消除事故隐患。事故隐患排查治理情况应当如实记录，并通过职工大会或职工代表大会、信息公示栏等方式向从业人员通报。其中，重大事故隐患排查治理情况应当及时向负有安全生产监督管理职责的部门和职工大会或职工代表大会报告。

(6)生产、经营、储存、使用危险物品的车间、商店、仓库不得与员工宿舍在同一座建筑物内，并应当与员工宿舍保持安全距离。

(7)生产经营单位进行爆破、吊装、动火、临时用电以及国务院应急管理部门会同国务院有关部门规定的其他危险作业，应当安排专门人员进行现场安全管理，确保操作规程的遵守和安全措施的落实。

8.对生产经营单位参加保险的规定

(1)生产经营单位必须依法参加工伤保险，为从业人员缴纳保险费。

(2)国家鼓励生产经营单位投保安全生产责任保险；属于国家规定的高危行业、领域的生产经营单位，应当投保安全生产责任险。

(三)从业人员的权利和义务

1.生产经营单位中从业人员的权利

(1)签订劳动合同，获得劳动安全保护的权利。生产经营单位与从业人员订立的劳动合同，应当载明有关保障从业人员劳动安全、防止职业危害的事项，以及依法为从业人员办理工伤社会保险的事项；生产经营单位不得以任何形式在与从业人员订立的劳动合同中，或另行订立协议，免除或者减轻其对从业人员因生产安全事故伤亡依法应承担的责任。

(2)对危险因素和应急措施的知情权。生产经营单位的从业人员有权了解其作业场所和工作岗位存在的危险因素、防范措施及事故应急措施，有权对本单位的安全生产工作提出建议。

(3)安全管理的批评、控告及对违章指挥拒绝权。从业人员有权对本单位安全生产工作中存在的问题提出批评、检举、控告；有权拒绝违章指挥和强令冒险作业。生产经营单位不得因从业人员对本单位安全生产工作提出批评、检举、控告或者拒绝违章指挥、强令冒险作业而降低其工资、福利等待遇或者解除与其订立的劳动合同。

(4)停止作业和紧急撤离权。从业人员发现直接危及人身安全的紧急情况时，有权停止作业或者在采取可能的应急措施后撤离作业场所。生产经营单位不得因从业人员在紧急情况下停止作业或者采取紧急撤离措施而降低其工资、福利等待遇或者解除与其订立的劳动合同。

(5)工伤求偿权。生产经营单位发生生产安全事故后，应当及时采取措施救治有关人员。因生产安全事故受到损害的从业人员，除依法享有工伤社会保险外，依照有关民事法律尚有获得赔偿的权利的，有权向本单位提出赔偿要求。

2. 生产经营单位中从业人员的义务

(1)遵章守纪，服从管理。从业人员在作业过程中，应当严格落实岗位安全责任，遵守本单位的安全生产规章制度和操作规程，服从管理，正确佩戴和使用劳动防护用品。

(2)接受培训，掌握技能。从业人员应当接受安全生产教育和培训，掌握本岗位职工作所需的安全生产知识，提高安全生产技能，增强事故预防和应急处理能力。

(3)发现隐患，及时报告。从业人员发现事故隐患或者其他不安全因素，应当立即向现场安全生产管理人员或者本单位负责人报告；接到报告的人员应当及时予以处理。

(四)安全生产的监督管理

1. 人民政府监督管理

县级以上地方各级人民政府应当根据本行政区域内的安全生产状况，组织有关部门按照职责分工，对本行政区域内容易发生重大生产安全事故的生产经营单位进行严格检查。应急管理部门应当按照分类分级监督管理的要求，制定安全生产年度监督检查计划，并按照年度监督检查计划进行监督检查，发现事故隐患，应当及时处理。

2. 安全生产管理部门监督管理

负有安全生产监督管理职责的部门依照有关法律、法规的规定，对涉及安全生产的事项需要审查批准(包括批准、核准、许可、注册、认证、颁发证照等)或者验收的，严格依照有关法律、法规和国家标准或者行业标准规定的安全生产条件和程序进行审查；不符合有关法律、法规和国家标准或者行业标准规定的安全生产条件的，不得批准或者验收通过。对未依法取得批准或者验收合格的单位擅自从事有关活动的，负责行政审批的部门发现或者接到举报后应当立即予以取缔，并依法予以处理。对已经依法取得批准的单位，负责行政审批的部门发现其不再具备安全生产条件的，应当撤销原批准。对涉及安全生产的事项进行审查、验收，不得收取费用；不得要求接受审查、验收的单位购买其指定品牌或者指定生产、销售单位的安全设备、器材或者其他产品。

3. 社会新闻媒体舆论监督

新闻、出版、广播、电影、电视、网络等单位有进行安全生产公益宣传教育的义务，有对违反安全生产法律、法规的行为进行舆论监督的权利。

(五)生产安全事故的应急救援与调查处理

1. 生产安全事故应急救援体系及应急预案

生产安全事故具有偶然性和突发性，往往会造成大量人员伤亡和巨大的财产损失，后果严重，社会影响极坏。国家、生产经营单位有必要建立应急救援机制，做好防范和应对。

(1)国家加强生产安全事故应急能力建设，在重点行业、领域建立应急救援基地和应急救援队伍，并由国家应急救援机构统一协调指挥。

(2)国务院应急管理部牵头建立全国统一的生产事故应急救援信息系统，国务院交通运输、住房和城乡建设、水利、民航等有关部门和县级以上地方人民政府建立健全相关行业、领域、地区的生产安全事故应急救援信息系统，实现互联互通、信息共享，通过推行网上安全信息采集、安全监管和监测预警，提升监管的精准化、智能化水平。

(3)县级以上地方各级人民政府应当组织有关部门制定本行政区域内特大生产安全事故应急救援预案，建立应急救援体系。

(4)国家鼓励生产经营单位和其他社会力量建立应急救援队伍，配备相应的应急救援装备和物资，提高应急救援的专业化水平。生产经营单位应当制定本单位生产安全事故应急救援预案，与所在地县级以上地方人民政府组织制定的生产安全事故应急救援预案相衔接，并定期组织演练。

2.应急救援组织

危险物品的生产、经营、储存单位以及矿山、金属冶炼、城市轨道交通运营、建筑施工单位应当建立应急救援组织；生产经营规模较小的，可以不建立应急救援组织，但应当指定兼职的应急救援人员。

危险物品的生产、经营、储存、运输单位以及矿山、金属冶炼、城市轨道交通运营、建筑施工单位应当配备必要的应急救援器材、设备和物资，并进行经常性维护、保养，保证正常运转。

3.生产安全事故报告

由于生产安全事故具有偶然性和突发性，事故的发生难以完全避免，在生产安全事故发生后，及时、准确、如实地报告事故情况，及时采取措施实施救援，尽量减少事故损失尤为重要。《安全生产法》明确了建立生产安全事故报告制度的规定。

(1)生产经营单位发生生产安全事故后，事故现场有关人员应当立即报告本单位负责人。

(2)单位负责人接到事故报告后，应当迅速采取有效措施，组织抢救，防止事故扩大，减少人员伤亡和财产损失，并按照国家有关规定立即如实报告当地负有安全生产监督管理职责的部门，不得隐瞒不报、谎报或者迟报，不得故意破坏事故现场、毁灭有关证据。

(3)负有安全生产监督管理职责的部门接到事故报告后，应当立即按照国家有关规定上报事故情况。

(4)负有安全生产监督管理职责的部门和有关地方人民政府对事故情况不得隐瞒不报、谎报或者迟报。

(5)有关地方人民政府和负有安全生产监督管理职责的部门的负责人接到生产安全事故报告后，应当按照生产安全事故应急救援预案的要求立即赶到事故现场，组织事故抢救。

参与事故抢救的部门和单位应当服从统一指挥，加强协同联动，采取有效的应急救援措施，并根据事故救援的需要采取警戒、疏散等措施，防止事故扩大和次生灾害的发生，减少人员伤亡和财产损失。

事故抢救过程中应当采取必要措施，避免或者减少对环境造成的危害。

4.生产安全事故调查处理

事故调查处理应当按照科学严谨、依法依规、实事求是、注重实效的原则，及时、准确地查清事故原因，查明事故性质和责任，评估应急处置工作，总结事故教训，提出整改措施，并对事故责任单位和人员提出处理建议。事故调查报告应当依法及时向社会公布。事故调查和处理的具体办法由国务院制定。

事故发生单位应当及时全面落实整改措施，负有安全生产监督管理职责的部门应当加强监督检查。

负责事故调查处理的国务院有关部门和地方人民政府应当在批复事故调查报告后1年内，组织有关部门对事故整改和防范措施落实情况进行评估，并及时向社会公开评估结果；对不履行职责导致事故整改和防范措施没有落实的有关单位和人员，应当按照有关规定追究责任。

生产经营单位发生生产安全事故，经调查确定为责任事故的，除了应当查明事故单位的责任并依法予以追究外，还应当查明对安全生产的有关事项负有审查批准和监督职责的行政部门的责任，对有失职、渎职行为的，依法追究法律责任。

具体法律条文，详见《安全生产法》文本。

近几年来，我国生产事故时有发生，造成人民生命、财产的损失严重，一定程度上影响了经济的发展和社会的稳定。导致事故频发的原因很多，但是从安全生产“人—机—环境”三者和谐运作情况看，“人”的因素是最关键因素。目前，我国相当一部分生产经营单位和企业领导的安全生产意识较差，不能够认真贯彻执行国家安全方面的法规，不能正确处理安全与生产、安全与经济效益的问题，存在着以包代管，重产值与产量，轻安全的短期行为。一部分生产经营单位和企业用于安全的投入少，安全装备水平低，安全措施工程欠账多，缺乏应有的抗灾和应急能力。特别是一些中小企业、个体经营户，许多都是简易投产，安全生产投入严重不足，存在许多事故隐患。部分从业人员素质低，有些国有企业的一线工人多数是农民工(如建筑行业和矿山企业等)、劳务工，这些人员流动性大，安全培训不到位，缺乏必要的安全生产知识，违章生产作业现象十分普遍，冒险蛮干现象非常严重。这些生产安全问题，已对国家经济发展和社会的安定造成了严重的影响。企业要发展，必须保障企业有正常的生产秩序。如果劳动生产环境不安全，事故隐患时刻威胁着从业人员的安全与健康，甚至不断地发生重大的伤亡事故，广大职工的劳动积极性就要受到影响，企业的经济效益就会受到损失，企业的发展就会受阻。因此，严格执行《安全生产法》对确保安全生产，减少生产安全事故，促进企业又好又快地健康发展，保证社会稳定，是非常必要的。

二、《建设工程安全生产管理条例》

针对工程建设领域安全生产存在的主要问题，结合建设行业特点，为了细化建设工程安全生产管理，国务院依据《建筑法》《安全生产法》制定了《建设工程安全生产管理条例》，于 2003 年 11 月 24 日，以国务院第 393 号令公布，自 2004 年 2 月 1 日起施行。《建设工程安全生产管理条例》更加细化了调整范围。第二条规定：“在中华人民共和国境内从事建设工程的新建、扩建、改建和拆除等有关活动及实施对建设工程安全生产的监督管理，必须遵守本条例”。与《安全生产法》不同，《建设工程安全生产管理条例》的调整范围涵盖了各类专业建设工程，包括土木工程、建筑工程、线路管道和设备安装工程及装修工程等各类专业建设工程；包括建设、勘察、设计、施工、监理、设备材料供应、设备机具租赁等单位，以及参与建设过程的其他单位和部门。涵盖范围广，制度明确具体，可操作性强，处罚力度大。

(一)《建设工程安全生产管理条例》规定各单位的责任

《建设工程安全生产管理条例》明确规定了建设单位、勘察单位、设计单位、施工单位、工程监理单位及其他与建设工程安全生产有关的单位，必须遵守安全生产法律、法规的规定，保证建设工程安全生产，依法承担建设工程安全生产责任。

1. 建设单位的安全责任

(1)建设单位应当向施工单位提供有关资料。建设单位应当向施工单位提供施工现场及毗邻区域内供水、排水、供电、供气、供热、通信、广播电视等地下管线资料，气象和水文观测资料、相邻建筑物和构筑物、地下工程的有关资料，并保证资料的真实、准确、完整。建设单位因建设工程需要，向有关部门或者单位查询前款规定的资料时，有关部门或者单位应当及时提供。

(2)不得向有关单位提出影响安全生产的违法要求。建设单位不得对勘察、设计、施工、工程监理等单位提出不符合建设工程安全生产法律、法规和强制性标准规定的要求，不得压缩合同约定的工期。

(3)建设单位应当保证安全生产投入。建设单位在编制工程概算时，应当确定建设工程安全作业环境及安全施工措施所需费用。

(4)不得明示或暗示施工单位使用不符合安全施工要求的物资。建设单位不得明示或者暗示施工单位购买、租赁、使用不符合安全施工要求的安全防护用具、机械设备、施工机具及配件、消防设施和器材。

(5)办理施工许可证或开工报告时应当报送安全施工措施。建设单位在申请领取施工许可证时，应当提供建设工程有关安全施工措施的资料。依法批准开工报告的建设工程，建设单位应当自开工报告批准之日起 15 d 内，将保证安全施工的措施报送建设工程所在地的县级以上人民政府建设行政主管部门或者其他有关部门备案。

(6)应当将拆除工程发包给具有相应资质的施工单位。建设单位应当将拆除工程发包给具有相应资质等级的施工单位。建设单位应当在拆除工程施工 15 d 前，将下列资料报送建设工程所在地的县级以上地方人民政府主管部门或者其他有关部门备案：①施工单位资质等级证明。②拟拆除建筑物、构筑物及可能危及毗邻建筑的说明。③拆除施工组织方案。④堆放、清除废弃物的措施。

2.勘察单位的安全责任

(1)勘察单位应当按照法律、法规和工程建设强制性标准进行勘察，提供的勘察文件应当真实、准确，满足建设工程安全生产的需要。

(2)勘察单位在勘察作业时，应当严格按照操作规程，采取措施保证各类管线、设施和周边建筑物、构筑物的安全。

3.设计单位的安全责任

(1)设计单位应当按照法律、法规和工程建设强制性标准进行设计，防止因设计不合理导致安全生产事故的发生。

(2)设计单位应当考虑施工安全操作和防护的需要，对涉及施工安全的重点部位和环节在设计文件中注明，并对防范安全生产事故提出指导意见。

(3)采用新结构、新材料、新工艺的建设工程和特殊结构的建设工程，设计单位应当在设计中提出保障施工作业人员安全和预防生产安全事故的措施建议。

(4)设计单位和注册建筑师等注册执业人员应当对其设计负责。

4.监理单位责任

工程监理单位应当按照法律、法规和工程建设强制性标准实施监理，并对建设工程安全生产承担监理责任。

5.施工单位的安全责任

(1)施工单位应当具备的安全生产资质条件。施工单位从事建设工程的新建、扩建和拆除等活动，应当具备国家规定的注册资本、专业技术人员、技术装备和安全生产等条件，依法取得相应等级的资质证书，并在其资质等级许可的范围内承揽工程。

(2)施工总承包单位与分包单位应明确安全管理责任。建设工程实行施工总承包的，由总承包单位对施工现场的安全生产负总责。总承包单位应当自行完成建设工程主体结构的施工。总承包单位依法将建设工程分包给其他单位的，分包合同中应当明确各自的安全生产方面的权利、义务。总承包单位和分包单位对分包工程的安全生产承担连带责任。分包单位应当接受总承包单位的安全生产管理，分包单位不服从管理导致生产安全事故的，由分包单位承担主要责任。

(3)施工单位应建立安全生产责任制度。施工单位主要负责人依法对本单位的安全生产工作全面负责。施工单位应当建立健全安全生产责任制度和安全生产教育培训制度，制定安全生产规章制度和操作规程，保证本单位安全生产条件所需资金的投入，对所承担建设工程进行定期和专项安全检查，并做好安全检查记录。

施工单位的项目负责人应当由取得相应执业资格的人员担任，对建设工程项目的安全施工负责，落实安全生产责任制度、安全生产规章制度和操作规程，确保安全生产费用的有效使用，并根据工程的特点组织制定安全施工措施，消除安全事故隐患，及时、如实报告生产安全事故。

(4)施工单位应认真落实安全生产保障措施。安全生产保障措施主要包括以下内容：

①安全生产费用应当专款专用。

②应设立安全生产管理机构及配备专职安全生产管理人员。

③应编制安全技术措施及专项施工方案。

④应对安全施工技术进行交底。

⑤应在危险部位设置安全警示标志。

⑥应当将施工现场的办公、生活区与作业区分开设置，并保持安全距离；办公、生活区的选址应当符合安全性要求。

⑦应采取环境污染防护措施。

⑧应采取消防安全保障措施。

⑨应加强劳动安全管理。

⑩应加强安全防护用具及机械设备、施工机具的安全管理。

(5)施工单位应建立安全教育培训制度。施工单位主要应做好以下工作：

①做好特种作业人员培训，确保持证上岗。

②加强安全管理人员和作业人员的安全教育培训和考核。

③作业人员进入新岗位、新工地或采用新技术时，应进行上岗教育培训。

(二)《建设工程安全生产管理条例》遵循的原则

《建设工程安全生产管理条例》遵循了五大原则，也是建设工程安全生产管理工作应遵循的基本原则。

1. 安全第一、预防为主原则

《建设工程安全生产管理条例》肯定了安全生产在建筑活动中的首要位置和重要性，体现了控制和防范。第三条：“建设工程安全生产管理，坚持安全第一、预防为主的方针”。“安全第一”指安全生产是各级政府和建设领域各单位的头等大事。“预防为主”是指在实现“安全第一”的各项工作中，做好预防工作是最主要的。第四条：“建设单位、勘察单位、设计单位、施工单位、工程监理单位及其他与建设工程安全生产有关的单位,必须遵守安全生产法律、法规的规定,保证建设工程安全生产,依法承担建设工程安全生产责任”。

2. 以人为本,维护作业人员合法权益原则

人的生命是最宝贵的,因此始终要把保证从业人员的生命安全和健康放在各项工作的首要位置。《建设工程安全生产管理条例》对施工单位在提供安全防护设施、安全教育培训、为施工人员办理意外伤害保险、作业与生活环境标准等方面都做了明确规定,这是与当前倡导以人为本,构建社会主义和谐社会相一致的。第二十五条:“垂直运输机械作业人员、安装拆卸工、爆破作业人员、起重信号工、登高架设作业人员等特种作业人员,必须按照国家有关规定经过专门的安全作业培训,并取得特种作业操作资格证书后,方可上岗作业”。第二十九条:“施工单位应当将施工现场的办公、生活区与作业区分开设置,并保持安全距离;办公、生活区的选址应当符合安全性要求。职工的膳食、饮水、休息场所等应当符合卫生标准。施工单位不得在尚未竣工的建筑物内设置员工集体宿舍。施工现场临时搭建的建筑物应当符合安全使用要求。施工现场使用的装配式活动房屋应当具有产品合格证”。第三十八条:“施工单位应当为施工现场从事危险作业的人员办理意外伤害保险。意外伤害保险费由施工单位支付。实行施工总承包的,由总承包单位支付意外伤害保险费。意外伤害保险期限自建设工程开工之日起至竣工验收合格止”。

3. 实事求是原则

建设领域危险因素是始终存在的,必须要有充分的认识,正确对待。《建设工程安全生产管理条例》根据实际情况,在坚持法律制度统一性的前提下,对重要安全施工方案专家审查制度、专职安全人员配备等做了原则性的规定。第二十三条:“施工单位应当设立安全生产管理机构,配备专职安全生产管理人员。专职安全生产管理人员负责对安全生产进行现场监督检查。发现安全事故隐患,应当及时向项目负责人和安全生产管理机构报告;对违章指挥、违章操作的,应当立即制止”。第二十六条:“施工单位应当在施工组织设计中编制安全技术措施和施工现场临时用电方案,对下列达到一定规模的危险性较大的分部分项工程编制专项施工方案,并附具安全验算结果,经施工单位技术负责人、总监理工程师签字后实施,由专职安全生产管理人员进行现场监督:(1)基坑支护与降水工程;(2)土方开挖工程;(3)模板工程;(4)起重吊装工程;(5)脚手架工程;(6)拆除、爆破工程;(7)国务院建设行政主管部门或者其他有关部门规定的其他危险性较大的工程。对前款所列工程中涉及深基坑、地下暗挖工程、高大模板工程的专项施工方案,施工单位还应当组织专家进行论证、审查”。

4. 现实性和前瞻性相结合原则

从目前建设工程安全生产现状看,人的不稳定因素和物的不稳定状态是造成生产安全事故的两大直接原因,同时,由于规章制度不健全,执行不到位,监督力度不够等现象的存在,影响建设工程安全生产的稳定。《建设工程安全生产管理条例》依据安全生产现状,结合建设工程安全生产特点,既注重保持了法规、政策的连续性和稳定性,又符合建设工程安全管理的发展趋势。

5. 职权与责任一致的原则

《建设工程安全生产管理条例》明确了国家有关部门和建设行政主管部门对建设工程安全生产监督管理的主要职能、权限,并明确规定了相应的法律责任;对工作人员不依法履

行监督管理职责给予的行政处分及追究刑事责任的范围。

这五大原则体现了安全管理的必要性、现实性、科学性与构建和谐社会的要求。作为从事铁路工程施工的建筑业企业，由于铁路工程施工特点，特别是铁路营业线施工特殊要求，必须把安全生产放在一切工作的首位，严格遵守建设工程安全生产管理工作原则，真正贯彻建设工程安全生产管理规定和要求，坚持“安全第一、预防为主、综合治理”的方针，确保生产安全。

三、《铁路安全管理条例》

《铁路安全管理条例》是在《铁路运输安全保护条例》基础上修改形成的，是保障铁路安全的主要法律依据，2013 年 8 月 17 日国务院令第 639 号公布，自 2014 年 1 月 1 日起施行。《铁路安全管理条例》的发布施行，对于依法加强铁路安全管理，保障铁路运输安全和畅通，保护人民生命、财产安全，促进铁路运输和国民经济的健康发展，具有非常重要的意义。

(一)《铁路安全管理条例》发布施行的重要意义

《铁路安全管理条例》的发布施行，充分体现了安全第一、预防为主、综合治理的安全生产方针。为创造铁路安全环境，实现铁路安全发展目标，提供了重要的法规保障。为规范和加强铁路安全管理，奠定了重要基础。对充分发挥各方面积极作用，加强铁路安全综合治理，将起到重要的推动作用。

(二)《铁路安全管理条例》对铁路建设质量安全的规定

《铁路安全管理条例》针对保障铁路建设质量安全的关键环节和主要问题，以一个章节作为专题，确立了保障铁路建设质量安全的管理制度。

1. 对铁路建设工程参建各方责任及物资、设备采购规定

(1)铁路建设工程的勘察、设计、施工、监理以及建设物资、设备的采购，应当依法进行招标。

(2)从事铁路建设工程勘察、设计、施工、监理活动的单位应当依法取得相应资质，并在其资质等级许可的范围内从事铁路工程建设活动。

(3)铁路建设单位应当选择具备相应资质等级的勘察、设计、施工、监理单位进行工程建设，并对建设工程的质量安全进行监督检查，制作检查记录留存备查。

(4)铁路建设工程的勘察、设计、施工、监理应当遵守法律、行政法规关于建设工程质量和安全管理的规定，执行国家标准、行业标准和技术规范。

(5)铁路建设工程的勘察、设计、施工单位依法对勘察、设计、施工的质量负责，监理单位依法对施工质量承担监理责任。

(6)高速铁路和地质构造复杂的铁路建设工程实行工程地质勘察监理制度。

2. 铁路建设工程安全设施及使用建设物资规定

(1)铁路建设工程的安全设施应当与主体工程同时设计、同时施工、同时投入使用。安全设施投资应当纳入建设项目概算。

(2)铁路建设工程使用的材料、构件、设备等产品，应当符合有关产品质量的强制性国家标准、行业标准。

3. 在铁路线路及其邻近区域进行铁路建设工程施工

(1)在铁路线路及其邻近区域进行铁路建设工程施工，应当执行铁路营业线施工安全管理规定。

(2)铁路建设单位应当会同相关铁路运输企业和工程设计、施工单位制定安全施工方案，按照方案进行施工。

(3)施工完毕应当及时清理现场，不得影响铁路运营安全。

4. 铁路建设工程建设工期及验收规定

(1)铁路建设工程的建设工期，应当根据工程地质条件、技术复杂程度等因素，按照国家标准、行业标准和技术规范合理确定、调整。

(2)任何单位和个人不得违反前款规定要求铁路建设、设计、施工单位压缩建设工期。

(3)铁路建设工程竣工，应当按照国家有关规定组织验收，并由铁路运输企业进行运营安全评估。

(4)经验收、评估合格，符合运营安全要求的，方可投入运营。

5. 与铁路交叉的道路、渡槽、管线等设施设置规定

(1)新建、改建设计开行速度 120 km/h 以上列车的铁路或者设计运输量达到国务院铁路行业监督管理部门规定的较大运输量标准的铁路，需要与道路交叉的，应当设置立体交叉设施。

(2)新建、改建高速公路、一级公路或者城市道路中的快速路，需要与铁路交叉的，应当设置立体交叉设施，并优先选择下穿铁路的方案。

(3)已建成的属于前两款规定情形的铁路、道路为平面交叉的，应当逐步改造为立体交叉。

(4)新建、改建高速铁路需要与普通铁路、道路、渡槽、管线等设施交叉的，应当优先选择高速铁路上跨方案。

(5)铁路与道路立体交叉设施及其附属安全设施竣工验收合格后，应当按照国家有关规定移交有关单位管理、维护。

(三)《铁路安全管理条例》对铁路线路安全的规定

1. 铁路线路安全保护区规定

铁路线路两侧应当设立铁路线路安全保护区。铁路线路安全保护区的范围，从铁路线路路堤坡脚、路堑坡顶或者铁路桥梁(含铁路、道路两用桥，下同)外侧起向外的距离分别为：

(1)城市市区高速铁路为 10 m，其他铁路为 8 m；

(2)城市郊区居民居住区高速铁路为 12 m，其他铁路为 10 m；

(3)村镇居民居住区高速铁路为 15 m，其他铁路为 12 m；

(4)其他地区高速铁路为 20 m，其他铁路为 15 m。

对于上述规定距离不能满足铁路运输安全保护需要的，由铁路建设单位或者铁路运输企业提出方案，铁路监督管理机构或者县级以上地方人民政府依照规定程序划定。

新建、改建铁路的铁路线路安全保护区范围，应当自铁路建设工程初步设计批准之日起 30 d 内，由县级以上地方人民政府依照本条例的规定划定并公告。铁路建设单位或者铁

路运输企业应当根据工程竣工资料进行勘界，绘制铁路线路安全保护区平面图，并根据平面图设立标桩。

设计开行速度 120 km/h 以上列车的铁路应当实行全封闭管理。铁路建设单位或者铁路运输企业应当按照国务院铁路行业监督管理部门的规定在铁路用地范围内设置封闭设施和警示标志。

2.铁路线路安全保护区内禁止性规定

(1)禁止在铁路线路安全保护区内烧荒、放养牲畜、种植影响铁路线路安全和行车瞭望的树木等植物。

(2)禁止向铁路线路安全保护区排污、倾倒垃圾以及其他危害铁路安全的物质。

(3)在铁路线路安全保护区内建造建筑物、构筑物等设施，取土、挖砂、挖沟、采空作业或者堆放、悬挂物品，应当征得铁路运输企业同意并签订安全协议，遵守保证铁路安全的国家标准、行业标准和施工安全规范，采取措施防止影响铁路运输安全。铁路运输企业应当派员对施工现场实行安全监督。

(4)铁路线路安全保护区内既有的建筑物、构筑物危及铁路运输安全的，应当采取必要的安全防护措施；采取安全防护措施后仍不能保证安全的，依照有关法律的规定拆除。

拆除铁路线路安全保护区内的建筑物、构筑物，清理铁路线路安全保护区内的植物，或者对他人在铁路线路安全保护区内已依法取得的采矿权等合法权利予以限制，给他人造成损失的，应当依法给予补偿或者采取必要的补救措施。但是，拆除非法建设的建筑物、构筑物的除外。

(5)在铁路线路安全保护区及其邻近区域建造或者设置的建筑物、构筑物、设备等，不得进入国家规定的铁路建筑限界。

3.在铁路线路两侧从事相关生产活动的规定

(1)在铁路线路两侧建造、设立生产、加工、储存或者销售易燃、易爆或者放射性物品等危险物品的场所、仓库，应当符合国家标准、行业标准规定的安全防护距离。

(2)在铁路线路两侧从事采矿、采石或者爆破作业，应当遵守有关采矿和民用爆破的法律法规，符合国家标准、行业标准和铁路安全保护要求。

(3)在铁路线路路堤坡脚、路堑坡顶、铁路桥梁外侧起向外各 1 000 m 范围内，以及在铁路隧道上方中心线两侧各 1 000 m 范围内，确需从事露天采矿、采石或者爆破作业的，应当与铁路运输企业协商一致，依照有关法律法规的规定报县级以上地方人民政府有关部门批准，采取安全防护措施后方可进行。

(4)高速铁路线路路堤坡脚、路堑坡顶或者铁路桥梁外侧起向外各 200 m 范围内禁止抽取地下水。

在前款规定范围外，高速铁路线路经过的区域属于地面沉降区域，抽取地下水危及高速铁路安全的，应当设置地下水禁止开采区或者限制开采区，具体范围由铁路监督管理机构会同县级以上地方人民政府水行政主管部门提出方案，报省、自治区、直辖市人民政府批准并公告。

(5)在电气化铁路附近从事排放粉尘、烟尘及腐蚀性气体的生产活动，超过国家规定的排放标准，危及铁路运输安全的，由县级以上地方人民政府有关部门依法责令整改，消除安全隐患。

4. 在铁路桥梁(涵)周边从事相关生产活动的规定

(1)任何单位和个人不得擅自在铁路桥梁跨越处河道上下游各 1 000 m 范围内围垦造田、拦河筑坝、架设浮桥或者修建其他影响铁路桥梁安全的设施。

因特殊原因确需在前款规定的范围内进行围垦造田、拦河筑坝、架设浮桥等活动的，应当进行安全论证，负责审批的机关在批准前应当征求有关铁路运输企业的意见。

(2)禁止在铁路桥梁跨越处河道上下游的下列范围内采砂、淘金：

①跨河桥长 500 m 以上的铁路桥梁，河道上游 500 m，下游 3 000 m；

②跨河桥长 100 m 以上不足 500 m 的铁路桥梁，河道上游 500 m，下游 2 000 m；

③跨河桥长不足 100 m 的铁路桥梁，河道上游 500 m，下游 1 000 m。

有关部门依法在铁路桥梁跨越处河道上下游划定的禁采范围大于前款规定的禁采范围的，按照划定的禁采范围执行。

县级以上地方人民政府水行政主管部门、国土资源主管部门应当按照各自职责划定禁采区域、设置禁采标志，制止非法采砂、淘金行为。

(3)在铁路桥梁跨越处河道上下游各 500 m 范围内进行疏浚作业，应当进行安全技术评价，有关河道、航道管理部门应当征求铁路运输企业的意见，确认安全或者采取安全技术措施后，方可批准进行疏浚作业。但是，依法进行河道、航道日常养护、疏浚作业的除外。

(4)铁路、道路两用桥由所在地铁路运输企业和道路管理部门或者道路经营企业定期检查、共同维护，保证桥梁处于安全的技术状态。

铁路、道路两用桥的墩、梁等共用部分的检测、维修由铁路运输企业和道路管理部门或者道路经营企业共同负责，所需费用按照公平合理的原则分担。

(5)船舶通过铁路桥梁应当符合桥梁的通航净空高度并遵守航行规则。

桥区航标中的桥梁航标、桥柱标、桥梁水尺标由铁路运输企业负责设置、维护，水面航标由铁路运输企业负责设置，航道管理部门负责维护。

(6)下穿铁路桥梁、涵洞的道路应当按照国家标准设置车辆通过限高、限宽标志和限高防护架。城市道路的限高、限宽标志由当地人民政府指定的部门设置并维护，公路的限高、限宽标志由公路管理部门设置并维护。限高防护架在铁路桥梁、涵洞、道路建设时设置，由铁路运输企业负责维护。

(7)机动车通过下穿铁路桥梁、涵洞的道路，应当遵守限高、限宽规定。

下穿铁路涵洞的管理单位负责涵洞的日常管理、维护，防止淤塞、积水。

5. 铁路道口设置及管理规定

(1)设置或者拓宽铁路道口、铁路人行过道，应当征得铁路运输企业的同意。

(2)铁路与道路交叉的无人看守道口应当按照国家标准设置警示标志；有人看守道口应当设置移动栏杆、列车接近报警装置、警示灯、警示标志、铁路道口路段标线等安全防护设施。

(3)机动车或者非机动车在铁路道口内发生故障或者装载物掉落的，应当立即将故障车辆或者掉落的装载物移至铁路道口停止线以外或者铁路线路最外侧钢轨 5 m 以外的安全地点。无法立即移至安全地点的，应当立即报告铁路道口看守人员；在无人看守道口，应当立即在道口两端采取措施拦停列车，并就近通知铁路车站或者公安机关。

(4)履带车辆等可能损坏铁路设施设备的车辆、物体通过铁路道口，应当提前通知铁路道口管理单位，在其协助、指导下通过，并采取相应的安全防护措施。

6.铁路警示、保护标志设置及管理规定

(1)在下列地点，铁路运输企业应当按照国家标准、行业标准设置易于识别的警示、保护标志：

①铁路桥梁、隧道的两端；

②铁路信号、通信光(电)缆的埋设、铺设地点；

③电气化铁路接触网、自动闭塞供电线路和电力贯通线路等电力设施附近易发生危险的地点。

(2)禁止毁坏铁路线路、站台等设施设备和铁路路基、护坡、排水沟、防护林木、护坡草坪、铁路线路封闭网及其他铁路防护设施。

(3)禁止实施下列危及铁路通信、信号设施安全的行为：

①在埋有地下光(电)缆设施的地面上方进行钻探，堆放重物、垃圾，焚烧物品，倾倒腐蚀性物质；

②在地下光(电)缆两侧各1 m的范围内建造、搭建建筑物、构筑物等设施；

③在地下光(电)缆两侧各1 m的范围内挖砂、取土；

④在过河光(电)缆两侧各100 m的范围内挖砂、抛锚或者进行其他危及光(电)缆安全的作业。

(4)禁止实施下列危害电气化铁路设施的行为：

①向电气化铁路接触网抛掷物品；

②在铁路电力线路导线两侧各500 m的范围内升放风筝、气球等低空漂浮物体；

③攀登铁路电力线路杆塔或者在杆塔上架设、安装其他设施设备；

④在铁路电力线路杆塔、拉线周围20 m范围内取土、打桩、钻探或者倾倒有害化学物品；

⑤触碰电气化铁路接触网。

(5)铁路运输企业应当对铁路线路、铁路防护设施和警示标志进行经常性巡查和维护；对巡查中发现的安全问题应当立即处理，不能立即处理的应当及时报告铁路监督管理机构。巡查和处理情况应当记录留存。

(四)违反《铁路安全管理条例》处罚规定

1.未经铁路运输企业同意或者未签订安全协议，在铁路线路安全保护区内建造建筑物、构筑物等设施，取土、挖砂、挖沟、采空作业或者堆放、悬挂物品，或者违反保证铁路安全的国家标准、行业标准和施工安全规范，影响铁路运输安全的，由铁路监督管理机构责令改正，可以处10万元以下的罚款。

2.在铁路线路安全保护区及其邻近区域建造或者设置的建筑物、构筑物、设备等进入国家规定的铁路建筑限界，或者在铁路线路两侧建造、设立生产、加工、储存或者销售易燃、易爆或者放射性物品等危险物品的场所、仓库不符合国家标准、行业标准规定的安全防护距离的，由铁路监督管理机构责令改正，对单位处5万元以上20万元以下的罚款，对个人处1万元以上5万元以下的罚款。

四、《山东省铁路安全管理条例》

2021 年 3 月 24 日,《山东省铁路安全管理条例》由山东省十三届人大常委会第二十七次会议审议通过,2021 年 5 月 1 日正式施行。这是山东省首次在铁路领域立法,也是山东省铁路发展史上一项具有里程碑意义的大事。

(一)《山东省铁路安全管理条例》发布施行的意义

铁路安全特别是高铁安全直接关系人民群众的生命财产安全,关系社会稳定,关系党和国家声誉。当前,山东省铁路营业里程、高铁运营里程、货物发送量均已位居全国前列,确保铁路运输安全畅通意义重大、影响深远。条例的制定充分体现了安全第一、预防为主、综合治理的原则,进一步完善了政府统筹、企业负责、社会参与、行业监管与属地保障相结合的工作机制,将铁路沿线人民政府做好铁路安全保障相关工作纳入社会治安综合治理体系,为确保铁路安全提供了法治保障。《山东省铁路安全管理条例》发布施行,对保障铁路运输安全和畅通,保护人民群众生命和财产安全具有重要意义。

(二)《山东省铁路安全管理条例》主要内容

《山东省铁路安全管理条例》分为总则、安全责任、建设安全、线路安全、运营安全、应急保障、法律责任和附则,共 8 章 66 条。

1.明确铁路安全管理的责任

条例明确规定铁路监管部门依法负责铁路安全的监督管理工作。铁路沿线县级以上人民政府应当按照国家有关规定将铁路建设纳入当地国民经济和社会发展规划,将铁路安全工作纳入社会治安综合治理体系,将铁路沿线环境综合治理纳入当地经济社会发展综合考核评价体系,建立健全护路联防责任制,建立铁路安全管理责任机制和安全管控长效机制。同时,规定铁路沿线设区的市、县(市、区)人民政府和铁路运输企业应当建立路地“双段长”工作机制。铁路运输企业发现难以自行排除的重大安全隐患,应当及时向铁路监管部门和有关人民政府报告。

2.明确划定铁路安全保护区范围

条例明确划定了铁路安全保护区范围,并对保护区范围内、邻近区的有关活动作出严格规范。

3.对当前影响铁路运营安全的焦点问题作出明确规范

条例对建设安全、线路安全、运营安全、应急保障等影响铁路运营安全的焦点问题作出明确规定和要求。

(三)《山东省铁路安全管理条例》涉及建设安全方面的主要内容

1.对铁路建设参建单位作出明确规定

条例规定:铁路建设单位应当通过招投标选择具备相应资质等级的勘察、设计、施工、监理单位进行工程建设。建设单位和勘察、设计、施工、监理单位应当遵守法律、法规关于建设工程质量和安全管理的规定,执行国家标准、行业标准和技术规范,依法对铁路建设工程质量和施工安全负责。

2.对涉铁道路、管线建设作出明确规定

条例规定:新建、改建高速公路、一级公路或者城市道路中的快速路,需要与铁路交叉的，应当采取立体交叉方式，并优先选择下穿铁路的方案。穿（跨）越或者并行铁路线路的水利、电力、通信、石油、燃气等设施的规划和建设，应当符合国家标准、行业标准和铁路安全防护要求，穿（跨）越铁路线路时优先选择下穿铁路方案，并应当征得铁路运输企业的同意。在道路与铁路并行路段，应当在道路靠近铁路一侧设置安全防护设施和警示标识；道路与高速铁路并行的，应当提高防撞等级设置防护设施。

3.对建设工程施工及竣工验收作出明确规定

（1）从事下列活动，应当征得铁路运输企业同意，签订安全保护协议，并由铁路运输企业对施工现场进行安全监督。

①在铁路线路安全保护区内，新建、改建、扩建建筑物、构筑物等设施；

②在铁路线路安全保护区内，取土、挖砂、挖沟、采空作业或者临时堆放、悬挂物品；

对从事以上两项活动危及铁路安全的，应当立即停止相关作业，消除危险后方可恢复作业；影响铁路运输的，建设单位或者施工单位应当给予铁路运输企业合理补偿。

③在铁路线路安全保护区内，架设或者埋置电力、通信线路电缆、管道设施、穿凿通过铁路路基的地下坑道。

（2）在铁路线路路堤坡脚、路堑坡顶、铁路桥梁外侧起向外各 1 000 m 范围内，以及在铁路隧道上方中心线两侧各 1 000 m 范围内，从事露天采矿、采石或者爆破作业的，应当与铁路运输企业协商一致，并依照有关法律、法规的规定报县级以上人民政府有关部门批准，采取安全防护措施后方可进行。

（3）在铁路线路安全保护区的邻近区域采用彩钢瓦、铁皮、塑料薄膜等轻质材料搭建板房、彩钢棚、塑料大棚和铺设防尘网、防晒网的，其产权人或者管理人应当加强管理，采取必要的安全防护措施，防止因掉落、脱落、飘浮影响铁路运输安全。

（4）在铁路线路两侧设置新建、改建、扩建建筑物、构筑物或者设置杆塔、种植树木等，建筑物、构筑物、杆塔和树木等与铁路线路的距离应当符合国家标准、行业标准以及国家和省有关规定，产权人或者管理人应当采取措施防止其倒伏后侵入铁路建筑限界。

建筑物、构筑物、杆塔等倒伏后危及铁路安全的，铁路运输企业可以先行采取处置措施，并告知产权人或者管理人。

（5）铁路建设工程竣工，应当按照有关规定组织验收和运营安全评估。经验收、评估合格，符合运营安全要求的，方可投入运营。

第二节　规章文件

规章文件包括部门规章与规范性文件。铁路营业线施工有关部门规章一般指国务院有关部门及中国国家铁路集团有限公司（简称“国铁集团”）颁发的安全生产规章。铁路营业线施工涉及的规章主要有《铁路技术管理规程》（TG/01—2014）、《铁路交通事故调查处理规则》（铁道部第 30 号令）、《违反〈铁路安全管理条例〉行政处罚实施办法》（交通运输部第 22 号令）等。

规范性文件，是各级机关、团体、组织制发的各类文件中最主要的一类，其内容具有约束和规范人们行为的性质。铁路营业线施工涉及的，由交通运输部（国家铁路局）、国铁集团及其部门发布的规范性文件主要有：《铁路营业线施工安全管理办法》（国铁运输监

〔2021〕31 号）、《国铁集团铁路营业线施工管理办法》（铁调〔2021〕160 号）、《铁路建设项目安全生产管理办法》（铁总建设〔2014〕168 号）、《铁路工程基本作业施工安全技术规程》（国铁科法〔2020〕6 号）、《高速铁路工务安全规则（试行）》（铁总运〔2014〕170 号）、《普速铁路工务安全规则》（铁总运〔2014〕272 号）等。

中国铁路济南局集团有限公司（简称集团公司）根据国家铁路局、国铁集团有关文件制订的管理办法、实施细则等制度也是营业线施工及安全管理的有效规章制度。其主要有《中国铁路济南局集团有限公司铁路营业线施工管理实施细则》（济铁施工〔2021〕186 号）《济南铁路局营业线施工人员安全培训管理办法（暂行）》（济铁建发〔2016〕97 号）、《中国铁路济南局集团有限公司铁路建设项目营业线施工管理细化办法》（济铁建〔2022〕67 号）、《济南铁路局建设系统自轮运转特种设备管理实施细则》（济铁建发〔2015〕340 号）、《中国铁路济南局集团有限公司铁路建设项目安全生产管理实施办法》（济铁建〔2018〕279 号）、《中国铁路济南局集团有限公司铁路建设项目施工专业分包管理实施细则》（济铁建〔2019〕207 号）、《中国铁路济南局集团有限公司铁路基本建设项目营业线施工配合技术服务费管理办法》（济铁建〔2020〕13 号）、《中国铁路济南局集团有限公司铁路建设项目质量安全红线管理实施细则》（济铁建发〔2018〕37 号）、《中国铁路济南局集团有限公司地方涉铁工程管理办法》（济铁涉铁〔2019〕268 号）、《中国铁路济南局集团有限公司地方涉铁工程营业线施工安全管理细化办法》（济铁涉铁〔2020〕50 号）、《中国铁路济南局集团有限公司地方涉铁工程质量管理实施办法》（济铁办涉铁〔2021〕45 号）等。集团公司这些制度是吸取以往的事故教训总结制定出来的，这些制度是确保营业线施工安全的有力保障。

下面重点介绍《铁路技术管理规程》《铁路工程基本作业施工安全技术规程》等规章制度中有关涉及营业线施工安全管理的主要内容。

一、《铁路技术管理规程》

（一）在铁路规章中的地位

《铁路技术管理规程》（以下简称《技规》，包括高速铁路和普速铁路两部分）是国铁集团根据有关法律、法规、规章和技术标准等制定的国家铁路技术管理基本规章，适用于国家铁路。各部门、各单位制定的技术管理文件等，都必须符合其规定。在国铁集团没有明令修改以前，任何部门、任何单位、任何人员都不得违反其规定。

《技规》（高速铁路部分）适用于 200 km/h 及以上的铁路和 200 km/h 以下仅运行动车组列车的铁路。《技规》（普速铁路部分）适用于 200 km/h 以下的铁路（仅运行动车组列车的铁路除外）。200 km/h 客货共线铁路有关货运技术设备的要求参照《技规》（普速铁路部分）执行。

（二）铁路建设及施工规定

1.《技规》对高速和普速铁路建设及施工的共同规定

（1）工程施工须按照批准的设计文件的要求进行，严格执行工程建设项目招投标和监理制度。建设单位应会同相关铁路运输企业和工程设计、施工单位制定安全施工方案，按照方案进行施工，加强环境保护，确保工程质量。施工完毕应及时清理现场，不得影响铁路运营安全。

(2)涉及营业线施工时，须按国铁集团规定程序审批，且必须保证行车安全，减少对运输的影响。

(3)新建工程竣工后，应按规定进行验收，并进行安全评估。改建工程竣工后，应按规定进行验收。在确认工程符合技术标准、设计文件的要求，并检查竣工文件和技术设备使用说明书等资料齐全后，方可交接。新建、改建的工程设施必须有明确的质量保证期。

(4)如运输生产急需，可按上述3条原则分段验收交接。

2.《技规》对高速铁路建设及施工的规定

(1)凡影响行车的施工、维修作业，都必须纳入天窗，不得利用列车间隔进行。线路、桥隧、信号、通信、接触网及其他行车设备的施工，力争开通后不降低行车速度。维修作业开始前不限速，结束后须达到正常放行列车条件。

(2)施工维修防护要求

①凡影响行车的施工维修，均应设置防护。未设好防护，禁止开工。线路状态未恢复到准许放行列车的条件，禁止撤除防护、放行列车。施工维修防护的设置与撤除，由施工负责人决定。维修作业应在调度所(车站)与作业地点分别设驻调度所(驻站)联络员和现场防护人员，并保持联系。在区间或站内线路、道岔上维修时，现场防护人员应站在维修地点附近且瞭望条件较好的地点进行防护，在天窗内作业时，显示停车手信号。

②封锁区间施工时，施工负责人应确认已做好一切施工准备，按批准的施工计划(临时抢修施工时除外)，由驻调度所(驻站)联络员在“行车设备施工登记簿”内登记。列车调度员应保证施工时间，并及时发出实际施工调度命令。施工负责人接到调度命令，确认施工起止时刻，设好停车防护后，方可开工，并保证在规定时间内完成。施工单位及设备管理单位应严格掌握开通条件，经检查满足放行列车的条件，且设备达到规定的开通速度要求，办理开通登记后，向列车调度员申请开通区间。如因特殊情况不能按时开通区间或不能按规定的开通速度运行时，应提前要求列车调度员延长时间或限速运行。

③施工维修作业时，应严格遵守作业人员和机具避车制度，采取措施保证邻线列车和作业人员安全。在区间或站内线路、道岔上施工维修作业时，应在列车调度台设驻调度所联络员或在车站行车室设驻站联络员，施工维修地点设现场防护人员。驻调度所(驻站)联络员和现场防护人员应由指定的、经过考试合格的人员担任。施工负责人可指派驻调度所(驻站)联络员负责在列车调度台(车站行车室)办理施工维修登、销记手续，驻调度所(驻站)联络员向施工负责人传达调度命令，通报列车运行情况。驻调度所(驻站)联络员和现场防护人员在执行防护任务时，应佩戴标志，携带通信设备;现场防护人员还应携带必备的防护用品，随时观察施工现场和列车运行情况。发现异常情况时及时通报列车调度员(车站值班员)和施工负责人。驻调度所(驻站)联络员应与现场防护人员保持联系，如联系中断，现场防护人员应立即通知施工负责人停止作业，必要时将线路恢复到准许放行列车的条件。

④在线间距不足6.5 m地段施工维修而邻线行车时，邻线列车应限速160 km/h及以下，并按规定设置防护。施工单位在提报施工计划时，应提出邻线限速的条件。邻线来车时，现场防护人员应及时通知作业人员，机具、物料或人员不得在两线间放置或停留，并应与列车保持安全距离，物料应堆码放置牢固。

⑤线路备用轨料须在车站范围内码放整齐，线路两侧散落的旧轨料、废土废渣应及时清理。因施工等原因线路两侧临时摆放的轨料，要码放整齐，并进行必要的加固。有栅栏

的地段要置于两侧的封闭栅栏内;需临时拆除封闭栅栏时,应设置临时防护设施并派人昼夜看守。

⑥凡上道使用涉及行车安全的养路机械、机具及防护设备,须符合有关技术标准,满足运用安全的要求。养路机械、机具及防护设备应专管专用,加强日常检修和定期检查,经常保持良好状态。状态不良的,禁止上道使用。

⑦路用列车装卸路料时,装卸车负责人应指挥列车停于指定地点。装卸作业完毕后,其负责人应负责检查装卸货物的装载、堆码状态,确认限界,清好道沿,关好车门。在区间装卸时,装卸车负责人确认具备开车条件后通知司机开车。

⑧进入封锁区间的施工列车司机应熟悉线路和施工条件。

3.《技规》对普速铁路建设及施工的规定

(1)凡影响行车的施工(特别规定的慢行施工除外)、维修作业,都必须纳入天窗,不得利用列车间隔进行。线路、桥隧、信号、通信、接触网及其他行车设备的施工、维修,力争开通后不降低行车速度。

(2)封锁施工时,施工负责人应确认已做好一切施工准备,按批准的施工计划(临时封锁区间抢修施工时除外),亲自或指派驻站联络员在车站"行车设备施工登记簿"内登记,按规定向车站或通过车站值班员向列车调度员申请施工。

封锁区间施工时,车站值班员根据封锁或开通命令,在信号控制台或规定位置上揭挂或摘下封锁区间表示牌。列车调度员应保证施工时间,并向施工区间的两端站、有关单位及施工负责人及时发出实际施工调度命令。施工负责人接到调度命令,确认施工起止时刻,设好停车防护后,方可开工,并保证在规定时间内完成。

施工单位及设备管理单位应严格掌握开通条件,经检查满足放行列车的条件,且设备达到规定的开通速度要求,办理开通登记后,通过车站值班员向列车调度员申请开通区间。如因特殊情况不能按时开通区间或不能按规定的开通速度运行时,应提前通知车站值班员,要求列车调度员延长时间或限速运行。

施工时,除本项施工外的车列或列车不得进入封锁区间。进入封锁区间的施工列车司机应熟悉线路和施工条件。

(3)凡影响行车的施工及故障地点的线路,均应设置防护。未设好防护,禁止开工。线路状态未恢复到准许放行列车的条件,禁止撤除防护、放行列车。施工防护的设置与撤除,由施工负责人决定。

多个单位在同一个区间施工时,原则上应分别按规定进行防护,由施工主体单位负责划分各单位范围及分界。

(4)在区间或站内线路、道岔上封锁施工作业时,施工单位在车站行车室设驻站联络员,施工地点设现场防护人员。驻站联络员和现场防护人员应由指定的、经过考试合格的人员担任。施工负责人可指派驻站联络员负责在车站办理施工封锁及开通手续,向施工负责人传达调度命令,通报列车运行情况,并向车站值班员传达开通线路请求。驻站联络员和现场防护人员在执行防护任务时,应佩戴标志,携带通信设备;现场防护人员还应携带必备的防护用品,随时观察施工现场和列车运行情况。发现异常情况时及时通报车站值班员和施工负责人。

驻站联络员应与现场防护人员保持联系,如联系中断,现场防护人员应立即通知施工负责人停止作业,必要时将线路恢复到准许放行列车的条件。

(5)在线间距不足 6.5 m 地段施工维修而邻线行车时,邻线列车应限速 160 km/h 及以下,并按规定设置防护。施工单位在提报施工计划时,应提出邻线限速的条件。

邻线来车时,现场防护人员应及时通知作业人员,机具、物料或人员不得在两线间放置或停留,并应与列车保持安全距离,物料应堆码放置牢固。

(6)线路备用轨料应在车站范围内码放整齐,线路两侧散落的旧轨料、废土废渣应及时清理。因施工等原因线路两侧临时摆放的轨料,要码放整齐,并进行必要的加固。有栅栏的地段要置于两侧的封闭栅栏内;需临时拆除封闭栅栏时,应设置临时防护设施并派人昼夜看守。

二、《铁路工程基本作业施工安全技术规程》

2020 年 2 月 13 日,国家铁路局公布了《铁路工程基本作业施工安全技术规程》(TB 10301—2020)、《铁路路基工程施工安全技术规程》(TB 10302—2020)、《铁路桥涵工程施工安全技术规程》(TB 10303—2020)、《铁路隧道工程施工安全技术规程》(TB 10304—2020)、《铁路轨道工程施工安全技术规程》(TB 10305—2020)、《铁路通信、信号、信息工程施工安全技术规程》(TB 10307—2020)、《铁路电力、电力牵引供电工程施工安全技术规程》(TB 10308—2020)等 7 项铁路工程建设标准,自 2020 年 5 月 1 日起实施。同时废止了《铁路工程基本作业施工安全技术规程》(TB 10301—2009)等 6 项铁路建设标准。现重点介绍《铁路工程基本作业施工安全技术规程》相关内容。

(一)在铁路规章中的地位

《铁路工程基本作业施工安全技术规程》(TB 10301—2020)是为贯彻“安全第一,预防为主,综合治理”的安全生产方针,体现以人为本、安全发展理念,统一铁路工程技术要求,规范施工安全管理和施工作业行为,保障人身、设备、设施及行车安全而制定的工程建设标准。

《铁路工程基本作业施工安全技术规程》系统分析了铁路工程基本作业施工中的安全管理现状,全面总结了铁路工程基本作业施工现场实践经验,充分借鉴了国外相关标准、规定,在《铁路工程基本作业施工安全技术规程》(TB 10301—2009)基础上,进一步修订完善了“贯彻近年来国家法律、法规和技术标准等对安全生产的新要求”“规定铁路工程施工中安全管理、安全技术和现场安全作业的基本要求”“明确安全技术交底和悬空作业等术语的定义”“增加各类施工作业关于危险源、危险因素辨识评估的内容”“增加运输工具、加工机械、特种设备在管理和使用过程中的安全要求和应采取的技术措施规定”“有关爆破器材储存库、爆破器材管理、爆破作业的安全要求”“增加临时给排水设施、施工机具用电、电梯、夜间环境作业、有限空间作业、特殊天气施工的有关内容”“增加营业线施工和邻近营业线施工的安全技术要求”等内容。

《铁路工程基本作业施工安全技术规程》(TB 10301—2020)内容更加丰富,系统性、针对性和操作性更强,对铁路工程基本作业施工安全控制具有较强的指导作用。其中,部分条文引用了国家有关部门颁布的部门规章中相关内容,如《特种作业人员安全技术培训考核管理规定》(国家安全生产监督管理总局令第30号)、《危险性较大的分部分项工程安全管理规定》(住房和城乡建设部令第37号)等规定要求,要将《铁路工程基本作业施工安全技术规程》(TB 10301—2020)作为铁路施工安全规章制度严格执行。

(二)施工安全管理基本规定

1.总体规定和要求

(1)铁路工程施工应建立质量、环境、职业健康安全管理体系,对施工安全管理、施工安全技术、施工安全作业进行管理与控制。

(2)铁路工程施工应按设计文件进行,达到设计要求的安全使用功能。

(3)建设各方应按规定设置安全管理机构,配备安全管理人员,制定安全生产规章制度,落实安全生产责任制。

(4)建设各方人员应遵守安全生产有关法律法规及本规程的规定,经培训合格方可上岗。特种作业人员应按照国家有关规定经专业的安全作业培训,取得相应资格,方可上岗作业。

(5)铁路工程施工应采用合格的机械设备、仪器仪表、材料和安全防护用品等。

(6)铁路工程施工中应用新技术、新材料、新工艺、新设备时,应制定相应的安全技术措施,并对有关人员进行安全生产教育培训。

(7)施工组织设计应包含安全保障措施。危险性较大的工程应编制专项施工方案,并按规定经审批后实施。

(8)建设各方应按规定编制应急预案,备齐备足应急物资、人员和设备,按规定组织培训和演练。

(9)铁路工程施工应遵守国家有关劳动保护的法律法规,按规定配备、使用劳动保护和安全防护等用品。

(10)同一施工场所内有两个及以上单位同时作业,可能危及对方生产安全的,应签订安全生产管理协议,明确各自的安全生产管理职责和应当采取的安全措施。

(11)施工过程中应及时掌握气象、水文和地质灾害等有关信息,做好防范和应急处置工作。

(12)建设各方应按规定进行安全生产检查,对安全隐患应及时采取整改措施。

2.一般规定和要求

(1)建设各方应结合工程实际和项目特点,落实施工安全责任和施工安全措施,做好安全管理和安全技术工作,规范现场作业,预防事故发生。

(2)施工单位应做好以下施工安全工作:

①按照设计施工,严格执行有关安全技术标准,将安全技术措施纳入施工组织设计和施工方案,并在施工前向作业人员进行安全技术交底。

②对施工现场安全进行监督检查,及时制止违章作业,及时排查、报告和消除现场安全隐患。

③制定安全生产费用的使用计划,保证安全生产费用的足额投入,专款专用。

④发现施工现场情况与设计文件不符,设计存在缺陷或对设计有疑问,并影响施工安全时,应及时向有关单位报告,并采取安全防范措施,确认无误后方可继续施工。

⑤发生安全事故后，立即启动应急预案，采取有效措施防止事故扩大，并按规定上报事故。

3. 施工安全技术主要规定

(1)施工单位应在危险源辨识评估的基础上，制定相应的安全技术措施，并纳入施工组织设计和专项施工方案。

(2)施工单位应按要求制定并分级实施安全技术交底制度，保存签认记录。

(3)安全防护设施应实行验收制度，并应与主体工程同时设计、同时施工、同时投入生产和使用。

(4)施工作业前应进行班前安全讲话，向作业人员强调安全注意事项、应急措施和要求，并做好记录。

(5)进入现场的所有人员应按规定配备和使用劳动保护用品。

(6)作业人员发现安全事故隐患，应立即向现场负责人报告，并及时采取相应的安全措施，无法保障安全时应立即停止作业，撤出作业岗位。

(7)建设各方应建立健全安全生产教育培训制度，制订培训计划，对参建人员按规定进行培训，考核合格后方可上岗。

(8)参与工程施工的项目负责人和专职安全管理人员、特种作业人员应经专门的安全培训，考核合格后方可上岗。

(9)施工单位对管理人员和施工作业人员安全生产教育培训情况应有记录，培训时间应符合国家和行业规定。

(10)参与营业线施工及邻近营业线施工的人员，其安全生产教育培训应符合有关规定的要求。

(三)材料储运主要规定

1. 材料储运方面主要规定

(1)铁路封闭区域内一般不应存放材料，严禁侵入铁路限界。

(2)靠近线路存放的机具、材料，应放置稳固，严禁侵入铁路限界。道砟、片石、砂子等材料卸车后，施工负责人应及时组织人员排查清道。

(3)在桥梁及站台风雨棚等处存放材料时，应对其结构、承载力、稳定性进行检算。

2. 使用轨道平车运输大型构件主要规定

(1)轨道铺设应平直、圆顺，轨距应在允许误差之内。

(2)长钢轨运输时，当轨道曲线半径在 500 m 以下时，应限速 45 km/h；当曲线半径在 300 m 以下或侧向通过道岔时，应限速 25 km/h。

(3)平车的转向托盘或转盘、制动器应状态完好，构件支撑牢固。

(4)应设专人押运，严禁溜放。

(四)过渡工程主要规定

1. 过渡工程施工主要规定

(1)建设各方应将过渡工程按正式工程组织实施和管理。

(2)过渡工程应按照批准的施工组织设计、施工方案和施工计划进行施工，保证行车安全，减少对铁路运输的影响。

(3)过渡工程施工应在充分调查、核对既有设备的基础上,根据设计文件和审查后的指导性意见编制施工过渡方案,并严格按照设计文件、批准的施工过渡方案及验收标准施工。

(4)营业线站场改造工程中,所接入或移动的道岔应按信号过渡工程设计、施工,并将道岔表示纳入车站联锁后,方可开放相应的进出站信号,减少对铁路运输的影响,确保行车安全。

2. 过渡工程开通主要规定

过渡工程的开通速度和运行速度依据设计和施工资料提出申请,经运营单位审查后确定。

(五)营业线及邻近营业线施工规定

1. 一般规定

(1)营业线及邻近营业线施工前,有关单位应共同核实作业范围内地下管线的分布情况,并制定相应的防护措施。

(2)营业线及邻近营业线施工应编制专项施工方案。第 18. 1. 4 款规定:参加营业线及邻近营业线施工的相关人员应经培训取得相应资格。

(3)参建单位应按照有关规定与设备管理和行车组织等单位签订有关安全协议。

(4)现场的带班人员应是经培训合格的正式职工。防护人员上岗前,应带齐防护用品,按要求配足防护人员,设置远端、现场、驻站防护。

(5)驻站联络员应按规定时间提前到达车站行车室,进行驻站登记,按规定要求与现场防护员联系,准确传递来车信息。

(6)使用大型机械设备作业的,应严格遵循有关规定,作业时应配备防护人员。

2. 营业线施工主要规定

(1)营业线施工准备工作主要规定

①安全防护隔离措施应满足施工方案和安全防护的要求。

②有关人员和施工机具、机械设备全部到位后,应进行班前讲话,明确作业范围及注意事项。

③现场作业的机械应与施工计划中提报的相符,性能良好,操作人员证件齐全有效。

(2)营业线施工中主要规定

①由施工负责人统一指挥,防护人员应按要求进场做防护,作业人员应由工班长带领上道或进入施工区域。

②施工机械应按照指定路线进入作业区域,不得超范围施工。

③施工完毕后由施工负责人指挥归整、清理路料,清点人员、机具,并组织撤离。

3. 邻近营业线施工主要规定

(1)施工单位应在设备管理单位的配合下,做好现场调查,掌握施工影响范围内的行车设备里程、位置关系、运输生产、地质水文、有关设施等情况。

(2)在营业线附近倒车、卸车时,应在其周围设置防护和安全警示标志并派专人监护。停放车辆、机械时应平行线路放置并采取防溜、失稳措施。停用的机械、车辆由监护人员保管,操作人员不得擅自启动机械作业。

(3)邻近营业线的基坑开挖或桩基施工时,应严格按照施工方案做好变形监测、评估,并采取相应防范措施。

(4)需爆破作业时，应采用控制爆破，并针对施工爆破可能造成行车设备的损坏程度，制定相应的安全防护措施和抢修应急预案。

(5)邻近营业线施工时应采取可靠措施，防止高大施工机械设备倾倒侵限。

关于《铁路路基工程施工安全技术规程》《铁路桥涵工程施工安全技术规程》《铁路隧道工程施工安全技术规程》《铁路轨道工程施工安全技术规程》《铁路通信、信号、信息工程施工安全技术规程》《铁路电力、电力牵引供电工程施工安全技术规程》等相关条文规定将在各专业施工管理中一并介绍。

三、铁路工务安全规则

铁路工务安全规则分为《高速铁路工务安全规则(试行)》和《普速铁路工务安全规则》。它是在系统总结既有线路、既有提速线路和高速铁路安全生产管理经验基础上编制而成的技术管理规章。

(一)适用范围

1.《高速铁路工务安全规则(试行)》

适用于200 km/h及以上铁路和200 km/h以下仅运行动车组列车的铁路。规则未做规定的，应参照《普速铁路工务安全规则》执行。

2.《普速铁路工务安全规则》

适用于200 km/h以下国家铁路(仅运行动车组列车的铁路除外)的工务安全管理。

(二)对工务设备保护主要规定

1.《高速铁路工务安全规则(试行)》对工务设备保护主要规定

(1)未经设备管理部门同意，任何单位和个人不得擅自动用工务设备(轨道、路基、桥梁、隧道、涵渠、防护设施、排水系统、支挡结构、精测网控制点及各种标志等)，如有特殊需动用时，必须征得工务设备管理部门同意，并应有工务人员现场监督。

(2)影响道岔或信号使用的作业，必须提前与电务部门联系，填写工电配合通知书。影响通信、列车运行安全监测设备和接触网等设备正常使用的作业，必须与相关设备管理单位联系，由其配合人员负责拆除和恢复各自设备。

(3)非设备管理单位承担的施工或维修作业，施工或维修作业单位应与设备管理单位签订安全协议。

2.《普速铁路工务安全规则》对工务设备保护主要规定

(1)任何单位或个人不得擅自动用工务设备(钢轨及配件、轨枕、道床、路基、桥梁、隧道、涵渠、防护设施、各种标志等)，如有特殊需要动用工务设备时，必须征得工务设备管理部门的同意，并有工务人员现场监督。

(2)施工方案审核通过后，施工单位应与相关设备管理单位和行车组织单位按施工项目分别签订施工安全协议。施工单位在提报施工计划申请时，必须同时提报施工安全协议。未签订施工安全协议的施工计划申请，集团公司主管业务部室不予审核。

(3)影响道岔或信号使用以及在道岔转辙、可动心辙叉部位进行的作业，必须提前与电务部门联系，填写工电配合通知书。影响超偏载检测装置、通信、客(货)车运行安全监测设备和接触网等设备正常使用的作业，必须与相关设备管理单位联系，填写配合通知书，由其配合人员负责拆除和恢复相关设备。影响站台、雨棚、天桥建筑限界的作业时，必须与相关设备管理单位联系，填写配合通知书。

(三)对施工负责人要求

1.《高速铁路工务安全规则(试行)》对施工作业负责人基本要求

(1)开工前，应有针对性地对全体作业人员进行安全教育和技术交底，明确驻调度所(驻站)联络员和现场防护员。

(2)作业前，应按批准的作业计划或作业方案做好各项准备工作，核对调度命令，并组织对人员、工机具、材料等逐一进行清点并做好记录。

(3)作业中，应严格按批准的作业计划或作业方案作业，随时掌握进度与质量，监督作业人员执行作业方案和各项安全规定，消除不安全因素，并保持与现场防护员联系。

(4)开通前，应组织对作业质量、作业现场进行检查，确认工务设备状态达到放行列车条件及人员、工机具、材料撤出防护栅栏，并做好记录。

2.《普速铁路工务安全规则》对施工作业负责人基本要求

(1)负责作业现场的组织指挥工作。检查作业和开通前的各项准备工作，指挥现场作业，安排作业防护，确认放行列车条件等。

(2)负责协调解决作业中发生的问题，协调各单位作业，掌握作业进度，反馈现场信息。

(3)负责总结分析作业组织、进度和安全等情况，对作业现场的安全负责。

(四)施工防护基本要求

1.《高速铁路工务安全规则(试行)》对施工防护基本要求

(1)上道前和跨越线路时应严格遵守"一停、二看、三通过"和"手比、眼看、口呼"的规定，严禁抢越。

(2)严禁作业人员跳车、钻车、扒车和由车底下、车钩上传递工具材料。休息时严禁坐在钢轨、轨枕头及道床边坡上。绕行停留车辆时其距离应不少于 5 m，并注意车辆动态和邻线上开来的列车。

2.《普速铁路工务安全规则》对施工防护基本要求

(1)步行上下工时，区间应在路肩或路旁集中走行；在双线区间，应面迎列车方向走行；通过桥梁、道口或横越线路时，应"手比、眼看、口呼"，做到"一停、二看、三通过"，严禁来车时抢越。必须走道心时，应设置专人防护。进路信号辨认不清时，应及时下道避车。

(2)严禁作业人员跳车、钻车、扒车和由车底下、车钩上传递工具材料。休息时不准坐在钢轨、轨枕头及道床边坡上。绕行停留车辆时其距离应不少于 5 m，并注意车辆动态和邻线上开来的列车。

(3)遇有降雾、暴风雨(雪)、扬沙等恶劣天气影响瞭望时，应停止线上作业和上道检查，必须作业时，应采取特殊安全措施，保证来车之前按规定的距离及时下道。

四、铁路营业线施工管理办法

为加强铁路营业线施工管理，确保行车、人身和施工安全，国家铁路局、国铁集团、集团公司根据《铁路法》《安全生产法》《铁路安全管理条例》《建设工程安全生产管理条例》《铁路交通事故应急救援和调查处理条例》等法律、法规和《技规》等规章规定，相应制定了《铁路营业线施工安全管理办法》(国铁运输监〔2021〕31 号)、《国铁集团铁路营业线施工管理办法》(铁调〔2021〕160 号)和《中国铁路济南局集团有限公司铁路营业线施工管理实施细则》(济铁施工〔2021〕186 号),作为重要的通用技术规章,是施工人员营业线施工安全知识培训的重点内容,将在后续章节中分别介绍。

第三节　基础知识

一、营业线施工的概念

(一)铁路营业线

铁路营业线是指已经建成并投入运输生产使用的铁路线路。

(二)铁路营业线设备安全限界

1.高速铁路营业线设备安全限界

路基地段线路防护栅栏(桥梁地段为桥面最外侧)为营业线设备安全限界。当接触网支柱在线路防护栅栏以外(桥梁地段为桥面最外侧)时,接触网支柱外侧 2 m(接触网支柱外侧附加悬挂外 2 m,有下锚拉线地段时在下锚拉线外 2 m)为营业线设备安全限界。

2.普速铁路营业线设备安全限界

电气化铁路接触网支柱外侧 2 m(接触网支柱外侧附加悬挂外 2 m,有下锚拉线地段时在下锚拉线外 2 m)、非电气化铁路信号机立柱外侧 1 m 为营业线设备安全限界。

(三)铁路营业线施工

铁路营业线施工系指影响营业线设备稳定、使用和行车安全的各种作业。在营业线施工管理中,也将邻近营业线施工纳入其管理范畴。

(四)邻近营业线施工

邻近营业线施工是指在营业线两侧一定范围内、营业线设备安全限界外影响或可能影响铁路营业线设备稳定、使用和行车安全的作业。

二、营业线施工分类

铁路营业线施工按照组织方式、影响程度分为施工和维修两类。

(一)施工项目

铁路营业线施工项目主要包括以下内容:

1.线路及站场设备技术改造,增建线路、新线引入、电气化改造等施工。

2.跨越、穿越铁路线路或站场的桥梁、隧道、涵洞、管道、渡槽和电力线路、通信线路、油气(燃气、蒸汽)管线,以及铺设道口、平过道等设备设施的施工。

3.在铁路安全保护区内架设、铺设、拆除管道、渡槽和电力线路、通信线路、杆塔、油气(燃气、蒸汽)管线等设施的施工。

4.在规定的安全区域内实施爆破作业,在线路隐蔽工程(含通信、信号、电力电缆径路,给水管路)上作业,影响路基和桥隧涵稳定的各种施工。

5. 信号、联锁、闭塞、CTC/TDCS、列控等行车设备大中修、改造施工。

6. 影响营业线正常运营的铁路重要信息系统运行环境改造、基础设施更新、应用系统变更等施工。

7. 设置在线路上的安全检测、监控设备的新建、技术改造、大中修及 TPDS 设备标定施工。

8. 影响营业线正常运营的通信网络施工和中断行车通信业务的通信设备施工。行车通信业务是指列车调度电话、站间行车电话、调度命令信息无线传送、无线车次号校核信息传送业务以及承载列车运行控制、CTC/TDCS、信号闭塞、信号安全数据网、信号逻辑检查、车辆红外轴温探测（THDS）、牵引供电远动、地震灾害和异物侵限监测等系统的网络通道。

9. 线路大中修，路基、桥隧涵大修施工及大型养路机械作业。

10. 成段破底清筛，成组更换道岔（含钢轨伸缩调节器）及轨件，成段更换扣件，更换轨道板（道床板），更换无砟道床，无缝线路应力放散。

11. 普速铁路成段更换钢轨或轨枕，使用冻害垫板一次总厚度大于等于 40 mm 的冻害整治等施工；高速铁路使用冻害垫板一次总厚度大于等于 10 mm 的冻害整治，更换钢轨或轨枕，更换道岔（含钢轨伸缩调节器）主要部件等施工。

12. 牵引供电变配电设备、远动设备、电力、接触网技术改造及大修，高速铁路接触网三级修等施工。

13. 车站站台、雨棚、天桥等建筑物及客运上水和吸污设备、站场供水设施技术改造及大中修施工。

14. 工程质量缺陷和高速铁路线路、路基、桥隧涵病害整治等施工。

15. 整锚段更换接触线、承力索、附加线索，更换接触网支柱（吊柱），隧道内接触网预埋件整治等施工。

16. 在线间距不足 6.5 m 地段（两线间已有站台、栅栏等设施的除外）一线作业邻线行车时，单个防护单元内（防护单元长度原则上不超过 100 m）使用小型养路机械（包括捣固机、捣固镐、道岔打磨机、仿形打磨机、内燃扳手、切轨机）总数 10 台及以上的作业和线路允许速度 120 km/h 以上区段使用接触网车梯、梯子的作业。

17. 其他影响营业线设备稳定、使用和行车安全的施工。

（二）维修项目

维修项目是指作业开始前不需对行车条件进行限制，结束后须达到正常放行列车条件，并且在维修天窗时间内能完成的项目。包括高速铁路维修项目和普速铁路维修项目。

1. 高速铁路维修项目按照专业划分为工务维修项目、电务维修项目、供电维修项目、房建维修项目、车辆维修项目和客服系统（站台上）维修项目。

（1）工务维修项目按照作业复杂程度和设备影响范围分为Ⅰ级维修项目和Ⅱ级维修项目。

①Ⅰ级维修项目。

开行路用列车运送作业人员、装卸机具路料。

②Ⅱ级维修项目。

a. 钢轨、道岔小型养路机械打磨。

b. 工务设备上线检查、检测。

c. 轨道精调。

d. 采用改道、垫板方式处理零小线路病害。

e. 整理外观及修理、油刷线路标志。

f. 螺栓扣件涂油。

g. 防护栅栏内各种排水设备、加固设备的整修及清淤。

h. 整修声屏障、进入防护栅栏门内整修防护栅栏。

i. 使用冻害垫板一次总厚度小于 10 mm 的冻害整治。

j. 路基封闭层、排水系统以及防护栅栏内的路基边坡防护设施和支挡结构的检查、整修。

k. 桥梁栏杆、桥面防水层、桥面上排水系统的检查、整修。

l. 进入隧道内的检查整修，隧道洞门、缓冲结构及防护栅栏内边坡仰坡的检查整修。

m. 自然灾害及异物侵限监测系统的维修与更换。

n. 可能影响行车安全的危石清理。

o. 无砟轨道结构及封闭层修补作业。

p. 箱梁支座脱空、翻浆整治。

q. 在天窗内可以完成的其他作业项目。

(2)电务维修项目按照作业复杂程度和设备影响范围分为信号Ⅰ级维修项目、信号Ⅱ级维修项目和通信Ⅰ级维修项目、通信Ⅱ级维修项目。

①信号Ⅰ级维修项目。

a. 年度信号联锁关系检查试验。

b. 室内、外单套设备更换。

②信号Ⅱ级维修项目。

a. 道岔转辙设备检修。

b. 信号机设备检修及显示调整。

c. 区间、站内轨道电路设备检修。

d. 信号机械室、中继站、箱式机房内设备检修。

e. 列控地面设备、CTC/TDCS 设备检修。

f. 各种箱盒、贯通地线、光电缆等设备检修。

g. 室内、外设备整治及零小器材更换。

h. 在天窗内可以完成的其他作业项目。

③通信Ⅰ级维修项目。

a. 影响行车通信业务的光电缆、网络设备整治和网络调整。

b. 影响行车通信业务的 GSM-R 网络设备检修、整治。

c. 影响行车通信业务的通信电源设备检修、整治。

d. 影响自然灾害与异物侵限监控系统业务的检修、整治。

④通信Ⅱ级维修项目。

a. 影响行车通信业务的设备、光缆、电路测试及主备用倒换、试验。

b. 影响行车通信业务的传输、接入设备检修。

c. 影响行车通信业务的数据通信网设备检修。

d. 影响行车通信业务的调度通信设备检修。

e. 影响行车通信业务的直放站设备及天馈线、漏缆等设施的检修、整治。

f. 行车通信业务停用、调整作业。

g. 在道床坡脚以内进行的通信设备、设施的日常检查、维修作业项目。

h. 在天窗内可以完成的其他作业项目。

(3)供电维修项目按照作业复杂程度和设备影响范围分为Ⅰ级维修项目和Ⅱ级维修项目。

①Ⅰ级维修项目。

a. 更换接触网支撑装置、补偿装置。

b. 更换接触网隔离开关、电缆及电缆头等设备。

c. 接触网检修车列进行的接触网维修作业。

d. 三辆及以上接触网作业车进行的接触网维修作业。

e. 两个及以上接触网工区进行的联合作业。

②Ⅱ级维修项目。

a. 更换接触网零部件。

b. 接触网检查检测作业。

c. 接触网悬挂、分相、分段、线岔等检查调整。

d. 接触网吸上线、回流线,上部地线、附加悬挂检查维护。

e. 接触网绝缘部件清扫维护。

f. 6C 设备、隔离开关检修及远动设备维护、调试。

g. 站内、栅栏及隧道内电力设备检修。

h. 在天窗内可以完成的其他作业项目。

(4)房建维修项目按照作业复杂程度和设备影响范围分为Ⅰ级维修项目和Ⅱ级维修项目。

①Ⅰ级维修项目。

a. 雨棚、天桥及跨越线路站房的屋面、檐口板维修。

b. 雨棚吊顶板维修。

c. 线路上方的玻璃设施、幕墙维修。

d. 线路上方的装饰板维修。

e. 线间立柱雨棚钢结构除锈、涂装。

②Ⅱ级维修项目。

a. 站台、雨棚限界测量。

b. 雨棚落水管路疏通、维修。

c. 雨棚天沟杂物清理、维修。

d. 站台墙及吸音板检查维修。

e. 雨棚照明线路维修、灯具更换。

f. 站台帽石维修。

g. 站台立柱雨棚钢结构除锈、涂装。

h. 在天窗内可以完成的其他作业项目。

(5)车辆维修项目按照作业复杂程度和设备影响范围分为Ⅰ级维修项目和Ⅱ级维修项目。

①Ⅰ级维修项目。

a. 更换 TFDS、TEDS、TVDS 沉箱、侧箱。

b. 更换 TADS 麦克风阵列箱。

c. TPDS 动态标定及更换压力、剪力传感器。

d. 踏面诊断及受电弓检测装置、动车组外皮清洗机等设备的安装、拆除、更换大型部件。

②Ⅱ级维修项目。

a. 5T、AEI 设备的巡检、小修、春秋季整修。

b. 更换 THDS 探头箱、大门电机、轴温探测器。

c. 调整或更换 TFDS、TVDS 和 TEDS 轨边设备大门电机。

d. 更换 TADS 麦克风、大门电机。

e. TPDS、TADS 静态标定。

f. 踏面诊断及受电弓检测装置、动车组外皮清洗机等设备的定期校验、标定。

g. 调整、紧固卡轨器，更换磁钢、车号天线及卡具。

h. 更换、校对或焊接轨边电缆。

i. 在天窗内可以完成的其他作业项目。

(6)客服系统(站台上)维修项目不分等级。

维修引导系统、时钟、广播、监控、照明等客服设备。

2. 普速铁路维修项目按照专业划分为工务维修项目、电务维修项目、供电维修项目、房建维修项目、车辆维修项目和货运维修项目。

(1)工务维修项目按照作业复杂程度和设备影响范围分Ⅰ级维修项目和Ⅱ级维修项目。

①Ⅰ级维修项目。

a. 更换道岔尖轨、辙叉、护轨、基本轨；更换道岔扳道器下长岔枕、可动心轨道岔钢枕及两侧相邻岔枕或辙叉短心轨转向轴处轨枕。

b. 开行路用列车运送作业人员、装卸机具路料。

c. 利用小型爆破开挖侧沟或基坑(限于不影响路基稳定的范围)。

d. 更换和整正桥梁梁缝挡砟板。

②Ⅱ级维修项目。

a. 利用小型养路机械整治线路病害，对轨道(道岔)伤损零部件进行更换或修理。

b. 胶接、焊接钢轨，非成段更换钢轨(长度不超过 100 m)。

c. 一次起道量、拨道量不超过 40 mm 的起道、拨道作业。

d. 螺栓扣件涂油。

e. 桥梁施工进行试顶需要起动梁身并回落原位。拨正支座，支座垫砂浆厚度在 50 mm 及以下时。

f. 更换桥梁护轨，钢梁明桥面单根抽换桥枕、更换护木。

g. 隧道漏水整治、衬砌裂损修补。

h. 整修道口铺面。

i. 不破底处理道床翻浆冒泥、清筛道床。破底清筛道床以及更换、方正轨枕连续不超过 2 根。

j. 可能影响行车安全的清理危石、砍伐危树及隧道内刨冰作业。

k. 更换桥梁挡砟块、作业通道步行板。

l. 箱梁支座脱空、翻浆整治。

m. 在天窗内可以完成的其他作业项目。

(2)电务维修项目按照作业复杂程度和设备影响范围分为信号Ⅰ级维修项目、信号Ⅱ级维修项目和通信Ⅰ级维修项目、通信Ⅱ级维修项目。

①信号Ⅰ级维修项目。

a. 年度信号联锁关系检查试验。

b. 室内、外单套设备更换。

②信号Ⅱ级维修项目。

a. 道岔转辙设备、轨道电路、信号机、光电缆、贯通地线、各种箱盒等室外信号设备检修。

b. 信号机械室、箱式机房内设备检修。

c. 影响道口及车站设备正常运用的设备检修。

d. 影响驼峰信号设备使用的检修作业。

e. 室内、外设备整治及零小器材更换。

f. CTC/TDCS 设备、CTCS-2 级列控地面设备检修。

g. 在天窗内可以完成的其他作业项目。

③通信Ⅰ级维修项目。

a. 影响行车通信业务的光电缆整治、网络结构调整。

b. 影响两个车站以上行车通信业务的通信网络设备整治。

c. 影响行车通信业务的通信电源设备检修、整治。

④通信Ⅱ级维修项目。

a. 影响行车通信业务的设备、光电缆、电路测试及主备用倒换、试验。

b. 影响行车通信业务的传输、接入设备检修、整治。

c. 影响行车通信业务的数据通信网设备检修、整治。

d. 影响行车通信业务的调度通信设备检修、整治。

e. 影响行车通信业务的 GSM-R 基站、无线列调车站设备、区间无线中继设备及天馈线、漏缆等设施的检修、整治。

f. 涉及行车通信业务停用、调整的 GSM-R、调度通信网络数据制作。

g. 在天窗内可以完成的其他作业项目。

(3)供电维修项目按照作业复杂程度和设备影响范围分为Ⅰ级维修项目和Ⅱ级维修项目。

①Ⅰ级维修项目。

a. 接触网检修车列进行的接触网维修作业。

b. 三辆及以上接触网作业车进行的接触网维修作业。

c. 两个以上接触网工区进行的联合作业。

②Ⅱ级维修项目。

a. 更换接触网零部件。

b. 接触网检查检测作业。

c. 更换接触网腕臂支撑、补偿装置、器件式分相绝缘器、分段绝缘器、线岔、隔离开关等。

d. 接触网悬挂、分相、分段、线岔等检查调整。

e. 接触网吸上、回流线，上部地线、附加悬挂检查维护。

f. 接触网绝缘部件清扫维护。

g. 6C 设备、隔离开关检修及远动设备维护、调试。

h. 站内、栅栏及隧道内电力设备检修。

i. 在天窗内可以完成的其他作业项目。

(4)房建维修项目按照作业复杂程度和设备影响范围分为Ⅰ级维修项目和Ⅱ级维修项目。

①Ⅰ级维修项目。

a. 雨棚、天桥及跨越线路站房的屋面、檐口板维修。

b. 雨棚吊顶板维修。

c. 线路上方的玻璃设施、幕墙维修。

d. 线路上方的装饰板维修。

e. 线间立柱雨棚钢结构除锈、涂装。

②Ⅱ级维修项目。

a. 站台、雨棚限界测量。

b. 雨棚落水管路疏通、维修。

c. 雨棚天沟杂物清理、维修。

d. 站台墙及吸音板检查维修。

e. 雨棚照明线路维修、灯具更换。

f. 站台帽石维修。

g. 站台立柱雨棚钢结构除锈、涂装。

h. 在天窗内可以完成的其他作业项目。

(5)车辆维修项目按照作业复杂程度和设备影响范围分为Ⅰ级维修项目和Ⅱ级维修项目。

①Ⅰ级维修项目。

a. 更换 TPDS 压力、剪力传感器。

b. 更换 TFDS、TVDS、TEDS 沉箱、侧箱。

c. 更换 TADS 麦克风阵列箱。

d. 固定脱轨器、列车车辆制动试验装置、踏面诊断及受电弓检测装置、动车组外皮清洗机等设备的安装、拆除、更换大型部件。

②Ⅱ级维修项目。

a. 5T、AEI设备的巡检、小修、春秋季整修。

b. 更换THDS探头箱、大门电机、轴温探测器。

c. 调整或更换TFDS、TVDS和TEDS轨边设备大门电机。

d. 更换TADS麦克风、大门电机。

e. TPDS、TADS静态标定。

f. 调整、紧固卡轨器,更换磁钢、车号天线及卡具。

g. 更换、校对或焊接轨边电缆。

h. 固定脱轨器、列车车辆制动试验装置、踏面诊断及受电弓检测装置、动车组外皮清洗机等设备的定期校验、标定等。

i. 在天窗内可以完成的其他作业项目。

(6)货运维修项目只有Ⅰ级维修项目。

①超偏载检测装置、动态轨道衡更换压力、剪力传感器。

②超偏载检测装置、动态轨道衡更换配套车号识别设备的天线、磁钢及磁钢卡具等。

③超偏载检测装置、动态轨道衡小修和月检。

④在天窗内可以完成的其他作业项目。

三、营业线施工等级

《中国铁路济南局集团有限公司铁路营业线施工管理实施细则》(济铁施工〔2021〕186号)规定,集团公司营业线施工根据工作量大小、施工封锁时间长短、影响行车设备使用的范围以及对运输影响的程度,将高速铁路施工和普速铁路施工分为Ⅰ级、Ⅱ级、Ⅲ级三个等级进行管理。各施工等级的划分标准为:

(一)高速铁路Ⅰ级施工

1. 超出图定天窗时间且需要调整图定跨铁路局集团公司旅客列车开行(含确认列车)的大型站场改造、新线引入、全站信联闭改造、CTC中心系统设备及列控系统设备改造、换梁、上跨铁路结构物等施工。

2. 中断跨铁路局集团公司行车通信业务且影响范围内有图定列车运行的GSM-R核心网络设备施工。

(二)高速铁路Ⅱ级施工

1. 不需要调整图定跨铁路局集团公司旅客列车开行(含确认列车)的站场改造、新线引入、全站信联闭改造、CTC中心系统设备及列控系统设备改造、整锚段更换接触线或承力索、换梁、上跨铁路结构物施工。

2. 中断跨铁路局集团公司行车通信业务且影响范围内没有图定列车运行以及中断本铁路局集团公司行车通信业务且影响范围内有图定列车运行的通信网络设备施工。

(三)高速铁路Ⅲ级施工

除Ⅰ级、Ⅱ级施工以外的各类施工。

(四)普速铁路Ⅰ级施工

1. 繁忙干线封锁5 h及以上、干线封锁6 h及以上或繁忙干线和干线影响信联闭8 h及以上的大型站场改造、新线引入、信联闭改造、电气化改造、CTC中心系统设备改造施工。

2. 繁忙干线和干线大型换梁施工。

3. 繁忙干线和干线封锁2 h以上的大型上跨铁路结构物施工。

4. 中断繁忙干线6 h及以上或干线7 h及以上且同时中断两站以上行车通信业务的通信网络设备施工。

(五)普速铁路Ⅱ级施工

1. 繁忙干线封锁正线3 h以上或影响全站(全场)信联闭4 h及以上、干线封锁正线4 h及以上或影响全站(全场)信联闭6 h及以上的施工(大型养路机械作业、道床清筛、处理路基基床、成段更换钢轨和轨枕以及不影响邻线正线行车的更换道岔施工除外)。

2. 繁忙干线和干线其他换梁施工。

3. 繁忙干线和干线封锁2 h及以内的大型上跨铁路结构物施工。

4. 中断繁忙干线4 h以上或干线5 h以上且同时中断两站以上行车通信业务的通信网络设备施工。

(六)普速铁路Ⅲ级施工

除Ⅰ级、Ⅱ级施工以外的各类施工。

具体施工等级由集团公司施工管理办公室在编制施工计划时,组织复核并在施工计划中公布。

四、邻近营业线施工分类

《中国铁路济南局集团有限公司铁路营业线施工管理实施细则》(济铁施工〔2021〕186号)规定,邻近营业线施工分为A、B、C三类。

(一)A类施工

邻近铁路营业线进行以下影响营业线设备稳定、使用和行车安全的工程施工,列为A类施工,必须纳入集团公司月度施工计划。

1. 吊装作业时侵入营业线设备安全限界的施工。

2. 架设或拆除各类铁塔、支柱及接触网杆等在作业过程中侵入营业线设备安全限界的施工。

3. 开挖路基、路基注浆、桩基施工等影响路基稳定的施工。

4. 需要对邻近的营业线进行限速的施工。

(二)B类施工

邻近营业线进行以下可能因翻塌、坠落等意外而危及营业线行车安全的工程施工,列为B类施工。B类施工应设置防护设施并经主管业务部室审批,不能设置防护设施时纳入集团公司月度施工计划。影响营业线设备稳定、使用和行车安全的防护设施设置必须纳入集团公司月度施工计划。

1. 使用高度或作业半径大于吊车至营业线设备安全限界之间距离的吊车吊装作业。

2. 影响铁路通信杆塔、通信基站、信号中继站、箱式机房及供电铁塔、支柱等基础稳定的各类施工。

3. 邻近营业线进行现浇梁、钢板桩、钢管桩、搭设脚手架、膺架等施工的设备和材料翻落后侵入营业线设备安全限界的施工。

4. 营业线路堑地段有可能发生物体坠落，翻落侵入营业线设备安全限界的施工。

(三)C 类施工

邻近营业线进行以下可能影响铁路路基稳定、行车设备使用安全的施工，列为 C 类施工。

1. 铲车、挖掘机、推土机等施工机械作业。

2. 开挖基坑、降水和桩基施工。

3. 邻近供电、通信、信号电(光)缆沟槽及供电支柱、油气及水电管路、通信信号杆塔(箱盒、通话柱)10 m 范围内的挖沟、取土、路基碾压等施工。

4. 绑扎钢筋、安装拆除模板等未侵入营业线设备安全限界的施工。

5. 路基填筑或弃土等施工。

其他影响或可能影响营业线设备稳定、使用和行车安全的邻近营业线施工，由集团公司主管业务部室按照上述原则界定类别，并在审定的施工方案中明确。

五、营业线施工相关铁路专业知识

(一)建筑限界

为确保机车车辆在铁路线路上运行的安全，防止机车车辆撞击邻近建筑物和其他设备，规定铁路、建筑物、设备及机车车辆均不得超过一定的轮廓尺寸线，这种轮廓尺寸线称为限界。铁路基本限界主要有建筑限界和机车车辆限界。

建筑限界是指为了保证列车运行安全，要求靠近铁路线路修建的建筑物及设备，不得侵入规定的与线路中心线垂直断面的轮廓尺寸线。

《技规》(普速、高速铁路部分)规定：一切建(构)筑物、设备，均不得侵入铁路建筑限界。

在设计建(构)筑物或设备时，距钢轨顶面的距离应附加钢轨顶面标高可能的变动量(路基沉降、加厚道床、更换重轨等)。

1. 建筑限界分类

建筑限界划分为 $v \leqslant 160$ km/h 客货共线铁路建筑限界、$v > 160$ km/h 客货共线铁路建筑限界、双层集装箱运输装载限界及双层集装箱运输铁路建筑限界、客运专线铁路建筑限界等四类情况。其中：$v \leqslant 160$ km/h 客货共线铁路建筑限界包括基本建筑限界、直线建筑限界(车库门)、隧道建筑限界(内燃牵引区段、电力牵引区段)和桥梁建筑限界(内燃牵引区段、电力牵引区段)；$v > 160$ km/h 客货共线铁路建筑限界包括基本建筑限界和桥隧建筑限界(内燃牵引区段、电力牵引区段)；双层集装箱运输装载限界及双层集装箱运输铁路建筑限界包括双层集装箱运输装载上部限界、双层集装箱运输基本建筑限界、内燃牵引区段双层集装箱运输桥隧建筑限界、电力牵引区段双层集装箱运输桥隧建筑限界。

下面仅以客运专线铁路建筑限界图(图 1-1)为例，简单介绍建筑限界基本内容。

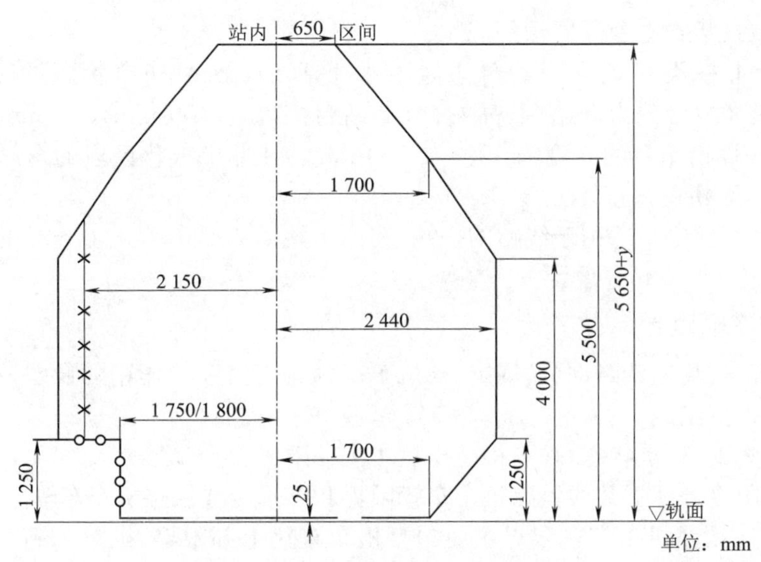

图 1-1　客运专线铁路建筑限界图

图中：

—×—×—×— 信号机、高架候车室结构柱和接触网、跨线桥、天桥、电力照明、雨棚等杆柱的建筑限界（正线不适用）。

—o—o—o—o— ①站台建筑限界（侧线站台为 1 750 mm；正线站台，无列车通过或列车通过速度不大于 80 km/h 时为 1 750 mm，列车通过速度大于 80 km/h 时为 1 800 mm）。

②站内反方向运行矮型出站信号机的界限为 1 800 mm。

———— 各种建（构）筑物的基本限界，也适用于桥梁和隧道。

y 为接触网结构高度。

2. 曲线加宽规定

曲线上建筑限界、曲线上隧道建筑限界应按照规定进行加宽处理，确保运行安全。

曲线上建筑限界的加宽范围，包括全部圆曲线、缓和曲线和部分直线。加宽方法可采用阶梯加宽方法或曲线圆顺方式。其中：客运专线铁路曲线地段的建筑限界仅考虑因超高产生车体向曲线内侧倾斜的加宽，而曲线地段的站线侧信号机及接触网、跨线桥、天桥、电力照明、雨棚等杆柱的建筑限界、正线间反方向运行矮柱出站信号机和站台建筑限界，需考虑曲线内、外侧的限界加宽。如：曲线加宽范围，包括全部圆曲线、缓和曲线和部分直线，采用图 1-2 所示的阶梯加宽方法。

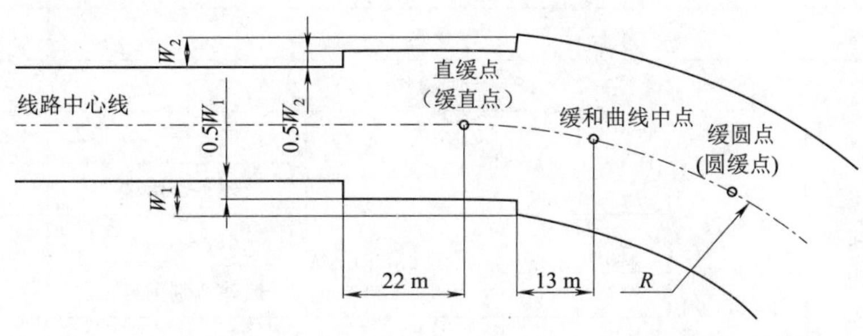

图 1-2　阶梯加宽法

3.旅客站台、货物站台限界相关规定

旅客站台上柱类建筑物距站台边缘不小于 1 500 mm，建筑物距站台边缘不小于 2 000 mm。旅客站台分为低站台、高站台，低站台高度为 300 mm、500 mm，高站台高度为 1 250 mm。货物站台的高度为 900～1 100 mm。在非电气化区段的车站上，车辆调动频繁的站场内，天桥的高度不小于 5 800 mm。

货物高站台边缘(只适用于线路的一侧)在高出轨面 1 100～4 800 mm 的范围，距线路中心线距离可按 1 850 mm 设计。

(二)机车车辆限界

《技规》(普速、高速铁路部分)规定：与机车车辆有直接互相作用的设备，在使用中不得超过规定的侵入范围。

机车车辆无论空、重状态，均不得超出机车车辆限界。

机车车辆限界分客货共线铁路机车车辆限界和客运专线铁路机车车辆限界。

1.客货共线铁路机车车辆限界主要包括机车车辆上部限界、机车车辆下部限界、通过驼峰车辆减速器(顶)(制动或工作位置)的货车下部限界和通过驼峰车辆减速器(顶)(缓解位置)的调车机车下部限界。

2.客运专线铁路机车车辆限界包括机车车辆上部限界和机车车辆下部限界。

(三)线间距离

铁路线路无论在区间、站内，平行的两条线路中心线间所必须保持的最小距离称为线间距离。这个距离，一方面要保证列车按规定速度运行的安全；另一方面还要考虑到通行超限货物列车和在两线间装设行车设备的需要；在站内还需考虑到工作人员的行走安全。

1.200 km/h 以下(仅运行动车组列车的铁路除外)普速铁路区间及站内两相邻线路中心线间的标准距离规定。

(1)直线部分(表 1-1)。

表 1-1 铁路线间距

<table>
<tr><th>序号</th><th colspan="4">名 称</th><th>线间最小距离(mm)</th></tr>
<tr><td rowspan="3">1</td><td rowspan="3">区间双线</td><td colspan="3">$v\leqslant 120$ km/h</td><td>4 000</td></tr>
<tr><td colspan="3">120 km/h$<v\leqslant$160 km/h</td><td>4 200</td></tr>
<tr><td colspan="3">160 km/h$<v\leqslant$200 km/h</td><td>4 400</td></tr>
<tr><td>2</td><td colspan="4">三线及四线区间的第二线与第三线</td><td>5 300</td></tr>
<tr><td>3</td><td colspan="4">站内正线</td><td>5 000</td></tr>
<tr><td rowspan="7">4</td><td rowspan="7">站内正线与相邻到发线</td><td colspan="3">无列检作业</td><td>5 000</td></tr>
<tr><td rowspan="6">有列检作业或上水作业</td><td rowspan="2">$v\leqslant 120$ km/h</td><td>一般</td><td>5 500</td></tr>
<tr><td>改建特别困难</td><td>5 000</td></tr>
<tr><td rowspan="2">120 km/h$<v\leqslant$160 km/h</td><td>一般</td><td>6 000</td></tr>
<tr><td>改建特别困难</td><td>5 500</td></tr>
<tr><td rowspan="2">160 km/h$<v\leqslant$200 km/h</td><td>一般</td><td>6 500</td></tr>
<tr><td>改建特别困难</td><td>5 500</td></tr>
</table>

续上表

序号	名　称		线间最小距离(mm)
5	到发线间或到发线与其他线		5 000
6	站内线间设有高柱信号机时,相邻两线(含正线)均需通行超限货物列车		5 300
7	站内线间设有高柱信号机时,相邻两线(含正线)只有一条通行超限货物列车		5 000
8	牵出线与其相邻线	调车作业繁忙车站	6 500
		改建困难或仅办理摘挂取送作业	5 000

注:线间有建(构)筑物或有影响限界的设施,最小线间距按建筑限界计算确定。既有线列车最高运行速度提速到140～160 km/h时,可保持4 m线间距。

站内正线须保证能通过超限货物列车。此外,在编组站、区段站及区段内选定的三至五个中间站上,单线铁路应另有一条线路,双线铁路上、下行各另有一条线路,须能通行超限货物列车。

(2)曲线部分。曲线地段的中心线间的水平距离和线间设施(含站台限界)至线路中心线的最小距离,均按曲线半径大小,按照 $v\leqslant160$ km/h 客货共线铁路的曲线上建筑限界加宽办法计算确定。

2. 200 km/h 及以上铁路和 200 km/h 以下仅运行动车组列车的铁路区间及站内两相邻线路中心线间的标准距离规定。

(1)直线部分(表1-2)。

表1-2　铁路线间距

序号	名　称		线间最小距离(mm)
1	区间双线	$v\leqslant160$ km/h	4 200
		160 km/h$<v\leqslant$200 km/h	4 400
		200 km/h$<v\leqslant$250 km/h	4 600
		250 km/h$<v\leqslant$300 km/h	4 800
		300 km/h$<v\leqslant$350 km/h	5 000
2	三线及四线区间的第二线与第三线		5 300
3	站内正线	$v\leqslant250$ km/h	4 600
		250 km/h$<v\leqslant$300 km/h	4 800
		300 km/h$<v\leqslant$350 km/h	5 000
4	站内正线与相邻到发线		5 000
5	到发线与相邻到发线		5 000
6	安全线与其他线路		5 000

注:线间有建(构)筑物或有影响限界的设施,最小线间距按建筑限界计算确定。

进出枢纽或大型车站两端的加减速地段的线间距根据列车运行速度确定;区间正线与站内正线线间距不同时宜利用邻近曲线完成。

(2)曲线部分。曲线地段线路中心线间水平距离不加宽;线间设施(含站台边缘)至线路中心线的最小距离,需按曲线半径,按照 $v \leqslant 160$ km/h 客货共线铁路的曲线上建筑限界加宽办法计算确定。

(四)列车运行的上、下行

《技规》(普速、高速铁路部分)规定:列车运行,原则上以开往北京方向为上行,反之为下行。

全国各线的列车运行方向,以国铁集团的规定为准,但枢纽地区的列车运行方向,由铁路局集团公司规定。

列车须按有关规定编定车次。上行列车编为双数,下行列车编为单数。在个别区间,使用直通车次时,可与规定方向不符。

(五)车站的技术作业分类

车站按技术作业分为中间站、区段站和编组站,区段站和编组站统称为技术站。中间站设置在技术站之间的区段内。

(六)区间

铁路线上每隔一定距离(10 km 左右)就要设置一个车站或线路所。车站和线路所把铁路线路划分成若干个长度不等的段落,这些段落就叫作区间。其中,两相邻车站之间的区间叫作站间区间,相邻两线路所间或线路所与车站之间的区间就叫作所间区间。

(七)站界

为了保证行车安全和分清职责,在车站和它两端所衔接的区间之间应有明确规定的界限。在单线铁路上,车站的范围是以两端进站信号机机柱中心线为界,外方是区间,内方属于车站。在双线铁路上,站界是按上、下行正线分别确定的,进站一端以进站信号机机柱中心线为界,出站一端则以站界标中心线为界。

(八)铁路线路

1. 高速铁路线路

高速铁路线路分为正线、站线、段管线、岔线及安全线等。

(1)正线是指连接车站并贯穿或直股伸入车站的线路。

(2)站线是指到发线、调车线、牵出线、货物线及站内指定用途的其他线路。

(3)段管线是指机务、车辆、工务、电务、供电等段专用并由其管理的线路。

(4)岔线是指在区间或站内接轨,通向路内外单位的专用线路。

(5)安全线是为防止列车或机车车辆从一进路进入另一列车或机车车辆占用的进路而发生冲突的一种安全隔开设备。

2. 普速铁路线路

普速铁路线路分为正线、站线、段管线、岔线、安全线及避难线。

(1)正线是指连接车站并贯穿或直股伸入车站的线路。

(2)站线是指到发线、调车线、牵出线、货物线及站内指定用途的其他线路。

(3)段管线是指机务、车辆、工务、电务、供电等段专用并由其管理的线路。

(4)岔线是指在区间或站内接轨,通向路内外单位的专用线路。

(5)安全线是为防止列车或机车车辆从一进路进入另一列车或机车车辆占用的进路而发生冲突的一种安全隔开设备。

(6)避难线是在长大下坡道上能使失控列车安全进入的线路。

六、铁路行车知识

(一)信号

1.信号的概念

信号是指示列车运行及调车作业的命令。列车是指按照规定及隔离限制编成、挂有机车及规定的列车标志。调车是指机车车辆从一点到另一点有目的的移动。

2.信号的分类

(1)铁路信号分类

铁路信号分为视觉信号和听觉信号。

(2)视觉信号的基本颜色

红色——停车;

黄色——注意或减低速度;

绿色——按规定速度运行。

(3)听觉信号

号角、口笛发出的音响和机车、自轮运转特种设备的鸣笛声。

3.信号开放

(1)大站电气集中6502型信号开放

①基本进路

基本进路是指按下进路始端和终端两个按钮后,所排列出的一条运行较合理的列车或调车进路,也称为优先进路。

②变更进路

变更进路是指除基本进路外,所能排出的运行径路。

③始端按钮和终端按钮

在排列列车或调车进路时,从进路的始端先按下的按钮称为始端按钮;进路终端处后按下的按钮称为终端按钮。

④信号按钮分类

a.列车信号按钮

每架列车信号机设一个绿色列车按钮,装设在控制台光带上。列车进路终端处无信号机时,设一个绿色列车终端按钮。

b.调车信号按钮

每架调车信号机设一个白色调车信号按钮,装设在控制台光带的旁边。调车进路终端处无调车信号机时,设一个白色调车终端按钮。

c.变更按钮

在有变更进路处,无调车信号机时,设一个绿色变更按钮,装设在光带上。

d.通过按钮

装设在通过进路的进口或出口的光带上,仅供办理通过进路用。

e.引导信号按钮

装设在进站信号机复示器附近,为二位自复式带铅封的按钮。

⑤列车进路排列

从进路始端先按下所要开放的列车信号按钮,按钮表示灯闪绿光,同时控制台上排列进路表示灯点亮红色灯光,然后再按下进路终端的列车按钮,此时按钮表示灯闪绿光。

(2)计算机联锁信号开放

①采用鼠标操作时,移动鼠标,图形显示器上的光标随之移动。光标到达有效操作区域后,光标箭头改变为手形。将光标指在需要操作的按钮上,点击鼠标左键,听到蜂鸣器发出音响,即表示操作生效。

②使用鼠标排列进路,顺序点击进路的始端信号按钮和终端信号按钮排列出一条基本进路,进路上显示白光带,信号机显示进行信号,即为信号开放。

(3)信号关闭

《技规》(普速铁路部分)第412条信号机的关闭时机规定如下:

①列车信号关闭

集中联锁车站的进站、进路、出站信号机,通过信号机,当机车或车辆第一轮对越过该信号机后自动关闭。

②调车信号关闭

调车信号机在调车车列全部越过调车信号机后自动关闭;当调车信号机外方不设轨道占用检查装置或虽设轨道占用检查装置而占用时,应在调车车列全部出清调车信号机内方第一轨道区段后自动关闭,根据需要也可在调车车列第一轮对进入调车信号机内方第一轨道区段后自动关闭。

③引导信号关闭

引导信号应在列车头部越过信号机后及时关闭。

④非集中联锁信号机关闭

a.非集中联锁车站的进站信号机及线路所通过信号机,在列车进入接车线轨道区段后自动关闭,出站信号机应在列车进入出站方面轨道区段后自动关闭。

b.非集中联锁车站,由手柄操纵的信号机:进站信号机在确认列车全部进入接车线警冲标内方,出站信号机在列车全部越过最外方道岔并确认列车全部进入出站方面轨道区段后,恢复手柄,关闭信号。

(二)进路

进路是指列车及调车所经过的路径。进路分为列车进路和调车进路。列车进路又分为通过进路、接车进路、发车进路。

1.通过进路

按下进站按钮作为始端按钮和反向进站或站界标按钮作为终端按钮,排列进路,显示出来的一条进路,贯穿车站两端咽喉道岔。

2.接车进路

按下进站按钮作为始端按钮,接车股道反向出站按钮作为终端按钮,排列进路,显示出来的一条进路。

3.发车进路

按下股道出站按钮作为始端按钮,反向进站或站界标按钮作为终端按钮,排列进路,显示出来的一条进路。

4. 调车进路

按下调车进路上开始地点的按钮作为始端按钮，终点按钮作为终端按钮排列进路，显示出来的一条进路。

(三)车站道岔、股道及站台编号

1. 道岔编号

从列车到达方向起顺序编号，上行为双号，下行为单号；尽头线上，向线路终点方向顺序编号。车站划分车场时，每个车场的道岔单独编号。一个车站的道岔不得有相同的编号。

2. 股道编号

单线区段内的车站，从靠近站舍的线路起，向远离站舍方向顺序编号；双线区段内的车站，从正线起顺序编号，上行一侧为双号，下行一侧为单号；尽头式车站，向终点方向由左侧开始顺序编号，如站舍位于线路一侧时，从靠近站舍的线路起，向远离站舍方向顺序编号。一个车站(分场时为一个车场)的股道不准有相同的编号。

3. 站台编号

站台两侧每侧为一个站台。

(四)调度命令

指挥列车运行的命令(运行揭示调度命令除外)和口头指示，只能由列车调度员发布。列车调度员在发布命令之前，应详细了解现场情况，并听取有关人员意见。

调度命令示例如下。

1. 封锁施工调度命令(表 1-3)

表 1-3　调度命令

2019 年 03 月 19 日 14 时 10 分　　　　第 67016 号

受令处所	A 站并抄交施工负责人；B 站；	调度员姓名	张××
内　容	因 A 站至 B 站间下行线框架桥顶进施工，自 14 时 30 分起区间封锁，限 16 时 30 分施工完毕。 准许施工部门在 1 km 400 m 至 1 km 500 m 部施工。 (需接触网停电后进行的施工作业，必须接到接触网已停电的调度命令后方可进行)		

(规格 110 mm×160 mm)

受令车站　A 站　　　　车站值班员　李××

2. 准许停电施工调度命令(表 1-4)

表 1-4　调度命令

2019 年 03 月 19 日 14 时 15 分　　　　第 67017 号

受令处所	A 站；B 站；	调度员姓名	张××
内　容	根据供电调度 T769 号申请，自 14 时 35 分起，准许 A 站至 B 站间下行线 15037 供电单元接触网停电。		

(规格 110 mm×160 mm)

受令车站　A 站　　　　车站值班员　李××

3. 接触网已停电施工调度命令(表 1-5)

表 1-5 调度命令

2019 年 03 月 19 日 14 时 45 分 第 67018 号

受令处所	A 站并抄交施工负责人;B 站;	调度员姓名	张××
内　容	A 站至 B 站间下行线 15037 供电单元接触网已停电。		

(规格 110 mm×160 mm)

受令车站 A 站 车站值班员 李××

4. 接触网送电调度命令(表 1-6)

表 1-6 调度命令

2019 年 03 月 19 日 16 时 25 分 第 67025 号

受令处所	A 站、B 站;	调度员姓名	张××
内　容	根据供电调度 S770 号通知,A 站至 B 站间下行线 15037 供电单元接触网已恢复供电。		

(规格 110 mm×160 mm)

受令车站 A 站 车站值班员 李××

5. 开通区间调度命令(表 1-7)

表 1-7 调度命令

2019 年 03 月 19 日 16 时 30 分 第 67026 号

受令处所	A 站、B 站;	调度员姓名	张××
内　容	根据 A 站报告,A 站至 B 站间下行线框架桥顶进施工完毕,区间已空闲,自接令时起区间开通,第 1 列限速 35 km/h 禁止放行旅客列车。后仍限速 45 km/h。		

(规格 110 mm×160 mm)

受令车站 A 站 车站值班员 李××

6. 限速调度命令(表 1-8)

表 1-8 调度命令

2019 年 03 月 19 日 16 时 35 分 第 67027 号

受令处所	A 站并抄交 33061 次列车司机;B 站;	调度员姓名	张××
内　容	33061 次列车为施工开通后第 1 列列车: 运行至 A 站至 B 站下行线 1 km 400m 至 1 km 500 m 部限速 35 km/h。		

(规格 110 mm×160 mm)

受令车站 A 站 车站值班员 李××

第二章　施工安全管理

第一节　施工安全管理基本要求

1. 铁路营业线施工必须把确保安全放在首位，坚持“安全第一，预防为主、综合治理”的方针，建设、设计、施工、监理、行车组织、设备管理等部门和单位必须严格执行营业线施工管理有关规定。

2. 铁路营业线施工是运输组织的重要组成部分，应坚持运输、施工兼顾的原则，规范施工计划管理，加强施工组织和施工期间的运输组织，按计划、有组织地进行各项施工，积极推广使用技术先进的施工机具和施工方法，提高施工作业效率和质量。

3. 营业线施工管理实行系统负责制。各类施工分别由集团公司业务系统归口管理，各业务系统负责对施工方案、施工计划和邻近营业线施工安全监督计划进行审查，负责进行施工现场监控和配合，对施工质量和施工安全进行监督、检查、指导，参与对施工单位人员的安全培训工作。

4. 营业线施工应分阶段召开施工会议。施工会议分为施工方案审查会、施工计划编制会、施工预备会和施工总结会。

5.《中国铁路济南局集团有限公司铁路营业线施工管理实施细则》适用于集团公司及委托集团公司管理的铁路营业线施工管理，邻近营业线施工纳入营业线施工管理范畴。

第二节　施工组织机构

一、领导小组

集团公司成立营业线施工领导小组，组长由分管运输副总经理担任，副组长由分管工电、建设副总经理担任，成员由施工办、科信、运输、客运、货运、机务、车辆、安监、工务、电务、供电、建设、土房、调度、涉铁办等部门负责人组成，全面领导营业线施工管理工作。营业线施工领导小组主要负责研究制定营业线施工管理有关制度办法，批准年度轮廓施工计划和月度施工计划，研究制定施工和运输组织方案，组织营业线施工考核，协调解决营业线施工管理重大问题和结合部问题等。

二、协调小组

集团公司、站段成立施工协调小组。

（一）Ⅰ级施工

Ⅰ级施工由集团公司分管运输副总经理、有关分管副总经理担任施工协调小组正、副组长，成员由行车组织、设备管理、建设、设计、施工、监理、安监等有关部门和单位负责人组成。

（二）Ⅱ级施工

Ⅱ级施工由施工办主任（副主任）、施工主体项目业务部室主任（副主任）担任施工协调小组正、副组长，成员由行车组织、设备管理、建设、设计、施工、监理、安监等有关部门和单位主管人员组成。

（三）Ⅲ级施工

1. 在车站和车务负责行车组织的动车段（所）登记的Ⅲ级施工，由车务段（直属站）分管副段长（副站长）担任施工协调小组组长，施工主体项目专业的设备管理单位分管副段长担任施工协调小组副组长（建设项目由建设项目管理机构分管负责人担任施工协调小组副组长），成员由行车组织、设备管理、建设、施工等有关单位成员组成。

2. 在调度所登记的Ⅲ级施工，由施工主体项目专业的设备管理单位分管副段长担任施工协调小组组长（建设项目由建设项目管理机构分管负责人担任施工协调小组组长，施工主体项目专业的设备管理单位分管副段长担任施工协调小组副组长），成员由行车组织、设备管理、建设、施工等有关单位成员组成。

3. 在机务段、车辆段、工务机械段、非车务负责行车组织的动车段（所）登记的Ⅲ级施工，由机务段、车辆段、工务机械段、动车段分管副段长担任施工协调小组组长，施工主体项目专业的设备管理单位分管副段长担任施工协调小组副组长（建设项目由建设项目管理机构分管负责人担任施工协调小组副组长），成员由行车组织、设备管理、建设、施工等有关单位成员组成。

4. 施工协调小组组长、副组长因Ⅲ级施工较多等原因不能亲自到现场组织时，经本单位主要领导同意后在施工预备会前（连续性施工前次施工总结会前）办理施工书面委托，受委托人员须为胜任人员，委托期限不超 30 d。胜任人员按以下原则安排。

（1）车务段（直属站）：施工期间需无联锁接发列车的施工，只允许委托其他副段长（直属站副站长）；其他情况可委托安全、技术科长（副科长），中间站站长（副站长），运转车间主任（副主任）及以上级别专业人员。委托中间站、车间负责现场组织时，车务段（直属站）应安排安全技术人员进行现场检查指导。

（2）设备管理单位：引起工务类 LKJ 基础数据变化、引起信号联锁或列控数据变化启用新版本软件的施工，只允许委托其他副段长；其他情况可委托车间副主任及以上级别专业人员。委托车间负责现场组织时，设备管理单位应安排安全技术人员进行现场检查指导。

（3）负责多个项目的建设项目管理机构：引起工务类 LKJ 基础数据变化、引起信号联锁或列控数据变化启用新版本软件的施工，只允许委托项目管理机构其他负责人；其他情况可委托质量、安全、工程部负责人及以上级别专业人员。

三、施工组织领导办事机构

(一)施工管理办公室

集团公司设施工管理办公室(以下简称"施工办"),统筹管理营业线施工计划和协调工作,妥善处理施工与运输的关系。

1. 施工办负责营业线施工领导小组日常工作,主要承担营业线施工管理、施工与运输组织协调等职责。

2. 负责营业线施工与运输的协调,负责安排各线施工、维修天窗。

3. 编制年度轮廓施工计划,编制公布月度施工计划、月度天窗修轮廓计划,汇总公布邻近营业线施工安全监督计划;按照施工等级划分规定,组织复核施工等级并在施工计划中公布。

4. 协调施工计划实施,分析施工维修计划兑现情况。

5. 负责天窗修日常管理,制定相关管理办法,检查指导有关基础管理,协调解决出现的问题。运输、客运、货运、供电、车辆、工务、电务、土房部门是实施天窗修的主要责任部门,应确定专兼职管理人员,负责本系统天窗修的日常管理工作。

(二)建设部

负责工程项目管理所及各工程建设指挥部负责实施的铁路基本建设项目、技术改造项目营业线施工管理。组织审核并汇总提报年度轮廓施工计划;组织施工方案审查;负责施工计划及邻近营业线施工安全监督计划审查、汇总、提报和日常管理;参与监控和检查营业线施工情况;参与施工安全质量事故调查并监督处罚决定的执行情况。

(三)涉铁办

负责涉铁工程(含专用线工程)施工管理制度和安全措施的制定;组织编制并汇总提报涉铁工程年度轮廓施工计划,参加涉铁工程涉及营业线的施工方案审查、平衡、签认;负责组织对施工方案、施工安全措施、施工计划的技术审查;负责涉铁工程施工计划审查、汇总、提报和日常管理;负责审查邻近营业线施工计划和方案、施工防护设施设置;参与涉铁工程施工安全质量事故调查并监督处罚决定的执行情况。

(四)职培部、人事部

施工(维修)负责人和施工项目经理、副经理,安全、技术、质量等主要负责人应经过营业线施工安全培训。各业务部负责提出专业培训需求、组织培训,施工办、安监室会同业务部确定培训内容,人事部制定培训计划、对培训考试考核合格人员予以认定,并将培训信息记录到铁路组织人事信息系统培训档案中。

施工单位的安全员、防护员、联络员、带班人员和工班长应经过站段培训,培训内容由主管业务部和站段确定,职培部组织对培训人员考核、发证。

涉及建设项目营业线施工培训工作由建设部负责。

(五)项目管理机构

项目管理机构对所负责的施工项目,组织有关部门按规定做好招投标工作,做到公开、公平、公正;加强对施工单位的管理,严格把好施工队伍进场关;全面安排好施工前期组织工作，处理好施工过程中的有关工作；检查施工单位自轮运转设备管理情况；负责组织有关运营和设备管理单位对施工单位的施工方案、施工安全措施、行车条件进行预审，负责提报施工方案、施工计划；审查邻近营业线施工方案、施工防护设施设置，做好确保安全的组织协调和监督检查工作。

四、施工组织现场监控机构

（一）安监室（安全监察大队）

参加施工方案和施工行车办法的审查；监督检查各单位配合、监控人员盯岗情况；监督检查施工中行车、人身安全措施的落实情况；监督检查施工准备、调度命令、行车组织、施工登销记、现场防护、作业安全、列车放行条件等施工安全关键；监督检查设计、建设、监理、施工、设备管理和行车组织单位执行国家、国铁集团、集团公司有关施工安全管理规定和本细则的情况；监督检查施工单位人员培训和不同等级施工干部到岗监控及履职情况，督促有关单位和部门及时采取预防措施。有权当场纠正有关单位在施工中的违章行为和安全隐患，向有关单位下发“安全监察通知书”“安全监察指令书”；对严重违章或存在重大安全隐患的施工，有权责令其停工整顿。

（二）集团公司各相关单位干部现场检查监控

营业线施工实行干部监控制度，按施工等级、施工类别实行专业监控和施工安全监控。各业务部室、项目管理机构要结合实际制定本部门的施工安全监控办法（按作业项目复杂程度、影响范围界定监控人员层级、监控时段、监控环节），进行施工的监督、控制，并以正式文件公布。安全监察大队负责对营业线施工安全进行监督检查。

（三）设备管理单位配合和监控

施工单位至少在正式施工 72 h 前向设备管理单位提交施工计划和“施工配合通知单”，“施工配合通知单”包括施工项目、施工地点及影响范围等。设备管理单位接到“施工配合通知单”后，应对施工方案和计划及影响范围进行认真核对并签认。施工当日，安排胜任人员到现场进行施工配合安全监督；无施工配合作业时，仅安排安全监督人员；设备管理单位确认施工对本单位负责的行车设备无影响时，在“施工配合通知单”上签认，并在施工预备会（或点名签到会）上提出书面申请，并经施工协调小组同意，可不派监督人员。对连续性配合施工项目，由配合单位对本单位负责的行车设备确认不受后续施工影响，可在当日施工总结会上提出书面申请，经施工主体单位认可和施工协调小组同意，后续施工时，配合单位可不安排现场安全监督人员。配合监督人员对施工单位违章作业、安全措施不落实以及危及行车安全的施工，有权停止作业。发现问题，及时填记“营业线施工监护通知书”，并报集团公司主管业务部室和安全监察大队。

设备管理单位须加强对施工的点前准备、点中控制、点后开通、逐步提速等情况的监护工作，实行开通、提速检查签认制度。

第三节 施工单位安全管理责任

施工单位是施工安全的主体，承担施工安全的主体责任，须严格执行营业线施工的各项规章制度，科学制定施工方案，落实施工安全措施和责任，严格责任追究；应严格按审定的方案组织施工，认真落实施工安全措施；尽可能减少对行车的影响确保行车、人身和施工安全。

一、建立施工安全管理制度

1.施工单位应建立健全施工安全保证体系，按规定设置安全生产管理机构，配备安全生产管理人员，履行施工安全管理和日常检查的职责；负责对全体施工人员进行施工安全教育，建立完善的施工安全责任制；严格执行营业线施工的各项规章制度，科学制定施工方案。

2.施工单位在施工前，须做好充分准备，并提前向设备管理和使用单位进行技术交底，特别是影响行车安全的工程和隐蔽工程。施工中，须严格执行技术标准、作业标准、工艺流程和卡控措施，严禁超范围作业，确保施工质量。施工完成后，必须达到线路临时补修标准和放行列车条件并经设备管理单位确认后，方可申请开通线路。

3.在铁路基建、技改、大修及地方涉铁工程等施工项目中承担施工任务的非集团公司所属的施工单位，集团公司制定营业线施工安全履约保证金管理办法，建设项目管理机构(牵头设备管理单位)与路外施工单位在施工合同或委托建设管理协议(安全协议)中对有关事项予以明确和约定。

二、加强施工安全培训

1.施工单位应当对从业人员进行安全生产教育和培训，保证从业人员具备必要的安全生产知识，熟悉有关的安全生产规章制度和安全操作规程，掌握本岗位的安全操作技能，了解事故应急处理措施，知悉自身在安全生产方面的权利和义务。未经安全生产教育和培训合格的从业人员，不得上岗作业。

施工单位使用被派遣劳务的，应当将被派遣劳动者纳入本单位从业人员统一管理，对被派遣劳动者进行岗位操作规程和安全操作技能的教育和培训。劳务派遣单位应当对被派遣劳动者进行必要的安全生产教育和培训。

施工单位应当建立安全教育和培训档案，如实记录安全生产教育和培训时间、内容、参加人员以及考核结果等情况。

2.施工(维修)负责人和施工项目经理、副经理，安全、技术、质量等主要负责人应经过集团公司有关部门或指定单位营业线施工安全培训，未经培训或培训不合格的人员不得担任上述工作。

施工单位的安全员、防护员、联络员、带班人员和工班长应经过集团公司有关部门或指定单位培训。未经培训或培训不合格的人员担任上述工作，追究施工单位领导的责任；未严格履行培训考试程序发放培训合格证书的，追究培训部门的责任。

3.施工单位采用新工艺、新技术、新材料或者使用新设备，必须了解、掌握其安全技术特性，采取有效的安全防护措施，并对从业人员进行专门的安全生产教育和培训。

4.施工单位特种作业人员必须按照国家有关规定经专门的安全作业培训，取得相应资格，方可上岗作业。

三、重大危险源管理

施工单位对重大危险源应当登记建档,进行定期检测、评估、监控,并制定应急预案,告知从业人员和相关人员在紧急情况下应当采取的应急措施。

施工单位应当按照国家有关规定将本单位重大危险源及有关安全措施、应急措施报告有关地方人民政府安全监督部门和有关部门备案。

四、双机制建设

1. 构建双机制建设坚持目标导向、问题导向,以前置风险研判、养成行为习惯为目标,按照关口前移、源头治理、超前防范,动态管理、持续改进,深度融合、整体推动的基本原则,全面推行安全风险分级管控,强化安全隐患排查治理,提升集团公司安全生产管理水平。

2. 实施双机制应与推进安全生产标准化规范化建设等工作有机结合,人防、物防、技防综合施策,完善信息化管控保证措施,推动安全基础工作整体强化,实现领导有力、部门管理有效、单位责任落实、全员参与有序、安全风险自辨自控、隐患自查自治的工作格局。

3. 各单位要将双机制建设知识和风险警示教育纳入各层级安全生产培训内容,培训资料连同培训考核或效果评价记录,一并归档管理。

4. 各单位要充分挖掘和利用安全事故案例等资源,经常性地开展风险警示教育,增强职工安全意识。风险失控发生严重责任事故时,责任单位要制作警示教育宣教片,开展宣传教育。

第四节　施工会议制度

营业线施工应分阶段召开施工会议。施工会议分为施工方案审查会、施工计划编制会、施工预备会和施工总结会。

一、施工方案审查会

1. 各主管业务部室接到施工单位提报的施工方案后,组织有关人员进行专业审查,重点审查施工方案编制依据、施工组织、工艺流程、关键环节、专业结合部、各类检算、大型机械设备选用、施工安全措施、质量保证措施、应急预案、路用列车是否具备跟踪进入区间条件和施工进度计划,明确施工等级。

每月 5 日前,施工单位将次月施工方案按项目作业内容不同,分别上报集团公司主管业务部。

2. 由项目管理机构负责的营业线施工项目,施工方案必须经监理和项目管理机构审查签认后,方可向建设部、涉铁办提报。

3. 建设部审查项目内容包括:工程项目管理所及各工程建设指挥部负责实施的铁路基本建设项目、技术改造项目的线路及站场设备技术改造,增建线路、新线引入、电气化改造等施工。

涉铁办审查项目内容包括：地方单位全额投资修建的道路、城市轨道交通、水利设施、各种管线等穿跨铁路营业线的工程和铁路专用线接轨工程的施工。

各业务部室同时负责审查合资铁路、地方铁路、专用铁路和铁路专用线施工、维修作业影响到营业线行车安全的本专业施工项目。

二、施工计划编制会

施工办每月组织召开施工计划编制会，施工单位根据需要参加。

三、施工预备会

除维修天窗作业外的各级施工，每项施工均应召开施工预备会。

施工预备会由施工协调小组组长主持召开。协调小组成员按规定参加会议，因故不能参加会议时，应经组长批准。

施工预备会主要工作内容包括：

1. 听取各单位施工准备情况汇报，确认各作业人员、工机具、材料、行车组织措施、安全保证措施等准备到位，具备开工条件；确定施工登记站。

2. 明确施工负责人、防护员、联络员、施工配合人员、监控人员以及相互之间的联系方式。

3. 明确作业地点、作业影响范围、作业车运行径路、非正常接发列车行车方式、进路准备方式、行车凭证、道岔单操时机、道岔单操联系方式等重点注意事项。施工项目涉及接触网停电时，必须由各相关单位共同核对确认停电范围。使用自轮运转特种设备、换铺设备的施工，必须在施工前 1 d 提供运行计划，并与车站商定运行径路。

四、施工总结会

施工结束后，施工协调小组应及时召开施工总结会。

施工总结会由组长（副组长）主持召开。小组成员按规定参加会议，施工负责人、配合单位相关人员和参与施工配合、监控人员也应参加会议，因故不能参加会议时，应经施工协调小组组长（副组长）批准。

施工总结会主要工作内容包括：

分析存在问题，总结经验教训，拟定改进措施，提出责任追究和考核建议，落实施工后安全、质量保证措施。对于连续性施工，落实次日工作量、配合事项、安全重点、作业车运行计划，并与车站商定运行径路等。

第五节　安全协议、施工方案

一、营业线施工安全协议书

施工安全协议的签订应由项目执行单位组织实施，施工单位应依据施工方案审查会议纪要或主管业务部审核通过（签字盖章）的施工方案，与设备管理单位和行车组织单位按施工项目、分专业分别签订施工安全协议，施工安全协议由施工单位（乙方）与设备管理单位和行车组织单位(甲方)按规定的格式和内容分别签订。设备管理单位在自管范围内进行的维修作业,不需签订施工安全协议,涉及非自管设备时应与相关单位签订施工安全协议。

施工安全协议的基本内容应包括:

(1)工程概况(施工项目、作业内容、地点和时间、影响范围)。

(2)施工责任地段和期限。

(3)双方所遵循的技术标准、规程和规范。

(4)安全防护内容、措施及专业结合部安全分工(根据工点、专业实际情况,由双方制定具体条款)。

(5)双方安全责任、权利和义务(包括共同安全职责和双方各自安全职责)。

(6)违约责任和经济赔偿办法(包括发生铁路交通责任事故时双方所承担的法律责任)。

(7)安全监督检查和基建、技术改造项目按规定计取的配合费用。

(8)法律法规规定的其他内容。

安全协议按规定进行合法性审查。施工单位在提报施工计划申请时,应同时提报施工安全协议。未签订施工安全协议的施工计划申请,主管业务部室不予审核,严禁施工。

二、施工方案

(一)施工方案的提报

施工单位提报的每项施工方案,提报前应先行征求相关设备管理单位和行车组织单位的意见,根据施工复杂程度进行现场联合调查、技术交底,经相关设备管理单位和行车组织单位会签后,上报主管业务部室(建设项目施工方案由项目管理机构组织施工、监理、设计、行车组织、设备管理单位现场联合调查、技术交底、方案预审后,再报主管业务部室)。

(1)由项目管理机构负责的营业线施工项目,施工方案必须经监理和项目管理机构审查签认后,方可向建设部、涉铁办提报。

(2)因行车设备施工作业需要转为非常站控模式时,需在施工方案明确。

(3)电气化区段,施工方案中注明需接触网停电后方可进行的施工作业项目。

(4)机务段、车辆段、工务机械段、动车段(所)内的施工,施工单位编制施工方案后,经所在段及相关单位签认后报主管业务部审查。

(5)自建、自维护的合资铁路、地方铁路、专用铁路和铁路专用线影响国铁运输的施工、设备检修等作业,车务段(直属站)在运输协议中明确上报时限和相关要求。车务段(直属站)提前2个月组织研究施工影响范围、施工时间,制定运输组织措施;每月15日前将次月施工计划、运输组织措施报施工办、运输部、货运部、调度所,经集团公司分管运输副总经理(总调度长)同意后实施。

(二)施工方案的基本内容

施工单位提报的每项施工方案,应包含以下基本内容:施工项目及负责人、作业内容、地点和时间,影响范围及限制行车条件、设备变化和行车方式变化、技术标准、施工方式及流程、施工过渡方案、施工组织、施工安全和质量的保障措施、施工防护办法、列车运行条件、验收安排、是否需要更换LKJ基础数据、施工等级(建议)、指挥体系、应急预案、施工方案示意图、施工作业流程计划图、施工防护示意图、安全关键卡控表、夜间施工照明布置图、电气化区段停电范围示意图及施工计划申请表、施工主体单位、配合单位等基本内容。

第六节　施工安全关键控制

一、营业线施工安全卡死制度

施工单位须严格执行各项技术规范和安全管理规定。

(1)严禁施工前超范围准备。

(2)严防施工中挖断电缆。

(3)严控爆破损坏行车设备。

(4)防止作业车辆溜逸,轨道车辆违章行驶。

(5)禁止施工后线路未达到临时补修标准及放行列车条件违章放行列车。

(6)杜绝开通后整修线路不及时,影响行车或晃车。

(7)加强路料清理,防止机械和料具侵限。

(8)严禁违章使用封联线、手摇把等易发事故和可能发生危及行车安全的问题。

施工料具要集中管理,必要时派人看守。对影响行车的各个环节,必须加强管理,落实措施,严密防范,确保行车安全。

二、卡控措施及重点

(一)施工登记及施工命令发布管理

1.电气化区段,需接触网停电配合的施工作业,施工负责人(驻站联络员)要得到列车调度员发布的接触网已停电的调度命令,并经供电(维管)段驻站联络员签认后,方可进行需接触网停电后进行的施工作业。

2.施工负责人确认已做好一切施工(维修)准备工作,于施工开始前40 min由施工(维修)负责人(驻站联络员)在车站、调度所、机务段、车辆段、动车段(所)“行车设备施工登记簿”内登记,车站值班员、列车调度员或机务段、车辆段、动车段(所)值班人员签认。

3.有计划的施工,应提前拟定、核对施工登销记内容和调度命令。车站值班员核对登记内容无误后,报告列车调度员。列车调度员及时拟定调度命令并提前与登记内容进行核对,具备条件后,尽快向有关车站和单位发布准许施工的调度命令。

在调度所登记的施工,高铁列车调度员须将施工登记内容与施工日计划进行核对,确认无误并具备施工条件后,尽快向驻调度所联络员发布准许施工的调度命令。

4.施工期间,车务段、直属站、调度所要加强驻站(驻调度所)联络员管理,明确各单位驻站(驻调度所)联络员在行车室(调度所)内的固定位置。驻站(驻调度所)联络员有违章、违纪和不服从管理等行为,车站(调度所)通知其所在单位。

(二)安全警示标志

封锁施工,线间距不足6.5 m且人员相对集中的施工地段;线上车辆检修邻近行车线地段;其他根据现场实际情况需要设置地段。警示线的设置须在施工方案中明确。

施工单位针对每日施工细化防护方案,做到"一点一案"。采用V形天窗时,作业人员集中的更换道岔、道岔清筛等施工,应在两线间设置硬隔离;受条件限制,无法设置硬隔离时,采取加强防护措施并在施工方案中明确,确保邻线防护安全。大型养路机械移动作业时(大机线路打磨除外),应在两线间设置随车移动的软隔离。针对施工硬隔离及软隔离,硬隔离防护网标准:高度原则上不低于1.2 m;软隔离防护标准:警戒绳或警戒带。警戒绳为黄色、直径不小于5 mm,警戒带反光标记间隔不大于1 m。

(三)行车防护

严格按《技规》的规定,在施工现场设置防护人员(具有防护资格)和防护标志,在车站设置驻站联络员,随时保持联系。

(四)邻近营业线施工机械设备管理

施工单位应按照投标承诺及施工组织设计意见配置各种机械和设备,推广使用新设备、新工艺,保证施工需要和生产安全,禁止使用不合格的机械设备、施工机具和配件。

大型施工机械设备营业线、邻近营业线施工应严格执行营业线施工的各项规章制度,实行"一机一人"防护、邻线来车停止作业。

(五)施工照明

夜间施工应具有足够的照明,照明不足时严禁夜间施工。

(六)要点施工完成后放行列车

1.施工单位作业完成后,经施工、设备管理单位检查,确认达到放行列车条件(接触网施工或配合停电作业时,还必须确认具备送电条件)后,方可由施工负责人(驻站、所联络员)、设备管理单位检查人(设备管理单位指定人员)办理开通登记(施工销记),车站值班员(列车调度员)签认后,按规定开通线路。

2.扰动道床不能预先轨道的线路、道岔施工区段,开通后第一趟列车不准为旅客列车,具备下列条件之一时可视为轨道:

(1)大型养路机械施工经过稳定车作业;

(2)开通后经过重型轨道车牵引的施工列车;

(3)开通后经过单机;

(4)开通后经过大型养路机械作业机组。

3.封锁施工后新开通的线路,施工单位须加强检查和整修;设备管理单位须加强检查,严格把关,开通后列车运行速度必须按速度阶梯逐步提高。

(七)路料和机具管理

施工结束后,施工单位要立即清理、回收路料和施工机具。非常备钢轨、轨枕及零散路料应在施工结束时及时回收,不得长时间在线路上存放(一周内应回收完毕),尤其不得在正线两线间或正线与到发线间存放(待使用钢轨、轨枕除外)。其他两线间,确需临时存放轨料(钢轨、轨枕)的应摆放整齐,在施工方案中明确具体使用和回收日期。

高速铁路石砟漏斗车卸砟时,必须清道彻底,并检查确认道心内道砟不得高于轨枕顶面,线路允许速度200~250 km/h(不含)地段砟肩堆高不超0.15 m(线路允许速度250~

300 km/h 地段不超 0.1 m)，不得侵入限界。

(八)工程线与营业线接轨安全设施设备设置要求

1.工程线与营业线接轨时，必须设置工程线隔开设备(安全线、隔开道岔、脱轨器)，确保工程线内一旦发生车辆溜逸、脱轨，不影响营业线行车安全。其中，临时工程线路应在站内接轨，并设置安全线。

2.工程线与营业线接轨，按照集团公司栅栏管理办法的规定设置栅栏，与营业线形成封闭管理，在适当位置设置大门并锁闭管理。项目管理机构须提前组织相关单位研究大门、栅栏设置方案及管理措施，确定大门、栅栏的管理单位，明确相关单位管理责任。根据工程线作业用途，大门钥匙站内交由车站管理、区间交由设备管理单位管理，施工单位不得保留大门钥匙。

3.工按设计线位铺轨，尚未正式验收开通的线路与营业线接轨时，应设置临时车挡、脱轨器(具备防盗功能)、停车标等安全隔离设施及标志，与高速铁路、繁忙干线接轨时应采取硬隔离措施；临时工程线路可根据现场实际需要设置临时车挡、脱轨器、停车标等安全隔离设施及标志。

4.工程线与营业线接轨时，原则上以临时车挡或大门作为工程线与营业线的分界点。

5.隔开设备及临时车挡、大门、栅栏等重点区域须安装视频监控设备(具备高清、夜视和手机 App 实时查询功能)，并将监控终端接入项目管理机构、监理单位、工务、电务、供电等设备管理单位和接轨站行车室。

(九)电务设备联锁试验

停点施工由施工和接管单位分层作业，并将施工和联锁试验、设备测试时间分开；停点施工期间以施工单位为主，设备导通试验由施工单位在电务段、通信段监控下进行；设备导通试验后，电务段、通信段再进行全面联锁试验和设备测试。严禁施工单位代替电务段、通信段进行联锁试验和设备测试，联锁试验严禁利用列车间隔进行。

(十)接触网作业车管理

1.接触网作业车出车前，司机应认真检查车辆和行车安全装备、防护备品齐全良好，并与作业人员检查通信工具，确保联络畅通。

2.作业前接触网作业车司机应掌握作业范围和内容并进行安全预想，作业和运行过程中应注意力集中。

3.接触网作业车分解作业，须提前明确每台车的作业范围，以及作业完毕后停留车列和运行连挂车辆的位置，工作领导人和司机应熟悉和掌握。接触网作业车进入封锁区间前及作业完毕返回车站时，司机应认真核对调度命令，确认信号，按规定联控。司机和工作领导人须根据调度命令及作业地点，拟定区间返回的时刻，并严格执行。

4.使用接触网作业车作业时，应指定作业平台操作负责人，作业平台不得超载。工作领导人必须确认地线接好后，方可允许作业人员登上接触网作业车的作业平台。作业车平台应设置随车等位线，在完成作业平台和工作对象设备等位措施后，方可触及和进行作业。

5.人员上下作业平台应征得作业平台操作负责人的同意。接触网作业车移动或作业平台升降、转向时，严禁人员上下。

6. V形停电作业时，所有人员禁止从未封锁线路侧上下作业车辆。作业平台应具有平台转向限位装置，作业前应将限位装置打至正确位置，作业平台严禁向未封锁的线路侧旋转。

7. 接触网作业车作业平台防护门关闭时应有闭锁装置。作业中须锁闭好作业平台的防护门，作业完毕后及时放下防护栏杆。

8. 外轨超高≥125 mm区段人员需在作业平台上作业时，作业平台应具有自动调平装置并开启调平功能。

9. 作业人员的重心超出作业平台防护栏范围作业时，须将安全带系在牢固可靠的部位。

10. 司机（或在平台上操纵车辆移动的人员）须精力集中，密切配合，在移动车辆前应注意作业车及作业平台周围的环境、设备、人员和机具等情况，与附近的设备保持规定的安全距离。

11. 作业平台上的所有人员在车辆移动中应注意防止接触网设备碰剐伤人。

12. 作业平台上有人作业时，作业车移动的速度不得超过10 km/h，且不得急剧起、停车。

13. 作业中作业车的移动应听从作业平台操作负责人的指挥。平台操作负责人与司机之间的信息传递应及时、准确、清楚，并呼唤应答。

（十一）接触网架线作业

1. 应对现场的架空电力、通信设施、低净空隧道、低净空跨线桥等施工干扰情况进行调查，制定相应安全措施。

2. 放线区段内平交道口应设专人防护。

3. 架设前，应检查架线车及工器具状态。

4. 架线时，线索下方、坠砣下面及近旁不得有人。

5. 架线车应行驶平稳且速度不得超过5 km/h。

6. 架线过程中均应采用封口滑轮，并在曲线区段对滑轮加强固定。

7. 进入低净空桥、隧前应降低作业台，并设专人监护、注意瞭望、加强联络。

8. 接触线每跨内吊弦应不少于3根，在曲线外侧支柱定位环上应将放线滑轮临时固定。

9. 架设完成后，应及时安装中心锚结装置，两端进行临时接地。

10. 架设刚性接触网接触线时，应在第一、二个悬挂点两端固定汇流排，确保汇流排在放线时不滑动；架线小车被卡住时，应立即松开拉绳，解除对架线小车的拉力。

（十二）施工道口（平过道）管理

施工期间需设置临时道口时，应按照铁路道口管理规定办理相关手续。施工单位在临时道口设置期间要派专人昼夜看守，并按规定日期拆除。施工单位在施工中应保证道口（含临时道口）设备、标识符合标准，并按铁路道口管理有关规定进行管理。对因工程建设造成道口不符合要求的，要修改道口设计，达到道口标准后方可启用，防止道口事故。

（十三）自轮运转特种设备管理

必须使用集团公司公布的允许上道设备。内业资料必须符合相关技术标准，车辆厂修、段修必须在有效期内，车辆停放时必须采取防溜措施，并在引擎启动钥匙处挂警示牌。

轨道车装载路料做好装载加固，装卸材料、工具时应稳固，不得偏载、超载和超限。装载危险物品时，应有可靠的安全措施。区间装卸材料时，指定装卸车负责人负责。

(十四)营业线汛期施工

凡可能影响安全度汛的施工地段，施工单位要认真接受防洪部门的防洪检查和指导，按要求认真落实责任，并制定防洪预案。

施工单位在汛期施工影响防汛安全时，应有防汛组织机构，制定防洪专项方案，经过审批并严格执行。施工现场按要求备用防汛物资。

切实加强雨季施工安全工作。营业线施工要认真执行《铁路实施〈中华人民共和国防汛条例〉细则》，落实防洪措施。施工中必须保持营业线排水系统的畅通，对可能影响路基、桥涵、桥隧等设施设备稳定的任何作业，必须有足够可靠的安全防护措施，做到防患于未然。

项目管理机构须及时组织设计、施工、建立及设备管理等单位和部门，对施工地段联合进行汛前防洪检查，发现问题由设计、施工单位及时处理。

凡可能影响安全度汛的施工地段，施工单位须认真接受防洪部门的防洪检查和指导，按要求认真落实责任，并制定防洪预案。

(十五)无缝线路地段作业

在无缝线路地段进行基建、大修(线路、桥隧、路基)、变更无缝线路结构或部分拆除时，必须经集团公司批准的设计文件和施工安全技术组织措施。

某些线路因施工需要提高或降低无缝线路的锁定轨温时，必须做好放散或调整工作。

(十六)施工现场用电、火工用品及消防安全

1.用电

(1)施工用电应采用电源中性点直接接地的380 V/220 V三相五线制低压电力系统，并必须符合下列规定：

①采用三级配电系统。

②采用TN-S接零保护系统。

③采用二级保护系统。

(2)施工用电设备数量在5台及以上，或用电设备容量在50 kW及以上时，应编制施工用电施工组织设计，经技术负责人批准后实施。施工用电设备数量在5台以下，或用电设备容量在50 kW以下时，应制定安全用电和电气防火措施。

(3)施工现场应由专业技术人员建立用电安全技术档案，定期对电力系统进行检查、量测。

(4)施工电源及高低压配电装置应设专职人员负责运行与维护。

(5)施工现场应对电工和用电人员进行安全用电教育培训和技术交底。电工必须持证上岗。

(6)保护零线应由工作接地线、发电机中性点处、配电室、总配电箱、电源侧零线或总漏电保护器电源侧零线处引出，接地电阻值不应大于10 Ω。

(7)电气设备的金属外壳必须与保护零线连接。低压电器设备和器材的绝缘电阻严禁小于0.5 MΩ。

(8)自备发电机组电源应与外电线路电源联锁,严禁并列运行供电。发电机组应设置短路保护和过载保护。

(9)架空线路、电缆线路必须有短路保护和过载保护。

(10)施工用电设施安装后,必须经过验收合格,方可投入使用。

2.防火

(1)施工单位应建立施工消防管理制度、防火安全责任制、动火审批制度和易燃易爆物品的管理办法。

施工现场应制定火灾应急预案,并进行预案演练。

(2)施工现场应划分防火责任区,应根据现场需要合理配备灭火器材。

(3)各类灭火器材、消火栓及水带应经常检查和维护保养。

(4)施工现场发生火灾险情时,应立即启动应急预案,及时向当地消防部门报警,并清理通道,为消防灭火做好准备。

(5)施工现场应明确划分禁火区,并设置明显警示标志。

(6)现场应在明显易取处设置灭火器、水桶、沙箱、锹、耙等防火专用工具,并有防雨防冻措施,同时指定专人维护、管理、定期更新,保证状态完好。

(7)在仓库、油库、配电室、木工作业场所、焊割现场及存放易燃、易爆物品场所等地点严禁动用明火,并设置明显的"禁止烟火"标志。上述场所及重要机械设备处应配备相应的消防灭火器材。

(8)焊、割作业开始前,应将作业现场下方和周围的易燃物清理干净。当无法达到要求必须作业时,应采取浇湿、隔离等安全措施。作业结束时,应认真检查现场,在确认无余热引起燃烧危险时,方可离开。

(9)焊、割作业严禁与涂漆、喷漆、脱漆、木工等易燃操作同时、同部位上下交叉作业。

(10)焊、割作业结束或离开操作现场时,必须切断电源、气源。赤热的焊嘴、焊钳以及焊条头等,禁止放在易燃、易爆物品和可燃物上。

(11)喷漆、涂漆的场所应有良好的通风,防止油漆挥发气体浓度达到极限,引起火灾或爆炸。

(12)电气设备和线路应经常检查,发现可能引起火花、短路、发热和绝缘损坏等情况时,必须立即修理。

(13)在易燃、易爆环境中,应采用防爆的电器设备,严禁进行产生火花的施工和带电作业。

三、施工结合部管理

1.对两个及以上单位参加的施工,在施工方案中要明确各单位的相应作业范围和标准、作业流程和配合方案,并在施工预备会上加强确认,落实各项交叉事宜。对经常性的配合施工,施工主体单位须会同各配合单位制定配合标准,配合内容,明确责任和安全事宜等,纳入程序化管理。

2.参与施工的各部门和单位须提前预想,主动协调、相互配合。施工主体单位必须在施工预备会前与各施工配合单位具体配合人员联系,落实配合事宜,确认施工地点、时间和配合具体工作。

3. 遇有不良天气，施工主体单位可继续施工时，配合单位应继续配合施工，但主体施工作业不得引起其他相关设备技术状态的变化（如大型养路机械作业应维持接触网拉出值、导高在允许范围内）；恶劣天气等情况时须及时停止施工。施工中如需再次临时要点处理等情况（接触网临时停电等），须按规定登记要点后，方可进行作业。

4. 各级施工协调小组须注意加强对施工结合部的管理，发生问题认真分析，对组织不力或配合不到位的相关单位及负责人，追究其责任。

5. Ⅲ级施工例会责任区域划分：区间施工影响一端站咽喉时，由受影响端车站所属车务段或直属站负责。区间施工不影响车站或两端站咽喉均受影响时，双线区间由列车运行发车方向车站所属车务段或直属站负责，单线区间由上行发车方向车站所属车务段或直属站负责，多线区间按双线、单线区间划分规定执行。

四、天窗点外作业

（一）天窗点外作业内容

下列维修作业可在天窗点外进行，但严禁利用速度 160 km/h 及以上的列车与前一趟列车之间的间隔时间作业。其他维修项目必须纳入天窗，严禁利用列车间隔时间作业。

1. 工务部门

（1）使用轨道检查仪、钢轨探伤仪（双轨探伤仪除外）等随时能撤出线路的便携设备进行上线检查、检测作业；预卸路料的加固；标志涂刷；整理道床；栏杆油漆；不移动桥枕进行钢梁上盖板涂装；不影响行车安全的隧道除冰；清理垃圾或弃物；其他在道床坡脚以外不影响线桥设备正常使用的作业。

（2）本线施工限速小于等于 60 km/h 的地段或除正线外允许速度小于等于 60 km/h 的站内线路，允许使用单人能随时撤出线路的轻便小型工具进行螺栓涂油、捣固、改道、补充或紧固轨道联结零件、垫入或撤出垫板作业，但严禁利用旅客列车与前一趟列车之间的间隔时间作业。

2. 信号部门

光电缆径路检查、室内外设备巡视检查及道岔转换试验。入网不上道的垂直天窗和联锁区维修天窗作业准备。

3. 通信部门

在道床坡脚以外进行不影响行车通信业务正常使用的通信设备、线路及附属设施的日常维修、业务办理和保护试验。

4. 供电部门

接触网步行巡视、静态测量、测温等设备检查作业；接触网打冰，处理鸟窝、异物；在道床坡脚以外栅栏以内的标志安装及整修、基础整修、接地装置整修、支柱（拉线）基坑开挖、危树修枝、电缆沟开挖、电缆敷设、轨面标准线标画、设备螺栓紧固、除锈、刷漆、涂油等不影响设备正常运行的作业。电力线路步行巡视、静态测量、测温；站内到发线等客车水栓及给水管路的巡视、检查。

5. 货运部门

货运计量安全检测设备巡视、检查和外部清扫、油润，清除异物的作业。

6. 房建部门

在站台安全线以外进行不影响行车的限界测量、帽石稳固等作业，在站台安全线以内进行站台面、雨棚、站名牌等检查维修，道床坡脚以外房建设备巡视，不影响行车的墙体、屋面维修作业。

7. 车辆部门

入网不上道出入5T机房。

8. 日常巡视

在站台安全线以内进行日常设备巡视。

同一区间或站内安排天窗内施工维修作业时，天窗时间内上述作业不准按天窗点外维修作业实施。

（二）实施天窗点外作业必须遵守的规定

1. 天窗点外维修作业计划实行周计划和日计划

①每周四前，设备管理单位、工务机械段车间（工区）会同车站研究编制次周点外作业计划，确定后报段生产调度指挥中心批准。每周五18:00前，设备管理单位、工务机械段车间将批准的次周点外作业计划下达有关工区。

②设备管理单位、工务机械段车间每日提报次日点外作业计划，段生产调度指挥中心负责审批。

2. 作业规定

①作业前，设备管理单位、工务机械段应在车站"行车设备检查登记簿"内登记（影响范围栏填"××专业点外作业"），车站值班员签认，并按规定设置驻站联络员、现场防护员，必要时增设防护员，联系中断时必须停止作业。

②设备管理单位、工务机械段严禁在降雾、扬沙、暴风雨（雪）等恶劣天气时作业（雨中设备巡检、除雪作业和重点列车设备联合检查除外）；必须作业时，采取加强防护措施，保证来车前按规定的距离及时下道。

临时增加天窗点外作业计划应报单位分管领导批准。

（三）非设备管理单位进行天窗点外作业要求

在铁路桥涵下进行不影响设备稳定、不影响行车安全的修路、绿化、敷设管线的施工，须在设备管理单位的监控配合下组织实施。

设计、工程部门进行勘察、测量、现场调查时，须与设备管理单位协商并签订安全协议，委托设备管理单位提报天窗点外作业计划、设置驻站联络员、现场防护员，制定安全防护措施，应在车站登销记。

（四）其他规定

架空线路、桥涵顶进施工限速小于等于45 km/h非设备管理单位上线检查时，按天窗点外作业方式，由施工单位驻站联络员在"行车设备检查登记簿"内登记，在设备管理单位监督下方可上线检查。

五、建设工程施工分包管理规定

1. 铁路建设项目施工分包包括专业工程分包和劳务作业分包。专业工程分包是指施工总承包合同(含施工单价合同、工程总承包合同)约定或经建设项目管理机构(基本建设项目为工程建设指挥部,技术改造项目为项目执行单位,代建项目为代建单位)同意,施工总承包单位将其承包工程中的部分专业工程依法分包给具有相应资质或能力的专业施工企业完成的活动。劳务作业分包是指施工总承包单位或者专业工程分包单位将其承包工程中的劳务作业发包给劳务企业完成的活动。

专业工程是指按照铁路工程施工质量验收标准划分的适合专业化分包的分部、分项工程。

2.铁路建设项目倡导专业工程由专业化队伍承担。

3.铁路建设项目施工分包活动必须依法合规,严禁转包和违法分包。任何单位、个人不得为施工总承包单位指定或推荐专业工程分包单位和劳务作业分包单位。

4.铁路建设施工分包的发包人和承包人应当签订书面分包合同,并按照合同履行约定的义务。

5.施工总承包单位将专业工程分包时,应依法择优分包给具有相应资质或能力的专业施工企业。

6.除在施工总承包合同中明确允许分包的专业工程外,施工总承包单位拟对其所承包工程范围内的专业工程进行分包的,应事先经过监理单位审核,取得监理单位审核意见,并经建设项目管理机构书面同意。

六、建设工程机械设备租赁管理管理规定

1.施工单位是大型施工机械设备管理的责任主体,应建立健全大型施工机械设备安全生产责任制,制定大型施工机械设备安全生产管理制度、租赁机械设备管理制度、安全生产教育培训制度和设备安全操作规程,确保大型施工机械设备的正常投入,对大型机械进行定期和专项安全检查,并做好记录,组织制定本单位安全事故应急救援预案并定期演练。

2.监理单位对大型施工机械设备使用、运行、管理承担监理责任,应按法律、法规、规章和工程建设强制性标准实施大型施工机械设备安全生产监理,对大型施工机械设备技术资料进行见证、建立设备动态的管理台账。

3.设计单位按照国家和国铁集团规定的质量标准,提供能够满足安全生产要求的设计文件,应系统考虑施工需要,选择合适的施工机具配置,并在设计文件中对重点的大型施工机械设备提出防范安全事故的指导意见,参加安全事故分析,对勘察设计原因造成的大型施工机械设备安全事故承担相应责任。

4.项目管理机构对大型施工机械设备安全生产负有管理责任,应建立本项目的大型施工机械设备安全管理制度,建立设备管理台账,督促施工单位按照合同约定配齐施工机械,审批施工单位机械租赁申请,审查租赁设备进场手续,定期组织检查现场机械设备安全使用及保养情况,按照合同约定对施工单位机械设备管理情况进行考核。

5.大型施工机械设备营业线、邻近营业线施工应严格执行营业线施工的各项规章制度,实行“一机一人”防护。

第七节　施工安全考核与责任追究

一、施工安全考核要求

1.集团公司应建立施工安全奖惩制度。对在营业线施工保证行车安全中做出贡献的

人员和单位给予奖励。对不遵守铁路施工安全规定，影响铁路行车安全及运输设施安全的施工单位，按照《铁路安全管理条例》有关规定进行处理。

对发生铁路交通责任事故的建设、设计、施工、监理等单位，根据事故性质，按《铁路安全管理条例》《铁路交通事故调查处理规则》和国铁集团营业线工程施工招标工作的有关规定进行处罚，处理方式可采用停工整顿、责令改正、赔偿经济损失、辞退责任施工单位等；集团公司在一定期限内不再委托责任单位承担铁路营业线工程项目，或在招投标时进行扣分。特别重大事故按国家和国铁集团有关规定办理。

2.安监室每月将集团公司管内上月有关施工单位发生事故调查处理和责任情况，上报国铁集团安监局。铁路工程项目资格审查时，招标人应将事故责任情况作为重要的评审条件。

3.发生事故要按照《铁路交通事故调查处理规则》，本着“四不放过”的原则进行联合调查，对事故进行认真分析，查明原因；安监室应对施工的责任事故调查处理和定责情况及时通知建设、设计、施工、监理等有关单位，责成其对事故责任者、责任单位及有关领导进行严肃处理，追究其责任。

4.集团公司营业线施工考核制度

(1)施工延点考核制度。施工办每日对施工天窗兑现情况进行分析，对于未能按施工计划完成施工任务，特别是施工延点造成较大影响的，安监室(施工办)要督促施工单位查找原因，重点分析施工设计、施工方案、施工组织、前期工作量调查及施工准备、天窗安排等方面存在的问题，制定整改措施，考核相关责任部门、单位有关领导，并书面报告国铁集团调度中心。

(2)施工方案考核制度。业务部室、施工办、安监室对施工方案进行检查抽查分析，每月10日前将考核意见报企法部，由企法部纳入集团公司经营业绩考核。纳入考核的主要项点：

①特种设备选型不满足施工需求。

②未按规定主要程序进行审查，存在突出安全隐患。

③关键工艺流程、主要施工方式存在突出安全隐患。

④施工结合部配合内容、联系确认制度不明确，存在突出安全隐患。

⑤既有设备发生变化、LKJ 基础数据更换和启用未在施工方案中明确。

(3)临时天窗考核制度。业务部室对系统内临时要点天窗情况进行统计分析，每月10日前将考核意见报企法部，由企法部纳入集团公司经营业绩考核，纳入考核的主要项点：

①应纳入维修计划而未纳入的临时要点。

②应检未检造成的临时要点。

③设备维修后不达标造成的临时要点。

危及行车安全立即抢修的临时要点、不影响列车运行的临时要点、综合利用天窗的临时要点及特殊原因安排的临时要点，经主管业务部室同意可免于考核。

二、施工事故报告

(一)铁路交通事故

铁路机车车辆在运行过程中发生冲突、脱轨、火灾、爆炸等影响铁路正常行车的事故，包括影响铁路正常行车的相关作业过程中发生的事故;或者铁路机车车辆在运行过程中与行人、机动车、非机动车、牲畜及其他障碍物相撞的事故,均为铁路交通事故。

(二)事故分类

事故分为特别重大事故、重大事故、较大事故和一般事故四个等级。

一般事故分为:一般A类事故、一般B类事故、一般C类事故、一般D类事故。

(三)事故报告的主要内容

1. 事故发生的时间、地点、区间(线名、公里、米)、线路条件、事故相关单位和人员。
2. 发生事故的列车种类、车次、机车型号、部位、牵引辆数、吨数、计长及运行速度。
3. 旅客人数,伤亡人数、性别、年龄以及救助情况,是否涉及境外人员伤亡。
4. 货物品名、装载情况,易燃、易爆等危险货物情况。
5. 机车车辆脱轨辆数、线路设备损坏程度等情况。
6. 对铁路行车的影响情况。
7. 事故原因的初步判断,事故发生后采取的措施及事故控制情况。
8. 应当立即报告的其他情况。

(四)铁路交通事故调查报告主要内容

1. 事故概况。
2. 事故造成的人员伤亡和直接经济损失。
3. 事故发生的原因和事故性质。
4. 事故责任的认定以及对事故责任者的处理建议。
5. 事故防范和整改措施建议。
6. 与事故有关的证明材料。

三、施工事故责任定责

确保施工安全是建设、设计、施工、监理、行车组织、设备管理等单位和部门的共同责任。各单位应牢固树立安全意识,严格执行各项规章制度,建立健全安全责任制,落实安全措施和责任,正确处理施工与行车安全的关系,严格遵循"安全第一"的原则,服从行车安全的需要,做到分工明确、责任清楚、措施具体、管理到位。

设计和施工单位对既有设施应有可靠的防护措施,防止施工中造成损坏。由于设备管理单位提供的设施位置错误造成损坏的,设备管理单位应承担责任并及时修复。因设计单位提供的设施位置不准确或遗漏造成损坏的,设计单位应负主要责任。提供的设施位置准确,因施工造成的损坏,施工单位应负主要责任。

四、施工事故责任追究

(一)主要依据

集团公司有关部门、单位和施工单位应严格执行《铁路交通事故调查处理规则》,发现安全隐患及发生铁路交通事故必须按系统逐级及时上报,不得隐瞒。在施工中发生铁路交通事故按《中华人民共和国刑法》(以下简称《刑法》)、《铁路交通事故调查处理规则》、《中国铁路济南局集团有限公司铁路建设项目质量安全红线管理实施细则》及有关规定进行处罚及责任追究。

(二)事故赔偿

事故责任分为全部责任、主要责任、重要责任、次要责任和同等责任。

负有事故全部责任的,承担事故直接经济损失费用的100%;负有主要责任的,承担损失费用的50%以上;负有重要责任的,承担损失费用的30%以上、50%以下;负有次要责任的,承担损失费用的30%以下。

(三)责任追究

1.集团公司及有关部门检查发现施工总承包单位、分包单位存在转包和违法分包行为的,依据《中国铁路济南局集团有限公司铁路建设项目质量安全红线管理实施细则》进行处理。

2.分包的专业工程发生质量安全事故(问题)或其他问题的,建设项目管理机构应将其纳入施工总承包单位信用评价处理。

3.分包单位有下列行为之一的,建设项目管理机构应要求施工总承包单位将其清除出施工现场,并将相关情况报送集团公司建设部、工程质量监督站,同时提出限制分包单位及其项目负责人、相关责任人进入国铁集团铁路建设市场的期限初步建议,由集团公司研究汇总,报送国铁集团工程监督局。

(1)分包单位借用其他企业资质证书和安全生产许可证,或伪造资质证书和安全生产许可证,或以其他欺骗手段承揽分包工程的;

(2)分包单位将其承包的专业工程中非劳务作业部分再分包的;

(3)分包单位存在偷工减料、内业资料弄虚作假等行为的;

(4)分包工程发生质量事故,或存在质量安全红线管理问题的;

(5)分包单位拖欠农民工工资的;

(6)存在其他重大违约行为的。

(四)刑事责任追究

违法施工,造成行车事故,性质特别严重的将按《刑法》追究法律责任。《刑法》涉及交通事故的责任追究主要有以下条款:

1.铁路运营安全事故罪

第一百三十二条规定:“铁路职工违反规章制度,致使发生铁路运营安全事故,造成严重后果的,处三年以下有期徒刑或者拘役;造成严重后果的,处三年以上七年以下有期徒刑。”

2.交通肇事罪

第一百三十三条规定:“违反交通运输管理法规,因而发生重大事故,致人重伤,死亡或者使公私财产遭受重大损失的,处三年以下有期徒刑或者拘役;交通肇事后逃逸或者有其他特别恶劣情节的,处三年以下有期徒刑;因逃逸致人死亡的,处七年以上有期徒刑。”

3.重大责任事故罪

第一百三十四条规定:“在生产、作业中违反有关安全管理的规定,因而发生重大伤亡事故或者造成其他严重后果的,处三年以下有期徒刑或者拘役;情节特别恶劣的,处三年以上七年以下有期徒刑。”

“强令他人违章冒险作业，因而发生重大伤亡事故或者造成其他严重后果的，处五年以下有期徒刑或者拘役；情节特别恶劣的，处五年以上有期徒刑。”

4. 重大劳动安全事故罪

第一百三十五条规定：“安全生产设施或者安全条件不符合国家规定，因而发生重大伤亡事故或者造成其他严重后果的，对直接负责的主管人员和其他直接责任人员，处三年以下有期徒刑或者拘役；情节特别恶劣的，处三年以上七年以下有期徒刑。”

5. 危险物品肇事罪

第一百三十六条规定：“违反爆炸性、易燃性、放射性、毒害性、腐蚀性物品的管理规定，在生产、储运、运输使用中发生重大事故，造成严重后果的，处三年以上七年以下有期徒刑。”

6. 工程重大安全事故罪

第一百三十七条规定：“建设单位、设计单位、施工单位、工程监理单位违反国家规定降低工程质量标准，造成重大安全事故的，处五年以下有期徒刑或者拘役，并处罚金；后果特别严重的，处五年以上十年以下有期徒刑，并处罚金。”

7. 消防责任事故罪

第一百三十八条规定：“违反消防管理法规，经消防监督机构通知采取改正措施而拒绝执行，造成严重后果的，对直接责任人员，处三年以下有期徒刑或者拘役；后果特别严重的，处三年以上七年以下有期徒刑。”

8. 不报告或者谎报事故情况追究

第一百三十九条规定之一：“在安全事故发生后，负有报告责任的人员不报告或者谎报事故情况，处三年以下有期徒刑或者拘役；情况特别严重的，处三年以上七年以下有期徒刑。”

第三章 劳动安全与专项作业安全管理

第一节 劳动安全基本规定

一、施工作业人身安全基本要求

保证人身安全是所有施工作业人员的基本职责，必须认真执行有关法令和规章制度，贯彻执行“安全第一，预防为主，综合治理”的方针。从事铁路施工作业的所有人员，都必须经过专门培训，熟悉本职业务，掌握安全技能，落实安全防范措施。

1. 作业人员班前应充分休息；严禁班前、班中饮酒；严禁脱岗、串岗、私自替班或换班；不得做与工作无关的事情。认真执行出退勤制度。

2. 施工作业人员、临时从业人员参加施工作业须进行安全生产教育，上道作业须由正式职工带领。从事铁路特有工种工作的被派遣劳动者，由用工单位组织实施安全教育以及岗前资格性培训和在岗适应性培训。

3. 作业人员在作业中须按规定着装、佩戴防护用品，正确使用防护用具，严格执行安全技术操作规程；夜间或阴暗处所作业必须穿戴反光标识的防护服。

4. 作业人员入网、上线须设驻站(所)联络员和现场防护员。驻站联络员要及时通知现场防护员来车情况。线上作业人员接到来车通知后，必须按照下道避车的规定停止作业，人员、机具撤离到安全地带。

5. 作业前，作业负责人应根据人员、作业项目、作业环境、天气等情况开展安全预想，布置具体的安全注意事项。

6. 有职业禁忌证人员不得从事高处、巡护、驾驶、特种作业等工作。

7. 夜间作业须有良好的照明条件，照明不足时不准作业。

8. 对易燃、易爆及有毒物品，必须由专人保管，储藏时应远离人员密集场所，与烟火、水源隔离；搬运装卸及使用时，应慎防起火、爆炸和中毒。

9. 作业人员禁止使用未经检测或检测实验不合格及超过试验期的绝缘防护用品和工具；使用劳动防护用品、用具前，要进行认真检查和简略漏气试验，如发现有漏气、严重划痕和裂损等异状时，禁止使用。

10. 作业人员及所携带的物件、作业工器具等须与牵引供电设备高压带电部分保持 2 m 以上的距离，与回流线、架空地线、保护线保持 1 m 以上距离。距离不足时，牵引供电设备须停电。

11. 作业人员不得在带电情况下与接触网的各导线及相连部件接触；不得在接触网及支柱上搭挂物品、攀登支柱或倚靠支柱休息；严禁向接触网抛掷物品。

12. 发现牵引供电设备断线及其部件损坏，或发现牵引供电设备上挂有线头、绳索、塑料布等异物时，均不得与之接触，应立即通知施工负责人和设备管理单位，在牵引供电设备检修人员到达以前，任何人员均应距已断线索或异物处所 10 m 以上的距离。

13. 使用发电机、空压机、搅拌机等机电设备时，应有良好的接地装置。各种机械与车辆不准用水冲洗；施工用的水管不准跨越接触网，原则上不准用射水方式进行圬工养生。

二、行走和避车规定

1. 施工作业人员进入线路行走时，应在作业负责人的带领和防护员的防护下，集中在路肩或线路旁走行。在双线区段行走时，要面迎列车方向走行；通过桥梁、道口或横越线路时，要做到"一停、二看、三通过"，严禁来车时抢越。

2. 严禁作业人员跳车、钻车、扒车和由车底下、车钩上传递工具、材料。绕行停留车列时其距离应不少于 5 m，并随时注意车列动态和邻线上开来的列车。

3. 普速线路作业人员下道避车时，距钢轨头部外侧距离不小于 2 m，设有避车台(洞)的桥梁(隧道)应进入避车台(洞)避车；其他地段避车时应采用拉警示线方式(现场防护员、作业负责人在警示线两端)进行防护。

4. 作业人员严禁到邻线避车。严格按照《普速铁路工务安全规则》要求的距离下道避车。

(1)本线来车按下列距离下道完毕。

①$v_{max}\leqslant 60$ km/h 时，不小于 500 m；

②60 km/h$<v_{max}\leqslant$120 km/h 时，不小于 800 m；

③120 km/h$<v_{max}\leqslant$160 km/h 时，不小于 1 400 m；

④160 km/h$<v_{max}\leqslant$200 km/h 时，不小于 2 000 m。

(2)邻线(线间距小于 6.5 m)来车下道规定。

①本线不封锁时：

a. 邻线速度 $v_{max}\leqslant 60$ km/h 时，本线可不下道；

b. 60 km/h<邻线速度 $v_{max}\leqslant$120 km/h 时，来车可不下道，但本线必须停止作业；

c. 邻线速度 $v_{max}>$120 km/h 时，下道距离不小于 1 400 m；

d. 瞭望条件不良，邻线来车时本线必须下道。

②本线封锁时：

a. 邻线速度 $v_{max}\leqslant$120 km/h 时，本线可不下道；

b. 120 km/h<邻线速度 $v_{max}\leqslant$160 km/h 时，本线可不下道，但本线必须停止作业；

c. 邻线速度 $v_{max}>$160 km/h 时，本线必须下道，距离不小于 2 000 m。

(3)在站内其他线路上作业，本线下道距离不小于 500 m；邻线可不下道，但必须停止作业。列车进路不明时必须下道避车。

(4)速度小于 120 km/h 区段，瞭望条件大于 2 000 m 以上时，钢轨探伤小车、轨道检查小车作业，邻线来车可不下道。

5. 人员下道避车时应面向列车认真观察和瞭望，防止列车上的抛落物、坠落物或绳索伤人，线间距小于 6.5 m 时，两线间不得停留人员，不得放置机具和材料。

6. 人员下道避车的同时，必须将作业机具、材料移出线路，放置、堆码牢固，不得侵入限界，两线间不得停留人员和放置机具、材料。

7. 遇有降雾、暴风雨(雪)、扬沙等恶劣天气影响瞭望时,应停止线上作业和上道检查,必须作业时,应采取针对性的安全措施,保证来车之前按规定的距离及时下道。野外作业遇雷雨时,作业人员应放下手中的金属器具,迅速到安全处所躲避,严禁在大树下、电杆旁避雨。

8. 高速铁路实行天窗修制度,凡影响工务设备稳定、使用和行车安全的施工作业和维修作业,都必须纳入天窗,不得利用列车间隔进行。当设备发生故障,需在双线区间的一线上道检查、处理设备故障时,本线应封锁、邻线列车限速 160 km/h 及以下。

三、基坑作业安全

1. 开挖基坑时,边坡的坡度必须按照设计要求,按放好的边坡线由上向下开挖,不得任意放陡坡度,禁止掏底挖土,严格按照《建筑基坑支护技术规程》进行施工。

2. 做好基坑开挖施工方案,包括放坡要求、支护结构设计、机械类型选择、开挖顺序和分层开挖深度、坡道位置、坑边荷载、降排水措施等。

3. 基坑深度超过 5 m 时,支护结构必须按要求进行设计计算,要有设计计算书和设计图纸。遇有滑层、裂纹、浸水等情况,基坑壁必须用撑木支撑或改缓边坡等技术措施。

4. 基坑施工必须进行临边防护。深度不超过 2 m 的临边可采用 1.2 m 栏杆防护,深度超过 2 m 的基坑施工还必须采用密目式安全网做封闭式防护。临边防护栏杆离基坑边口的距离不得少于 0.5 m。

5. 基坑施工作业时,应按施工方案和规程挖土,不得超挖、破坏基底土层的结构。在同一坡面的垂直线上,原则上不得上下同时开工,不得在上层挖土时下层运土。垂直、交叉作业时必须设置安全隔离防护措施。

6. 基坑四周不得超量堆土及超载荷放置机械、料具等重物。

7. 人工打眼多人配合作业时,应佩戴防护眼镜,禁止面对面或戴手套打锤,掌钎时应佩戴防护手套。

四、高处作业安全

1. 施工单位对高处作业项目制定专门的安全技术措施。

2. 高处作业中的安全标志和各种用于高处作业的设施,使用前应检查。

3. 高处作业中所用的物料应堆放平稳,不得妨碍通道,不得堆放超过允许载荷的物品。所拆下的物件、余料及工器具,不得向下抛掷。

4. 在距地面 2 m 以上的作业面上作业,必须戴好安全帽,系好安全带或安全绳,不准穿带钉或易溜滑的鞋。安全带、安全绳每次使用前,使用人必须详细检查,每半年至少做一次鉴定。

5. 安全带应挂在牢固的物件上,严禁在一个物件上拴挂多根安全带或一根安全绳上拴多人;临边作业应设置防护围栏和安全网;悬空作业应有可靠的安全防护设施。

6. 设置在建筑结构上的直爬梯及其他登高攀件,必须牢固、可靠。

7. 移动式梯子在使用中应符合下列规定:

(1)梯脚底应坚实,梯子上端应有固定措施,人字梯铰链必须牢固;

(2)在同一架梯子上不得 2 人及以上同时作业。

8. 高处作业不得上下重叠。确需在高处上下重叠作业时，应在上下两层中间用密铺棚板隔离或采用其他隔离设施，没有采取隔离防护措施时，禁止双层作业。

9. 高处作业遇有架空输电线时，应按铁路工程施工安全技术规程有关规定执行。当保持安全距离有困难时，应停电或采取可靠的安全防护措施，并经有关部门批准后方可作业。

10. 高处作业的平台、过道、斜坡等地点应装设 1.05～1.10 m 高的防护栏杆和 180 mm 高的挡脚板，必要时应装设防护立网。

11. 隧道内和在夜间或光线不足的地方进行高处作业，应装设满足施工的照明设施。

12. 遇有 6 级及以上大风或恶劣天气时，应停止露天高处作业。在霜冻或雨雪天气进行露天高处作业时，应采取防滑措施。

13. 高处作业人员不得坐在平台的边缘，不得站在栏杆的外侧作业。

14. 在构架及电杆上进行作业时，地面应设有专人进行监护和联络。

15. 施工单位必须对高处作业人员进行高处作业岗前安全、技能教育培训，做到持证上岗。

16. 对高处作业人员至少每年进行一次体检，严禁患有职业禁忌证人员登高作业。

五、施工用电安全

1. 施工用电执行《施工现场临时用电安全技术规范》和《用电安全导则》的有关规定。

(1)施工现场用电采用三相五线制供电系统，且工作接地电阻值不得大于 4 Ω；供电线路始端、末端必须作重复接地；当线路较长时，线路中间应增设重复接地，其电阻值不应大于 10 Ω。

(2)施工用电应进行施工用电设计，并采用三级配电二级保护方式。

(3)用电设备应实行一机一闸，并装设漏电保护器；漏电保护装置应与设备相匹配，不得用一个开关直接控制两台及两台以上的设备。

2. 配电室及其设备应满足下列要求：

(1)配电室应设在靠近电源、无尘、无蒸汽、无腐蚀介质及无震动的地方，并采取防止雨、雪和动物侵入的措施；

(2)配电室内应配置砂箱和灭火器材；

(3)室内的配电屏(盘)和控制台应与重复接地及保护接零做电气连接；

(4)配电屏(盘)应装设短路及过负荷保护装置、漏电保护装置；

(5)配电屏(盘)上的各配电线路应编号，并标明用途。

3. 自备电源应满足下列要求：

(1)自备发电机组应采用三相四线制中性点直接接地系统，接地电阻值不得大于 4 Ω；

(2)发电机组应与外电线路电源联锁，严禁并列运行；

(3)发电机组应设置短路保护和过负荷保护装置。

4. 架空线路应满足下列要求：

(1)架空线应采用绝缘导线，并架设在专用电杆上，不得挂在树木、脚手架等其他物件上。

(2)导线的选用应根据负荷大小、允许电压损失、机械强度等确定。

(3)架空线路间及与各种设施之间最小安全距离应满足下列要求：

①外电架空线与施工现场机动车道交叉时，其最低点与路面的最小垂直距离应符合表 3-1 的规定。

表 3-1 机动车道路与外电架空线路交叉时的最小垂直距离

外电线路电压(kV)	<1	1～10	35
最小垂直距离(m)	6	7	7

②通信线路与低压线路之间的距离不得小于 1.5 m，低压线路之间的距离不得小于 0.6 m，低压线路与 10 kV 以上高压线路之间的距离不得小于 1.2 m，10 kV 高压线路相互之间的距离不得小于 0.8 m。

③外电架空线路与铁路交叉时，其最低点与轨面的垂直距离不应小于 7.5 m。

④脚手架与外架空电线路边线之间应保持表 3-2 规定的最小安全距离。当不能满足时，应采取增设屏障、遮拦或保护网，并悬挂警告标志牌等防护措施。

表 3-2 脚手架与外电架空线路边线之间的最小安全距离

外电线路电压(kV)	<1	1～10	35～110	220	330～500
安全操作距离(m)	4	6	8	10	15

注：上下脚手架的斜道不宜设在有外架电线路的一侧。

5. 电缆线路敷设应符合下列规定：

(1)电缆线应根据环境条件，采取埋地或架空敷设，严禁沿地面敷设。

(2)电缆类型应根据负荷大小、允许电压损失计算确定。

(3)电缆线路与热力管道的平行间距不得小于 2 m，交叉间距不得小于 1 m。

6. 配电箱应满足下列要求：

(1)固定式配电箱底面与地面垂直距离不得小于 1.3 m，移动式配电箱的底面与地面垂直距离应大于 0.6 m。

(2)配电箱应安装在干燥、通风及常温场所，严禁设在有瓦斯、烟气、蒸汽及存有其他介质的场所。

(3)配电箱内应分设工作接零和保护接零端子汇流排。

(4)配电箱应采取防晒、防雨、防尘措施，并配锁锁闭，设专人管理。

7. 施工安全电压应符合下列规定：

(1)在金属容器内作业或特别潮湿的环境中应使用 12 V 安全电压。

(2)在隧道开挖工作面，桥梁基础的井下作业和夜间滑爬模提升、组合钢模板作业，给排水的大口径井下作业，房屋的狭小空间和沟、槽、池内施工以及各种机床和其他易发生电击危险场所应使用 36 V 安全电压。

8. 生活照明用电，不得擅自拉线、装插座，不得私自使用电炉等大功率电器。

9. 漏电保护器必须符合现行国家标准，并应定期检查。

10. 夜间作业和阴暗场所的作业照明标准应符合有关规定。

第二节　施工作业人身安全控制重点

一、施工日计划

施工单位应于作业前按照规定时间做好施工日计划，明确施工作业地点、作业项目、作业数量，要明确施工(作业)负责人、驻站联络员、现场防护员等人员的分工，根据作业特点进行充分的安全预想，有针对性地制定具体的安全注意事项。施工单位根据各施工日计划统筹安排，全面准确地掌握施工作业组作业计划，并对关键作业项目进行盯控。

二、工前点名

施工(作业)负责人要组织所有人员点名，宣布本施工作业当日作业地点、作业项目，作业负责人、驻站联络员和现场防护员姓名、对讲机频率等事项，分配作业任务，详细交代现场作业和上下工安全注意事项。

三、进出栅栏

施工(作业)命令下达前 30 min，作业人员在栅栏门外集结等候，无防护栅栏的应在路基坡脚外方或路堑外方等候。施工(作业)命令下达后，经现场防护员和驻站防护员联系、确认，作业人员才能在现场防护员的防护下进入栅栏或上道作业。原则上，复线或多线地段，作业人员应从作业线别的一侧进出栅栏，以避免或减少横越线路。

作业完毕，全体作业人员要在现场防护员的防护下在同一侧路肩上集体行走，及时撤到栅栏或路肩外侧的安全地点。

四、施工作业防护

1. 防护员必须选用身体健康、听力和视力良好、责任心强、经培训和考试合格的正式职工担任，防护员必须持证上岗，不得兼职，作业中不得看书、闲谈、离岗及从事与防护无关的工作或事情。

2. 施工负责人、驻站联络员、现场防护员必须携带状态良好、电池充足的对讲机等通信设备。

(1)现场防护员与驻站联络员保持联系，至少每 3 min 联系一次，及时通知来车情况，认真填写“防护员通话记录表”。联系中断或不畅时，必须立即恢复线路，人员和机具彻底下道，确保行车和人身安全。

(2)如通信联系中断或不畅通，现场防护员应立即通知作业负责人停止作业，必要时将线路恢复到准许放行列车的状态。

3. 针对不同作业项目和作业地点，按照有关规定设置防护。

4. 天窗点外作业，在一处作业人员沿线路分布长度超过 100 m 时，必须增设防护员；在长大桥梁、隧道及瞭望条件不良或联系不畅通地段作业时，应增设防护员。

5. 现场防护员必须和驻站联络员取得联系后，方可上道作业。作业人员下道避车或收工时，现场防护员必须协同施工负责人查看、确认作业人员是否下道完毕、材料和机具是否侵限。

6. 上道作业时，现场防护员要先上道，做好作业防护；作业人员下道避车或收工时，现场防护员和作业负责人必须确认作业人员、机具和材料撤到安全地点，确认机具和材料放置、堆码牢固后，现场防护员方可下道。

五、登销记

1. 驻站联络员应准确掌握当日作业分组情况、各组作业地点、作业项目，作业负责人及现场防护员姓名、联系方式。施工天窗作业时，施工负责人(驻站联络员)提前 40 min 到达车站行车室或调度所登记要点。

2. 驻站联络员按规定在“行车设备施工登记簿”或“行车设备检查登记簿”上登记，填写“防护员通话记录表”，及时、规范地对本线和邻线来车向现场进行通报，对下道避车进行确认。

3. 作业完毕，施工负责人经检查、确认线路已满足放行列车条件，人员、材料和机具均不侵限后，通知现场防护员撤除或变更防护信号，并通知驻站联络员。

六、上下工

作业人员上下工，必须在作业负责人的带领下集体上下工。禁止驾驶摩托车等私有机动车辆上下工，禁止在路肩上骑行自行车。

七、退勤和碰头会

当日作业完了后，作业人员统一回到施工单位驻地召开碰头会，施工负责人要对此次的工作进行总结，对出现的安全问题进行分析，制定整改措施，并及时填报表册和记录，做好每一名人员的退勤记录。

第三节　电气化区段作业安全管理

一、电气化区段作业一般规定

1. 电气化区段施工前，施工单位必须指派专职人员负责与供电部门联系。

2. 在电气化铁路线路上，所有的牵引供电设备，自第一次受电开始即认定为带电设备。

3. 禁止人员直接或间接(通过任何物件，如棒条、导线、水流等)与接触网的各导线及其连接部件接触。

当接触网的绝缘不良时，在其支柱、支撑结构及其金属结构上，在回流线与钢轨的连接点上，都可能出现高电压，因此应避免与上述部件相接触。

4. 遇有雷电时(在作业地点可见闪电或可闻雷声)禁止在接触网上进行作业。雷、雨、雪、雾天气时，不得进行更换火花间隙、检修支柱下部地线和避雷引下线等作业。

5. 在进行接触网作业时，作业组全体成员须按规定佩戴劳动防护用品和正确使用防护工具。

6. 除天窗点外允许的接触网作业项目外，所有侵入建筑限界的接触网作业，必须在封锁的线路上进行。

7.禁止使用未经试验、试验不合格或超过试验周期的绝缘、受力工具和防护用品。在夜间、隧道内或光线不足处所进行接触网作业时，必须有足够的照明灯具。

8.绝缘工具材质的电气强度不得小于 3 kV/cm，在运输和使用中要经常保持清洁干燥，切勿损伤。接触网间接带电作业的绝缘杆等其有效长度大于 1 000 mm。

9.在线间距不足 6.5 m 地段一线施工邻线行车时，应在施工计划中注明邻线限速要求，邻线限速长度不应小于实际作业范围，并按规定设置防护。在得到车站值班员同意作业的签认后，方可作业。

10.几个作业组同时作业时，每一个作业组必须分别设置安全防护措施，分别向供电调度申请停电命令。

11.在有轨道电路的区段作业时，不得使长大金属物体（长度大于或等于轨距）将线路两根钢轨短接。

二、电气化区段作业规定

（一）接触网作业规定

1.高空作业一般规定

（1）高空作业必须设有专人监护，其监护要求如下：

①间接带电作业时，每个作业地点均要设有专人监护，其安全等级不低于四级。

②停电作业时，每个监护人的监护范围不超过 2 个跨距，在同一组软（硬）横跨上作业时不超过 4 条股道，在相邻线路同时作业时，要分别派监护人各自监护；当停电成批清扫绝缘子时，可视具体情况设置监护人员。监护人员的安全等级不低于三级。

③作业人员及所携带的物件、作业工器具等与接触网带电部分距离小于 3 m 的远离作业，每个作业地点均要设有专人监护，安全等级不低于四级。

（2）高空作业时，必须将安全带系在安全牢靠的地方，扣好安全钩环。

（3）进行高空作业时，人员不宜位于线索受力方向的反侧，并采取防止线索滑脱的措施。在曲线区段进行接触网悬挂的调整工作时，要有防止线索滑移的后备保护措施。

（4）冰、雪、霜、雨等天气条件下，接触网作业用的车梯、梯子以及作业车的爬梯和平台应有防滑措施。

2.攀登支柱作业规定

（1）攀登支柱前要核对支柱号，检查支柱状态，观察支柱上有无其他设备，选好攀登方向和条件。

（2）攀登支柱时要手把牢靠，脚踏稳准，尽量避开设备并与带电设备保持规定的安全距离。用脚扣攀登时，要卡牢和系紧，严防滑落。

3.登梯作业规定

（1）接触网作业用的车梯和梯子必须符合下列要求：

①结实、轻便、稳固。

②在有轨道电路的区段上，车梯的车轮必须采取可靠的绝缘措施。

③按规定进行机械试验。

（2）用车梯进行作业时，应指定车梯负责人，工作台上的人员不得超过两名。所有的零件、工具等均不得放置在工作台的台面上。

(3)当车梯工作台面上有人时,推动车梯的速度不得超过 5 km/h,并不得发生冲击和急剧起、停。工作台上人员和车梯负责人要呼唤应答,配合妥当。

(4)当车梯在曲线上或遇大风时,对车梯要采取防止倾倒的措施;当外轨超高≥125 mm或风力五级以上时,未采取固定措施禁止登车梯作业;当车梯在大坡道上时,要采取防止滑移的措施;当车梯放在道床、路肩上或作业人员的重心超出工作台范围作业时,作业人员应要将安全带系在接触网上;车梯在地面上推动时,工作台上不得有人停留。

(5)为避让列车需将车梯暂时移至建筑限界以外时,要采取防止车梯倾倒的措施。当作业结束,车梯需要就地存放时,须稳固在建筑限界以外不影响瞭望信号的地方,并加锁或派人看守。

(6)当用梯子作业时,作业人员要先检查梯子是否牢靠;要有专人扶梯,梯子支挂点稳固,严防滑移;梯子上只准有 1 人作业。

4.作业车作业规定

(1)接触网作业车出车前,司机应认真检查车辆和行车安全装备,确保状态良好,并与作业人员检查通信工具,确保联络畅通。

(2)使用接触网作业车作业时,应指定作业平台操作负责人,作业平台不得超载。工作领导人必须确认地线接好后,方可允许作业人员登上作业车的作业平台。作业车平台应设置随车等位线,在完成作业平台和工作对象设备等位措施后,方可触及和进行作业。

(3)作业车移动或作业平台升降、转向时,严禁人员上、下。人员上、下作业平台应征得作业平台操作人或监护人同意。所有人员禁止从未封锁线路侧上、下作业车。

(4)作业车作业平台防护门关闭时应有闭锁装置。作业时须关好作业平台的防护门。

(5)外轨超高≥125 mm 区段人员需在作业平台上作业时,作业平台应具有自动调平装置并开启调平功能。

(6)作业人员的重心超出作业平台防护栏范围作业时,必须将安全带系在牢固可靠部位。

(7)司机(或在平台上操纵车辆移动的人员)须精力集中,密切配合,在移动车辆前应注意作业车及作业平台周围的环境、设备、人员和机具等情况,与附近的设备保持规定的安全距离,以保证人员、设备安全。作业平台上的作业人员在车辆移动中应注意防止接触网设备碰剐伤人。

(8)作业平台上有人作业时,作业车移动的速度不得超过 10 km/h,且不得急剧起、停车。

(9)作业人员与司机之间的信息传递应及时、准确、清楚、呼唤应答。作业中作业车的移动应听从作业平台上操作人员的指挥。

(10)为防止作业车作业平台侵入未封锁线路的限界,作业平台应具有平台转向限位装置,作业前应将限位装置打至正确位置,作业平台严禁向未封锁的线路侧旋转。

5.停电设备上作业规定

(1)作业人员(包括所持的机具、材料、零部件等)与周围带电设备的距离不得小于下列规定:500 kV 为 6 000 mm;330 kV 为 5 000 mm;220 kV 为 3 000 mm;110 kV 为 1 500 mm;25 kV 和 35 kV 为 1 000 mm;10 kV 及以下为 700 mm。

(2)检修各种电缆及附件前应对电缆导体、铠装层及屏蔽层两端进行安全接地，并充分放电。当断开电缆导体、铠装层、屏蔽层以及检修隔离（负荷）开关、绝缘锚段关节、关节式分相、分段绝缘器、分相绝缘器时，应采取防止感应电及穿越电流人身伤害措施。

(3)利用V形天窗停电作业时，应遵守下列规定：

①接触网停电作业前，须撤除向相邻线供电的馈线开关保护重合闸，断开相应可能向作业线路送电的所、亭开关。

②作业人员作业前，工作领导人（监护人员）应向作业人员指明停、带电设备的范围，加强监护，并提醒作业人员保持与带电部分的安全距离，任何情况下作业人员及所持的机具和材料不得侵入邻线建筑限界。

③在断开导电线索前，应事先采取旁路措施。更换长度超过 5 m 的长大导体时，应先等电位后接触，拆除时应先脱离接触再撤除等电位。

④吸上线、PW 线、回流线（含架空地线与回流线并用区段）、避雷器等附加导线不得开路，如必须进行断开回路的作业，则必须在断开前使用不小于 25 mm^2 铜质短接线先行短接后，方可进行作业。

⑤在变电所、分区所、AT 所处进行断开吸上线、电缆及其屏蔽层的检修时应采用垂直作业。

⑥吸上线与扼流变中性点连接点，不得进行拆卸，防止造成回流回路开路。确需拆卸处理时，必须采取旁路措施，必要时请电务部门配合。

⑦隔离（负荷）开关、电分段、绝缘锚段关节、关节式分相和分段绝缘器等作业时，应用不小于 25 mm^2 的等位线先连接等位后再进行作业。

(4)在线间距不足 6.5 m 地段一线施工邻线行车时，应在施工计划中注明邻线限速要求，邻线限速长度不应小于实际作业范围，并按规定设置防护。

(5)V形天窗作业时接地线设置还应执行以下要求：

①两接地线间距大于 1 000 m 时，需增设接地线。

②在电分段、软横跨等处作业，中性区及一旦断开开关有可能成为中性区的停电设备上均应接地线，但当中性区长度小于 10 m 时，在与接地设备等电位后可不接地线。

③接地线应可靠安装，不得侵入邻线限界，并有防风摆措施。

(6)在停电作业的接触网附近有平行带电的高压电力线路或接触网时，为防止感应电压，除按规定装设接地线外，还应增设接地线。

6. 作业结束后有关规定

(1)工作票中规定的作业任务完成后，由工作领导人确认具备送电、行车条件，清点全部作业人员、机具、材料撤至安全地带，拆除接地线，宣布作业结束，通知要令人请求消除停电作业命令。

(2)停电命令消除后，人员、机具必须与接触网设备保持规定的安全距离。作业车辆驶出封锁区间（站场）或人员及机具撤离至铁路防护栅栏以外后，方可消除行车封锁（邻线限速）命令。

(3)几个作业组同时作业，当作业结束时，每个作业组须分别申请消除停电作业命令。

7. 作业区防护规定

(1)接触网施工维修作业防护按照相关规定执行。接触网维修作业，现场防护人员应站在维修地点附近、且瞭望条件较好的地点进行防护，显示停车信号。

(2)在双线区段、枢纽站场进行作业时，现场防护员除按规定做好本线防护外，还应监视邻线列车运行情况并及时报告工作领导人。

(3)作业过程中，联络员、现场防护人员与工作领导人之间必须保持通信畅通并定时联系，确认通信良好。一旦联控通信中断，工作领导人应立即命令所有作业人员下道，撤至安全地带。

不同作业组分别作业时，不准共用现场防护人员。在未设好防护前不得开始作业，在人员、机具未撤至安全地点前不准撤除防护。

(4)联络员、现场防护人员基本要求：

①具备基本的行车知识，熟悉有关行车防护知识，联络员还应熟悉行车室有关设备显示。

②熟悉有关防护工具、通信工具的使用方法及各种防护信号的显示方法，每次出工前应检查通信工具状态良好，行车防护用品携带齐全、有效。

③作业期间坚守岗位，精力集中，及时、准确、清晰地传递行车信息和信号，作业未销记前，不得擅离工作岗位。

④不得影响其他线路上列车正常运行。

(二)工务作业规定

1. 起道作业，两股钢轨同时起道时，一次作业起道量不得超过 30 mm，且两股钢轨起道量相差不得超过 11 mm；调整曲线超高时，单股起道量不得超过 11 mm。起道作业时，隧道、下承式桁架桥和拱桥、斜拉桥不得超过建筑限界尺寸线。

2. 拨道作业，线路中心位移一次不得超过 30 mm；一侧拨道量年度累计不得大于 120 mm，并不得侵入建筑限界。

3. 桥梁上一侧拨道量年度累计不得大于 60 mm，且应满足线路中心与桥梁中心的偏差，钢梁不大于 50 mm，圬工梁不大于 70 mm。线路允许速度 120 km/h$<v_{max}\leqslant$200 km/h 时，钢梁、圬工梁不得大于 50 mm。

4. 起道、拨道和桥梁上作业等有可能引起接触网参数变化的施工时，必须事先通知供电部门予以配合。

5. 自动闭塞电气化区段更换钢轨

(1)在同一地点同时更换两股钢轨时，无论该地段接触网是否停电，换轨前必须在被换钢轨两端的左右轨节间横向各安设一条截面不少于 70 mm^2 的铜导线，在被换一股钢轨两端轨节间纵向安装一条截面不小于 70 mm^2 的铜导线，并用夹子牢固夹持到相邻的轨底上，如图 3-1 所示。该电线在换轨完成后方可拆除，否则拨动钢轨会产生火花，可能引起事故。

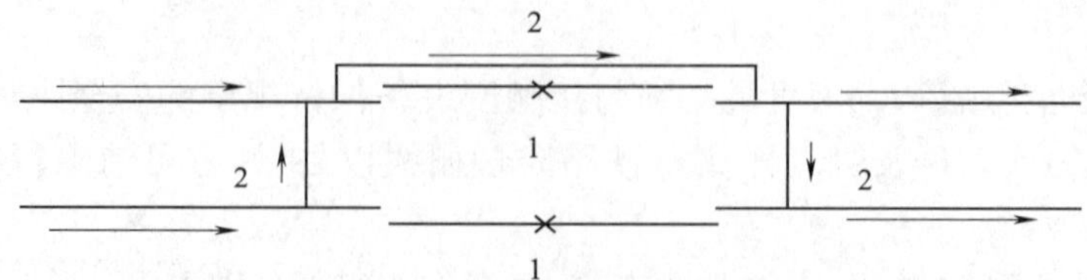

图 3-1　同一地点同时更换两股钢轨时铜导线的设置

1—被更换钢轨；2—铜导线

(2)更换一股钢轨时，换轨前应在被换钢轨两端的左右轨节间横向各设一条截面不小于 70 mm^2 的铜导线，导线两端用夹子牢固夹持在相邻的轨底上，如图 3-2 所示。

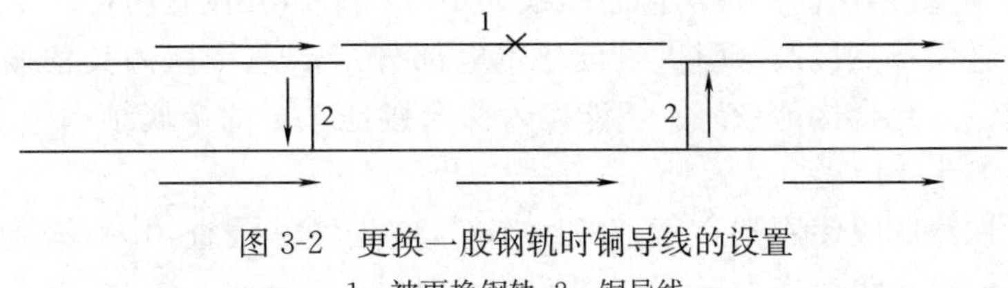

图 3-2　更换一股钢轨时铜导线的设置

1—被更换钢轨；2—铜导线

6. 非自动闭塞电气化区段更换钢轨

(1)严禁在同一地点将两股钢轨同时拆下。

(2)换轨前，在被换钢轨两端的轨节间，横向各安设一条截面不少于 70 mm^2 的铜导线，并用夹子牢固夹持到相邻的轨底上，如图 3-3 所示。该连接线在换轨作业完毕后方可拆除。

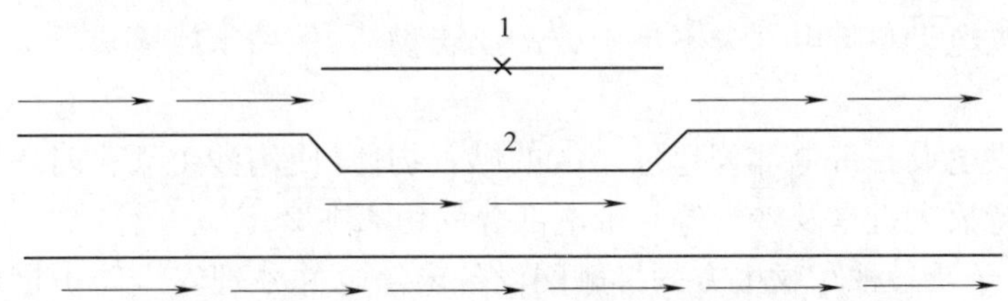

图 3-3　非自动闭塞电气化区段更换钢轨时铜导线的设置

1—被更换钢轨；2—横向连接线

(三)通过平交道口规定

1. 各种车辆和人员通过电气化平交道口时，货物装载高度(从地面算起)不得超过 4.5 m。

2. 在装载高度超过 2 m 的货物上严禁坐人。

3. 人员过道口持有高、长物件时，不准高举挥动，要保持水平状态。

(四)装卸作业规定

1. 在带电的接触网下，不准在敞车、平车、罐车等车辆(棚车、保温车、家畜车内除外)上进行装卸作业。

2. 不准用竹竿等物测量货物的装载高度等靠近接触网的作业。

三、电气化区段作业其他规定

1. 在电气化区段除专业人员按规定作业外，作业人员所带的工具、材料(包括长杆、导线、塔尺、钢尺、皮尺、花杆)与牵引供电设备的带电部分需保持 2 m 以上的安全距离，与回流线、架空地线、保护线保持 1 m 以上距离，距离不足时，牵引供电设备必须停电。

2. 在离接触网带电部分不到 2 m 的建筑物上作业时，必须按规定办理接触网停电申请手续，得到许可停电施工命令，并有接触网工区派人安设接地线后，方准施工。

3. 在距牵引供电设备高压带电部分 2 m 以外，与回流线、架空地线、保护线 1 m 以外，临近铁路营业线作业时，牵引供电设备可不停电，但须按照铁路营业线施工安全管理有关规定执行。

4. 与接触网同杆合架的电力线路设备，非电力部门的专职人员禁止攀登作业。

5. 发现接触网断线及其部件损坏或在其上挂有线头、绳索等物时，不准与之接触；在接触网作业人员未到达前，任何人员均应距断线处 10 m 以外，并设置防护。

6. 距牵引供电设备支柱及牵引供电设备带电部分 5 m 范围以内具备接入综合接地条件的金属结构应纳入综合接地系统。不能接入综合接地系统的金属结构须装设接地装置，接地电阻一般不大于 10 Ω。

7. 在电气化铁路区段使用架空索道或绞车时，应先做好调查，其钢丝绳（包括晃动量）离接触网带电部分最小距离应大于 5 m，并设有接地线。

8. 在电气化区段通过或使用各种施工车辆和施工机械，均不得超过机车车辆限界。

9. 在距离接触网 5 m 范围内使用发电机、空压机、搅拌机等机电设备时，应有良好的接地装置；在可能带电部位，应有“高压危险”的明显标志，并有防护措施。

10. 在电气化区段，不准用水冲洗各种机械和车辆。

11. 电气化铁路附近发生火灾时，须遵守下列规定：

（1）距牵引供电设备带电部分不足 4 m 的燃着物体，使用水或灭火器灭火时，牵引供电设备必须停电。

（2）距牵引供电设备带电部分超过 2 m 的燃着物体，使用沙土灭火时，牵引供电设备可不停电，但须保持灭火机具及沙土等与带电部分的距离在 2 m 以上。

12. 机车、动车及各种车辆上方的接触网设备未停电并办理安全防护措施前，禁止任何人员攀登到车顶或车辆装载的货物上。

13. 牵引供电设备故障时，与牵引供电设备相连接的支柱、接地引下线、综合接地线等可能出现高电压，未采取安全措施前，禁止与其接触，并保持安全距离。

14. 天桥、跨线桥靠近或跨越牵引供电设备的地方，须设置防护栅网，栅网由所附属结构的产权或工程建设单位负责安设。防护栅网安设“高压危险”标志，警示标志由供电设备管理单位制作安装。

15. 电气化铁路区段车站风雨棚、跨线桥、隧道等构建物应安装牢固，状态良好，不得脱落。距牵引供电设备 2 m 范围内不得出现漏水、悬挂冰凌等现象。附挂在跨线桥、渠上的管路，以及通信、照明等线缆，须设专门固定设施，且安装可靠，不得脱落。

第四节　有限空间作业安全管理

一、有限空间范围

有限空间范围是指封闭或者部分封闭，与外界相对隔离，进出口较为狭窄，作业人员不能长时间在内工作，自然通风条件不良，易形成有毒有害、易燃易爆物质积聚或氧含量不足的空间。包括窨井、下水管道、管道阀门井、电梯井道、储罐、锅炉、化粪池、污水井、废弃水井等。

二、安全生产制度和规程

1. 有限空间作业安全责任制度。

2. 有限空间作业审批制度。

3.有限空间作业现场安全管理制度。

4.有限空间作业安全培训教育制度。

5.有限空间作业应急管理制度。

6.有限空间作业安全操作规程。

三、有限空间作业原则

1.有限空间作业必须做到“先通风、再检测、后作业”，严禁通风、检测不合格作业。

2.检测指标包括氧浓度、易燃易爆物质(可燃性气体、爆炸性粉尘)浓度、有毒有害气体浓度。检测必须符合相关国家标准或者行业标准的规定。进入有限空间作业前进行内部气体浓度检测时，检测的时间不得早于作业开始前 30 min。

3.检测人员进行检测时，必须记录检测的时间、地点、气体种类、浓度等信息。检测记录经检测人员签字后存档。检测人员进行气体检测时，应采取相应的安全防护措施，防止中毒窒息等事故发生。

四、严格实行审批制度

实施有限空间作业前，必须对作业环境进行评估，分析存在的危险有害因素，提出消除、控制危害的措施，制定有限空间作业方案、安全操作规程、事故应急救援预案、安全技术措施，并履行审核、批准手续后方可实施，严禁擅自进入有限空间作业。

五、教育培训

从事有限空间作业的现场负责人、监护人员、作业人员、应急救援人员进行有限空间作业相关知识的培训，考试成绩合格后上岗，严禁未经培训或考试不合格人员从事有限空间作业。

六、应急预案

有限空间作业中发生事故后要立即启动救援程序，严禁盲目施救。应急救援人员实施救援时，必须佩戴防毒呼吸器具、救援器材，做好自身防护。

第五节　开挖作业安全管理

一、路堑开挖

(一)路堑开挖相关规定

1.应自上而下分级分层开挖，严禁掏底开挖。

2.开挖过程中应安排专人密切关注开挖面和邻近边坡、山体稳定情况，巡查施工范围内有无异常。出现裂痕、滑动、流土迹象，应停止施工，作业人员应撤离至安全地带。

3.施工如遇地下水涌出，应先排水、后开挖。

4.应分级防护，分段成型。每级边坡开挖完成后，应进行一次清坡、测量、检查，及时完善边坡防护、支挡工程和排水设施。

5. 作业面应相互错开，严禁上下重叠作业，否则应错开作业时间或设置隔离防护措施，并安排专职安全员现场防护。

6. 路堑挖方弃土不得随意堆置。

(二)变形监测

路堑开挖工程应按设计要求进行变形监测。发现变形量超限、突变等异常情况，应停止施工，撤离人员和机具，分析原因，确定处理措施。

(三)弃土场

弃土场应满足环境保护、水土保持的相关要求。

二、桥涵开挖

(一)基坑放坡开挖相关规定

1. 基坑开挖对邻近建(构)筑物或临时设施有影响时，应采取必要的安全防护措施。

2. 基坑顶面和开挖面四周应设置截(排)水沟，防止地表水或渗流造成基坑失稳。

3. 基坑开挖应分层进行，分层厚度应视地质和水文情况、基坑深度等确定，严禁掏挖或局部超挖。

4. 基坑开挖时，坑顶堆载、动载的允许值及作用点到坑边的距离应符合设计要求，设计文件中无明确规定时，应进行检算。

5. 在土石松动地层或粉、细砂层中开挖基坑时，应先做好安全防护设施；软基开挖必须先行支护。需要爆破时，应当与铁路运输企业协商一致，依照有关法律法规的规定报县级以上地方人民政府批准，采取安全防护措施后方可进行。

6. 垂直运输出土时，应每班检查吊具、机具等安全状态。吊斗升降时，坑内作业人员应躲离至吊斗升降移动范围以外，斗门扣件应有防脱措施。

7. 基坑开挖时，应观测坡面稳定情况。坑口周边及坡面出现裂缝、坑壁松塌或遇涌水、涌砂时，应立即停止施工，待加固处理后，再继续开挖作业。

(二)基坑支护开挖相关规定

1. 当基坑边坡受地质、水文条件影响不能自稳，或因环境条件限制不能放坡时，应对坑壁进行加固或支护。

2. 挡板支撑护壁施工安全规定。

(1)基坑每层开挖深度应根据地质情况确定，并做到边挖边支。

(2)支护结构出现异常应及时处置。

(3)出土作业不得碰撞支护结构。

(4)当基础混凝土强度符合设计要求、具备受力体系转换条件后，方可按专项施工方案规定自下而上逐层拆除内支撑。

3. 排桩支护施工安全规定。

(1)排桩支护结构应进行设计和检算，严格遵循先支撑后开挖的原则。

(2)钢支撑及其构配件进场使用前，应按规定检查验收合格，安装时，连接应顺直、牢固；钢支撑端头与冠梁或腰梁的连接应能满足支撑端头局部稳定和传递支撑力的要求；支撑端面与支撑轴线不垂直时，应采取必要的措施，安装完成并经验收合格后，方可按设计施加轴向预加力。

(3)当地下水位高于基坑底面时，应先降水再开挖。基坑内外降水应协调一致，避免影响围护结构稳定。

(4)地下水位低于基坑底面且地质条件符合要求时，可以使用预应力锚拉结构。施工时，应严格控制预应力锚杆的锚固段和自由段长度，并分层施作、分层开挖。待拉拔试验合格后，方可进行开挖，严禁超挖。

三、挖孔桩(挖井)

1. 人工挖孔(井)作业应编制专项施工方案，孔深 15 m 及以上的人工挖孔桩(井)专项施工方案须经专家评审通过；孔深 30 m 及以上的混凝土灌注桩不应采用人工成孔。需要将钻孔桩改为挖孔桩施工的，应事先办理设计变更手续。

2. 人工挖孔(井)的成孔顺序、邻孔(井)的开挖高差应符合设计规定。当桩净距小于 2.5 m时，应采用间隔开挖。邻桩跳挖的最小施工净距不应小于 4.5 m。

3. 人工挖孔(井)施工安全规定

(1)设置人员上下爬梯，配备防坠器，严禁作业人员乘坐吊桶或攀爬井壁上下；根据最大吊重计算确定提升架、提升卷扬设备的形式、规格和安装使用要求，并经现场试车检验合格后使用，严禁超负荷吊装，严禁作业人员私自捆绑大石块提升作业；提升架的配重应稳固可靠，片石等不规则材料不应松散码砌作为配重；提升卷扬设备应安装防脱钩和上限位装置。

(2)每日开工前必须先检测井下有毒、有害气体的类别和含量，并采取相应的安全处置措施。

(3)挖出的渣土应及时运离孔口，不得堆放在孔口周边。孔口周围机动车辆的通行不得影响井壁稳定。

(4)孔内应使用低压照明灯具，用电设备应进行可靠接地。

(5)孔口四周应设置安全护栏，高度不应小于 1.2 m。孔内作业人员上下时必须配挂防坠器，正确使用安全帽、应急安全绳及绝缘胶鞋等劳动防护用品，孔口辅助人员必须正确佩戴安全帽和防坠安全绳。

(6)孔内作业时，孔口辅助人员应随时注意护壁变化及孔底施工情况，发现异常时，立即通知孔内作业人员撤出。严禁孔口辅助人员擅自离岗或下井辅助作业。

(7)提升架、绞绳、吊斗、卷扬机等机具应经常检查维护。

4. 人工挖孔桩护壁施工应符合设计要求，并做到随挖随护。每一循环进尺最大不得超过 1 m，并应在当日连续施工完毕；护壁经验收合格且在混凝土达到规定强度后，方可继续下挖。每环护壁均应预埋竖向接茬钢筋。

5. 在易塌孔的粉砂或松软土层且地下水位较高时，应采用其他方法成孔。人工挖孔(井)过程中，遇到局部或厚度不大于 1.5 m 的流动性淤泥或可能出现涌土、涌砂时，应及时换用钢护筒护壁，同时采取可靠的降排水措施；继续使用混凝土护壁时，应采取加强措施，每节护壁的高度不应大于 50 cm，并随挖、随验、随灌。

6. 孔内岩石需要爆破时，应符合《爆破安全规程》GB 6722 的规定，并应采用小直径浅孔微差爆破，严格控制装药量。起爆时，孔口应设置防护盖，防止砟石飞出伤人。起爆作业前，邻孔的作业人员应撤离至安全地带。

7. 孔内通风及排水安全规定

(1)孔(井)内空气质量超过规定浓度值时，应暂停作业。

(2)孔内二氧化碳含量超过 0.1%，或其他有毒、有害气体超过允许浓度，或孔(井)深度超过 10 m 时，必须采取机械通风措施，供风量不少于 3 m^3/min。

(3)爆破后要及时排烟降尘，及时清除孔壁上松动的石块、土块。

(4)孔内积水应及时抽排。

第四章　施工料具、设施设备安全管理与防护

第一节　材料的装卸与堆放

一、料具搬运及装卸

(一)铁路施工常见装卸方式

1. 铁路施工常见装卸搬运方式主要有以下几类:

(1)车辆装卸运输:常见的有长轨列车、K 车、机车与轨道车牵引的平板车、敞车、棚车、集装箱、物料车、吊车、铲车、钩机、汽车等装卸运输方式。常用于装卸长钢轨、钢轨、道岔部件、轨枕、接触网立柱及相关部件、道砟、防洪土石料及钢筋、水泥等建筑材料和油漆、油料、燃料等易燃易爆危化品等运输装卸。

(2)人工搬运装卸:按人工搬运装卸方式可分为人工徒手翻转、移动和人工借用工具抬搬装卸方式。

①人工徒手翻转、移动装卸方式。常见于现场短距离翻转、移动装卸钢轨、轨枕、辙叉心、尖轨、岔枕 及道岔、轨道部件施工。

②人工借用工具抬搬装卸方式。常见于使用抬杠、运轨器、单轨车、撬棍、翻轨器、滑轨等辅助工具搬运、移动装卸钢轨、辙叉、尖轨、轨枕、轨道联接零件、步行板、成筐道砟等路料。

(二)装卸安全注意事项

1. 搬运及装卸重物时,应尽量使用机械作业;人力操作时,要统一指挥、动作一致;夜间要有充足的照明。

用滑行钢轨装卸钢轨及其他重型机械设备时,滑行钢轨应支撑牢固,坡度适当。滑行前方禁止站人,后方应有保险缆绳。

2. 装卸长钢轨,钢丝绳与挂钩、固定器等要联结牢固,人员不得站在移动前方和钢丝绳附近。

长轨车运行中,人员必须离开轨端 3 m 以外,并严禁在长轨上走动;卸轨时,撬棍不得插入长轨移动方向的横梁后面,前一根长轨通过本车后方能拨动后一根就位,严禁在悬空的长轨下作业,并注意防止长轨尾端落下时摆动伤人。

3. 运料列车开车前,负责人应确认有关人员已上车坐稳方可开车。列车未停稳前,卸车人员不得打开车门及做其他影响安全的准备工作,开车门前,车上人员应离开车门,车下人员不得站在车门下面。

4. 轨道平车的随乘人员应坐稳扶牢，不准坐在堆放较高的物体上和车体连接处，车未停稳，人员不能上下车。装载路料、机具的轨道平车不准搭乘人员，确因工作需要乘坐人员时，必须安装围栏及扶手。单轨小车严禁搭乘人员。

5. 搬运、装卸有毒、有害物品时，必须按规定穿戴防护用品。

6. 换装或搬运钢轨、混凝土枕、辙叉等笨重轨料时，应有专人指挥，尽量在平整的地面行走。必须在坑洼不平线路上行走时，要注意踏稳踩牢。

7. 整组道岔在既有线上做铺设前的纵向移动时，应由施工负责人统一指挥，合理布置移动轮，平稳移动。轨枕间或移动前方不得站人。要提前安排放倒处理信号机、电务配线箱等超出轨面的建筑障碍物并适当支撑保护，特别注意新道岔的电动转辙机不得侵入相邻限界。

二、材料装卸

（一）装载基本要求

装载材料、工具时应稳固，不得偏载、超载和超限。装载危险物品时，应有可靠的安全措施。

（二）区间装卸材料时，装卸车负责人工作职责

1. 配备足够的装卸车人员、工具和信号用品。

2. 夜间作业时，配有足够的照明设备，并预留一定的设备、设施、器材。

3. 预先与行车调度员、车站值班员、工务调度员进行联系，确认到达车数、车型及到开时刻。

4. 列车出发前，向装卸人员、司机及车长讲清作业计划、卸车起讫里程、信号联络方法及安全注意事项。

5. 多个车辆卸车时，每辆车上指定专人负责指挥卸车、开关车门、组织检查限界、清道及做好未卸余料偏载时的整理工作。严禁在区间进行摘挂作业。

6. 卸车时，施工单位须对线桥、信号及供电、车辆检测等行车设备采取防护措施，防止施工损坏相关设备设施。

7. 对笨重材料（如条石、片石、钢轨、混凝土枕等），严禁边走边卸（长轨车除外）。停车卸料时，车轮附近的材料要指定专人及时清理。每次卸车后开车前要认真检查，确认车门关好、材料堆放稳固、道心和碴肩路料不侵入行车安全限界，方可通知司机（车长）发车。

（三）卸车安全措施

1. 在下列地点卸车时，须有施工单位制定有针对性的安全措施。

（1）道岔及道岔咽喉区。须制定防范尖轨滑床板、护轨及辙叉心轮缘槽遗留石碴和分级绝缘及相关连接线联电、损伤的安全防范措施，预防道岔信号失表、脱线等安全事故。

（2）无碴桥上（长轨列车卸轨除外）。须制定防范桥梁步行板和工形梁超载、偏载预防措施。

（3）道口。须制定防范道口轮缘槽石碴遗留和道口铺面遗存路料高度超过机车排撞器限制高度，及影响公路交通车辆通行安全的安全措施。

（4）有可能损坏信号、超偏载检测装置、通信、客（货）车运行安全监测设备处所。须制定防范轨道信号设备及相关检测设备设施损伤和正常使用的安全措施。

2. 下列地点严禁卸车，特殊情况须由施工单位制定有针对性的安全措施，报集团公司审批。

(1)无底砟的新线、有底砟但未经压道试验的线路。须制定防施工车辆脱线安全措施。

(2)站台处靠站台一侧。须制定预防站台路料和道心路料侵限安全措施。

(3)区间线路的道床有积雪覆盖超过轨面处所。须制定预防积雪地段堆积路料溜坍侵限和车后回检安全措施。

(4)线路两侧有大量堆积物地段。须有预防新卸路料侵限或清道不及时耽误线路开通安全措施。

(5)双线区间，两线不在同一平面时，向高处一线卸料有可能侵入低线建筑限界的地段。须有预防新卸路料坍塌滑落邻线影响行车安全措施。

(6)邻线来车时，靠邻线的一侧。须严格执行邻线有车必须停止卸车作业和安排专人负责清理侵入邻线限界路料的安全措施。

(四)使用风动卸砟车时应遵守的规定

1. 应对风动卸砟车经常进行检查维修，使风动管路、杆件传动系统及塞门手柄等经常保持正确位置、性能良好，有较大故障时应摘车交车辆段修理。

2. 除卸砟时间外，操作室各进风塞门(包括储风箱的放风塞门)应处于关闭状态，操纵阀手柄应放在中立位。

3. 卸砟前，各车辆必须充足风。风压不足 0.4 MPa，应用手动装置配合操作。卸车顺序应由列车前部向尾部逐辆完成。卸车时不得推进运行，牵引机车须保持匀速行进，不得速度忽高忽低、发生突然停车或后退。卸车人员要掌握气阀开启程度和做好车门固定，严禁单侧卸砟，避免道砟成堆或车辆偏载。严禁一人同时卸两节车。卸砟完工后，用料单位要及时清道。

4. 卸砟运行速度应控制在 8～15 km/h。禁止配合人员在列车超速、邻线有车和桥梁地段外侧上下车。

5. 夜间或隧道内卸砟时必须保证充足照明。须有备用照明设备设施。

6. 配合卸车人员须随身携带撬棍，预防过大粒径石料堵塞卸砟口。

7. 卸车完成后，须安排专人检查车辆路料排空情况，遇有遗留路料过多存在车辆偏载风险，必须在车辆进站后立即安排人员负责清理或整平，未经处理不得放行列车。

(五)非风动卸砟规定

非风动卸砟车边走边卸时，应先在卸砟地点停车，停车后发出卸车通知，各车组长打开车门后，要对打开的车门进行固定并确认溜下的道砟不妨碍行车时，再以 5～10 km/h 速度边走边卸，并及时清理建筑限界内的道砟。邻线有列车通过时必须停止卸车作业。

三、材料堆放

(一)靠近线路堆放基本要求

靠近线路堆放材料、机具等，不得侵入建筑接近限界。道砟、片石、砂子等线桥用料可按图 4-1 堆放。每次卸车后，施工负责人应组织人员全面检查堆放情况，不符合规定或堆放不稳固的应立即清理。

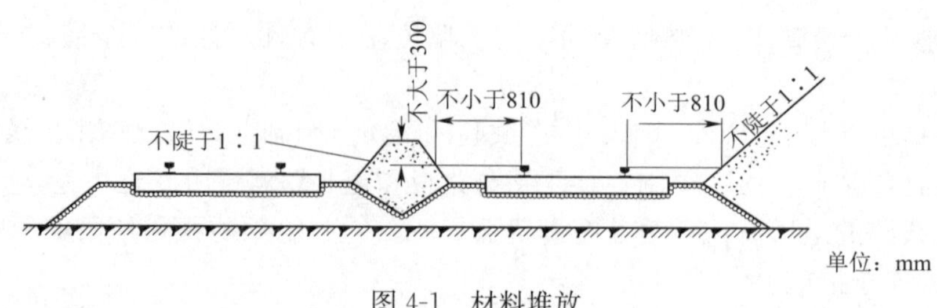

图 4-1 材料堆放

(二)路肩堆放基本要求

路肩堆放的砂石料,用料单位应经常检查、整理,严禁侵入限界。在河砂、道砟、炉渣等松散料堆上,严禁再卸片石等较笨重的材料。

(三)在桥梁人行道上堆放重物基本要求

在桥梁人行道上堆放重物时,特别是在整孔换铺轨枕或换铺轨排等作业时,必须对桥梁状态进行全面调查,对桥梁结构、承载力和稳定性进行检算。当检算结果不满足有关规范要求时,应采取可靠的加固措施,并确认满足要求后,方准进行作业。在任何情况下,人行道上的竖向静活载不得超过设计标准值(道砟桥面的人行道,距梁中心 2.45 m 以内为 10 kPa,距梁中心 2.45 m 以外的为 4 kPa;明桥面为 4 kPa)。

经加固的混凝土桥梁钢支架人行道,在最大承载条件下,允许按下列条件放置轨枕或桥枕:

1.每 3 m 长钢支架人行道上放置混凝土枕或混凝土桥枕不得超过 1 根、木枕或木桥枕不得超过 2 根。

2.轨枕或桥枕必须紧靠挡砟墙顺桥向放置,且支撑轨枕或桥枕的钢支架不少于 2 个。

3.任何情况下,禁止在钢支架人行道上放置钢轨。

桥上作业时,必须由专人负责检查,确保有效控制钢支架人行道堆载质量。

四、钢轨组在线路上放置规定

1.普通线路木枕地段,可放在道床肩上或木枕头上,直线地段可放在道心里,如图 4-2、图 4-3 所示。放在道床肩部时,道砟应预先整平。放在枕木头上时,两端至少各钉两个道钉,中间适当用道钉卡住。放在道心时,两端应弯向中心,并用道钉固定,中间适当用道钉卡住。

2.普通线路混凝土枕地段应放在道床肩上。直线地段可放在道心里,两端用卡子卡在轨枕上或穿入木枕钉固,如钢轨组较长,中间适当穿入木枕钉固。

3.换出的钢轨一般应放在道床肩上或路肩上,混凝土枕地段允许临时放在道心。

4.在道口、人行过道及平过道的道路路面上,一般情况下不得放置钢轨。

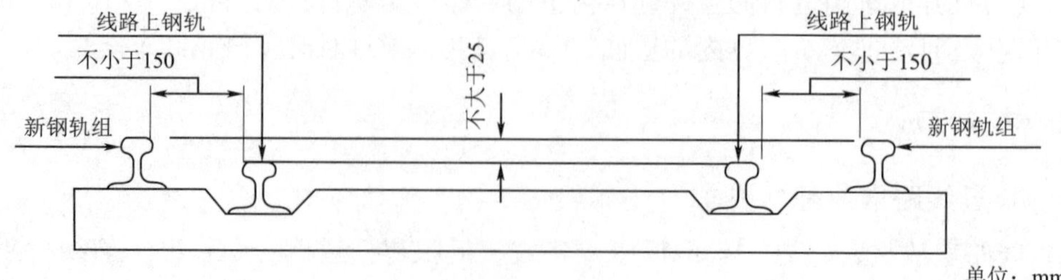

图 4-2 钢轨组放在木枕头上

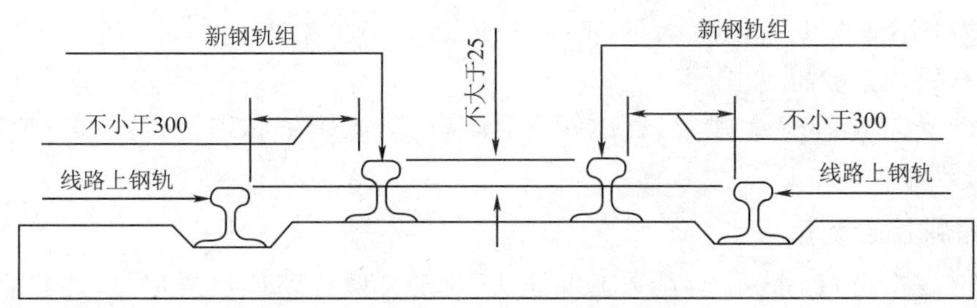

图 4-3　钢轨组放在道心里

5. 无缝线路成段更换钢轨时，准备换入的长钢轨应放在道床肩上(无砟桥桥枕上)，曲线地段存放长钢轨时，必须将弯道地段砟肩拉平，钉固新轨轨端，防止列车通过时震动导致钢轨翘头侵限影响行车安全。在桥梁上、道口、人行过道、平过道及信号机附近应有保持稳定和防止连电的措施。

换出的长钢轨，当日回收不完时，应放在道床肩上或道心，但道口处、信号机附近不宜存放。每根长钢轨的长度一般不应大于 500 m。两根长钢轨的端部要互相错开，用固定卡卡在轨枕上或穿入木枕钉固，中间亦应用固定卡卡在轨枕上或穿入木枕钉固。换出的普通钢轨按《普速铁路工务安全规则》第 2.6.7 条规定办理。对放在道床肩上或道心的长钢轨应派人巡检。

6. 放置或搬运轨料时，严禁损坏既有铁路设备。

五、路料安全管理

(一)施工用新料

卸在区间的线路大中修、桥梁大修及防洪工程所用的钢轨、轨枕等新路料，由施工单位按规定摆放整齐，指定专人负责管理，建立台账，并派负责任的职工 24 h 巡守。

(二)施工更换下道的旧料

1. 施工成段更换下道的钢轨、大批量更换下来的轨枕，由施工单位派职工巡守，回收到指定车站堆码。对零配件、短于 5 m 的短钢轨，必须当天回收。对更换下来需再用的混凝土轨枕，由施工单位回收到指定位置堆码。架空线路、安设栅栏等施工用路料，应集中堆放管理，派职工 24 h 看守。桥面大修换下的旧桥枕、钩螺栓等配件，由施工单位负责清理回收入库，分类堆码。靠近线路堆放的施工路料，不得侵入建筑接近限界。对施工过程中未及时回收的路料，应严格遵守《普速铁路工务安全规则》中第 2.6.6 条至第 2.6.10 条关于材料堆放的有关规定，并指派职工 24 h 看守，以防路料侵限危及行车安全或被盗。施工用砂、石料靠近线路堆放时，必须集中堆放在限界外，并不得影响排水、泄洪。

2. 成组更换道岔产生的旧轨料。对成组更换下道的钢轨、叉心、轨枕，于施工完毕后3 d 内，由施工单位回收到车站两端指定地点堆码，对零配件应当天回收。

(三)路料的存放要求

1. 站内正线与正线之间，正线与到发线之间，到发线与到发线之间不准存放钢轨、轨枕、机具等。

2. 废旧钢轨要分类堆码。新钢轨、再用钢轨、待报废钢轨要分开堆码。再用钢轨要将标准长度(25 m、12.5 m)的和非标长度的分开堆码。新钢轨、再用钢轨中，不同型号的要分开堆码。

3. 新钢轨、再用钢轨堆码整齐后，在最上一排轨面或轨底上用白油漆涂刷“∧”形标记，并标明“新轨”或“再用轨”以及轨型、数量、清查日期，以备日常检查。非标长度的再用轨要一端齐整，每一根钢轨都要标明长度。

4.油漆、油料、燃料等易燃易爆品，存放库房时防盗、防火措施必须符合国家安全规定，并有专人负责管理。

(四)建立路料检查制度

由专职干部(安全员)负责执行，在施工现场，必须每日检查路料摆放情况，并建立检查记录。各级检查干部要把路料摆放问题作为检查的重要内容之一，施工现场盯控干部和施工负责人要把路料摆放情况纳入施工过程写实，切实履行监督职能。

(五)强化路料回收过程中的安全

清理路料时必须设置驻站联络员、现场防护员，必要时设远方联络，并在车站登记要点，确保安全。

第二节 既有设施防护

一、营业线施工中光电缆安全防护

1.施工单位在营业线施工时，必须将施工时间、施工范围提前通知运营单位。运营单位有责任将地下光电缆线路的情况及时、准确地提供给施工单位。

2.在营业线施工时，施工单位与运营单位必须签订有关协议，协议中应有确保电务和信息传输系统光电缆线路安全的内容。

3.对可能影响到光电缆线路安全的施工，施工单位和运营单位都应在现场设安全负责人，确保光电电缆线路的安全。

4.当施工中需要移设光电缆线路时，运营单位应先对使用的电路和设备采取措施，然后再进行施工。

5.运营单位应按有关规定做好施工配合工作。

6.施工完毕后，建设、施工、监理和运营各单位应对施工范围内的光电缆线路安全进行确认。

参建各方和运营单位应根据上述要求，制订相应的措施，加强在营业线施工时电务和信息系统光电缆线路的安全。

二、各种管线穿(跨)越铁路防护规定

凡穿跨铁路线路修建立交桥时，修建单位应向集团公司提出申请，由集团公司涉铁办组织研究，确定建设方案。凡穿跨铁路线路修建各种管道、渡槽、电力线路、通信线路、热力管线、油气管线等设施，由修建单位提出设计、施工和安全措施等文件，报集团公司涉铁办审批。上述建筑物施工前，施工单位应根据批准的文件提出施工组织、施工安全措施等，经有关站(段)核实同意后签订施工安全协议，并填报“设备变动申请书”，报集团公司工务部批准后列入施工计划。铁路有关单位派人指导施工，不得妨碍铁路运输。

对于新建改建管线穿跨既有铁路，为保证线桥设备技术状态完好，满足列车提速重载的发展要求，确保铁路的运输安全，路内外新建、改建各种管线与既有铁路交叉而需上跨、下穿铁路

的管线设计方案研究、项目审批、建设管理、验收交接等均需执行集团公司相关规定。

第三节　道口安全管理与防护

道口安全管理与防护根据《铁路道口管理办法》(铁总运〔2013〕121 号)《中国铁路济南局集团有限公司道口安全管理办法》(济铁工〔2023〕13 号)。

一、道口概念及分类

道路与铁路的平面交叉称为平交道,广义上统称道口。狭义上按道路用途划分为:

1. 道口

道口系指铁路上铺面宽度在 2.5 m 及以上,直接与道路贯通的平面交叉。通过道口的最高允许速度铁路列车为 90 km/h,道路机动车为 30 km/h。

2. 人行过道

人行过道系指铁路上铺面宽度在 2.5 m 以下,直接与道路贯通的平面交叉。人行过道通行宽度小于等于 1.0 m,只准通过行人、非机动车,禁止畜力车及机动车辆通过。

3. 平过道

平过道系指在车站、货场、专用线内,专为内部作业使用,不直接贯通道路的平面交叉。

二、道口安全防护设施

道口均应设置警示标志、鸣笛标和护桩(护栏)。道口警示标志、标线的设置应符合《道路交通标志和标线　第 6 部分:铁道道口》(GB 5768.6—2017)标准,按规定由地方道路管理部门负责设置,道路管理部门无法设置时,由铁路管理部门暂代为设置。鸣笛标、护桩(栏)等防护设施由铁路管理部门负责设置。

1. 有人看守道口

有人看守道口应设置栏杆(门)、道口交通信号机、道口无线报警设备、列车接近预警设备、道口视频、电话、GSM-R 手机或无线列调电台、道口警示标志、鸣笛标和路面标线、栅栏等(图 4-4,GB 5768.2—2009 警 28)。

2. 无人看守道口

无人看守道口除应设置无人道口警示标志(图 4-5,GB 5768.2—2009 警 29)外、还应在钢轨外侧 5 m 处,道路右侧设置停车(止步)让行标志(图 4-6,GB 5768.2—2009 禁 1)。有道口信号机的道口可不设。

图 4-4　有人看守铁路道口

图 4-5　无人看守铁路道口

图 4-6　停车让行

3. 司机鸣笛标

司机鸣笛标设在距道口 500～1 000 m 处列车运行方向的线路左侧(站内不设),如图 4-7 所示。

4. 禁止驶入标志

禁止驶入标志(图 4-8,GB 5768.2—2009 禁 5)专为人行过道所用,设在通向人行过道的道路右侧,距钢轨外侧不少于 5.0 m 处。人行过道沿线路两侧布设路障桩,路障桩用钢筋混凝土或钢护筒混凝土制作,净距不大于 1.0 m,如图 4-9 所示。

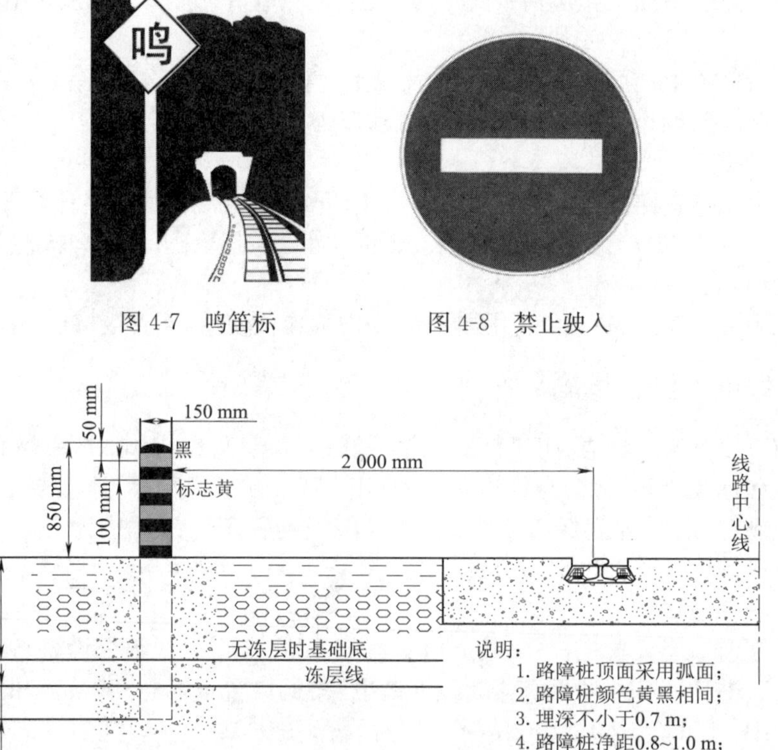

图 4-7　鸣笛标

图 4-8　禁止驶入

图 4-9　人行过道路障桩埋设示意

5. 护桩(栏)

护桩(栏)。护桩采用钢筋混凝土预制件,高度为 800 mm,涂有 100 mm 黑白相间色,护栏应设置符合道路交通安全防护设施标准的路侧护栏。城市市内、路堑地段道口、站场平过道、人行过道可不设护桩。既有道口设置的护桩有条件应尽可能改为护栏。

6. 栏杆(门)

栏杆(门)设在道口两侧距钢轨外侧 3 m 以外。电气化铁路区段的道口,一般使用电动栏门。栏杆(门)关闭后高出路面 1.0～1.2 m。

7. 限高架

限高架设置在电气化铁路道口处线路两侧的道路上,距离铁路中心线一般不得小于 12 m,限高 4.5 m。

三、危及行车安全的道口故障应急处理

道口发生危及行车安全的故障时，道口工须按“先防后排，宁停勿撞”原则，立即采取措施，果断拦停列车。有道口遮断信号机（故障防护灯）的点亮红灯，有道口无线报警装置的应立即启用报警，有直通车站电话或列车无线调度电话，立即通知车站或机车乘务员，如有连通相邻道口的电话，可让其代设置停车信号防护。

在配备 GSM-R 手持终端的道口，发生紧急情况危及行车安全时，允许道口看守人员使用 GSM-R“299”铁路紧急呼叫功能联系机车乘务员。通话结束后，道口看守人员必须按照操作规程及时解除紧急呼叫。

道口故障排除后，确认达到列车放行条件，关闭故障防护灯、解除列车接近预报警并确认、撤除红色信号旗（灯）。通知车站值班员或机车乘务员放行列车。

四、营业线道口设置与管理

（一）设置临时道口申请

凡在国家铁路、国铁控股的合资铁路及其接轨的专用线上，为满足特殊工程施工，一次性通过或其他临时性特殊需要，可设置使用时间不超过 1 年的临时道口。施工单位应以公函形式向所属铁路局集团公司书面提出，经复函同意后方可设置。设置所需费用由申请者承担。

（二）设置临时道口条件

1. 线路不通行旅客列车，运行速度 80 km/h 以下，且货物列车牵引质量 5 000 t 以下。

2. Ⅲ级以下等级铁路与城市干路、二级及以下等级道路交叉。

3. 道口之间距离大于 2 km，并且无绕行条件。

4. 机动车驾驶员或行人在距钢轨外侧不小于 50 m 范围内的道路上，应能看到两侧各 340 m 以外的列车；机车乘务员在 850 m 以外可以看见道口。

5. 拟通过道口的道路与铁路平面交叉原则上为正交，斜交时交叉角应大于 45°。

6. 拟通过道口的道路平面线形应为直线；从最外侧钢轨算起的道路最小直线长度不应小于 50 m；与邻近的十字路口不小于 50 m；衔接道口平台的道路纵坡不得大于 3%，困难条件下，通行铰接汽车的城市道路不得大于 3.5%，通行普通汽车的城市道路、公路及厂外道路不得大于 5%，乡村道路不得大于 6%。

7. 设置位置应在铁路车站以外，桥梁、隧道两端及进站信号机外方 100 m 以外，区间或专用线道岔两端 50 m 以外。

8. 符合当地城市规划及土地使用要求。

9. 符合国家有关铁路、道路设计规范。

10. 符合法律法规及国家铁路的其他规定。

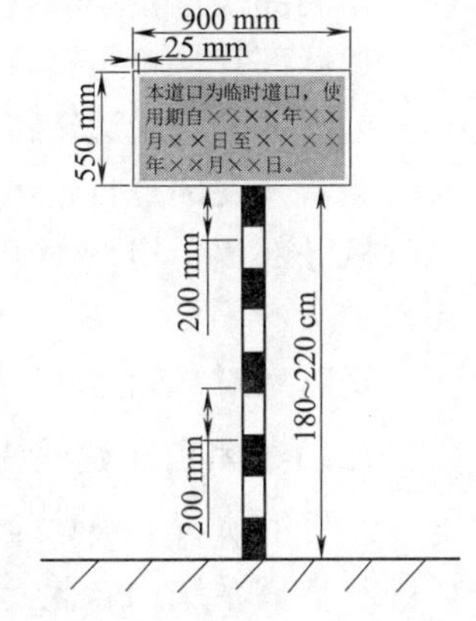

图 4-10　临时道口公告牌

对设置的临时道口，应当在复函和协议中注明有效期并在道口处设置临时道口公告牌予以公告（图 4-10）。临时道口需要延长设置期限的，申请者应当依据本办法规定，在有效期届满 30 d 前提出延期申请。临时道口设置期满后应立即拆除。拆除后应彻底断道、恢复标准路基断面，视情况设置路障桩、栅栏封闭，杜

绝出现非法通行隐患。涉及恢复既有路基断面影响的光电缆要同步考虑迁改、下落措施。

(三)营业线施工涉及道口管理主要规定

在运营线上施工,既有道口作为施工车辆和行人的主要通道时:

1. 在施工使用期间内同所在工务段签订安全协议。

2. 在有人看守道口,使用单位必须选派经过道口安全技术培训,考试合格的正式员工协助原看守人员看守,持证上岗。

3. 在无人看守道口,使用单位必须加派经过道口安全技术培训,考试合格的正式员工持证上岗监护。

4. 看守(监护)时间为全天 24 h 不间断,班次和看守人次可根据通过列车对数和重新调查的公路交通流量;使用单位与工务段按照有关规定执行。

第四节　自轮运转特种设备安全管理

自轮运转特种设备是指铁路营业线上运行的轨道车及铁路施工、维修专用车辆(包括轨道起重机、架桥机、铺轨机、接触网作业车、大型养路机械等)。进入铁路营业线运行的路外自轮运转特种设备必须符合国家、国铁集团相关标准及集团公司自轮运转特种设备安全管理相关规定。

一、管理部门及职责

(一)管理部门

1. 系统分工

工务部、供电部、机务部是本系统自轮运转特种设备的主管部门;站段(使用配属单位)是自轮运转特种设备的管理单位。

建设部及建设项目管理机构是建设项目施工单位(以下简称“施工单位”)自轮运转特种设备的主管部门。

2. 专业分工

电务部是自轮运转特种设备运行控制设备和车载无线通信设备的主管部门。

车辆部是自轮运转特种设备过轨技术检查的主管部门。

货运部是自轮运转特种设备货物装载加固方案审查的主管部门。

运输部是自轮运转特种设备公布准许上线运行及行车组织的主管部门。

经营开发部是自轮运转特种设备检修基地(莱芜)的主管部门。

机务部负责组织对自轮运转特种设备检修、年度检查鉴定和司机晋升、年鉴、换证工作。

安监室对自轮运转特种设备安全管理情况进行监督检查。

(二)集团公司建设主管部门职责

1. 贯彻执行上级自轮运转特种设备的管理规定,制定相应的实施细则、管理办法。

2. 掌握系统内自轮运转特种设备数量、能力、技术状态、使用动态,及时提报上线运行自轮运转特种设备车型、车号。

3. 组织系统内自轮运转特种设备参加年度检查鉴定，协调、申报系统内自轮运转特种设备的年检合格证。

4. 负责本系统运行揭示调度命令的传递；监督、检查建设项目管理机构及施工单位对运行揭示调度命令的管理工作。

5. 指导、检查系统内自轮运转特种设备的运用、管理工作，定期进行安全分析，每半年对系统内的自轮运转特种设备进行全面检查。

6. 协调、处理自轮运转特种设备运用中的问题；参与自轮运转特种设备事故的调查、分析和处理。

(三)建设项目管理机构职责

1. 贯彻执行上级自轮运转特种设备管理规章、标准、制度和办法；制定并落实岗位责任制以及安全卡控、干部添乘、检查考核等管理制度。

2. 建立施工单位自轮运转特种设备管理台账，掌握自轮运转特种设备的数量、能力、技术状态、使用动态。

3. 组织施工单位按计划参加自轮运转特种设备年度检查鉴定和半年状态检查(或小修)；协助其办理年检合格证申领。

4. 负责组织管内自轮运转特种设备的运行控制设备(以下简称 GYK 设备)数据换装工作。

5. 指导、检查施工单位对运行揭示调度命令管理工作落实情况。

6. 监督检查施工单位落实自轮运转特种设备作业人员的教育和培训工作。

7. 检查、指导施工单位细化和落实自轮运转特种设备的 GYK 设备、车载无线通信设备管理办法。

8. 检查施工单位落实自轮运转特种设备日常保养、定期检修和年度检查鉴定前的自检工作。

(四)施工单位职责

施工单位是自轮运转特种设备的管理单位：

1. 贯彻执行上级自轮运转特种设备管理规章、标准、制度和办法。

2. 负责自轮运转特种设备参加年度检查鉴定、半年状态检查(或小修)。

3. 负责作业人员的教育，落实培训计划。

4. 负责细化和落实自轮运转特种设备的 GYK 设备、车载无线通信设备管理办法。

5. 负责本单位的运行揭示调度命令传递及落实。

6. 负责本单位自轮运转特种设备的 GYK 设备数据换装工作。

7. 负责定期组织落实自轮运转特种设备的应急演练。

8. 制定并落实岗位责任制以及安全卡控、干部添乘检查、内部考核等管理制度，确保自轮运转特种设备运用安全。

9. 建立自轮运转特种设备管理台账和技术档案；掌握自轮运转特种设备的数量、能力、技术状态、使用动态。

10. 落实自轮运转特种设备的日常保养和定期检修制度；做好自轮运转特种设备年度检查鉴定前的自检工作。

二、上线运行程序

1. 上线运行自轮运转特种设备车号实行月度公布制度，由集团公司运输部每月公布一次。

(1)建设项目管理机构要对申请次月上线运行的自轮运转特种设备进行全面检查。鉴定、检查合格的自轮运转特种设备，由建设项目管理机构于每月 20 日前向集团公司主管业务部提报书面申请。主管业务部汇总后于每月 24 日前书面形式送达运输部。

(2)建设项目管理机构提报的次月上线运行自轮运转特种设备，可上线运行的截止日期要满足次月全月上线运行的条件。对次月月度中某项鉴定、检查项目有效期限到期的自轮运转特种设备，要提前组织鉴定、检查。

(3)确因特殊情况，临时调入集团公司的自轮运转特种设备不能纳入次月公布范围的，由建设项目管理机构于拟上线运行的 8 个工作日前向集团公司主管业务部提出书面申请，主管业务部汇总后送运输部公布上线运行。

2. 集团公司外的自轮运转特种设备进入集团公司前，运用单位应持“过轨技术检查合格证”“年检合格证”向建设项目管理机构提出书面申请。建设项目管理机构审核合格后取得“GYK 设备及通信设备合格证”，向集团公司主管业务部提出书面报告，由主管业务部书面通知调度所。调度所安排回送检修基地进行状态检查。检查合格后，检查单位出具“自轮运转特种设备运行证”。按照施工单位与电务段签订的协议，在检修基地内进行 GYK 和无线通信设备的检测。检测合格后取得“三项设备合格证”，并完成 GYK 基本数据换装。建设项目管理机构对汇总、审核相关资料后，向集团公司主管业务部提报书面申请。由主管业务部书面报运输部发文公布上线运行。

3. 集团公司外自轮运转特种设备自轮运行进入集团公司前，须进行运行控制设备数据交接并完成数据换装。联系好相关带道司机，工务段(或工务机械段)负责轨道车、大型养路机械的带道，供电段负责接触网作业车的带道。

4. 调度所对集团公司分界口接入的自轮运行的自轮运转特种设备，应安排在检查站停车检查。调度所通知电务部，电务部安排人员对运行控制设备、机车信号和列车无线调度通信设备进行检测，检测合格后向车站报告，并在车站“行车设备检查登记簿”内登记。车站发车人员(集控站除外)检查“×××车年检合格证”和“驾驶证”齐全、有效，报告列车调度员。

5. 集团公司以外自轮运转特种设备单位与集团公司相关站段签订的施工安全协议中，须有对自轮运转特种设备技术状态要求的条款，并报主管部门备案。

6. 施工单位的自轮运转特种设备在集团公司内项目间营业线上转场，按照以下程序办理：

(1)涉及转场自轮运转特种设备的两个建设项目管理机构之间须签订安全管理协议，明确该自轮运转特种设备在运行、使用期间的安全管理责任。

(2)该自轮运转特种设备未经公布上线的，须按照集团公司要求组织上报。

(3)申请使用设备的建设项目管理机构协调施工单位与相关电务段、通信段签订 GYK 设备、车载无线通信设备的相关管理协议，明确 GYK 设备、车载无线通信设备的维护、检测及数据换装的各方责任和义务等内容。由电务段、通信段进行运行及施工区段的数据交接并完成数据换装；对 GYK 设备、车载无线通信设备进行检测，达到合格条件。

(4)自轮运转特种设备需要过轨鉴定时,所属单位按集团公司有关规定办理过轨手续。

(5)申请使用设备的建设项目管理机构协调施工单位联系相关单位签订带道安全协议。

(6)申请使用设备的建设项目管理机构组织施工单位提报该车辆运行计划(附运行区段的运行揭示命令),按照《济南铁路局建设系统自轮运转特种设备管理实施细则》"第三十二条(六)"要求执行。

(7)申请使用设备的建设项目管理机构派员现场检查设备状况后,向集团公司主管业务部提出书面申请。申请内容应包括:

①运行及施工区段的最新数据换装证明原件。

②需要办理过轨鉴定的自轮运转特种设备,还需要提供设备使用所在地车辆段出具的"自轮运转特种设备过轨技术检查合格证"原件。

③施工单位与相关单位签订的带道安全协议原件。

④该自轮运转特种设备运行及施工径路的运行揭示调度命令。

⑤涉及转场自轮运转特种设备的两个建设项目管理机构之间签订的安全管理协议原件。

(8)集团公司主管业务部对提出的书面申请审核,批准后方可提报运行计划。

三、运用安全

1. 凡在集团公司管内线路上运行的自轮运转特种设备,须技术质量达标,运行状态下应满足机车车辆限界的规定。并应随车携带"×××车年检合格证""×××车(辆)探伤合格证"及"制动部件检验合格证"、驾驶员"驾驶证",以备发车人员查验。

2. 上线运行的自轮运转特种设备应随车携带的有效资料:

(1)有关行车及安全规章。

(2)×××车工作(行车)日志。

(3)×××车技术说明书。

(4)×××车备品明细表。

(5)×××车(辆)探伤合格证。

(6)×××车年检合格证。

(7)制动部件检验合格证。

(8)运行区段列车(客、货)时刻表。

(9)运行控制设备、机车信号、列车无线调度通信设备检测合格证及技术说明书。

3. 自轮运转特种设备使用单位要加强GYK设备、车载无线通信设备的日常检查维护,取得有效的设备合格证,确保始终处于良好状态。

(1)自轮运转特种设备管理单位必须合理设点,确定专人负责,对运行揭示受理、确认、梳理、分发,落实自轮运转特种设备运行区段的限速条件输入运行控制设备等工作。

(2)自轮运转特种设备未按规定安装GYK设备、车载无线通信设备或技术状态不良的,严禁上线运行。大型养路机械不做本务车运行时可不配备GYK设备、车载无线通信设备。

(3)自轮运转特种设备运行中,司机须正确选用GYK控制模式、信号制式、线路数据,严禁擅自关闭 GYK 设备、车载无线通信设备或变相关机，不得随意变更和降低 GYK 控车安全等级。

(4)路外自轮运转特种设备在集团公司管内运行时，其 GYK 设备、车载无线通信设备管理要求按集团公司的有关管理规定执行。

(5)施工单位要确定专职人员，及时转储、从严分析本单位自轮运转特种设备的 GYK 设备运行记录数据。作业完毕后，对 GYK 设备运行记录数据应及时转储，24 h 内分析完毕，分析情况详细登记备查。GYK 设备运行记录数据必须保证完整。转储的 GYK 设备运行记录数据保存时间不少于 6 个月。非正常、故障和事故情况的 GYK 设备运行记录数据保存期不少于 1 年。对分析查出的问题，要认真查找原因、制定整改措施，消除隐患。

(6)凡未按规定转储分析 GYK 设备运行记录数据，一律考核专(兼)职管理人员。

(7)自轮运转特种设备的 GYK 数据换装按施工单位与电务段签订的协议执行，没有按规定完成数据换装要求时，电务段不得发放检测合格证。

(8)在更换 GYK 数据取得检测合格证后，新换数据启用前，经建设项目管理机构确认，并组织施工单位将检测合格证的原件扫描件传至集团公司主管业务部指定邮箱，对未按规定上传和上传不全的车辆运行申请计划，集团公司主管业务部不予上报。

4. 电务部依据集团公司发布的“列车运行图技术资料”，负责自轮运转特种设备运行控制设备基本数据的编制管理和控制模式设定，并召开专题会议，组织数据换装；轨道车运用单位根据数据版本的变化、轨道车运用区段和作业计划等情况，向电务段提报换装计划，配合电务部门实施换装。

5. 建设系统运行揭示调度命令传递流程

建设系统自轮运转设备运行揭示调度命令的传递、编辑、审核、转储须严格按照以下工作流程及要求，确保命令传递及时、准确、有效。

(1)集团公司主管业务部工作流程及要求

①工程调度负责通过铁路施工计划/命令接收系统接受运行揭示调度命令。

②工程调度接到集团公司调度所施工调度台下达的运行揭示调度命令后立即下载并回复，对前发运行揭示调度命令进行更新、保存，建立电子档案。

③工程调度于当日 13:00 前通过集团公司局域网固定邮箱将当日收到的运行揭示调度命令发至各项目管理机构指定的邮箱。邮件主题为：××月××日运行揭示命令。

④对于调度所下达的临时运行揭示调度命令在 1 h 内转出。

(2)建设项目管理机构工作流程及要求

①建设项目管理机构必须设专人、固定邮箱接受集团公司主管业务部工程调度转发的运行揭示调度命令，并将人员名单、邮箱号报送集团公司主管业务部工程调度室。

②接令人员需在当日 14:00 前在运行揭示调度命令上进行回复，具体方式为：在每日收到集团公司主管业务部工程调度转发的“运行揭示调度命令”邮件后，通过该邮件页面左上角“答复”栏及时答复“收到”(该命令无论涉及本项目与否，均回复)。

对于集团公司主管业务部室工程调度转发的临时运行揭示调度命令，必须立即回复。

③接令人员在回复后，将运行揭示调度命令立即发至管内各施工单位，并按照新接收的命令对前发命令进行更新后建档保存。

④接令人员接收各施工单位收到运行揭示调度命令的反馈信息。

(3)施工单位工作流程及要求

①施工单位必须设专人、固定邮箱接收建设项目管理机构转发的运行揭示调度命令，并将人员名单、邮箱号报送建设项目管理机构。

②接令人员需在接到临时运行揭示调度命令后立即回复建设项目管理机构。

③施工单位要根据施工计划及运行揭示调度命令编辑运行揭示数据文件。编辑完成的运行揭示数据文件必须安排专人进行核对，做到“编、核分离”，并使用模拟运行测试设备对运行揭示数据文件进行模拟验证。

④施工单位将运行揭示数据文件审核后，由专人复制到转储器，交由自轮运转特种设备司机，自轮运转特种设备司机应核对载入的运行揭示调度命令数据文件；人工输入时，司机须根据书面运行揭示调度命令，通过人机界面单元人工输入运行揭示调度命令信息，并严格按照双人确认制度进行核对，核对无误后方可上线运行。

⑤施工单位应加强对失效运行揭示调度命令的管理。对于手工输入终止期限为“有令时止”的运行揭示调度命令，在对应的撤销命令规定的终止时间后，必须及时手工删除。

⑥运行揭示数据文件须打印保存。编辑、核对、审核、载入等环节应形成记录并由作业人员签字。相关记录按日存档，保存期不少于 3 个月。

⑦对站场、线路设备改造或新设备开通使用等无终止期限的运行揭示调度命令，施工单位要及时记名传达到全体司机和副司机并做好记录，1 个月之内应传达完毕，3 个月后可不再交付司机。

⑧施工单位在交付司机的运行揭示上，须标明有效时段，以便司机跨越有效时段运行时联系。运行途中，遇跨越运行揭示调度命令有效时段或其他原因造成车辆运行没有可依据的运行揭示调度命令时，自轮运转特种设备司机须提前 30 min 向车站值班员报告，车站值班员应立即报告列车调度员，并根据列车调度员安排停车接收运行揭示调度命令。司机根据书面运行揭示调度命令，通过人机界面单元人工输入运行揭示信息并核对。

(4)建设项目管理机构、施工单位要制定运行揭示调度命令管理、传递、归档、核对、检查落实工作制度，确保运行揭示调度命令有效运转，并逐级传达到位，使现场施工作业人员切实掌控运行揭示调度命令，杜绝漏发、漏接、迟发、迟接。

(5)建设项目管理机构、施工单位要将自轮运转特种设备运行管理纳入安全管理的重点，每月末，本单位须对自轮运转特种设备管理及运行揭示调度命令的执行情况进行总结，经建设项目管理机构主要负责人审核签字后书面报集团公司主管业务部。

(6)建设项目管理机构、施工单位在提报自轮运转特种设备运行申请计划时，同时提报该车辆径路的运行揭示调度命令(报送集团公司主管业务部工程调度室)，由集团公司主管业务部的工程调度复核无误后，按规定向集团公司调度所提报自轮运转特种设备运行计划。未按规定提报和车辆径路运行揭示调度命令提报不齐全的车辆运行申请计划，集团公司主管业务部不予上报。

(7)车辆运行申请计划上报后至车辆运行前收到的运行揭示调度命令，集团公司主管业务部、建设项目管理机构除按以上规定流程进行命令传递外，还应督促施工单位及时进行数据编写、核对、审核、载入，并使车辆驾驶人员切实掌握运行揭示调度命令，杜绝漏发、漏接、迟发、迟接现象发生。

6. 自轮运转特种设备进入国铁营业线运行前，所属单位须提前一周向设备所在地车辆段以书面形式提出过轨检查申请，同时提供过轨设备“产品合格证”和有效的“年检合格证”（新造设备出厂到目的地或进口设备从口岸到目的地除外）等证明材料。车辆段根据所属单位提出检查申请和证明材料，进行过轨技术检查。检查合格后，填发“自轮运转特种设备过轨技术检查合格证”，车站须凭“自轮运转特种设备过轨技术检查合格证”，将自轮运转特种设备编入列车。

7. 自轮运转特种设备在集团公司管内营业线运行，须安排带道司机。

（1）建设项目管理机构按照集团公司相关规定协助施工单位联系相关单位签订带道安全协议。

（2）对于施工、运行较长时间，司机已经熟悉施工作业区段线路情况的，经建设项目管理机构确认、审核同意，报集团公司主管业务部备案后，可取消带道司机。

8. 对无证上线的自轮运转特种设备，按“谁放行、谁负责”的原则追究有关部门责任，造成行车事故的，严格按照事故责任追究管理办法追究相关人员责任。

9. 车站对载重 40 t 以下轨道平车（含起重轨道平车和收轨平车）、接触网专业平板车不得编入列车运行，也不得编组成列跨局长途运行。

10. 自轮运转特种设备出车、途中运行及作业停车时，应遵守的规定：

（1）动车前，车辆应按规定进行制动试验；经司机确认由副司机撤除止轮器，将止轮器放到指定位置并关好车门；发动机起动后，开启三项安全设备并进行自检，确认三项安全设备技术状态良好。司机和副司机必须对行车凭证、各种行车信号及线路开通情况共同确认复核，执行要道还道制度。

（2）运行中，司机应精力集中，严格执行操作规程，按规定的速度行驶，严禁超速。严格执行《车机联控标准》，“彻底瞭望、确认信号、高声呼唤、手比眼看”。注意观察各仪表及制动系统和发动机、传动、走行部等运行状态。

（3）施工作业时，要认真执行呼唤应答制度，加强瞭望，时刻注意作业人员的安全。运行期间（包括停车），司机和副司机不得擅自离岗。

（4）轨道车连挂推行时（要先试拉），速度不得超过 30 km/h，严禁跨越区间推行。在封锁区间或天窗时间内，因施工作业需要推行时，须指定人员用无线对讲机及手持信号位于推行车辆运行前端引导，按规定速度运行，引导人员要注意运行前方、邻线情况及人身安全，随时与司机联络，以便及时停车。

（5）编组成列的自轮运转特种设备在施工区间解列运行时，施工前须制订安全卡控措施，明确解列地点、各自作业范围、连挂时间及地点。连挂地点应选择在平直线路和曲线超高较小的地段，严禁顺坡连挂。

（6）自轮运转特种设备须配备通信信号装备、安全防护用品、复轨器、灭火器、常用工具和备品备件，并应具备有效的合格证。按照各车型“备品明细表”配齐备品。发生零部件、装载物料及工具遗失时，应及时补齐。车上物品、器材及生活用品应建立登记确认制度。

（7）担当本务的自轮运转特种设备必须两人值乘（正、副司机）。司机出乘前，应按规定试验并确认 GYK 设备、车载无线通信设备状态良好；全面检查自轮运转特种设备的走行、制动、油路、电路、作业平台、起吊装置等各部状态；确认车辆部件良好、各种旋转部件须全部锁定加固、工机料具装载符合规定；各项试验符合运用要求；并且对安全防护用品和随车备品确认完好齐备后方准出车。司机收车后，须按规定检查自轮运转特种设备和车辆的各部件状态、发现故障及时报修。司机出乘前和收车后的检查应建立记名检查制度。

(8)自轮运转特种设备故障或其他原因在区间被迫停车不能继续运行时，应立即向车站值班员和列车调度员报告，及时请求救援，并按有关规定对车辆进行防护和防溜；已请求救援的列车，不得再行移动。

(9)运行途中，遇自轮运转特种设备 GYK 设备发生故障时，司机应立即使用列车无线调度通信设备报告车站值班员、列车调度员，并根据实际情况掌握速度运行；在自动闭塞区间，自轮运转特种设备 GYK 设备发生故障时，以不超过 20 km/h 的速度运行至前方站。

遇车载无线通信设备发生故障时，列车应在前方站停车报告。

(10)用于接送施工人员的轨道平车，必须上好端板、侧板并增设防护栏杆。运行时，应由专人负责安全，搭乘人员不得站立或坐在侧板、端板上，身体各部分不得超出车体以外或倚靠防护栏杆，防止人身伤亡事故发生。

(11)自轮运转特种设备由车站进入专用线时，应执行一度停车确认制度，信号不清不准动车并严格遵守专用线限制速度。需要停车时，车辆必须停在警冲标内方，停稳后，按规定做好防溜、防撞。

(12)自轮运转特种设备防火规定

①严禁使用明火预热发动机、油箱、油管，严禁不关机时用油棉丝布擦拭发动机；车内须固定配备灭火器具，灭火器应置于便于摘取的位置，并粘贴检验合格证，严禁超期使用，司机应熟知随车灭火器的性能和使用方法。

②自轮运转特种设备内严禁使用明火，禁止携带易燃易爆物品，车内取暖应采用有安全装置的取暖设备，并固定牢固；电源和电器设备配电装置必须保持状态良好，接头牢固，导线和线头无裸露、破损，严禁超负荷使用。

③随车备用燃油、润滑油、润滑脂应使用符合安全规定的容器存放，容器要整洁不得有渗漏、损坏等现象，容器附近不得有棉丝等杂物。

(13)电气化线路上使用规定

①严禁攀登自轮运转特种设备车棚顶，不得用水管冲洗车辆；

②任何人员及其所携带的物体与接触网设备的带电部分需保持 2 m 以上的距离；

③进行装卸钢轨、轨枕等材料时，只许平移，不得高抬翻转，严禁竖立，并应注意避开接触网立杆及接线；所用工具不得高举；不得用竹竿等物做测量货物装卸高度等接近接触网的作业；特殊情况下，作业人员及所用工具需在距接触网不足 2 m 作业时，接触网必须停电，具体办法应执行《电气化铁路有关人员电气安全规则》的有关规定。

11. 自轮运转特种设备在长途挂运或运输前，设备使用单位要对司机进行安全教育，制定好安全卡控措施，认真检查制动系统、走行部及各部给油处所。运行途中停车超过5 min，应下车重点检查制动系统、走行部和轴箱温度，并观察各部有无漏油、漏水、漏风等情况，做好途中检查记录。

两轴的自轮运转特种设备需要长途挂运或运行时，条件具备的情况下，应优先采用汽车运输方式抵达目的地。

12. 自轮运转特种设备防溜及故障处理的规定

(1)自轮运转特种设备应配备防溜铁鞋和人力制动机紧固器，各不少于 4 只(大型养路机械设备只配备防溜铁鞋 4 只)。

(2)防溜作业由司机(副司机)负责;动车前司机(副司机)必须确认防溜撤除后,方可动车。

(3)停留超过 20 min 的轨道车开车前,司机必须进行制动试验,列车管压应不低于 500 kPa;行驶在长大下坡道时,应适时使用制动机,防止超速及放飏,并不得熄灭发动机或采用空挡溜放。

(4)自轮运转特种设备及其专用车辆在段管线停留时,车辆应连挂在一起,并拧紧前后两端车辆(自轮运转特种设备)人力制动机,两端铁鞋要设置牢靠固定;不能连挂时,应分组做好防溜。使用防溜枕木时,应在距离停留车辆不大于 5 m 处放置。

(5)自轮运转特种设备在站内或区间停车时,必须实施制动保压停车,停车后列车管减压量追加至最大有效减压量。未得到开车通知,不得缓解。

(6)在车站、专用线停运及过夜时,车上应有司机留守,必须采取防溜措施,拧好手制动机,双止轮器双向止轮,止轮器要安好压实,加锁防盗,并在车组前后两端以双面红色信号灯光防护。车站停机等待时,防溜措施按停留车辆的要求办理。

(7)在区间内停于不超过 6‰坡度的线路上需停机时,司机应拧紧两端车辆(自轮运转特种设备)的人力制动机,并以铁鞋牢靠固定。停留在超过 6‰坡度的线路上或人力制动机故障时,司机不得离开驾驶室、不得停机,并实施保压制动。

(8)施工单位应设置防溜揭示板(簿),指定人员在"防溜交接簿"内进行签认交接。

13. 高速铁路定置配属范围以外的自轮运转特种设备原则上禁止进入高速铁路运行,确需进入高速铁路运行时,建设项目管理机构向集团公司主管业务部申报,申报内容包括经由高速铁路运行区段、编组、装载方案等重点事项。经集团公司主管业务部审核、同意、签认、盖章、并经运输部公布许可后,方可进入高速铁路运行。

进入高速铁路营业线运行的自轮运转特种设备尚应执行以下规定:

(1)自轮运转特种设备均须装备 GYK 设备、机车综合无线通信设备(CIR)并满足运用技术条件,司机配备 GSM-R 作业手持终端(OPH);按规定配齐有关安全备品,携带有关资料。

(2)自轮运转特种设备功率须具备 290 马力及其以上。自轮运转特种设备附挂平车时,2 辆 290 马力重型轨道车准许附挂平车不超过 2 辆,2 辆 480 马力重型轨道车准许附挂平车 4 辆,轨道车和平车应全部通风。

(3)需上线运行的自轮运转特种设备前后车顶应安装黄色警示灯;平车上应按规定安装移动停车信号。

自轮运转特种设备附挂的平车原则上采用标准路用平车(以下简称平车)。凡车辆修程到期或过期的,一律停止上线;凡随车备品不全、作用不良的要立即配齐或更换。所携带工机具必须要有反光标识并妥善保管。上道前,施工单位、设备管理单位应指定专人清点工机具料,确认携带工机具数量,并作好记录。施工结束后必须清点清楚、核对记录,确认携带工机具齐全后方可开车。

(4)自轮运转特种设备驾驶员均应持有国家铁路局颁发的有效期内的驾驶证;准驾机型应与值乘机型相符合。取得中级以上国家职业资格等级证书,身体健康,能够熟练运用普通话进行交流。持学习驾驶证人员不得担任司机岗位职务。

(5)司机、副司机须熟悉掌握高铁基本知识、行车规章、运行区段内的设备情况及线路、道岔的允许速度以及外轨超高大于 125 mm、线路坡度大于 12‰等特定区段及有关运行、作业安全控制措施；熟练掌握 GYK、CIR、GSM-R 等有关设备的正确使用方法以及应急设备使用和维修保养等知识。并经施工（维修）管理办法等内容的理论培训，未经培训或培训考试不合格者不得上线运行。

四、司乘人员管理

1. 自轮运转特种设备的驾驶人员，须持有国家铁路局颁发且年鉴合格的相应类别的铁路机车驾驶证，并经施工单位培训考试合格取得上岗证方可上岗。

2. 轨道起重设备、起重轨道平车、收轨平车等操作人员必须经专门培训并考试合格，持特殊工种操作证上岗，并严格执行操作规程。

3. 施工单位自轮运转特种设备司机年度培训、考核、年鉴等按属地管理原则。凡驾驶证没有加盖有效年度鉴定合格印章或鉴定不合格者，不得执业驾驶。

4. 司机要熟悉运行控制设备、机车信号、列车无线调度通信设备的基本结构、技术性能和工作原理，严格按操作规程和作业程序操作。

5. 司机出乘前必须保证休息不少于 6 h，准备工作时间不少于 1 h。出车前、收车后重点检查走行部、传动系、制动系、悬挂部件、物料装载、工机料具、GYK 设备、CIR 等设备，并应建立记名检查制度。

6. 学习司机必须在司机指导下方准操纵车辆。下列情况禁止学习司机驾驶：运输易燃易爆等危险品，夜间行车、抢险运输、人员运输、站场转线、复线逆行及在封锁施工区间内运行。

7. “工作（行车）日志”是记录车辆运用、检修、调度命令等情况的原始记录簿，是分析行车事故、设备故障，进行车辆检修的重要依据。填写必须真实准确齐全，并存档备查。

五、人员运输、路料装载

1. 自轮运转特种设备挂有运送散件物料的平车时，运送散件物料的平车应有侧板和端板，插销、锁件应齐全有效，散件物料应放入牢固的包装箱并与车体锁定。

2. 自轮运转特种设备按规定配置的各种材料、工具等随车物品要捆绑牢固，定置摆放；自轮运转特种设备运行中，驾驶室外不准装载施工材料、油桶等物品；因特殊需要装载物品时，必须装箱或捆扎牢固，堆放不集重，不超高、超限、偏载、超载，采取好防松脱措施。

3. 装载加固放行条件签认

（1）装载路料应有专人统一指挥进行，并由施工单位装车负责人、监理、自轮运转特种设备司机对路料的装载加固、捆绑情况进行全面检查，并签字确认后方可发车。

（2）施工后对分卸剩余路料进行加固，由施工单位施工负责人、监理、自轮运转特种设备司机共同检查，并签字确认后方可发车。

4. 装卸材料时，司机及押运负责人应掌握以下事项：

（1）按规定载重和防止集重有关规定和要求装载；

（2）装载货物应稳固，不得偏载、偏重，不准超过规定的限界；

（3）卸车时不得偏卸，卸下物料不得侵入本线或邻线界限，速度大于 200 km/h 的两线间不得堆放料具，大件物料严禁在运行中装卸；

(4)跨装长大物件,应使用货物转向架;

(5)装载货物,必须按规定捆绑牢固;

(6)邻线来车时,禁止装卸作业。

5. 自轮运转特种设备吊装作业前要指定吊装指挥人,作业中做到统一指挥,密切配合,指挥人在确认路料、吊臂和作业人员无安全隐患的情况下,方可指挥司机动车。吊臂在不使用的情况下,要进行固定,运行前要确认吊臂的固定和限界状态。

6. 营业线区间卸车应符合下列规定:

(1)区间卸车时,严禁机车与车辆摘钩。道砟应按照规定的速度边走边卸,装运其他材料不应边走边卸。

(2)卸后车上剩余路料不得偏载偏重。

(3)双线区间卸车不应侵入邻线限界。邻线来车时,应停止向邻线一侧卸车。严禁打开两线间的车门。当卸车线高于邻线时,严禁向两线间卸轨枕等滚动重材。速度大于200 km/h的两线间不得堆放料具。

六、设备检修

1. 各施工单位进场的自轮运转特种设备应有统一的编号、登记,并按规定位置和要求喷涂有关标志、构造速度。

电气化区段运行的自轮运转特种设备应有“接触网有电,禁止攀登”“电化区段严禁攀登”等标识。

2. 自轮运转特种设备(含运行控制设备、机车信号、列车无线调度通信设备,下同)实行“年度检查鉴定、半年状态检查”制度。各类修程按国铁集团有关规定执行,对检查、探伤的部件,实行检修、验收和设备管理单位三方共同验交。

(1)春运开始 10 d 前,各建设项目管理机构将年度检查鉴定申请计划报集团公司主管业务部,主管业务部汇总后报机务部,由机务部制定年度检查鉴定计划。各建设项目管理机构按计划组织自轮运转特种设备进入检修基地进行年度检查鉴定。

(2)大型养路机械的年度检查鉴定申请汇总后报工务部,由工务部制定年度检查鉴定计划,检查地点为工务机械段。

3. 自轮运转特种设备应严格按车种、车型必探部件的探伤周期进行探伤检查,合格的填发“×××车(辆)探伤合格证”。

4. 运行控制设备、机车信号、列车无线调度通信设备应到就近机务段检测点半年检测一次。

5. 自轮运转特种设备在集团公司施工期超过 1 年的,须参加集团公司的自轮运转特种设备年度检查鉴定。

6. 集团公司外自轮运转特种设备在集团公司年检合格证的申办及发证流程。

施工单位在办理年检合格证前,需与集团公司有关单位和部门签订年度检查鉴定委托协议。经集团公司自轮运转特种设备检查鉴定单位检查验收,取得相关检测合格证(制动部件检验合格证,车轴、钩探伤合格证,GYK 设备及通信设备合格证)。后将取得的检测合格证及相关资料报集团公司主管业务部。主管业务部按照集团公司有关规定办理年检合格证。

第五章　施工计划与登销记管理

第一节　施工方案管理

一、建设项目施工方案编制

(一)施工现场联合调查

1.施工方案编制前须进行施工现场联合调查并形成“施工现场联合调查记录表”(见本章第七节格式5-1)。

2.施工现场联合调查由项目管理机构组织,施工、监理、设计单位,行车组织及设备管理单位参加。

3.施工现场联合调查应确保调查范围齐全、数据翔实。施工单位应根据施工图设计等资料,明确施工范围;行车组织及设备管理单位应积极配合联合现场调查,对施工范围内的既有设备类型、数量、位置等情况予以明确,并对其准确性负责。

4.安全监察大队对施工现场联合调查过程的组织情况进行监督。

(二)施工方案编制要求

1.施工方案编制前置条件。

(1)施工现场联合调查完成。

(2)施工图设计技术审查完成。

(3)专项设计技术交底完成。

(4)需专家论证的专项方案通过专家论证。

2.施工单位项目负责人或总工程师组织技术人员根据审批的施工组织设计、施工图设计及现场联合调查情况,在全面征求相关行车组织、设备管理单位意见的基础上,编制施工方案。施工单位项目负责人或总工程师应对施工方案进行审核,并由项目负责人签认。

3.施工项目涉及两个及以上单位同时施工时,由项目管理机构指定施工主体单位,施工主体单位牵头组织各单位编制施工方案。

4.施工内容复杂、对运输影响较大的站场改造、上跨下穿铁路等营业线施工,施工单位应组织具有相应施工经验的技术人员编制专项施工组织方案,由项目管理机构组织审查后经建设部报集团公司施工办研究。施工单位按照集团公司研究确定的专项施工组织方案,细化编制营业线施工方案。

5.施工方案应采取三维动画、影像、图片、示意图等直观的形式对施工场地客观条件、施工工艺工序、安全措施等内容进行展示。施工方案必须附施工现场图片,并在图片上清晰标注防护设施设置、机械设备作业范围与既有设备或设备安全限界的空间位置关系及尺寸。

6.涉及深基坑开挖支护、模板及支撑系统、起重吊装、爆破、跨越架搭设等项目,需提供检算资料。邻近高速铁路进行影响或可能影响行车设备稳定和使用的需经安全评估(专项咨询)。

7.营业线施工点内工程量应梳理清楚、完整方可编制方案。开通前两个月内,项目管理机构要组织研究梳理开通前物资、征拆、机具、队伍等各项工作推进安排,开通前需纳入点内的工程量必须于开通前一并组织完成,附属工程与主体工程应同步合理安排,不得甩项。确需开通后实施的工程需提出充分理由,明确后续组织安排,书面报建设部批准。

(三)施工方案基本内容

1.主要编制依据

《国铁集团铁路营业线施工管理办法》《中国铁路济南局集团有限公司营业线施工管理实施细则》、设计文件、设计规范、施工技术规程、验收标准等。

2.施工项目及负责人

施工项目名称,建设、设计、施工(主体)、监理单位以及行车组织、设备管理单位名称,施工单位项目负责人姓名,施工负责人职务及姓名。

3.作业内容、地点和时间

(1)概况、当前工程进展情况。

(2)现场联合调查情况及既有设备技术数据(既有设备情况表述应与现场一致,并附现场照片)。

(3)施工作业内容、地点和时间。

工程项目总工作量、施工总体步骤安排、各阶段施工安排(如:作业内容、地点和时间)、主要施工工艺和各阶段施工天窗需求等。

营业线连续性施工。连续性施工主要说明施工起止时间、主要施工步骤,具体施工工序的组织安排(如:天窗需求情况、各专业作业内容及工作量及进度安排)。

预定施工等级、类别。应根据不同阶段施工条件划分的施工范围及内容,预定相应的施工等级、类别。

4.影响范围及限制行车条件

(1)接触网停电影响范围、信联闭影响范围等。

(2)涉及限速及限制行车条件(包括信联闭、行车凭证、非常站控、邻线限速等)的应注明限速条件及相关要求。

(3)在电气化区段施工,施工方案中必须注明接触网停电后方可进行的施工作业项目。

(4)涉及更换 LKJ 基础数据的施工必须注明 LKJ 基础数据计划生效时间,明确 LKJ 数据换装期间的施工安全保证措施。

5.设备变化和行车方式变化

分阶段、分步骤明确行车设备、铁路建筑限界变化情况并根据行车组织单位的意见注明行车方式变化情况。

6.技术标准

专业工程技术标准,大型机械、自轮运转设备操作规程及作业标准等。

7. 施工过渡

工务、信号、接触网、房建等设备过渡工程，设计单位应出具正式设计。

8. 施工组织、施工方式及流程

(1)组织机构、劳力组织、料具机械安排以及交通运输情况，专业结合部施工组织安排。

(2)图文并茂详细说明具体施工工艺工法，制定施工方案示意图、施工作业流程计划图、和安全关键卡控表，夜间施工和电气化区段需停电的施工还应分别编制夜间施工照明布置图和电气化区段停电范围示意图等。

9. 施工安全和质量保障措施

(1)安全质量保障措施。

(2)施工安全防护措施。

(3)放线测量控制措施。

(4)施工机具及路料安设、固定、堆放、看守、清理措施。

(5)涉及施工路用车辆及自轮运转特种设备作业的应注明车辆停放、防溜、进场、装载加固、作业计划、出场计划安排及相应安全措施。

(6)施工安全防护设施。应根据施工现场情况严格按《中国铁路济南局集团有限公司铁路建设项目营业线施工安全防护设施管理办法》执行。

(7)人身安全专项方案。方案中应编制作业人员人身安全控制措施，以下情况须制定人身安全专项方案。

①营业线Ⅱ级及以上等级的施工。

②在繁忙干线、干线进行涉及两个专业以上的站场改造施工。

③两个及以上专业使用自轮运转特种设备的施工。

④利用V形天窗上线进行施工作业。

⑤涉及深基坑、高陡坡、高大模板支撑系统施工。

⑥在特大桥梁上、隧道、有限空间内施工作业。

10. 施工防护办法和列车运行条件

方案中应说明施工防护工作安排，明确驻站联络员登记站，细化施工命令、行车信息传递通道，说明施工限速条件，绘制施工防护示意图等。

11. 验收安排

方案中各项工程验收标准，各阶段验收工作安排、验收牵头组织单位、参与单位。

12. 应急处置

应急指挥组织体系、应急预案、汛期施工专项预案，预案中明确各行车组织、设备管理单位应急联系人及电话。

13. 附件

(1)施工方案示意图。

(2)施工作业流程计划图。

(3)施工防护示意图。

(4)电气化区段停电范围示意图。

(5)夜间施工照明布置图。

(6)安全关键卡控表。

(7)施工计划申请表。

(8)邻近营业线施工安全监督计划申请表。

(9)检算资料及其他需要作为附件的材料。

二、建设项目施工方案审查

(一)施工方案审核

施工方案由建设部负责组织审查,初步确定施工等级。Ⅰ、Ⅱ级施工分别报Ⅰ、Ⅱ级施工协调小组审定,Ⅲ级施工由建设部组织有关业务部室共同审定。

1. 方案预审

根据工程施工组织安排,项目管理机构组织行车组织、设备管理、设计、监理、施工等相关单位对施工方案进行预审,初步确定施工等级和类别,形成《××施工方案预审会议意见》(见本章第七节格式 5-2)。

2. 方案修改

施工单位严格按照预审意见修改方案,经监理单位、项目管理机构负责人在《施工方案修改确认表》(见本章第七节格式 5-3)签认,项目管理机构于每月 20 日前将需集团公司审查的施工方案及《营业线施工方案审查计划统计表》(见本章第七节格式 5-4),报送建设部及相关业务部室。对新线引入、大型站场改造、既有线技术改造等较复杂施工方案应适当提前提报。

3. 方案审查

建设部于每月底前集中组织集团公司有关部室及参建单位进行方案审查。涉及 LKJ 基础线路数据变化、站场改造及较复杂的施工方案可单独审查。

4. 方案审定

施工单位按照审查意见对方案修改完善后,按《营业线施工方案确认、审定表》(见本章第七节格式 5-5),经有关部室复查后按照权限审定。

(二)施工方案报审及审查会议议程

1. 方案报审

提交审查的施工方案必须手续齐全、内容完整,纸质资料与电子版一并报送,并按以下顺序装订成册。

(1)施工方案封面(见本章第七节格式 5-6)。

(2)施工方案报审表(见本章第七节格式 5-7)。

(3)施工方案预审意见。

(4)专家论证意见(需进行专家论证的专项施工方案)。

(5)施工现场联合调查记录。

(6)设计技术交底、设计变更等资料。

(7)施工方案正文。

(8)附件。

2. 施工方案审查会议议程

(1)签到、点名。

(2)施工负责人汇报施工方案。

(3)研究讨论施工方案,分专业提出意见建议,形成统一意见,并对营业线施工、邻近营业线施工、非邻近营业线施工内容予以界定,预定(确定)施工等级。

(4)对各行车组织、设备管理单位签订施工安全协议、审核签认施工计划申请等后续工作提出明确要求。

(5)形成施工方案审查意见。

(三)施工方案审查内容

1.施工基本情况

(1)施工计划内容:施工时间、地点、各阶段施工内容、施工影响范围、施工场地条件、监控配合单位及配合要求,各项施工内容的具体施工类别(营业线、邻近营业线、非邻近营业线施工)以及预定施工等级。

(2)多项施工作业时的施工主体,每项施工基本情况,各项施工之间的关系,平行作业的可能性,施工作业流程的合理性。

(3)施工方案各类图表准确性、完整性。

2.施工组织安排

(1)各施工阶段技术力量和劳动力安排情况。

(2)施工所需施工机械、机具、材料准备情况。

(3)地下管线、隐蔽设施等既有设备分布情况及防护措施。

(4)专业结合部衔接,机械、人工配合作业分工情况。

(5)采用的施工工艺满足铁路行车安全要求。

(6)LKJ 基础线路数据准备情况、施工计划和 LKJ 基础数据计划生效时间的一致性、LKJ 基础数据换装期间的施工安全保证措施。

(7)其他。

3.安全质量控制

(1)安全风险分析。从机械设备、运输安全、既有设备安全、隔离防护设施、劳动安全、防火防爆、危险品使用管理、施工用电等方面分析存在的风险,制定风险控制措施。

(2)线路拨接、道岔插入施工重点审查放线测量控制措施;桥梁架设、转体重点审查机械设备性能检测控制措施;施工期间引起铁路建筑限界变化情况。

(3)施工机具、路料的安设、固定、堆放、看守、清理措施。

(4)施工路用车辆及自轮运转特种设备停放地点、防溜措施、装载加固方案、进出场径路、作业计划安排。

(5)通信、信号光电缆等既有设备迁改、防护情况。

(6)安全质量措施的制定和责任落实等情况。

4.应急预案

(1)应急救援组织机构包括成员、职责和联系方式等。

(2)应急救援物资准备情况包括物资类别、数量、存放地点和负责人等。

(3)发生突发事件后的报告流程、信息传递人员和联系方式。

(4)应急处置措施。

三、建设项目施工方案落实

(一)方案备案

集团公司施工方案审定后,施工单位将审定的施工方案按要求装订成册后,报方案牵头审定部门备案。

(二)方案变更

经审定的施工方案,实施过程中若原设计方案、施工工艺工法或施工现场接触网、信号、工务等设备发生变化,则必须重新编制施工方案并按程序报审。

(三)方案优化

经审定的施工方案,实施过程中参建单位或行车组织、设备管理等单位提出设计、工艺工法等方面导向安全的优化方案,项目管理机构组织相关行车组织单位、设备管理单位、安全监察大队召开施工方案优化确认会,达成一致意见报建设部核准后方可实施。

(四)方案实施

1.施工技术交底。施工单位在施工前,应充分做好各项准备工作,根据需要组织施工前联合调查,项目管理机构(施工单位)按规定组织相关设备管理单位和使用单位根据审定的施工方案进行施工技术交底。

2.施工方案实施。集团公司月度施工计划下达后,施工单位根据审定的施工方案和月度施工计划编制《施工实施方案》,项目管理机构制定《施工实施方案》管理办法。

第二节 施工计划审批制度

铁路营业线施工计划实行国铁集团、铁路局集团公司、站段分级管理、逐级审批制度。国铁集团负责所管辖繁忙干线、干线的施工计划;集团公司施工办负责组织编制集团公司年度轮廓施工计划、月度施工计划、施工日计划和高速铁路维修计划;车务段(直属站)负责组织编制普速铁路维修计划。

一、国铁集团负责审批的施工计划

施工前一个月的13日前由集团公司施工办上报国铁集团调度中心,由国铁集团负责审批。

1.影响高速铁路和普速铁路跨局旅客列车(含高速铁路确认列车)停运、变更运行区段、增减停站、改变始发终到时刻和局间分界站运行时刻的施工。

2.影响繁忙干线和干线跨局货物列车停运的施工。

3.调整繁忙干线和干线跨局货物列车编组计划的施工。

4.调整繁忙干线和干线跨局车流径路,实行迂回运输的施工。

5.变更繁忙干线和干线跨局货物列车牵引定数的施工。

6.编制跨局施工分号列车运行图的施工。

7.繁忙干线封锁正线3 h及以上、影响全站(全场)信联闭4 h及以上的施工。

8. 因特殊原因，京沪线、京九线慢行处所超过《中国铁路济南局集团有限公司铁路营业线施工管理实施细则》第十三条之规定时。

9. 中断跨局行车通信业务的施工。

10. 中断繁忙干线 6 h 及以上或干线 7 h 及以上且同时中断两站以上行车通信业务的通信网络设备施工。

二、车务段（直属站）、机务段、车辆段（济南西、日照）、工务机械段、动车段安排的施工及维修

（一）施工安排

正线、到发线以外的对运输影响较小且不涉及慢行的施工计划审批，按以下规定执行。

1. 运输影响较小的货物线施工计划由车务段（直属站）负责审批、安排。

2. 机务段、车辆段（济南西、日照）、工务机械段、动车段内不影响机车、动车组出入库、车辆取送的施工计划，由该段负责审批、安排。

施工计划审批流程及要求，由主管业务部组织制定。

（二）维修安排

车站不办理接发列车（含到达场、出发场不办理接发列车一端）的行车设备，在确保安全的前提下，维修作业由车站负责安排。车站驼峰设备检修实行“停轮修”，每日利用交接班、调车作业间休等时间进行，原则上每次不少于 40 min。

机务、车辆、动车段（所）内有关行车设备的维修作业，在确保安全和不影响机车（动车组）出入、车辆取送的前提下，由机务、车辆、动车段（所）负责安排。

三、集团公司审批范围

除国铁集团、站段负责审批的计划外，其他营业线施工计划均由集团公司施工办负责审批。

国铁集团负责审批的施工计划，由集团公司进行施工方案审核和施工计划编制，运输部门制定运输组织方案，主管业务部牵头制定施工组织方案。施工办依据国铁集团批复，编制具体施工计划，主管业务部组织实施。

第三节　年度、月度及日施工计划管理

营业线施工计划分为年度轮廓施工计划、月度施工计划和施工日计划、维修计划。

一、年度施工计划管理

1. 各项目管理机构、施工单位于每年 11 月中旬对次年影响分界口运输的行车设备大中修、既有线大型技术改造和大型基建施工轮廓安排进行研究分析，形成次年度施工计划，报集团公司主管业务部室审查；每年 11 月下旬，供电、工务、电务、车辆、科信、建设、土房等业务部室向施工办提报站场、线路、桥隧、信联闭、通信、网络、接触网、站台（雨棚）等行车设备大、中修及技术改造的年度施工计划，提报形式为书面和电子文本。

2. 施工办每年 12 月初根据各业务部室提出的部门年度轮廓施工计划，组织有关业务部

室编制集团公司次年年度轮廓施工计划。

3. 施工办负责集团公司年度轮廓施工计划的上报；根据要求组织参加国铁集团繁忙干线集中修年度轮廓计划协调会。

二、月度施工计划管理

除图定天窗内维修作业项目和天窗点外维修作业项目外，其他各类施工均应纳入月度施工计划或监督计划管理。

A 类施工及纳入月度施工计划的 B 类施工，按营业线施工有关规定执行；不纳入月度施工计划的 B 类施工及 C 类施工，由主管业务部室编制施工安全监督计划。

(一)施工计划编制下达

1. 国铁集团管辖的施工计划编制

国铁集团调度中心负责审批的月度施工计划及繁忙干线、干线施工分界口货物列车停运计划，由施工办与相关部室及单位协调编制计划申请，经分管运输副总经理批准后，每月 13 日前，以文电形式上报国铁集团调度中心，同时抄送国铁集团相关专业部门。批准后纳入集团公司月度施工计划。

繁忙干线和干线以外的其他线路影响跨局运输的施工，施工计划可由施工办与相邻铁路局集团公司商定后报国铁集团调度中心备案。

2. 延伸段的施工计划编制下达

集团公司所管设备越过局间分界站延伸至相邻铁路局集团公司调度指挥区段时(简称延伸段)，按下列规定办理。

(1)延伸段的施工计划：由施工单位向本铁路局集团公司提报施工方案，本铁路局集团公司按规定程序审核。施工方案审核后，由施工单位于每月 9 日前向调度管辖区段铁路局集团公司施工办提报经本铁路局集团公司主管业务部室审核(盖章)的次月施工计划申请(附带施工方案审核资料、施工安全协议)，由调度管辖区段铁路局集团公司安排月度施工计划，国铁集团管理的施工计划由调度管辖区段铁路局集团公司施工办按规定报国铁集团审批。施工单位于施工前 3 d 将延伸段施工日计划申请报本铁路局集团公司主管业务部室，经主管业务部室审核(盖章)后，于施工前 2 d 9:00 前向调度管辖区段铁路局集团公司施工办提报施工日计划申请，由调度管辖区段铁路局集团公司施工办编制、下达施工日计划，发布施工调度命令。施工现场组织实施工作由本铁路局集团公司负责。

(2)高速铁路延伸段的维修计划：设备管理单位于维修作业前 4 d 向本铁路局集团公司主管业务部室提报计划申请，本铁路局集团公司主管业务部室与局内相关业务部室沟通协调后，于维修作业前 3 d 向调度管辖区段铁路局集团公司主管业务部室提报计划申请，由调度管辖区段铁路局集团公司主管业务部室编制维修计划并向施工办提报实施。

(3)普速铁路延伸段的维修计划：由设备管理单位向调度管辖区段车务段(直属站)提报，由车务段(直属站)负责审核、编制后，报施工办安排实施。

3. 集团公司施工计划编制下达

(1)施工办每月 11 日前组织相关业务部室、主要施工单位和有关站段审查编制次月月度施工计划。

(2)月度施工计划文电由施工办起草,相关业务部室会签,经营业线施工领导小组批准后,于每月 25 日前后以集团公司文件形式下发站段和有关施工单位。

(3)超出维修天窗时间的区间装卸路料计划应纳入月度施工计划;未纳入月度施工计划的临时区间装卸路料,有关业务部室提前 3 d 向施工办提出计划,由施工办负责协调安排。防洪、抢险区间装卸路料由调度所及时安排。

(4)垂直维修天窗计划由施工办负责编制,在集团公司月度施工计划中一并下达。

(5)邻近营业线施工安全监督计划与月度施工计划同步下达。

(二)负责施工计划编制和审查要求

1.计划编制

施工单位根据审定的施工方案编制次月施工计划报建设项目管理机构审查。

连续性施工须另附文字说明施工总体工作量及日进度安排(每日具体工作量、日进度);跨区间施工时,按区间(含站内)写明具体里程、工作量及天窗数量;施工慢行需写明慢行总天数以及达速安排;站内施工要以每项一图的方式将封锁范围及施工影响范围在站场示意图上进行勾画表述;涉及站场改造的施工项目要以每步一图的方式将站场设备变化情况进行表述。

2.计划审查

(1)施工单位项目经理部对涉及本单位的月度施工计划进行自审,并经项目经理签认、盖章后报送监理单位。

(2)监理单位对施工单位提报的月度施工计划进行审查,并经总监签认、盖章后由施工单位报送项目管理机构。

(3)建设项目管理机构对施工单位提报的月度施工计划进行审查,并经主要负责人签认、盖章后报送相关设备管理单位、行车组织单位及相关业务部室审查签认,由建设项目管理机构于每月 5 日前将"月营业线施工计划申请表"(本章第七节格式 5-8)、每月 15 日前将"月邻近营业线施工安全监督计划申请表"(本章第七节格式 5-9)以书面和电子文本(Excel 格式)形式统一报送集团公司建设部施工办。

(4)涉及 LKJ 基础数据变化的以及影响信联闭、列控、CTC、TDCS、GSM-R 等信号、通信设备的施工所涉及的月度施工计划需经相关业务部室审查签认、盖章。

(5)各级施工计划审查单位、部门根据审定的施工方案对月度施工计划进行审查,确保施工计划与施工方案一致;设备管理单位、行车组织单位及相关业务部室负责对施工计划中涉及本专业内容进行审查。

(6)建设项目管理机构提报施工计划申请时,须同时携带经审定的施工方案及施工安全协议。

(7)施工办每月 11 日前组织相关业务部室、主要施工单位和有关站段审查编制次月月度施工计划。

(8)每月集团公司施工计划编制后,建设项目管理机构要及时将经会议审查落实的次月施工计划录入《铁路运输调度管理系统施工子系统》,各行车组织单位、设备管理单位及集团公司相关业务部室要及时对施工计划进行审查签认。建设项目管理机构做好月度施工计划在《铁路运输调度管理系统施工子系统》流转过程中的协调管理工作,确保施工计划经各部门、单位会签后按时报送集团公司建设部。

3.计划审批

集团公司施工办每月月底前将次月施工计划经相关业务部室会签后报主管运输副总经理批准,以集团公司文件下发执行。

4.计划执行

各施工单位、设备管理单位和行车组织单位接到集团公司月度施工计划后,必须认真学习,核对、确认施工地点、时间、信号停用范围、接触网停电范围及行车限制卡内容、特定行车办法、行车方式、行车凭证、站场线路和道岔变化、信号机位置变化等。

三、施工日计划管理

月度施工计划和施工文电是编制施工日计划的依据,无计划、施工要点计划与施工计划(批复文电)内容不相符的不准施工。

(一)日计划提报

施工单位于施工前 3 d 将施工日计划申请报主管业务部室(建设项目施工日计划申请应先报项目管理机构预审,再报主管业务部室),主管业务部室审核(盖章)后,于施工前 2 d 9:00 前向施工办提报施工日计划申请。

延伸段施工日计划于施工前 2 d 9:00 前向调度管辖区段集团公司调度所施工办提报施工计划申请,由调度管辖区段集团公司调度所编制、下达施工日计划,发布施工调度命令。施工现场组织实施工作由集团公司相关单位负责。

(二)日计划审核

Ⅰ级施工、高速铁路和繁忙干线国铁集团管理的施工计划,施工办于施工前 2 d 15:00 前将施工日计划申请提报国铁集团调度中心审核,于施工前 2 d 18:00 前对国铁集团调度中心反馈的施工日计划进行确认。

编制施工日计划应以月度施工计划为依据,施工办应将主管业务部室提报的施工日计划申请与月度施工计划(批复文电)进行核对,编制施工日计划,经施工办主任(副主任)审批后,纳入调度日计划。Ⅰ级施工、高速铁路和繁忙干线国铁集团管理的施工日计划于施工前 1 d 15:00 前报调度中心。

(三)日计划下达

施工办于施工前 1 d 12:00 前(0:00—4:00 执行的施工日计划于前 1 d 8:00 前)将施工日计划下达有关机务段、动车段、车务段(直属站),传(交)主管业务部室和相关计划调度台、列车调度台、供电调度台。主管业务部室负责通知施工单位、配合单位,车务段(直属站)负责通知相关车站。其中涉及邻局集团公司的车务段(直属站)和相关调度台时,传(交)邻局集团公司施工办并由其负责转达。

(四)延伸段日计划提报下达

施工单位于施工前 3 d 将延伸段施工日计划申请报本铁路局集团公司主管业务部室,经主管业务部室审核(盖章)后,于施工前 2 d 9:00 前向调度管辖区段铁路局集团公司施工办提报施工日计划申请,由调度管辖区段铁路局集团公司施工办编制、下达施工日计划,发布施工调度命令。施工现场组织实施工作由本铁路局集团公司负责。

(五)线间距不足6.5 m地段限速要求

在线间距不足6.5 m地段(两线间已有站台、栅栏等设施的除外)一线施工邻线行车时,邻线限速在执行《技规》(普速、高速铁路部分)规定基础上并作以下规定:

1.限速范围。施工作业(大机线岔打磨、铣磨,开行路用列车运送人员、装卸机具路料,使用检查检测车进行动态检测以及人员不上道的施工除外)。

2.限速标准。限速标准为60～100 km/h,瞭望困难地段可按45 km/h。工务部牵头组织逐条线路、逐个区间(区段)调查写实,根据天窗时间,结合昼夜通视条件、平纵断面情况、司机瞭望视距、分相位置等因素,逐段确定邻线限速值并公布。邻线限速长度不应小于实际作业范围。

3.限速措施。施工邻线限速应纳入施工计划,按运行揭示调度命令流程管理,发布运行揭示调度命令。临时封锁要点的施工需要邻线限速时,设备管理单位须在"行车设备检查登记簿"内登记邻线限速的起止里程及限速值,调度所下达邻线临时限速调度命令。

四、天窗点外作业计划管理

天窗点外维修作业计划实行周计划和日计划。

(一)审批程序

1.每周四前,设备管理单位、工务机械段车间(工区)会同车站研究编制次周点外作业计划,确定后报段生产调度指挥中心批准。每周五18:00前,设备管理单位、工务机械段车间将批准的次周点外作业计划下达有关工区。

2.设备管理单位、工务机械段车间每日提报次日点外作业计划,段生产调度指挥中心负责审批。

(二)作业规定

1.作业前,设备管理单位、工务机械段应在车站"行车设备检查登记簿"内登记(影响范围栏填"××专业点外作业"),车站值班员签认,并按规定设置驻站联络员、现场防护员,必要时增设防护员,联系中断时必须停止作业。

2.设备管理单位、工务机械段严禁在降雾、扬沙、暴风雨(雪)等恶劣天气时作业(雨中设备巡检、除雪作业和重点列车设备联合检查除外);必须作业时,采取加强防护措施,保证来车前按规定的距离及时下道。

3.临时增加天窗点外作业计划应报单位分管领导批准。

4.天窗点外作业人员在作业开始前,应到达作业现场附近的防护栅栏(或线路坡脚)外侧安全地点集结待命,驻站联络员未在车站"行车设备检查登记簿"内进行登记或车站未签认准许前,不得通知作业人员上道作业;作业人员未接到驻站联络员准许上道作业的通知前,不得进入防护栅栏(站场线路)内。现场作业负责人和现场防护员必须严格做好作业组织和现场监控。

（三）非设备管理单位天窗点外作业补充规定

1. 在铁路桥涵下进行不影响设备稳定、不影响行车安全的修路、绿化、敷设管线的施工，须在设备管理单位的监控配合下组织实施。

2. 设计、工程部门进行勘察、测量、现场调查时，须与设备管理单位协商并签订安全协议，委托设备管理单位提报天窗点外作业计划、设置驻站联络员、现场防护员，制定安全防护措施，应在车站登销记。

第四节　建设项目营业线施工计划管理具体要求

一、年度施工计划管理

项目管理机构于每年 11 月底前对次年营业线施工轮廓安排进行研究分析，形成次年度施工计划安排。经项目管理机构负责人签字、盖章后以书面和电子文本（Excel 格式）报送建设部。

二、月度施工计划管理

（一）计划编制

1. 施工单位根据审定的施工方案及施工组织安排编制次月施工计划。“月施工计划申请表”（见本章第七节格式 5-8）以及“月邻近营业线施工安全监督计划申请表”（见本章第七节格式 5-9）编制标准应符合本章第七节格式 5-10、格式 5-11 要求。

2. 相关资料。

（1）项目管理机构在提报月度营业线施工计划及邻近营业线施工安全监督计划申请时应将计划完成的工作量及每日进度安排作为附件（见本章第七节格式 5-12）一并提报。

（2）跨区间施工时，按区间（含站内）写明具体里程、工作量及天窗数量。

（3）施工慢行需写明慢行总天数以及提速安排。

（4）站场改造施工以每步一图的方式将站场封锁范围、施工影响范围和设备变化情况在站场示意图上进行勾画表述。

（二）书面计划审查

1. 施工单位自审

施工单位对涉及本单位的月度施工及邻近计划进行自审，并经项目经理签认、盖章后报送监理单位。

2. 监理单位审查

监理单位对施工单位提报的月度施工及邻近计划进行审查，并经总监签认、盖章后由施工单位报送项目管理机构。

3. 项目管理机构审查

项目管理机构对施工单位提报的月度施工及邻近计划进行审查，并经负责人签认、盖章后报送相关设备管理单位、行车组织单位及相关业务部室审查会签，由项目管理机构于每月 5 日前将“月施工计划申请表”、每月 15 日前将“月邻近营业线施工安全监督计划申请表”以书面和电子文本(Excel 格式)形式统一报送建设部。项目管理机构提报施工计划申请时,须同时携带经审定的施工方案及施工安全协议。

4.集团公司审查

(1)主管业务部审查。

建设部收到月营业线施工及邻近营业线施工安全监督计划申请,经建设部主管科室审查、分管副主任批准后报集团公司施工管理办公室。

(2)相关业务部室审查。

①涉及 LKJ 基础线路数据变化的月度施工计划须经相关业务部室审查。

②施工后临时缩小既有铁路基本建筑限界的月度施工计划须经货运部审查。

③相关业务部室明确需要审查的施工项目。

(3)集团公司施工办审查。

施工办每月组织相关业务部室、主要施工单位和有关站段审查编制次月施工计划。

(三)系统计划审查

月度营业线施工计划申请在进行书面手续逐级审查签认的同时,同步经铁路运输调度管理系统施工子系统(TDMS)录入,进行审查。

1.施工单位录入

每月 5 日前,施工单位将次月施工申请计划录入系统。

2.项目管理机构审查、提报

每月 7 日前,项目管理机构施工计划管理人员对施工单位录入系统的施工申请计划进行审查,经分管领导审核确认,进行系统提报。施工单位应及时联系相关会签单位、部门进行会签,项目管理机构做好督促协调。

3.建设部审查、提报

每月 9 日前,集团公司建设部施工计划管理人员对系统上报的施工计划申请进行审查,对存在的问题及时向项目管理机构反馈,经分管副主任批准后向施工办提报。

(四)计划批复

月度施工计划文电由施工办起草,相关业务部室会签,经集团公司营业线施工领导小组批准后,于每月 25 日前后以集团公司文件形式下发站段和有关施工单位。

(五)计划变更

1.月度施工计划变更及增加执行《中国铁路济南局集团有限公司铁路营业线施工管理实施细则》有关规定。

2.月度邻近营业线施工安全监督计划变更及增加。

邻近营业线施工安全监督计划发布后,原则上不得变更。特殊情况,施工单位提出计划变更时,变更内容应与审定的施工方案一致,经监理单位同意,设备管理单位签认,项目管理机构审核后,向主管业务部提出变更申请,经主管业务部分管副主任同意签字盖章后实施。

增加邻近营业线施工安全监督计划时,比照增加营业线施工计划规定办理。

三、施工日计划管理

(一)日计划编制

施工前 4 d,项目管理机构组织施工单位严格按照批准的月度施工计划及施工电报,编制施工日计划、路用车运行计划,项目管理机构对施工单位提报的计划逐级审查把关。严禁无月施工计划、超出批准的月施工计划及电报范围编制日计划。

(二)日计划编制规范

1. 施工日计划中月度计划号(电报号)、施工等级、线别、施工地点、行别、施工里程、施工类型、施工项目、施工时间、施工内容及影响范围(含施工登记单位、项目管理机构监控干部及联系方式)、限速及行车方式、设备变化情况、施工申请单位及施工主体单位、施工负责人及联系方式、施工配合单位应如实正确填写。

2. 施工地点的填写顺序应根据施工行别,按照列车运行的先后顺序填写,施工里程应与之相对应。涉及限速的施工项目应在限速及行车方式栏中注明限速的时段、线别、行别、区段、里程、限制速度。

3. 对于在电气化铁路区段需接触网停电的施工,在提报施工日计划的同时,还应向相关部门、单位提报施工停电配合计划,并在施工日计划中注明是否需停电配合。

4. 对"扰动道床"的施工应在施工日计划中注明。

5. 使用路用车及自轮运转特种设备的施工计划中应包含所属单位、批准上线的车号、运行车次、申请运行时间、径路、开始站和结束站、正副司机姓名及是否需要带道司机等内容。提报路用车运行日计划时,同时向建设部工程调度提报车辆所经径路的运行揭示调度命令。

6. 使用路用车及自轮运转特种设备的施工计划必须与路用车运行计划实行双确认制度。运行计划、施工日计划提报前须由施工计划管理人员及自轮运转特种设备管理人员互相确认施工作业地点、运行径路和时间的准确性。

(三)日计划提报

项目管理机构于施工前 3 d 9 时前,通过 TDMS 将专业工程师审核通过的营业线施工日计划、路用车作业计划提报建设部。建设部工程调度审核通过后,上报集团公司施工办。

(四)纪律要求

1. 各项目管理机构工程调度应坚守岗位,通过 TDMS 及时关注施工日计划的审核批复情况,立即处理施工计划审核中遇到的问题,迅速落实建设部、调度所主管人员的要求。

2. 项目管理机构应严格按照批准的施工日计划做好施工监控工作。

四、邻近营业线施工安全监督日计划管理

(一)日计划编制

施工前 3 d 9 时前,施工单位项目经理部分管负责人组织编制具体的"日邻近营业线施工安全监督计划"(见本章第七节格式 5-13),落实施工当日的作业内容、时间、地点,审核机械设备和劳务队伍准备情况,核实现场负责人、驻站联络员、现场防护员安排等工作,确认

向设备管理单位送达施工配合通知单的签认情况。各项施工要素确认无误后由专人编制完成后交施工单位调度。

(二)日计划审查

施工单位调度于施工前 3 d 18 时前将“日邻近营业线施工安全监督计划”报监理单位，并经监理单位负责人进行审核;落实、登记监理单位监理人员名单。

(三)日计划批复

监理单位于施工前 2 d 12 时前将“日邻近营业线施工安全监督计划”提报项目管理机构调度。项目管理机构负责审批。

(四)日计划下达

各项目管理机构调度于施工前 1 d 12 时前将批准的“日邻近营业线施工安全监督计划”公布。

五、施工计划利用率分析

1. 项目管理机构要做好施工计划利用率分析。月度营业线施工及邻近营业线施工安全监督计划下达后每日统计利用情况,并在营业线施工管理月度工作例会上总结分析,将利用率纳入考核范畴。

2. 对未兑现施工计划、施工延时和造成安全质量问题及其他原因影响行车的情况,项目管理机构应立即报告建设部工程调度。同时,项目管理机构要组织分析,查找原因、制定措施,并将分析报告经项目管理机构负责人签字、盖章后于次日 7 时前传真至建设部工程调度。

第五节　施工计划变更和临时施工

一、临时施工计划申请

未纳入月度施工计划的施工项目原则上不准进行施工。特殊情况必须施工时,施工单位向主管业务部室提出施工申请,建设项目应由建设项目管理机构预审后向主管业务部室申请,签订安全协议并制定安全措施,由主管业务部室根据有关施工计划审查的规定审查。审查通过后交由施工办报分管运输副总经理(总调度长)批准,方可由施工办安排施工,施工计划调整。需增加国铁集团管理的施工项目时,主管业务部室提前 25 d 向施工办,施工办提前 15 d 向国铁集团调度中心提出申请电报,涉及需修改 LKJ 基础数据的,必须提前 20 d提出申请电报,经国铁集团调度中心批准后,方可安排施工。

二、计划变更

1. 月度施工计划原则上不准变更。特殊情况必须进行调整时,由施工单位提前 5 d 向集团公司主管业务部室和施工办提出书面申请,由施工办调整施工计划。涉及 LKJ 基础数据变化的施工日期不得提前。

2. 纳入月度施工计划的施工项目原则上不准停止施工,因专特运及调整车流等原因停止施工时，经分管运输副总经理(总调度长)批准，并于前日14:00前以调度命令形式通知有关单位。

3. 已批准的国铁集团管理的施工项目需停止施工时，需经国铁集团调度中心主任(副主任)批准。

4. 对停止的施工，集团公司施工办应尽快重新安排。因停止施工引起的本月未按计划完成的连续性施工，可顺延至下月。

5. 施工日计划下达后，因特殊原因临时取消施工计划，需经分管运输副总经理(总调度长)批准(Ⅰ级施工和繁忙干线国铁集团管理的施工项目还须报国铁集团调度中心批准)，并制定确保行车安全的具体办法和措施后，以调度命令办理取消。

6. 施工日计划下达后，因特殊原因需要调整内容时，由施工主体单位向主管业务部提出申请，主管业务部审核同意后，经分管运输副总经理(总调度长)批准，重新下达日计划，并通知有关单位;涉及变更行车条件的日计划不得调整。

7. 施工命令下达前，施工单位提出需停止该项施工时，主体施工单位与配合单位必须协商一致，由主体施工单位通知车站值班员取消施工，车站值班员向调度员汇报，调度员不再发布取消施工命令。但对放行列车条件，行车方式和LKJ基础数据发生变化等已发布运行揭示调度命令的施工，调度员必须向有关单位下达取消施工的调度命令。

8. 施工日计划下达前变更施工负责人时，应由该施工项目负责人提出，经单位主要领导同意，重新安排符合职级条件的胜任人员(胜任施工组织，熟悉施工方案、作业条件，掌握安全重点)，报主管业务部室审核同意后，在提报施工日计划时变更。施工日计划下达后变更施工负责人时，按施工日计划调整程序办理。

三、临时施工

对突发性设备故障和灾害的紧急抢修及轨道状态超过临时补修标准处所的临时补修等临时封锁要点施工。按下列程序办理：

1. 需临时封锁要点时，由设备管理单位向集团公司主管业务部室提出申请，主管业务部室审查，经分管运输副总经理(总调度长)批准后，由调度所安排施工。

2. 危及行车安全需立即抢修时，设备管理单位应立即采取果断措施，迅速通知就近车站封锁线路或停用设备，按规定在“行车设备检查登记簿”内登记;高速铁路经调度所值班主任(副主任)批准，普速铁路通过车站值班员报告集团公司列车调度员，经调度所值班主任批准，发布调度命令进行抢修，设备管理单位同时通知配合单位和集团公司主管业务部室。

第六节 施工登销记制度

一、基本要求

(一)施工登记

施工(维修)登记按以下规定：

1. 在车站和车务负责行车组织的动车段(所)登记的,施工(维修)负责人应确认已做好一切施工(维修)准备,于开始前 40 min 由施工(维修)负责人(驻站联络员)在"行车设备施工登记簿"(本章第七节格式 5-14)内完成登记,按规定向车站或通过车站值班员向列车调度员申请施工(维修)。

2. 在调度所登记的,施工(维修)负责人应确认已做好一切施工(维修)准备,于开始前 40 min 由施工(维修)负责人(驻调度所联络员)在"行车设备施工登记簿"内完成登记,列车调度员签认。

3. 在机务段、车辆段、非车务负责行车组织的动车段(所)登记的,施工(维修)负责人应确认已做好一切施工(维修)准备,于开始前 40 min 由施工(维修)负责人(驻站联络员)在"行车设备施工登记簿"内完成登记,机务段、车辆段、动车段(所)签认。

4. 营业线施工要"先登记、后防护,先防护、后施工"。严禁不登记、无命令上道施工;严禁未设防护上道施工。施工现场要严格按照规定设置防护标志,未设好防护禁止开工。

5. 电气化区段,施工负责人(驻站联络员)要得到列车调度员发布的接触网已停电的调度命令,并经供电(维管)段驻站联络员签认后,方可进行需接触网停电后进行的施工作业。

6. 施工负责人确认已做好一切施工准备工作,于施工开始前 40 min,由施工负责人(驻站联络员)在登记站的"行车设备施工登记簿"内按规定要求进行登记,或将审核过的登记内容粘贴在"行车设备施工登记簿"内。

7. 车站值班员核对登记内容无误后,报告列车调度员。列车调度员根据施工日计划和车站值班员的施工请求核对一致后,方可向有关车站和单位发布施工调度命令。

在调度所登记的施工,高铁列车调度员须将施工登记内容与施工日计划进行核对,确认无误并具备施工条件后,方可向驻调度所联络员发布施工调度命令。

8. 车站值班员接受施工命令并与施工日计划、登记内容核对无误后,在"行车设备施工登记簿"内登记,将调度命令交施工、设备管理和配合单位;施工、设备管理、配合单位负责人(驻站联络员)签认,方可准许各单位按命令要求进行施工。

(二)施工销记

施工(维修)销记按以下规定:

1. 在车站、调度所和车务负责行车组织的动车段(所)登记的,作业完成后,经施工、设备管理单位检查达到放行列车条件,由施工(维修)负责人(驻站、驻调度所联络员)、设备管理单位检查人(设备管理单位指定人员)办理开通登记(施工销记),车站(列车调度员)签认后,按规定开通。

2. 在机务段、车辆段、非车务负责行车组织的动车段(所)登记的,作业完成后,经施工、设备管理单位检查达到开通条件,由施工(维修)负责人(驻站联络员)、设备管理单位检查人(设备管理单位指定人员)办理开通登记(施工销记),机务段、车辆段、动车段(所)签认后,按规定开通。

3. 如遇特殊情况不能按时开通时,施工负责人(驻站联络员)应提前 30 min 向车站值班员提出延时申请;车站值班员报告列车调度员并办理延时手续(在调度所登记的施工,由驻所联络员报告列车调度员并办理延时手续)。遇机务段、动车段(所)内接触网停电维修作业完成后,机务段调度员、动车段(所)值班员与驻段(所)联络员共同办理开通登记;如有特殊情况不能按时开通时，驻段(所)联络员应提前 30 min 向机务段调度员、动车段(所)值班员提出申请，机务段、动车段(所)调度员通过车站值班员办理延时手续。

二、登销记的有关规定

(一)纸质登销记的规定

1. 施工维修作业应在“行车设备施工登记簿”〔运统 46(施工)〕内登记，天窗点外作业、设备检查、行车设备故障处理等情况应在“行车设备检查登记簿”(运统 46)(本章第七节格式 5-15)内登记。

邻近营业线 A 类施工及纳入月度施工计划的 B 类施工在“行车设备施工登记簿”〔运统 46(施工)〕内登记；不纳入月度施工计划的邻近营业线 B 类施工及 C 类施工(施工安全监督计划)在“行车设备检查登记簿”(运统 46)内登记。

2. 施工作业登记、销记，必须字迹清楚、段落清晰、标点符号完整。登销记过程中出现错误时，对错误之处所在行的内容一律用红直线段全部抹消，另起一行重新填写，禁止随意涂改、撕页、粘贴。登记完毕发现错误重新登记时，登记单位须将登记内容全部抹消，并在销记栏注明：“登记错误，重新登记”。

如施工登记内容较多时，施工单位可提供审核过的登记内容打印稿，打印的登记内容必须按照“行车设备施工登记簿”的格式(含表头)，并预留出有关单位人员签字等空格，经车站值班员和车站盯控人员确认无误并签字后，将打印稿粘贴在“行车设备施工登记簿”内。

3. “行车设备施工登记簿”每页登记一个施工项目。“行车设备检查登记簿”每页可登记多个项目，按日期、时间顺序填记，左侧登记栏按日期顺序填写，右侧销记栏与左侧登记栏第一行须对齐，上下相邻两次登记之间至少空一行，后一次登记另起一页时可不空行。

4. 施工、维修作业各单位相互配合作业时，应由作业主体单位牵头，提前通知。登记(签认)单位不全，车站不予签认同意施工、维修。销记时有关单位均须签字，签字单位不全，不得申请开通或作业结束。

5. 当施工或维修作业因特殊原因不能按时完成需申请延时作业时，有关单位须按规定提前在登记栏登记：“因××原因，××施工(维修)作业不能按时开通，请求续点××分钟”。

6. 登记后如因特殊情况需取消施工(维修)作业时，有关单位应在销记栏注明：“因××影响(原因)，××施工(维修)作业取消”。配合作业时，相关配合单位应同时签字，车站值班员确认后签认。

7. 根据施工、维修作业影响情况，需停止接发列车(调车作业)时，须注明股道；涉及道岔的施工、维修作业，还须注明道岔，如“停止经由××道岔的接发列车及调车作业”。

8. 需接触网停电配合的施工、维修及故障处理，供电(维管)单位对接触网停电内容可另行登、销记。

9. 电务实行作业区域划分天窗修作业的登、销记，应按照《关于电务天窗修作业区域划分的通知》(电信函〔2010〕395 号)文件要求执行。

10. 施工、维修作业按计划结束时间提前 30 min 在“行车设备施工登记簿”内填写销记内容，待施工、维修结束具备开通条件时，由驻站联络员填写销记时间并签认。

11. 各单位根据实际作业，确定具体登销记内容，做到停用设备明确、影响范围准确。

在调度所调度台办理施工、维修及设备故障登销记时，比照车站登销记方式办理；高速铁路在调度所调度台的登销记应按调度所“行车设备施工登记簿”的格式办理。

（二）电子登销记的规定

1. 电子登销记原则

配备施工电子登记系统，原则上使用电子登记系统办理施工维修、设备检查、行车设备故障处理的登销记作业，登销记时间以登记系统时间为准。

2. 电子登销记作业流程

电子登销记包括施工维修、设备检查（故障处置）登销记等。

（1）施工维修登销记。

①登记。作业前，车站值班员（列车调度员等）登录登记系统，作业主体单位驻站（所）联络员按规定时机登录电子登记簿，选择需登记的作业计划，逐项核对登记内容无误后，录入登记时间和所需时分，施工负责人、设备单位检查人、车站值班员（列车调度员等）、盯岗干部依次签认。

②作业申请。在车站登记的施工维修，车站值班员向列车调度员发送作业申请（由车站负责安排不需列车调度员发布调度命令的维修作业，车站值班员向车站指定的人员发送作业申请，车站指定的人员即为车站值班员时，车站值班员不需发送作业申请，但涉及接发列车进路的维修作业，车站值班员应报告列车调度员掌握）。

在调度所登记的施工维修，列车调度员不需发送作业申请。

③承认作业。准许施工维修的调度命令（含接触网已停电的调度命令）下达后，车站值班员（列车调度员等）进行关联命令操作，录入命令号及发令时间、封锁起止时间（接触网已停电时间）；由车站负责安排的不发布命令的维修作业，车站值班员录入封锁起止时间。车站值班员（列车调度员等）、施工负责人依次签认。

④销记。命令下达的作业结束时间 30 min 前，作业主体单位驻站（所）联络员编辑销记内容，待作业完成、具备开通条件时，根据施工维修负责人的通知，录入销记时间，施工维修负责人、设备单位检查人、车站值班员（列车调度员等）、盯岗干部依次签认。

⑤开通申请。在车站销记的施工维修，车站值班员向列车调度员发送开通申请（由车站负责安排不需列车调度员发布调度命令的维修作业，车站值班员向车站指定的人员发送开通申请，车站指定的人员即为车站值班员时，车站值班员不需发送开通申请，但涉及接发列车进路的维修作业，车站值班员应报告列车调度员掌握）。

在调度所销记的施工维修，列车调度员不需发送开通申请。

⑥作业开通。施工结束的调度命令（含接触网恢复供电的调度命令）下达后，车站值班员（列车调度员等）进行关联命令操作，录入命令号及开通时间（接触网恢复供电时间）；不发布开通命令的维修作业，作业单位销记后，车站值班员（列车调度员等）直接进行结束作业操作。

⑦作业结束。作业完成后，车站值班员（列车调度员等）进行结束施工维修操作。遇施工完成后仍有封锁、设备停用等情况时，应待恢复正常后再进行结束施工操作。

（2）设备检查（故障处置）登销记。

设备检查（故障处置）登销记包括邻近营业线施工、天窗点外作业、设备检查、行车设备故障处理等需在电子登记簿内登销记的作业。作业前登录登记系统,登记单位按规定登录电子登记簿,有关单位按规定进行签认。

3. 电子登销记内容填记要求

(1)电子"行车设备施工登记簿"〔运统46(施工)〕中的施工编号、项目、等级、影响使用范围均由登记系统读取施工维修日计划的相关内容自动生成;电子"行车设备检查登记簿"(运统46)中的登销记内容,可通过选择登记系统内相应的模板进行内容编辑。

(2)影响使用范围(登记内容)。

①施工作业。

地点:由施工日计划内的"线别、地点、行别、施工里程"栏内容组成。

所需时分:由施工日计划内"时间"栏的施工时长组成。

施工内容及影响范围:由施工日计划内的"施工内容及影响范围""限速及行车方式""行车限制卡""路用列车信息"栏内容组成。

②维修作业。

地点:由维修日计划内的"线别、行别、地点、施工里程、封锁里程"栏内容组成。

所需时分:由维修日计划内"作业时间"栏的作业时长组成。

施工内容及影响范围:由维修日计划内的"项目""影响范围及有关要求""路用车信息"栏内容组成。

(3)恢复使用范围和条件(销记内容)。恢复使用范围和条件的内容包括开通条件、限制条件和设备变化等。

作业完成后,施工维修负责人、设备单位检查人共同确认人员、机具、物料已按规定撤出,影响范围已恢复,设备达到规定的开通速度要求,线路状态恢复到准许放行列车的条件,接触网施工维修或配合停电作业还须确认具备送电条件,销记:"作业完毕,设备良好,交付使用";如有限速要求、设备变化或其他限制条件,以及有分时段开通的项目时,需根据开通实际人工编辑销记内容,注明行车限制条件或分段开通的范围。

三、"行车设备检查登记簿"的填记要求

1. "月日"栏

按登记的实际日期填写。

2. "时分"栏

按24 h制,填写登记完了的最终时分。

3. "检查试验结果所发现的不良及破损程度"栏

(1)车站、工务、电务、供电、房建等单位进行月(季)度行车设备联合检查时,应在本栏内登记并填写登记人单位、姓名。

(2)维修作业以及各单位发现行车设备隐患危及行车安全需封锁或临时要点(慢行)作业进行整治时,应在本栏内登记作业(或处理故障)项目、要点(慢行)时分及影响使用范围等内容。

(3)车站行车人员发现行车设备故障(不良)或接到行车设备故障的报告后,应在本栏内登记汇报人、设备名称、故障表象等内容,并及时通知相关设备管理单位;接通知的有关单位应及时签认处理。对于设备无异常(或设备良好)的单位,在销记时,应销记:"经检查,

××专业设备良好”。

(4)凡加封设备启封使用或对设有计数器的设备每计数一次时，应将破封设备名称(计数器号码)以及破封(计数)使用原因在本栏内登记，并通知电务单位；电务单位接通知后须及时签认，并补封、销记(使用计数器的设备，电务签认后不需销记)。在电务维修作业或处理故障要点时间内，要点影响范围内的加封加锁按钮，需要进行检查试验破封时，电务人员应在本栏中，直接登记××(设备)破封使用，销记时登记加封加锁情况及计数器号码。

(5)需车站给点的作业，由车站值班员(驼峰调车区等地点由指定人员)填写准许作业的时间，有调度命令的还需注明调度命令号码。

(6)遇 GSM-R 设备故障时，电务应登记“因 GSM-R××设备故障，停用××设备，电务进行处理，影响××(范围)内的××业务”。

(7)利用垂直天窗进行影响全站及相邻区间的 CTC/TDCS、列控系统、安全信息传输、电源屏等设备的检修作业，登记时应注明相邻区间影响范围。

4.“通知时间”栏

车站行车人员发现行车设备故障(不良)或接到行车设备故障的报告后，应立即通知相关设备管理单位，并在本栏内填记通知的月日、时分、通知方法(电话通知须注明号码)、通知的单位和被通知人的姓名。

5.“到达时间”栏

指第 4 项接到通知的单位人员到达时间，由被通知单位人员及时在登记栏签认并填记到达时间。

6.“消除不良及破损的时分及盖章”栏

填记维修作业或处理故障完毕时的销记内容，按设备实际恢复情况填写恢复使用的范围和条件。必须做到登记、销记内容要相互对应。经有关单位处理人员及车站双方签认后，恢复正常使用。本栏月日、时分为消除不良或维修作业结束销记的时间。

设备管理单位接到行车设备故障或不良等通知后，在确认不影响正常行车后，应在登记对应的“消除不良及破损的时分及盖章”栏内填写“故障暂不能修复，不影响正常行车，另行登记要点处理”并签字后，在“行车设备检查登记簿”内另行登记要点处理。

电务设备故障需停用进行处理时，电务人员应立即登记停用相关信号设备进行故障处理；当设备故障暂不能恢复，确需办理接发列车和调车作业时，行车人员应待电务人员检查确认能够办理行车，得到放行列车条件的登记后，方可办理接发列车和调车作业。

(1)遇道岔发生失去表示的电务设备故障，电务人员应立即登记停用相关信号设备。当设备故障暂不能恢复，确需利用该道岔接发列车时，电务人员在确认该道岔尖轨密贴后，在该栏签认“××号道岔尖轨密贴、定(反)位具备办理行车作业条件”，分动外锁闭的道岔，还需注明“外锁闭良好”。

(2)对于轨道电路绝缘不良故障，需要点处理，胶接绝缘由工务登记要点处理，电务配合；组合式绝缘由电务登记要点处理，工务配合。故障处理完毕后，双方共同销记，车站签认。

7.“行车设备检查登记簿”换本

首页必须转登上本最后的计数器号码、轨道电路分路不良登记及相关按钮的加封情况，对未销记的线路封锁、限速及已停用的设备应由原登记单位做好转登，并由车站、设备管理单位共同签认。

四、“行车设备施工登记簿”的填记

1.“本月施工编号”栏

由施工单位填写本月施工计划中的施工编号；其他施工文电确定的施工项目，填写有关文电编号或施工文电中的施工编号。

2.“月日”栏

由施工单位按登记的实际日期填写。

3.“时分”栏

由施工单位按 24 h 制，填写登记完了的最终时分。

4.“施工项目”栏

由施工单位填写月度施工计划、施工文电确定的施工项目。

5.“请求施工(慢行及封锁)登记”栏

(1)“影响使用范围(需要的慢行或封锁条件)及所需时分”。

由施工单位填写月度施工计划或施工文电确定的影响使用范围(需要的慢行或封锁条件)及所需时分。

(2)“施工负责人(指定人员)签名”。

由施工单位施工负责人(指定人员)填写施工单位及姓名。配合施工单位，在序号“(2)”后顺序分行填写，每行填写一个单位及姓名。

(3)“设备单位检查人(指定人员)签名”。

由设备所属单位填写设备所属单位及其检查人(指定人员)姓名。有多个设备单位时，在序号“(3)”后顺序分行填写，每行填写一个单位及姓名。

“施工单位”与“设备所属单位”为同一单位时，可填写同一单位的人员姓名。

(4)“车站值班员签名”。

由当班车站值班员填写职名、姓名。

(5)“盯岗干部职务、姓名”。

由盯岗干部填写盯岗干部的职务、姓名。

6.“承认施工”栏。

(1)“命令号及发令时间”。

由车站填写“调度命令××号，发令时间××”。

(2)“慢行及封锁起止时间”。

由车站填写调度命令承认的慢行及封锁起止时间，“调度命令承认自××至××”。

(3)“车站值班员签名”。

由当班车站值班员填写职名、姓名。

(4)“施工负责人(指定人员)签名”。

由施工单位施工负责人(指定人员)填写施工单位及姓名。配合施工及设备管理单位，在序号“(4)”后顺序分行填写，每行填写一个单位及姓名。

7.“施工后开通检查确认、销记”栏

(1)“恢复使用范围和条件(开通后恢复常速确认)”。

由施工单位施工完成后,按设备实际恢复情况填写恢复使用的范围和条件(开通后恢复常速确认)。

(2)填记要求与“请求施工(慢行及封锁)登记”栏同一项目一致。

8.“施工开通栏”

(1)“开通(恢复常速)命令号及开通时间”。

由车站填写:“调度命令××号,自××开通(恢复常速)”。

(2)填记要求与“请求施工(慢行及封锁)登记”栏同一项目一致。

9.“备注”栏

填写其他需要说明的事项。

10.“行车设备施工登记簿”换本

对未销记的线路封锁、限速及已停用的设备应由原登记单位做好转登,并由车站、设备管理单位共同签认;通知不到原登记单位的,由车站负责转登。

第七节　施工方案计划与登销记格式

格式 5-1　施工现场联合调查记录

<table>
<tr><td colspan="2">施工方案名称:</td><td colspan="2"></td></tr>
<tr><td colspan="2">项目管理机构:</td><td colspan="2"></td></tr>
<tr><td colspan="2">施工单位:</td><td colspan="2"></td></tr>
<tr><td colspan="2">监理单位:</td><td colspan="2"></td></tr>
<tr><td colspan="2">设计单位:</td><td colspan="2"></td></tr>
<tr><td colspan="2">施工地点:</td><td colspan="2"></td></tr>
<tr><td colspan="2">施工内容:</td><td colspan="2"></td></tr>
<tr><td colspan="2">现场联合调查时间:</td><td colspan="2"></td></tr>
<tr><td>施工范围内既有设备情况</td><td colspan="3"></td></tr>
<tr><td>该项施工对既有设备影响</td><td colspan="3"></td></tr>
<tr><td colspan="4">现场联合调查人员签认</td></tr>
<tr><td>单位</td><td>姓名</td><td>职务</td><td>联系电话</td></tr>
<tr><td></td><td></td><td></td><td></td></tr>
<tr><td></td><td></td><td></td><td></td></tr>
<tr><td></td><td></td><td></td><td></td></tr>
</table>

格式 5-2 施工方案预审会议意见

××年第××期

××施工方案预审会议意见

××年××月××日，××组织××(详细列出相关车务站段、设备管理单位、监理、设计、施工单位)在××会议室对××施工方案进行了预审，意见如下：

一、经会议审查，原则上同意该项施工方案(或“不同意该项施工方案，需补充完善以下内容后再报审。”)。

二、进一步修改完善意见。

(一)……。

(二)……。

(三)……。

××建设指挥部(盖章)
××年××月××日

参会单位及人员：

××建设指挥部：

××段：

监理单位：××

设计单位：××

施工单位：××

格式 5-3 施工方案修改确认表

工程项目名称：

致：(××项目管理机构)： 我单位已根据《××施工方案审查会议意见》(编号)修改完善××施工方案，并经我单位技术负责人审核确认，请予以审查确认。 附：施工方案 施工(主体)单位(章) 主要负责人： 年 月 日
专业监理工程师意见： 专业监理工程师： 年 月 日
总监理工程师意见： 项目监理机构(章) 总监理工程师： 年 月 日
项目管理机构意见： 项目管理机构(章) 负责人： 年 月 日

注：本表一式四份，承包单位、监理单位、项目管理机构，集团公司建设部各一份。

格式 5-4　营业线施工方案审查计划统计表

项目管理机构：　　　　　　　　　　　　　　　　　　　　　　　　　　年　　月　　日

序号	建设工程项目	施工方案名称	施工单位	监理单位	设计单位	施工类别及施工等级（营业线Ⅰ、Ⅱ、Ⅲ，邻近营业线A、B、C）	涉及线路名称	设备监护单位及施工配合单位	监察大队	LKJ涉及专业	初审时间	方案汇报人员姓名及职务	联系方式	项目管理机构	备注

填报：　　　　　　　　　　　　　　审核：　　　　　　　　　　　　　　主要负责人：

格式 5-5　营业线施工方案确认、审定表

工程项目名称：

致中国铁路济南局集团公司： 我单位已根据《××施工方案审查意见》（编号）修改完善××施工方案，并经监理、项目管理机构主要负责人审核确认，请予以确认审定。 附：施工方案 施工（主体）单位 主要负责人： 年　　月　　日
监理单位意见： ××监理站 总监理工程师： 年　　月　　日
项目管理机构意见： ××工程建设指挥部（工管所） 负责人： 年　　月　　日

续上表

<table>
<tr><td>集团公司部室意见：

集团公司____部(室)
年　月____日</td><td>集团公司部室意见：

集团公司____部(室)
年　月　日</td></tr>
<tr><td>集团公司部室意见：

集团公司____部(室)
年　月　日</td><td>集团公司部室意见：

集团公司____部(室)
年　月　日</td></tr>
<tr><td>集团公司部室意见：

集团公司____部(室)
年　月　日</td><td>集团公司安监室(安全监察大队)意见：

集团公司____部(室)
年　月　日</td></tr>
<tr><td>集团公司施工办意见：

集团公司____部(室)
年　月　日</td><td>集团公司主管部室(审定)意见：

集团公司____部(室)
年　月　日</td></tr>
<tr><td colspan="2">集团公司Ⅰ、Ⅱ级施工协调小组审定意见：
年　月　日</td></tr>
</table>

格式 5-6　施工方案封面

<table>
<tr><td>××施工方案

项目管理机构：
施工单位：
监理单位：
设计单位：

年　月　日</td></tr>
</table>

格式 5-7　施工方案报审表

工程项目名称：

<table>
<tr><td>致中国铁路济南局集团公司建设部：
我单位根据施工合同的有关规定已编制完成《××施工方案》，并经我单位技术负责人审核批准，请予以审查。
附：施工方案

施工(主体)单位(章)
主要负责人：
年　月　日</td></tr>
<tr><td>专业监理工程师意见：

专业监理工程师：
年　月　日</td></tr>
<tr><td>总监理工程师意见：

项目监理机构(章)
总监理工程师：
年　月　日</td></tr>
<tr><td>项目管理机构意见：

项目管理机构(章)
负责人：
年　月　日</td></tr>
</table>

注：本报审表为施工单位向集团公司申请审查时填写。

格式 5-8 ____年____月施工计划申请表

施工单位(签章)　　年　月　日

<table>
<tr><th>编号</th><th>施工等级</th><th>线路</th><th>行别</th><th>施工项目</th><th>施工日期</th><th>施工地点</th><th>封锁时间</th><th>施工内容及影响范围</th><th>限速及行车方式变化</th><th>设备变化</th><th>运输组织</th><th>施工单位配合单位</th><th>施工负责人</th><th>施工方案审查会会意见编号</th><th>备注</th></tr>
<tr><td></td><td></td><td></td><td></td><td></td><td></td><td></td><td></td><td></td><td></td><td></td><td></td><td></td><td></td><td></td><td></td></tr>
<tr><td></td><td></td><td></td><td></td><td></td><td></td><td></td><td></td><td></td><td></td><td></td><td></td><td></td><td></td><td></td><td></td></tr>
<tr><td colspan="10">设备管理单位意见</td><td colspan="6">配合单位意见</td></tr>
<tr><td colspan="2">签字：
LKJ 基础数据审核人员签字：
盖章：</td><td colspan="2">签字：
LKJ 基础数据审核人员签字：
盖章：</td><td colspan="2">签字：
LKJ 基础数据审核人员签字：
盖章：</td><td colspan="2">签字：
LKJ 基础数据审核人员签字：
盖章：</td><td colspan="2">签字：
LKJ 基础数据审核人员签字：
盖章：</td><td colspan="2">签字：
盖章：</td><td colspan="2">签字：
盖章：</td><td colspan="2">签字：
盖章：</td></tr>
<tr><td colspan="4">监理单位意见</td><td colspan="2">建设单位意见</td><td colspan="10">集团公司主管部室意见</td></tr>
<tr><td colspan="2">签字：
LKJ 基础数据审核人员签字：
盖章：</td><td colspan="2">签字：
LKJ 基础数据审核人员签字：
盖章：</td><td colspan="2">签字：
LKJ 基础数据审核人员签字：
盖章：</td><td colspan="2">签字：
LKJ 基础数据审核人员签字：
盖章：</td><td colspan="2">签字：
LKJ 基础数据审核人员签字：
盖章：</td><td colspan="2">签字：
LKJ 基础数据审核人员签字：
盖章：</td><td colspan="2">签字：
LKJ 基础数据审核人员签字：
盖章：</td><td colspan="2">签字：
LKJ 基础数据审核人员签字：
盖章：</td></tr>
</table>

制表：　　　　　　　　审核：　　　　　　　　联系电话：

格式 5-9 ____月邻近营业线施工安全监督计划申请表

施工单位(签章)　　年　月　日

<table>
<tr><th>编号</th><th>施工类别</th><th>线路</th><th>行别</th><th>施工项目</th><th>施工日期</th><th>施工地点</th><th>施工内容</th><th>施工机械</th><th>建设单位</th><th>施工单位及负责人</th><th>监理单位及负责人</th><th>设备监护单位及负责人</th><th>审核部室</th><th>施工方案审查意见编号</th><th>备注</th></tr>
<tr><td></td><td></td><td></td><td></td><td></td><td></td><td></td><td></td><td></td><td></td><td></td><td></td><td></td><td></td><td></td><td></td></tr>
<tr><td></td><td></td><td></td><td></td><td></td><td></td><td></td><td></td><td></td><td></td><td></td><td></td><td></td><td></td><td></td><td></td></tr>
<tr><td></td><td></td><td></td><td></td><td></td><td></td><td></td><td></td><td></td><td></td><td></td><td></td><td></td><td></td><td></td><td></td></tr>
<tr><td colspan="10">设备管理单位意见</td><td colspan="6">配合单位意见</td></tr>
<tr><td colspan="2">签字
盖章</td><td colspan="2">签字
盖章</td><td colspan="3">签字
盖章</td><td colspan="3">签字
盖章</td><td>签字
盖章</td><td>签字
盖章</td><td colspan="2">签字
盖章</td><td colspan="2">签字
盖章</td></tr>
<tr><td colspan="4">监理单位意见</td><td colspan="3">建设单位意见</td><td colspan="9">集团公司主管部室意见</td></tr>
<tr><td colspan="2">签字
盖章</td><td colspan="2">签字
盖章</td><td colspan="3">签字
盖章</td><td colspan="3">签字
盖章</td><td>签字
盖章</td><td>签字
盖章</td><td colspan="2">签字
盖章</td><td colspan="2">签字
盖章</td></tr>
</table>

制表：　　　　　　　　审核：　　　　　　　　联系电话：

格式 5-10　月施工计划申请表填记规定

一、编号。使用阿拉伯数字顺序填写。

二、施工等级。

按施工方案审定的施工级别填记，使用罗马数字：Ⅰ、Ⅱ、Ⅲ。

三、线路。

为标准的线路名称，如：京九线、京沪线、京沪三线、胶济客运专线等；涉及两条或多条线路时，要同时填写涉及的线路名称，如：京沪线、邯济线。

四、行别。

为施工封锁或慢行的线路行别，如：上行；下行；上行、下行；站内；单线；涉及两条或多条线路时，分别填写涉及的线路行别。

五、施工项目。

填写应简洁明了。若扰动道床，在施工项目名称后，必须标明“扰动道床”，并使用括号，如：架设便梁（扰动道床）。

六、施工日期。

填记时只填写日期的数字，如：1、5、6-10。

七、施工地点。

1. 站内正线施工要明确涉及的股道及道岔号，并注明里程，如××站×道及×号、×号、×号、×号道岔××行 xxxkmxxxm 至 xxxkmxxxm。

站内侧线施工要标明涉及的股道及道岔号，需限速的注明对应正线里程。如：××站×道、×道及××号道岔，对应××线里程 xxxkmxxxm-xxxkmxxxm。

线路交汇车站要注明线别和里程。如：××线××站×道、×道、×道及×号、×号、×号、×号道岔，××行里程 xxxkmxxxm-xxxkmxxxm。

2. 区间施工要明确站名、区间并注明里程，如：××站—××站××行 xxxkmxxxm-xxxkmxxxm。

3. 施工地点同时涉及区间及站内的，要明确站名、区间和站内涉及的股道及道岔号并注明里程，如：××站—××站（含×道及×号、×号、×号道岔）xxxkmxxxm-xxxkmxxxm。

八、封锁时间。填写施工方案审定的时间。

九、施工内容及影响范围。

（一）施工内容

明确填记施工过程中所涉及的具体内容，涉及 LKJ 数据变化的施工，必须标明“启用新 LKJ 基础数据”的时间并确认设备设施启用时间与 LKJ 数据生效时刻的一致性。遇有使用路用车辆及自轮运转特种设备的施工项目应注明。

（二）影响范围

需要电务、供电配合时，同时填记相应影响范围。

1. 电务影响范围。明确停用的股道、信号及联锁、闭塞法，TDCS、CTC、列控、调监等设备，技术站施工时影响的列车（调车）信号。具体表述为：停用 XX 信号、××信号机、联锁、闭塞、TDCS、CTC、列控、调监等。施工范围涉及超限绝缘的，要对超限绝缘特别注明，并明确设备停用范围。

遇有停用车站一端方向咽喉设备时，要用站名（施工区段的起止站名）标明方向，如南驿站济西端。

2. 接触网停电影响范围。明确供电臂停电范围，如：“×××牵引变电所×××供电臂停电，执行行车限制卡片×××单元行车限制要求”。

未执行行车限制卡时，应标明影响的线路、股道、道岔及岔间线路，标明上、下行里程。

十、限速及行车方式变化。

根据施工项目，填记限速方式、行车方式。

（一）限速要求

按照《中国铁路济南局集团有限公司铁路营业线施工管理实施细则》执行。涉及多线交汇车站，要按线别分别注明限速里程及对应里程。集团公司管内线路施工邻线限速标准按照工务部的《中国铁路济南局集团有限公司管内线路施工邻线限速标准》通知执行。

（二）行车方式

参照《铁路运输调度规则》的“常用运行揭示调度命令基本用语”有关内容填写。施工需要停止接发列车时要注明；涉及一站多场或多方向车站施工时，要分别注明各方向行车办法。

十一、设备变化。

（一）线路数据变化。如站场线路、道岔、径路变化。

（二）信号机位置及显示变化。

（三）牵引供电系统设备变化。

续上表

（四）其他行车设备变化。

凡引起既有行车设备发生变化的施工项目，施工单位在提报施工计划时，必须详细注明施工后设备变化情况（包括线路、道岔、信联闭、牵引供电系统的所和亭、道口、机务、水电及车辆等设备）及使用条件。设备无变化时不做任何填记。

十二、运输组织。运行图天窗点以内的施工不填，超出天窗点执行有关规定。施工预备会安排。

十三、施工单位。包括主体单位、配合单位；主体单位在前，配合单位在后，分别填记。

十四、施工负责人。应填记实际能到达施工作业现场的符合《中国铁路济南局集团有限公司铁路营业线施工管理实施细则》（济铁施工〔2021〕186号）及相关规定要求的负责人职务、姓名及联系电话。

十五、施工方案审查会议意见号。该条施工计划所对应的施工方案审查会议意见文件号。

十六、备注。为重要事项，如：1. 涉及需修改 LKJ 基础数据时，标明"启用新 LKJ 基础数据"；2. 涉及 200 km/h 区段内的施工，必须注明"200 km/h 提速区段"；3. 涉及施工开通后限速的，注明施工地段"LKJ 数据允许速度值"；4. 其他需要说明的事项，"跨月施工"，"★"等。

十七、其他说明事项。

"道床坡脚外、营业线设备安全限界内"施工计划填写说明：1. 该类施工涉及上下行侧应分别提报计划；2. "施工项目"严格按照《中国铁路济南局集团有限公司铁路营业线施工管理实施细则》（济铁施工〔2021〕186号）文件第八十九条填写；3. 施工地点涉及站内时，×站（含），不再描述站内具体股道、道岔内容；4. 施工内容及影响范围栏应明确"道床坡脚外、营业线设备安全限界内；不影响正常行车、营业线设备稳定和使用"内容；5. 系统录入时选择"其他"类型；6. 备注栏加注"★"。

格式 5-11　月邻近营业线施工安全监督计划申请表填记规定

一、编号、线路、施工项目、施工日期、施工地点、施工内容、施工方案审查意见文号、备注，参照月施工计划申请表的规定填记。

二、行别。填写施工邻近线路的行别。

三、施工类别。按施工方案审定的施工类别填记，使用英文字母：B、C。

四、施工机械。填写施工过程中使用的所有机械名称。

五、建设单位和施工、监理单位及负责人。填写负责实施此项施工计划的建设单位和施工、监理单位负责人及施工负责人联系电话。

六、设备监护单位及负责人。填写此项计划所涉及的所有设备监护单位及各单位负责人。

七、审核部室：建设部

格式 5-12　施工计划与工作量安排对应表

单位名称：　　　　　　　　　　　　　　　　　　　　年　　月　　日

日期	线名	行别	天窗时间	作业车安排	计划完成工作量	实际完成工作量	备注

制表：　　　　电话：　　　　项目经理审核：　　　　电话：

填表说明：实际完成工作量在月度施工计划下达后每日填写。

格式 5-13　日邻近营业线施工安全监督计划表

单位名称：　　　　　　　　　　　　　　　　　　　　年　　月　　日

月度计划编号	施工类别	线路	行别	登记站	施工地点	施工内容	施工机械	作业时间	施工单位	施工现场负责人及电话	项目部盯控干部（需要时）	设备单位监控人员及电话	监理人员	项目管理机构盯控干部（需要时）	备注

制表：　　　　电话：　　　　项目经理审核：　　　　电话：

格式 5-14　行车设备施工登记簿

序号	作业项目	本月施工编号	施工项目	月日时分	请求施工(慢行及封锁)登记		承认施工	施工后开通检查确认、销记		施工开通	备注
					(1)影响使用范围(需要的慢行或封锁条件)及所需时分; (2)施工负责人(指定人员)签名; (3)设备单位检查人(指定人员)签名; (4)车站值班员签名; (5)盯岗干部职务、姓名	所需时分	(1)命令及发令时间; (2)慢行及封锁起止时间; (3)车站值班员签名; (4)施工负责人(指定人员)签名	月日时分	(1)恢复使用范围和条件(开通后恢复常速确认); (2)施工负责人(指定人员)签名; (3)设备单位检查人(指定人员)签名; (4)车站值班员签名; (5)盯岗干部职务、姓名	(1)开通(恢复常速)命令号及开通时间; (2)施工负责人(指定人员)签名; (3)设备单位检查人(指定人员)签名; (4)车站值班员签名	
1	站内(或区间)施工登销记	××	××(扰动道床时应注明)	×(月)×(日)×(时)×(分)	(1)××车间(队)在××站×行线(×道或×号道岔)××km××m至××km××m(或××站至××站间×行线××km××m至××km××m)处,进行××封锁施工,(有焊轨车作业且线间距不足时需注明:对应邻线×行线××站至××站间××km××m至××km××m处线间距小于4.6 m,封锁施工时不得开行超限货物列车); (2)施工负责人(指定人员)签名; (3)设备单位检查人(指定人员)签名; (4)车站值班员签名; (5)盯岗干部职务、姓名	要点××分钟	(1)调度命令××号,发令时间××; (2)调度命令承认:自××至××; (3)车站值班员签名; (4)施工负责人(指定人员)签名	×(月)×(日)×(时)×(分)	(1)施工完毕,经施工负责人检查线路,设备良好,交付使用,列车经由该地点首次限速××km/h,二次限速××km/h,三次限速××km/h…其后正常; (2)施工负责人(指定人员)签名; (3)设备单位检查人(指定人员)签名; (4)车站值班员签名; (5)盯岗干部职务、姓名	(1)调度命令××号,自××开通; (2)施工负责人(指定人员)签名; (3)设备单位检查人(指定人员)签名; (4)车站值班员签名	

续上表

序号	作业项目	本月施工编号	施工项目	月日时分	请求施工（慢行及封锁）登记		承认施工	施工后开通检查确认、销记		施工开通	备注
2	工务维修天窗作业登销记		维修	×(月) ×(日) ×(时) ×(分)	(1)××工区(队)在××站至××站间(×站)×行线××km××m至××km××m(×道、×号道岔或×号联锁区×号道岔)处进行维修作业，停止××接发列车及调车作业； (2)施工负责人(指定人员)签名； (3)设备单位检查人(指定人员)签名； (4)车站值班员签名； (5)盯岗干部职务、姓名	要点××分钟	(1)调度命令××号，发令时间××； (2)调度命令承认：自××至××； (3)车站值班员签名； (4)施工负责人(指定人员)签名	×(月) ×(日) ×(时) ×(分)	(1)作业完毕，设备良好，交付使用，恢复××接发列车及调车作业； (2)施工负责人(指定人员)签名； (3)设备单位检查人(指定人员)签名； (4)车站值班员签名； (5)盯岗干部职务、姓名		
3	工电临时配合更换胶接绝缘登销记		维修	×(月) ×(日) ×(时) ×(分)	(1)因电务检查××轨道电路绝缘不良，工电联合处理××km××m(×道岔或×道)胶接绝缘，停止××接发列车及调车作业； (2)施工负责人(指定人员)签名； (3)设备单位检查人(指定人员)签名； (4)车站值班员签名； (5)盯岗干部职务、姓名	要点××分钟	(1)调度命令××号，发令时间××； (2)调度命令承认：自××至××； (3)车站值班员签名； (4)施工负责人(指定人员)签名	×(月) ×(日) ×(时) ×(分)	(1)作业完毕，设备良好，交付使用，恢复××接发列车及调车作业； (2)施工负责人(指定人员)签名； (3)设备单位检查人(指定人员)签名； (4)车站值班员签名； (5)盯岗干部职务、姓名		

续上表

序号	作业项目	本月施工编号	施工项目	月日时分	请求施工(慢行及封锁)登记		承认施工	施工后开通检查确认、销记		施工开通	备注
4	站内其他线路装卸路料且不需要接触网停电的作业登销记		维修	×(月)×(日)×(时)×(分)	(1)××工区(队)在××站×道进行装卸路料,停止×道接发列车及调车作业; (2)施工负责人(指定人员)签名; (3)设备单位检查人(指定人员)签名; (4)车站值班员签名; (5)盯岗干部职务、姓名	要点××分钟	(1)调度命令××号,发令时间××; (2)调度命令承认:自××至××; (3)车站值班员签名; (4)施工负责人(指定人员)签名	×(月)×(日)×(时)×(分)	(1)作业完毕,线路清道良好,路料不侵限,车门关闭良好,不影响设备使用,恢复×道接发列车及调车作业; (2)施工负责人(指定人员)签名; (3)设备单位检查人(指定人员)签名; (4)车站值班员签名; (5)盯岗干部职务、姓名		
5	区间(含站内)轨道车装卸路料且不需要接触网停电的作业登销记		维修	×(月)×(日)×(时)×(分)	(1)××车间(队)在××站至××站间(×站)×行线××km××m至××km××m(×道或×号道岔)进行装卸路料作业,轨道车(或××车)自××站进出(××站进、××站出),防护点停车位置××km××m,停止××接发列车及调车作业; (2)施工负责人(指定人员)签名; (3)设备单位检查人(指定人员)签名; (4)车站值班员签名; (5)盯岗干部职务、姓名	要点××分钟	(1)调度命令××号,发令时间××; (2)调度命令承认:自××至××; (3)车站值班员签名; (4)施工负责人(指定人员)签名	×(月)×(日)×(时)×(分)	(1)作业完毕,线路清道良好,路料不侵限,车门关闭良好,不影响设备使用,恢复××接发列车及调车作业; (2)施工负责人(指定人员)签名; (3)设备单位检查人(指定人员)签名; (4)车站值班员签名; (5)盯岗干部职务、姓名	(1)调度命令××号,自××开通; (2)施工负责人(指定人员)签名; (3)设备单位检查人(指定人员)签名; (4)车站值班员签名	

注:1. 多线区间对作业地点须注明线别。

2. 该表为登销记参考样式,未涉及的作业项目、影响范围根据实际作业及有关登销记要求进行登销记。

格式 5-15　行车设备检查登记簿

序号	作业项目	月日	时分	检查试验成果，所发现的不良及破损程度	通知时间			到达时间			消除不良及破损的时分及盖章		
					月日	时分	通知的方法（用电报、电话、书面或口头）	月日	时分	该段的工作人员到达后盖章	月日	时分	破损及不良的原因、采用何种办法进行修理的。工作人员及车站值班员盖章
1	对危及行车安全的线桥设备隐患（自然灾害）处理登销记	×(月)×(日)	×(时)×(分)	因××原因危及行车安全，××工区（队）在××站至××站间(×站)×行线××km××m至××km××m(×道或×♯道岔)处，要点××分钟进行整修(加固)处理，停止××接发列车及调车作业							×(月)×(日)	×(时)×(分)	处理完毕，设备良好，交付使用，恢复××接发列车及调车作业，[需限速运行时，应注明××站至××站间(×站)×行线××km××m至××km××m(×道或×号道岔)需列车限速××km/h运行]
				工务：×××									工务：×××
				车站给点：调度命令××号，自××至××									调度命令××号，自××开通(恢复)
				车站值班员：×××									车站值班员：×××
				盯控干部(填写职名)：×××									盯控干部（填写职名）：×××

续上表

序号	作业项目	月日	时分	检查试验成果，所发现的不良及破损程度	通知时间			到达时间			消除不良及破损的时分及盖章		
					月日	时分	通知的方法（用电报、电话、书面或口头）	月日	时分	该段的工作人员到达后盖章	月日	时分	破损及不良的原因、采用何种办法进行修理的。工作人员及车站值班员盖章
2	天窗点外作业登销记	×(月)×(日)	×(时)×(分)	工务专业点外作业，在××站至××站间(×站)×行线××km××m至××km××m(×道或×号道岔)处进行作业，(线路限速或允许速度小于或等于 60 km/h 且有图定客车运行的区段，允许使用撬棍、洋镐、小型液压起拨道器、螺栓扳手等小型工具进行螺栓涂油、捣固、改道、补充或紧固轨道联接零件、撤垫板作业时，应注明具体作业项目)，要点××分钟，不影响行车及设备使用							×(月)×(日)	×(时)×(分)	作业完毕
				工务：×××									工务：×××
				车站给点：自××至××									车站值班员：×××
				车站值班员：×××									

注：1. 多线区间对作业地点须注明线别。

2. 该表为登销记参考样式，未涉及的作业项目、影响范围根据实际作业及有关登销记要求进行登销记。

第六章　施工安全防护

第一节　防护信号、标志

防护信号、标志及备品包括作业标、移动停车信号牌、移动减速信号牌、特快旅客列车减速信号牌（“T”字牌）、减速防护地段终端信号牌、减速地点标、信号灯、喇叭、红色信号旗、黄色信号旗、短路铜线、对讲机等。移动信号、标志表面反光材料应符合国家标准《道路交通反光膜》(GB/T 18833)的规定，其逆反射系数应在Ⅱ级及以上。各种防护信号、标志及备品的作用、防护条件、防护办法、规格应符合现行《技规》（普速、高速铁路部分）《普速铁路工务安全规则》与《高速铁路工务安全规则（试行）》等规定。

一、作业标

1. 作用

司机见此标志须长声鸣笛，注意瞭望。

2. 防护条件

(1)在区间线路上进行不需要封锁和减速信号防护的一般施工作业。

(2)在区间双线线路一条线路上进行封锁或减速信号防护施工作业时，邻线应设置作业标。

3. 防护办法

参见《技规》（普速、高速铁路部分）。

4. 规格

参见《普速铁路工务安全规则》。

二、移动停车信号牌

1. 作用

要求列车停车。

2. 防护条件

在区间线路、站内线路、道岔封锁施工作业。

3. 防护办法

昼间——表面有反光材料的红色方牌；夜间——柱上红色灯光。移动停车信号牌区间设在施工地点的两端各 20 m 处线路中心，高度采用 1.85 m，而在站内线路上使用时设在施工地点的两端各 50 m 处线路中心，高度采用 1 m。

4. 规格

参见《普速铁路工务安全规则》(铁总运〔2014〕272 号)。

三、移动减速信号牌

1. 作用

要求列车降低到要求的速度。

2. 防护条件

在区间及站内线路、道岔进行施工,需要减速的施工作业。

3. 防护办法

(1)普速铁路表面有反光材料的黄底黑字圆牌,标明列车限制速度。

(2)高速铁路带“减速”字样的减速信号为表面有反光材料的黄底黑字圆牌,标明“减速”两字。

(3)移动减速信号牌设在线路路肩上,防护牌内侧距离线路中心线不少于 3.1 m。

4. 规格

标注的数字要连续标注,不能采用单字并排方式。

允许速度 120 km/h$<v<$200 km/h 的线路施工及其限速区段,按不同线路允许速度的列车紧急制动距离,在移动减速信号牌外方增设带“T”字的移动减速信号牌,昼间与夜间均为表面有反光材料的黄底黑“T”字圆牌。

四、减速防护地段终端信号牌

1. 作用

要求列车按线路允许速度运行。

2. 防护条件

在区间线路及站内线路、进行施工,减速防护地段终端信号。

3. 防护办法

表面有反光材料的绿色圆牌。在单线区段,司机应看线路右侧减速信号牌背面的绿色圆牌。双线区段,司机应看列车运行方向左侧减速防护地段终端信号绿色圆牌。

4. 规格

参见《普速铁路工务安全规则》(铁总运〔2014〕272 号)。

在有 1 万 t 货物列车运行的线路增设的 1 万 t 减速防护地段终端信号牌为表面有反光材料的绿底黑“W”字(1 万 t)圆牌。

五、减速地点标

1. 作用

显示减速地点的具体起止点位置,要求列车在该地段按限制速度运行。

2. 防护条件

在线路上施工需要限速慢行地段。

3. 防护办法

减速地点标设在需要减速地点的两端各 20 m 处。横道表示列车应按规定限速通过地段的始点，竖道表示列车应按规定限速通过地段的终点，设在距离线路中心线外侧不少于 3.1 m 处的路肩上。

4. 规格

参见《普速铁路工务安全规则》(铁总运〔2014〕272 号)。

六、信号灯

1. 作用

行车的一种多用手信号。

2. 防护条件

当线路发生故障或发生紧急情况要求列车停车时，夜间用红灯，列车看到此信号要立即停车；当列车看到黄灯时，应按规定降低到要求的速度运行。

3. 防护办法

夜间手提信号，站在列车运行方向左侧的路肩上，向来车方向显示。

4. 规格

信号灯是一种手提信号。

七、信号旗

1. 作用

(1)红色

停车信号：要求列车停车。昼间——展开的红色信号旗；夜间——红色灯光。

(2)黄色

减速信号：要求列车降低到要求的速度。昼间——展开的黄色信号旗；夜间——黄色灯光。

2. 防护条件

(1)红色

当线路发生故障或发生紧急情况要求列车停车时，在故障地点显示；使用各种小车防护；线路封锁施工防护；列车间隔施工防护；维修天窗作业防护。

(2)黄色

指示列车限速运行。

3. 防护办法

(1)红色

昼间，防护员展开红色信号旗，站在路肩上垂直于线路显示或随车移动。

(2)黄色

昼间，防护员展开黄色信号旗，站在指定地点的慢行地段路肩安全处所。

4. 规格

信号旗用麻纱制成，长约 500～550 mm，宽约 350～370 mm，在插手把处多 50 mm。

八、短路铜线

1. 作用

发生故障或发生紧急情况，连接轨道的两根钢轨，使信号显示红色，要求列车停车。

2. 防护条件

在有轨道电路的区段，当施工作业等发生故障或发生紧急情况时，要求列车紧急停车的一种防护手段。

3. 防护办法

参见《普通铁路工务安全规则》(铁总运〔2014〕272 号)、《高速铁路工务安全规则(试行)》(铁总运〔2014〕170 号)。

九、对讲机或手持终端

1. 作用

通信联络。

2. 使用条件

封锁施工，慢行施工，利用列车间隔的作业、维修作业防护，使用单轨小车，钢轨探伤检查等。

3. 防护办法

使用对讲机或手持终端联系，利用列车间隔的作业要每隔 3 min 联系一次，封锁施工防护员之间或与施工负责人之间保持随时联系，防护过程要全程录音或录像，没有录音或录像时要做好有关行车记录。

第二节　普速铁路防护办法

一、使用移动停车信号的防护办法

(一)区间线路施工使用移动停车信号的防护办法

1. 单线区间线路施工，如图 6-1 所示。

2. 双线区间一条线路施工，如图 6-2 所示。

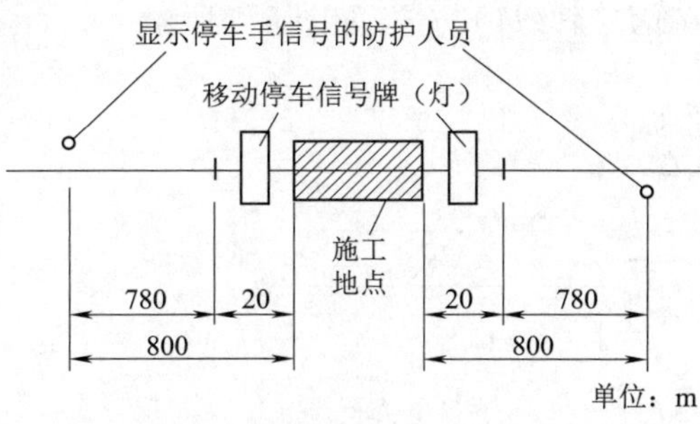

图 6-1　单线区间线路施工时移动停车信号牌(灯)设置

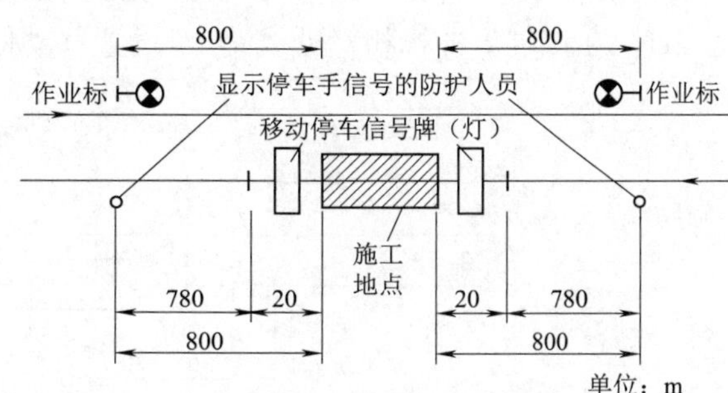

图 6-2　双线区间一条线路施工时移动停车信号牌(灯)设置

3. 双线区间两条线路同时施工，如图 6-3 所示。

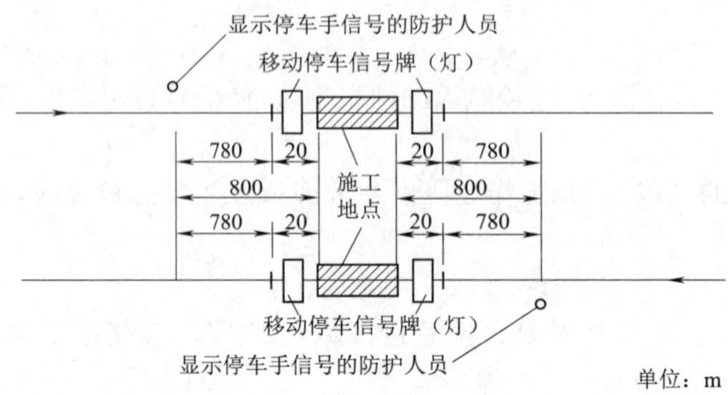

图 6-3　双线区间两条线路同时施工时移动停车信号牌(灯)设置

4. 作业地点在站外，距离进站信号机(反方向进站信号机)小于 820 m 时，如图 6-4 所示。

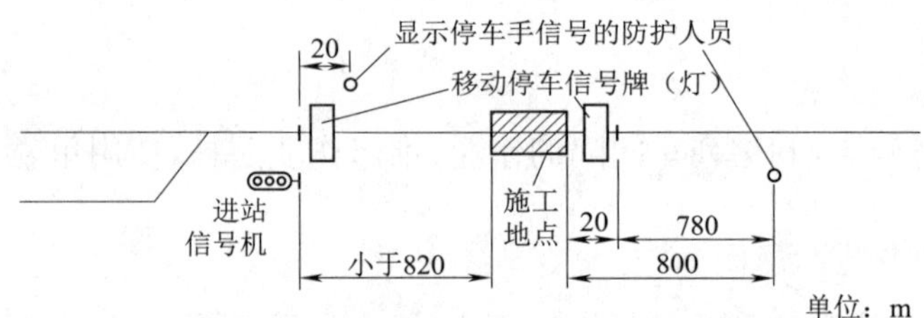

图 6-4　作业地点在站外时移动停车信号牌(灯)设置

现场防护人员应站在距施工地点 800 m 附近(图 6-1～图 6-3)，且瞭望条件较好的地点显示停车手信号；施工作业地点在站外，距离进站信号机(反方向进站信号机)小于 820 m 时，现场防护人员应站在距进站信号机(反方向进站信号机)20 m 附近(图 6-4)；在尽头线上施工，施工负责人经与车站值班员联系确认尽头一端无列车、轨道车时，则尽头一端可不设防护。

(二)在站内线路上施工时，使用移动停车信号防护办法

1. 将施工线路两端道岔扳向不能通往施工地点的位置，并加锁或紧固，可不设置移动停车信号牌(灯)。当施工线路两端道岔只能通往施工地点的位置时，在施工地点两端各 50 m处线路上，设置移动停车信号牌(灯)防护，如图 6-5 所示；如施工地点距离道岔小于 50 m时，在该端警冲标相对处线路上，设置移动停车信号牌(灯)防护，如图 6-6 所示。

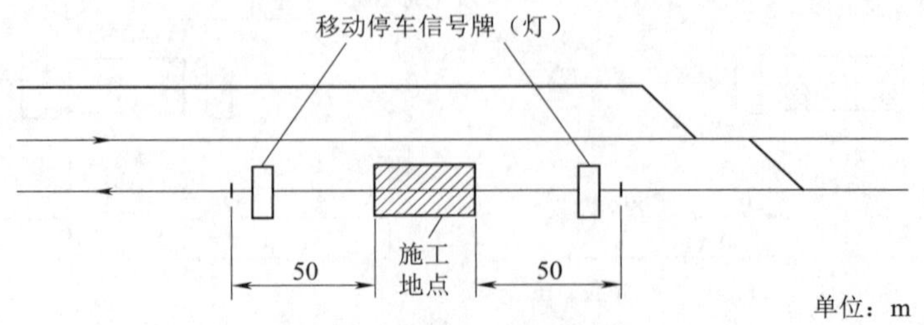

图 6-5　在施工地点两端设置移动停车信号牌(灯)

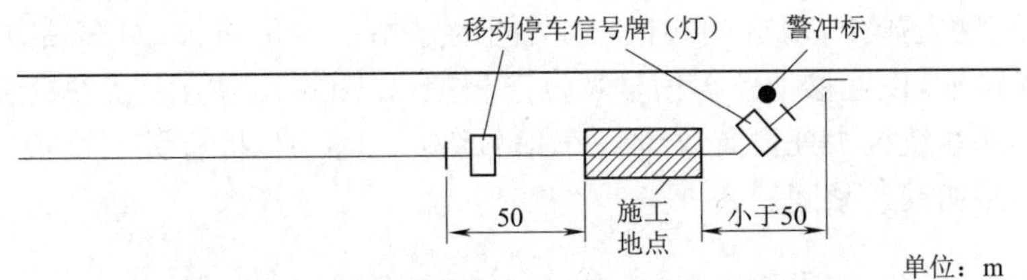

图 6-6　在警冲标相对线路上设置移动停车信号牌(灯)

2. 在进站道岔外方线路上施工，对区间方向，以关闭的进站信号机防护；对车站方向，在进站道岔外方基本轨接头处(顺向道岔在警冲标相对处)线路上，设置移动停车信号牌(灯)防护，如图 6-7 所示。

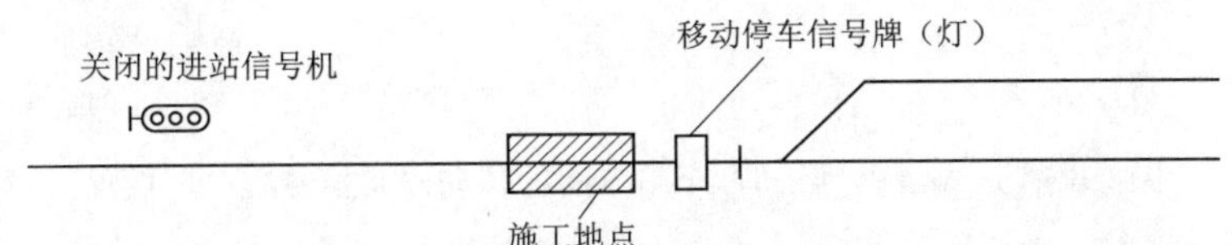

图 6-7　在进站道岔外方基本轨接头处设置移动停车信号牌(灯)

3. 双线区段，在反方向进站信号机至出站道岔的线路上施工，对区间方向，以关闭的反方向进站信号机防护。对车站方向，在出站道岔外方基本轨接头处(对向道岔在警冲标相对处)线路上，设置移动停车信号牌(灯)防护，如图 6-8 所示。

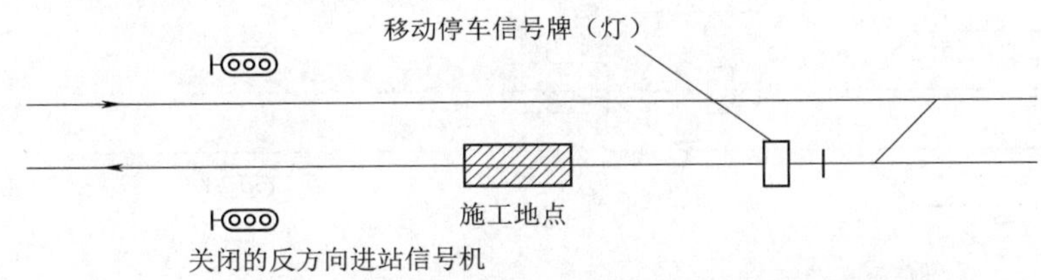

图 6-8　在出站道岔外方基本轨接头处设置移动停车信号牌(灯)

(三)在站内道岔上(含警冲标至道岔尾部线路、道岔间线路)施工时，使用移动停车信号防护

1. 在站内道岔上施工，一端距离施工地点 50 m，另一端两条线路距离施工地点 50 m(距出站信号机不足 50 m 时，为出站信号机处)，分别在线路上设置移动停车信号牌(灯)防护，如图 6-9 所示；如一端距离外方道岔小于 50 m 时，将有关道岔扳向不能通往施工地点的位置，并加锁或紧固。

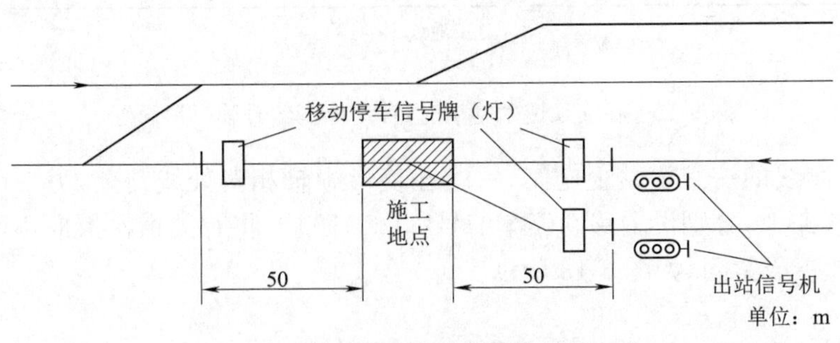

图 6-9　分别设置移动停车信号牌(灯)

2. 在进站道岔上施工，对区间方向，以关闭的进站信号机防护；对车站方向，在距离施工地点50 m线路上，设置移动停车信号牌（灯）防护，如图6-10所示。距邻近道岔不足50 m时，在邻近道岔基本轨接头处设置移动停车信号牌（灯）防护，将有关道岔扳向不能通往施工地点的位置，并加锁或紧固。

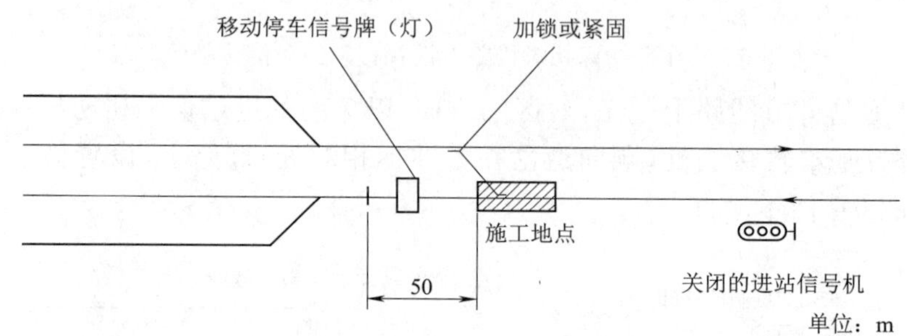

图6-10　进站道岔施工时，车站方向的移动停车信号牌（灯）设置

3. 在出站道岔上施工，对区间方向，以关闭的反方向进站信号机防护；对车站方向，在距离施工地段不少于50 m线路上，设置移动停车信号牌（灯）防护，如图6-11所示。距邻近道岔不足50 m时，将有关道岔扳向不能通往施工地点的位置，并加锁或紧固。

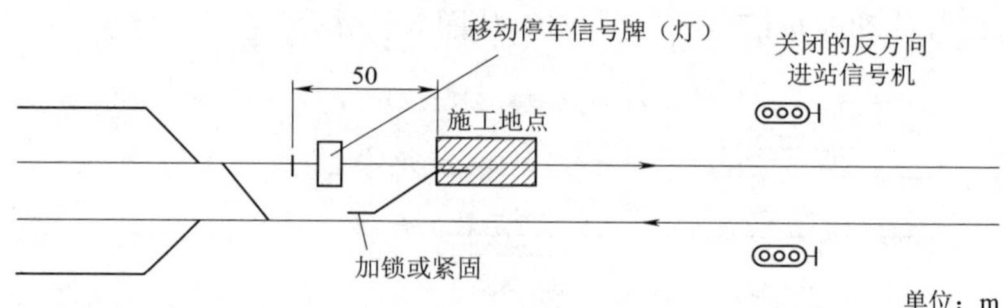

图6-11　出站道岔施工时，车站方向的移动停车信号牌（灯）设置

4. 在交分道岔上施工，将有关道岔扳向不能通往施工地点的位置，并加锁或紧固，在施工地点两端50 m处线路上，设置移动停车信号牌（灯）防护，如图6-12所示。

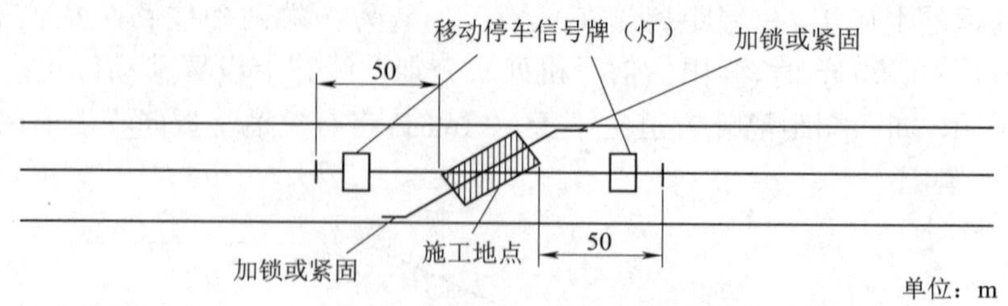

图6-12　在交叉道岔施工时，移动停车信号牌（灯）设置

5. 在交叉渡线的一组道岔上施工，一端在菱形中轴相对处线路上，另一端在距离施工地点50 m处线路上，分别设置移动停车信号牌（灯）防护，将有关道岔扳向不能通往施工地点的位置，并加锁或紧固，如图6-13所示。

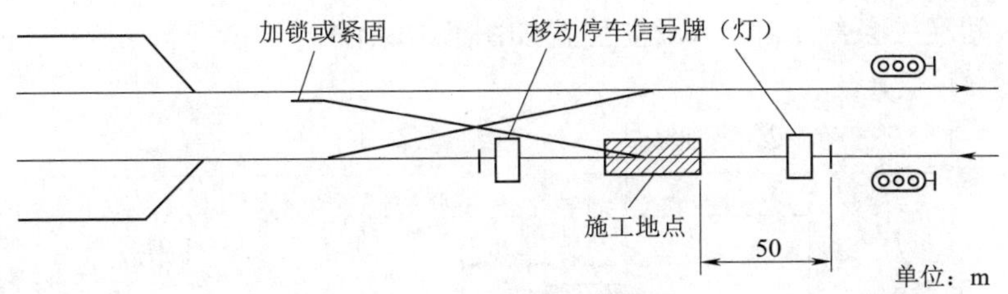

图 6-13　在交叉渡线道岔施工时，移动停车信号牌(灯)设置

6. 在道岔上进行大型养路机械施工时，如延长移动停车信号牌(灯)防护距离后占用其他道岔时，对相关道岔应一并防护。

二、在区间线路上，根据线路速度等级使用移动减速信号的防护办法

(一)在区间线路上，使用移动减速信号的防护办法

1. 单线区间施工，设立位置如图 6-14 所示。

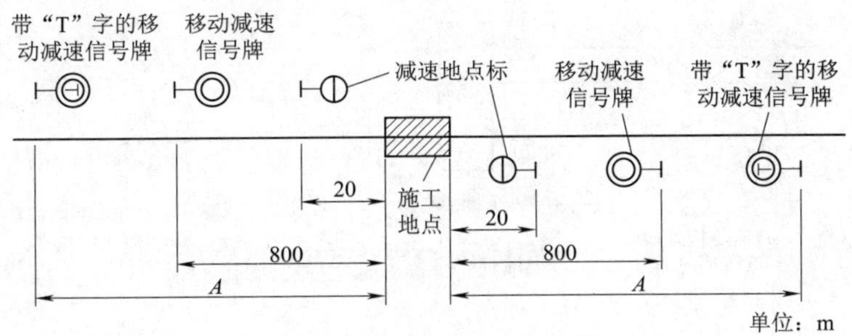

图 6-14　单线区间施工时移动减速信号牌设置

注：1. A 为不同线路允许速度的列车紧急制动距离(下同)，详见表 6-1；

2. 允许速度 120 km/h$<v<$200 km/h 的线路，在移动减速信号牌外方增设带“T”字的移动减速信号牌，以下同。

表 6-1　列车紧急制动距离限值表

列车类型	最高运行速度(km/h)	紧急制动距离限值(m)
旅客列车 (动车组列车除外)	120	800
	140	1 100
	160	1 400
特快货物班列	160	1 400
快速货物班列	120	1 100
货物列车 (货车轴重<25 t， 快速货物班列除外)	90	800
	120	1 400
货物列车 (货车轴重≥25 t)	100	1 400

2. 双线区间在一条线上施工，设立位置如图 6-15 所示。

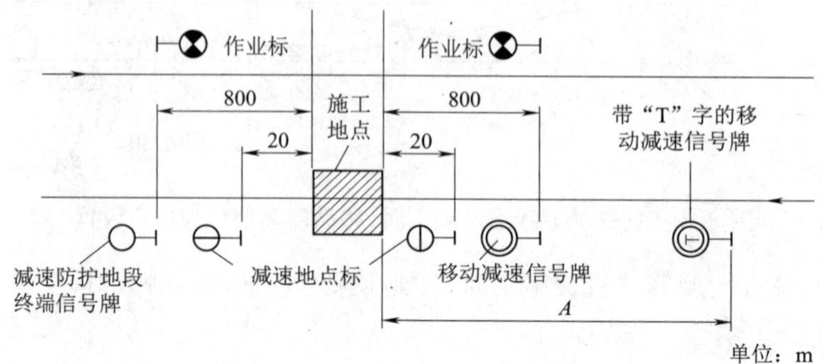

图 6-15 双线区间在一条线上施工时移动减速信号牌设置

3. 双线区间两条线路同时施工，设立位置如图 6-16 所示。

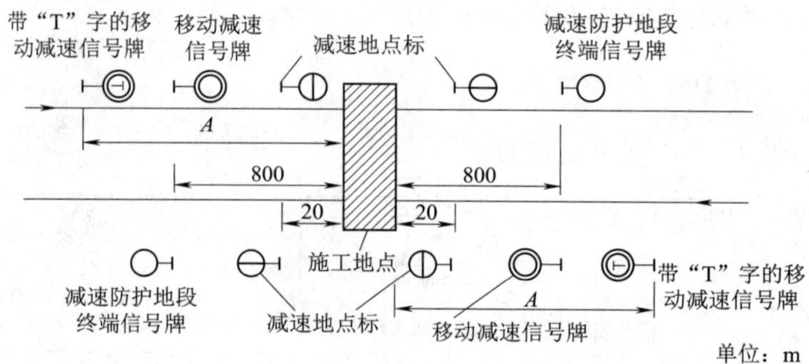

图 6-16 双线区间两条线路同时施工时移动减速信号牌设置

4. 施工地点距离进站信号机(或站界标)小于 800 m 时，设立位置如图 6-17 所示。

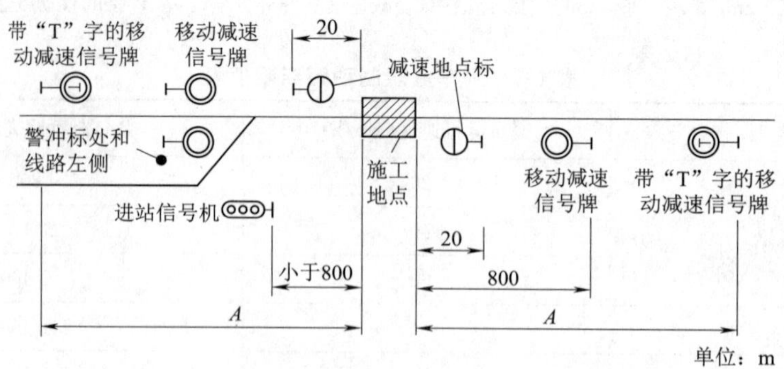

图 6-17 施工地点距进站信号机小于 800 m 时移动减速信号牌设置

(二)在站内线路或道岔上，使用移动减速信号的防护办法

1. 在站内正线线路上施工，当施工地点距进站信号机大于或等于 800 m 时，单线设立位置如图 6-18 所示，双线设立位置如图 6-19 所示。

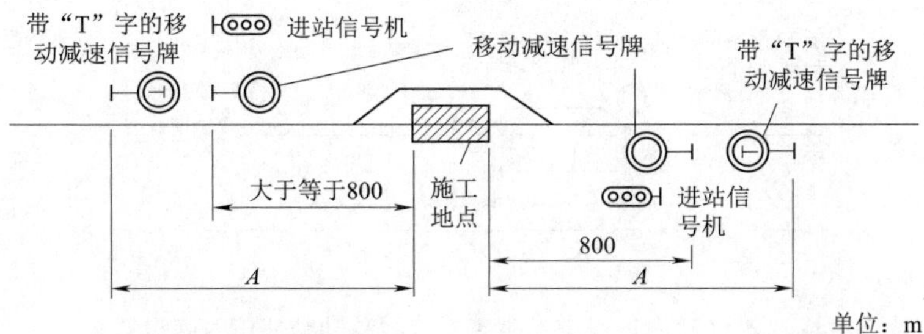

图 6-18　站内正线线路施工时单线移动减速信号牌设置

注：1. 当站内正线警冲标距离施工地点小于 800 m 时，按 800 m 设置移动减速信号牌；

2. 当站内正线警冲标距离施工地点大于或等于 A 时，不设置带“T”字的移动减速信号牌。

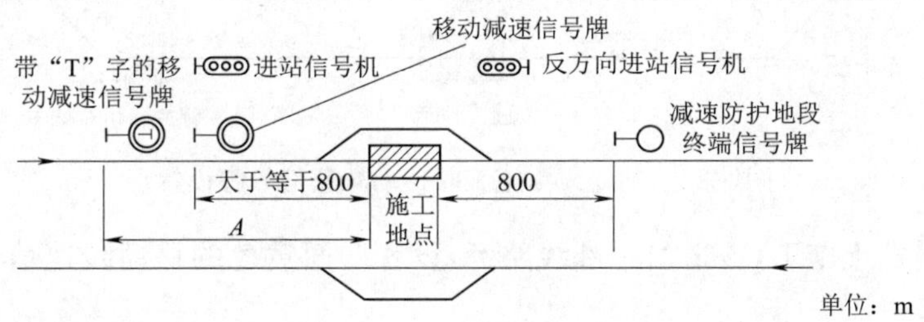

图 6-19　站内正线线路施工时双线移动减速信号牌设置

注：当施工地点距进站信号机不足 800 m 时，自施工地点起至 800 m 处区间线路列车运行方左侧，设移动减速信号牌防护；当施工地点距进站信号机大于或等于 A 时，不设置带“T”字的移动减速信号牌；当施工地点距反方向进站信号机不足 800 m 时，自施工地点起至 800 m 处区间线路列车运行方左侧，设减速防护地段终端信号牌；当施工地点距反方向进站信号机大于或等于 800 m 时，在反方向进站信号机处，设减速防护地段终端信号牌。

2. 在站内正线道岔上施工，当施工地点距进站信号机大于或等于 800 m 时，单线设立位置如图 6-20 所示，双线设立位置如图 6-21 所示。

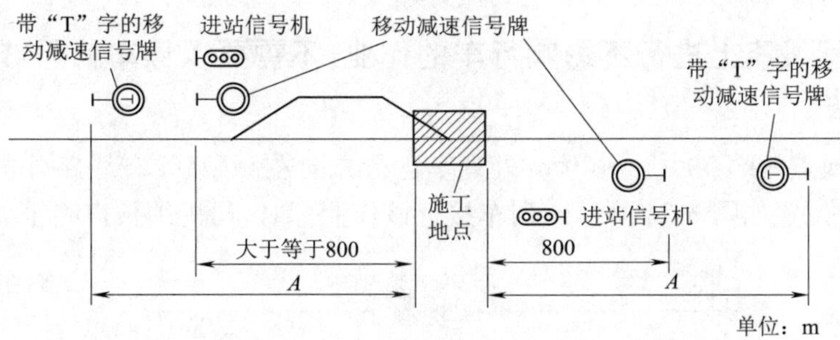

图 6-20　站内正线道岔施工时单线移动减速信号牌设置

注：当施工地点距进站信号机不足 800 m 时，自施工地点起至 800 m 处区间线路列车运行方左侧，设移动减速信号牌防护；当施工地点距进站信号机大于或等于 A 时，不设置带“T”字的移动减速信号牌；当施工地点距反方向进站信号机不足 800 m 时，自施工地点起至 800 m 处区间线路列车运行方左侧，设减速防护地段终端信号牌；当施工地点距反方向进站信号机大于或等于 800 m 时，在反方向进站信号机处，设减速防护地段终端信号牌。

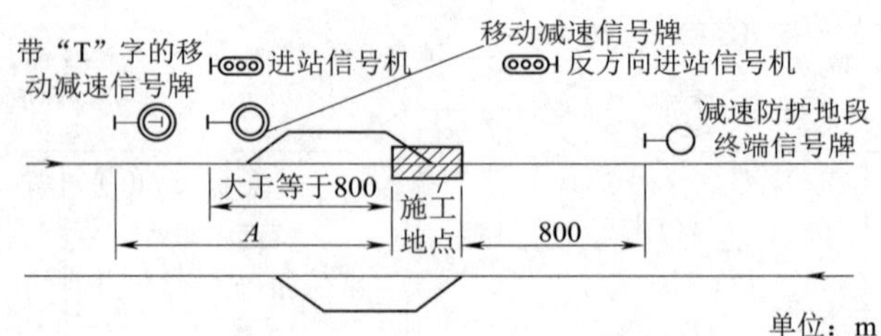

图 6-21 站内正线道岔施工时双线移动减速信号牌设置

3. 在站线线路上施工，设立位置如图 6-22 所示。

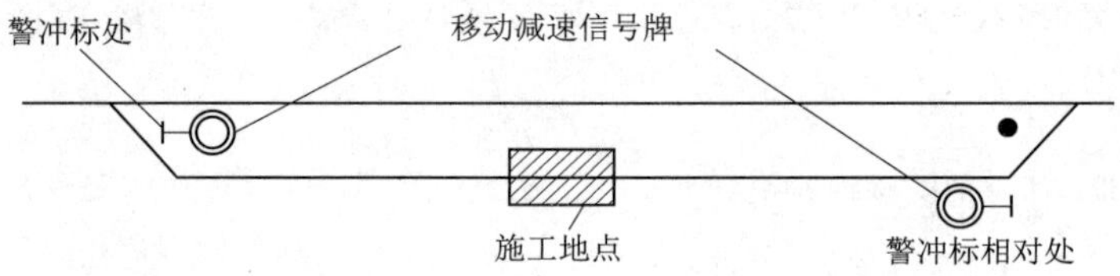

图 6-22 站线线路施工时移动减速信号牌设置

4. 在站线道岔上施工，该道岔中部线路旁，设置两面黄色的移动减速信号牌，设立位置如图 6-23 所示。

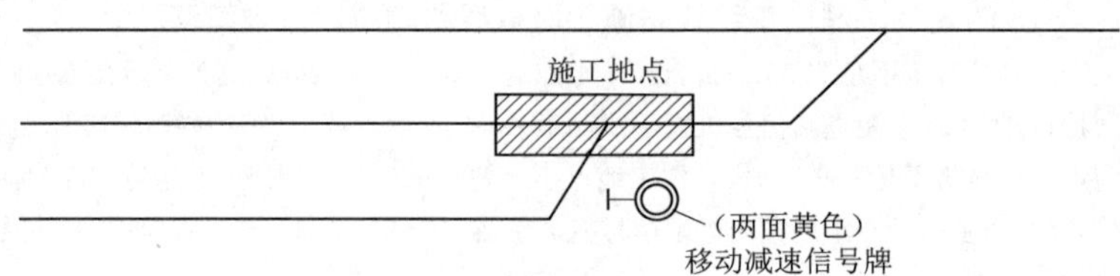

图 6-23 设置两面黄色的移动减速信号牌

凡线间距离不足规定时，则应设置矮型（1 m 高）的移动减速信号牌。

在移动减速信号牌上，应注明规定的慢行速度。

三、在区间线路上进行不影响行车的作业，不需要以停车信号或移动减速信号防护的办法

应在作业地点两端 500～1 000 m 处列车运行方向左侧（双线在线路外侧）的路肩上设置作业标，设立位置如图 6-24 所示。列车接近该作业标时，司机须长声鸣笛，注意瞭望。

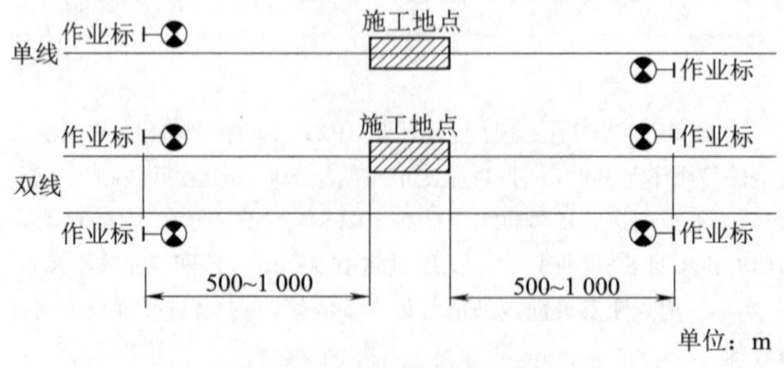

图 6-24 作业标设置

线路发生故障时的防护办法如下：

1. 应立即使用列车无线调度通信设备通知车站值班员或列车司机紧急停车，同时在故障地点设置停车信号。

2. 当确知一端先来车时，应急速奔向列车，用手信号旗(灯)或徒手显示停车信号。

3. 如不知来车方向，应在故障地点注意倾听和瞭望，发现来车，应急速奔向列车，用手信号旗(灯)或徒手显示停车信号。

设有固定信号机时，应先使其显示停车信号。

站内线路、道岔发生故障时，应按规定设置停车信号防护。

第三节　高速铁路防护办法

一、使用移动停车信号的防护办法

(一)区间线路施工使用移动停车信号的防护办法

在区间线路上施工时，使用移动停车信号防护。

1. 单线区间线路施工时，如图 6-25 所示。

2. 双线区间一条线路施工时，如图 6-26 所示。

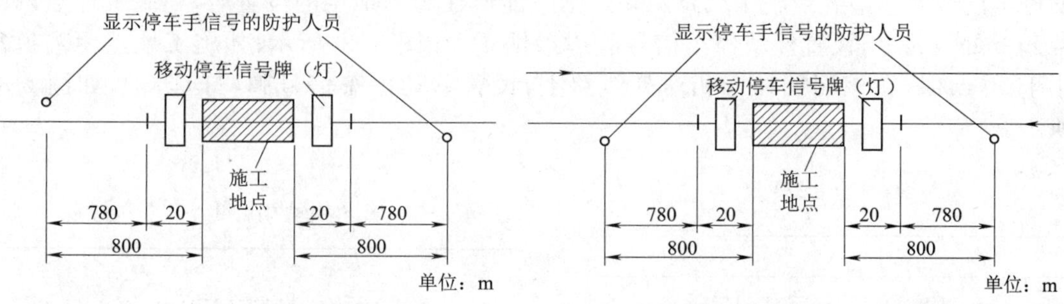

图 6-25　高速单线区间线路施工时移动停车信号牌(灯)设置

图 6-26　高速双线区间一条线路施工时移动停车信号牌(灯)设置

3. 双线区间两条线路同时施工时，如图 6-27 所示。

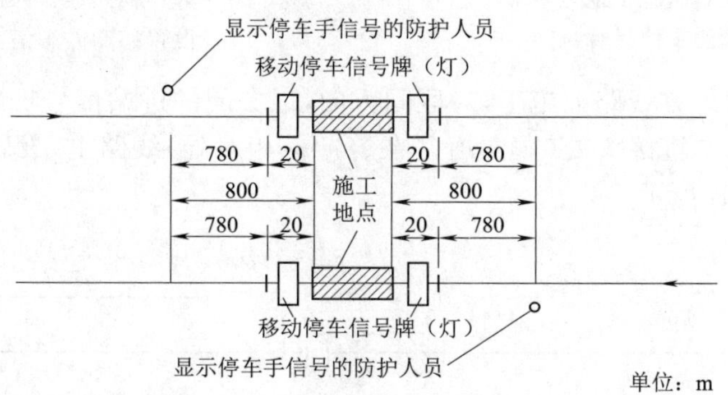

图 6-27　高速双线区间两条线路同时施工时移动停车信号牌(灯)设置

4. 作业地点在站外，距离进站信号机（反方向进站信号机）小于 820 m 时，如图 6-28 所示。

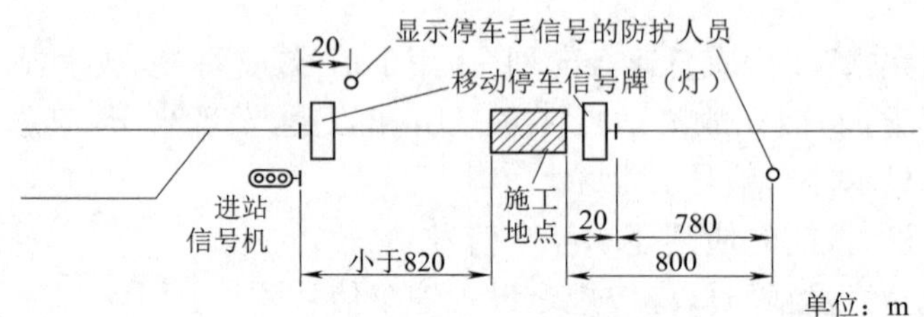

图 6-28　高速作业地点在站外时移动停车信号牌（灯）设置

现场防护人员应站在距施工地点 800 m 附近（图 6-25～图 6-27），且瞭望条件较好的地点显示停车手信号；施工作业地点在站外，距离进站信号机（反方向进站信号机）小于 820 m 时，现场防护人员应站在距进站信号机（反方向进站信号机）20 m 附近（图 6-28）；在尽头线上施工，施工负责人经与列车调度员（车站值班员）联系确认尽头一端无列车、轨道车时，则尽头一端可不设防护。

（二）在站内线路上施工使用移动停车信号防护

1. 将施工线路两端道岔扳向不能通往施工地点的位置，并加锁或紧固，可不设置移动停车信号牌（灯）。当施工线路两端道岔只能通往施工地点的位置时，在施工地点两端各50 m处线路上，设置移动停车信号牌（灯）防护，如图 6-29 所示；如施工地点距离道岔小于 50 m 时，在该端警冲标相对处线路上，设置移动停车信号牌（灯）防护，如图 6-30 所示。

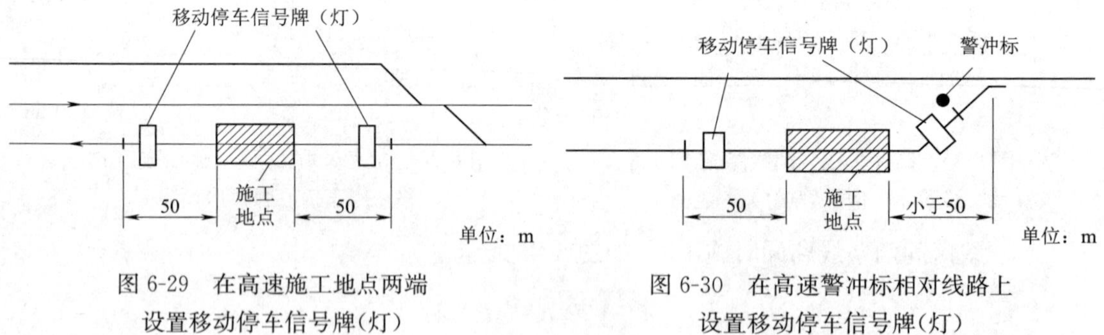

图 6-29　在高速施工地点两端设置移动停车信号牌（灯）

图 6-30　在高速警冲标相对线路上设置移动停车信号牌（灯）

2. 在进站道岔外方线路上施工，对区间方向，以关闭的进站信号机防护；对车站方向，在进站道岔外方基本轨接头处（顺向道岔在警冲标相对处）线路上，设置移动停车信号牌（灯）防护，如图 6-31 所示。

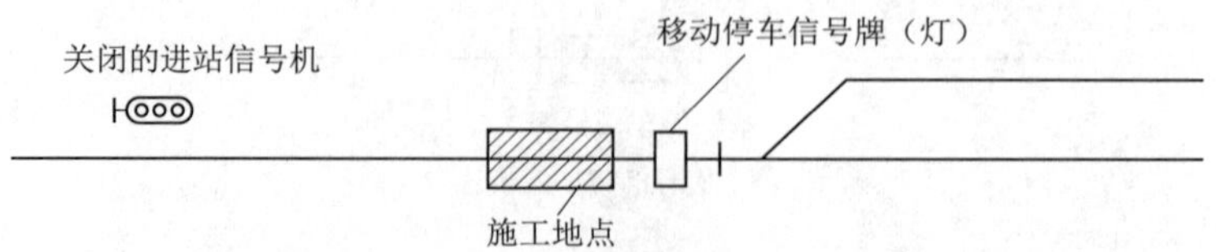

图 6-31　在高速进站道岔外方基本轨接头处设置移动停车信号牌（灯）

3. 双线区段，在反方向进站信号机至出站道岔的线路上施工，对区间方向，以关闭的反方向进站信号机防护。对车站方向，在出站道岔外方基本轨接头处（对向道岔在警冲标相对处）线路上，设置移动停车信号牌（灯）防护，如图 6-32 所示。

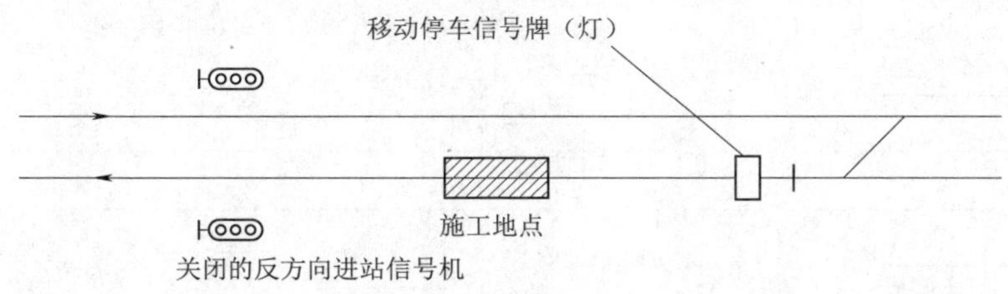

图 6-32　在高速出站道岔外方基本轨接头处设置移动停车信号牌(灯)

(三)在站内道岔上（含警冲标至道岔尾部线路、道岔间线路）**施工时，使用移动停车信号防护**

1. 在站内道岔上施工，一端距离施工地点 50 m，另一端两条线路距离施工地点 50 m（距出站信号机不足 50 m 时，为出站信号机处），分别在线路上设置移动停车信号牌（灯）防护，如图 6-33 所示；如一端距离外方道岔小于 50 m 时，将有关道岔扳向不能通往施工地点的位置，并加锁或紧固。

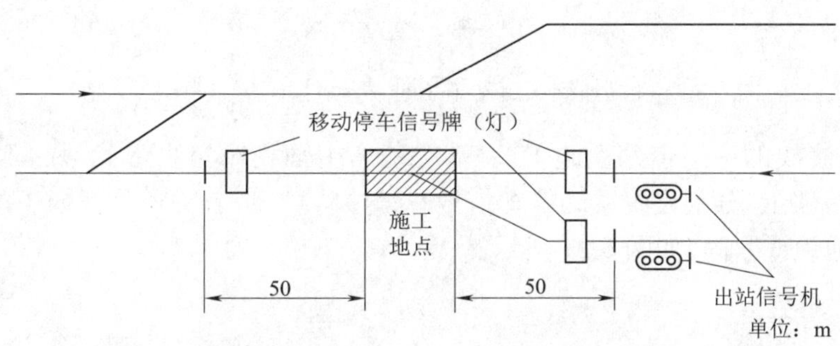

图 6-33　高速站内道岔施工时，分别设置移动停车信号牌(灯)

2. 在进站道岔上施工，对区间方向，以关闭的进站信号机防护；对车站方向，在距离施工地点 50 m 线路上，设置移动停车信号牌（灯）防护，如图 6-34 所示。距邻近道岔不足50 m时，在邻近道岔基本轨接头处设置移动停车信号牌（灯）防护，将有关道岔扳向不能通往施工地点的位置，并加锁或紧固。

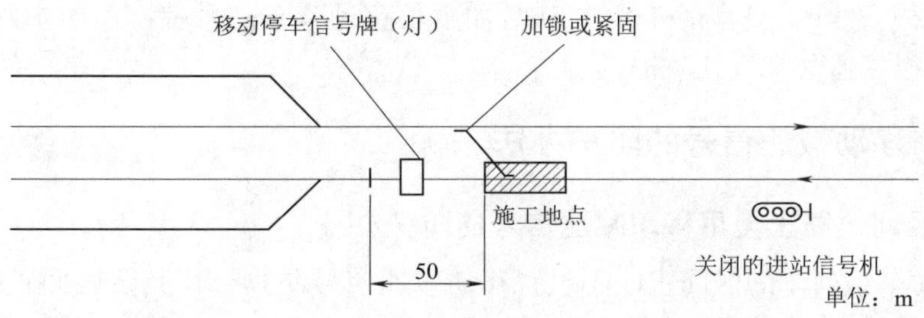

图 6-34　在高速进站道岔施工时，车站方向的移动停车信号牌(灯)的设置

3.在出站道岔上施工,对区间方向,以关闭的反方向进站信号机防护;对车站方向,在距离施工地段不少于50 m线路上,设置移动停车信号牌(灯)防护,如图6-35所示。距邻近道岔不足50 m时,将有关道岔扳向不能通往施工地点的位置,并加锁或紧固。

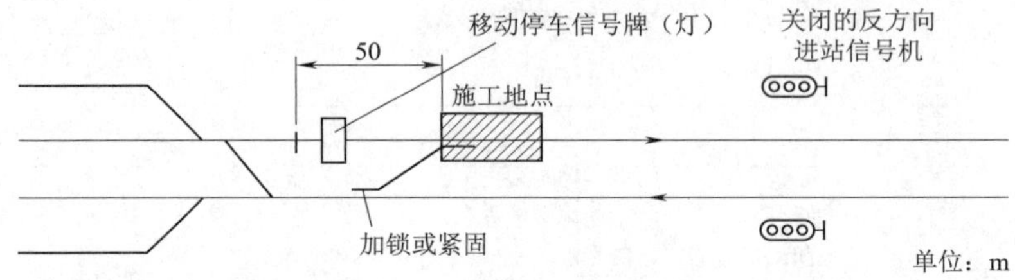

图6-35　在高速出站道岔施工时,车站方向的移动停车信号牌(灯)的设置

4.在交分道岔上施工,将有关道岔扳向不能通往施工地点的位置,并加锁或紧固,在距离施工地点两端50 m处线路上,设置移动停车信号牌(灯)防护,如图6-36所示。

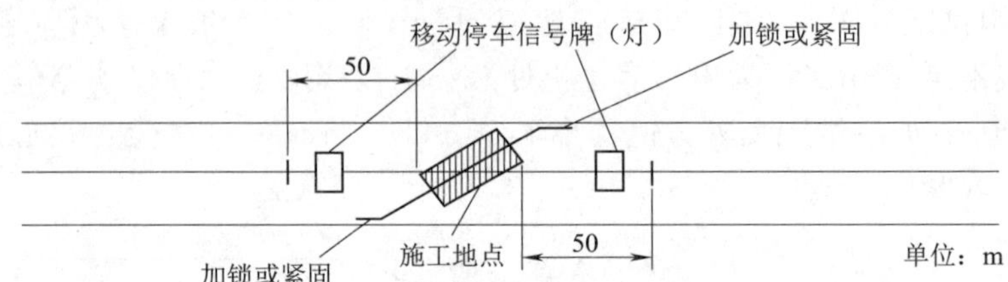

图6-36　在高速交叉道岔施工时,移动停车信号牌(灯)设置

5.在交叉渡线的一组道岔上施工,一端在菱形中轴相对处线路上,另一端在距离施工地点50 m处线路上,分别设置移动停车信号牌(灯)防护,将有关道岔扳向不能通往施工地点的位置,并加锁或紧固,如图6-37所示。

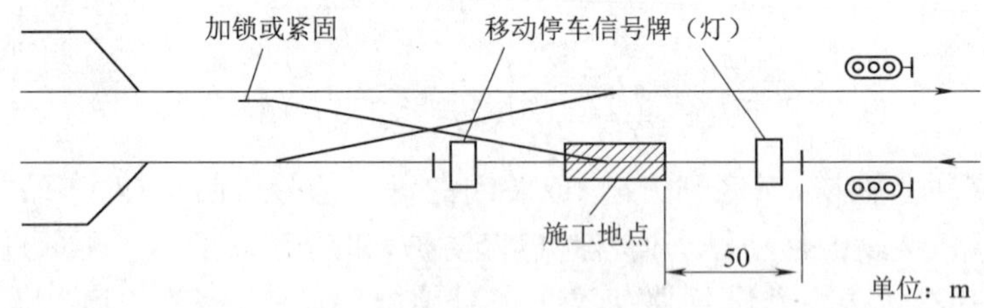

图6-37　在高速交叉渡线道岔施工时,移动停车信号牌(灯)设置

6.在道岔上进行大型养路机械施工时,如延长移动停车信号牌(灯)防护距离后占用其他道岔时,对相关道岔应一并防护。

二、使用移动减速信号的防护办法

(一)在区间线路上使用移动减速信号的防护办法

仅运行动车组列车的区间正线不设置移动减速信号防护。在其余区间正线上,使用带"T"字和"减速"字的移动减速信号的防护办法。

1. 单线区间施工，设立位置如图 6-38 所示。

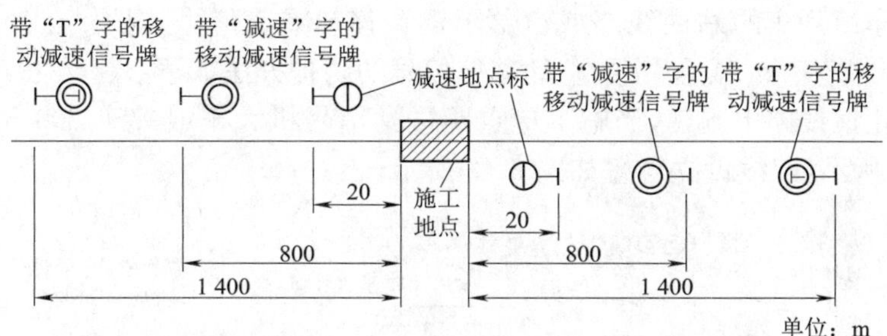

图 6-38　高速单线区间施工时，移动减速信号牌设置

2. 双线区间在一条线上施工，设立位置如图 6-39 所示。

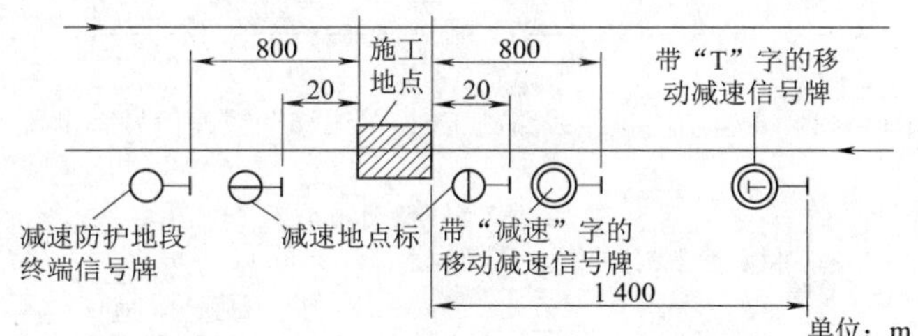

图 6-39　高速双线区间在一条线上施工时，移动减速信号牌设置

3. 双线区间两条线路同时施工，设立位置如图 6-40 所示。

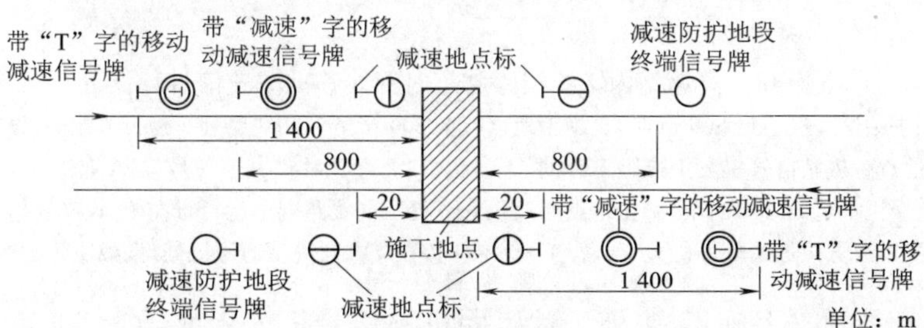

图 6-40　高速双线区间两条线路同时施工时移动减速信号牌设置

4. 施工地点距离进站信号机（或反方向进站信号机）小于 800 m 时，设立位置如图 6-41 所示。

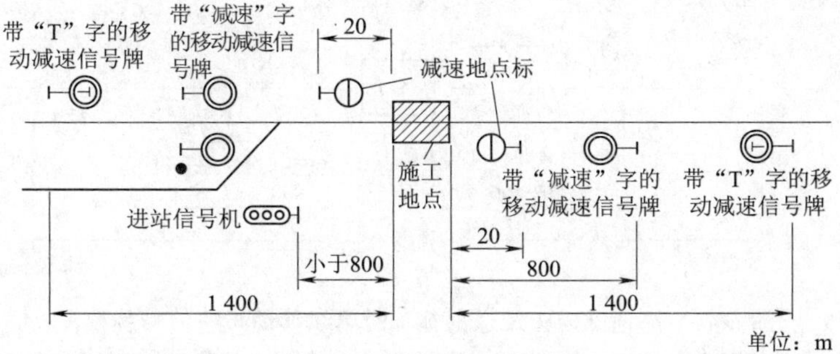

图 6-41　高速施工地点距进站信号机小于 800 m 时，移动减速信号牌设置

注：1. 当站内正线警冲标距离施工地点小于 800 m 时，按 800 m 设置移动减速信号牌；

2. 当站内正线警冲标距离施工地点大于或等于 1 400 m 时，不设置带“T”字的移动减速信号牌。

(二)在站内线路上,使用移动减速信号的防护办法

仅运行动车组列车的站内线路或道岔不设置移动减速信号防护。在其余站内线路或道岔上,使用带"T"字和"减速"字的移动减速信号的防护办法如下:

1. 在站内正线线路上施工,当施工地点距进站信号机大于或等于 800 m 时,单线设立位置如图 6-42 所示,双线设立位置如图 6-43 所示。

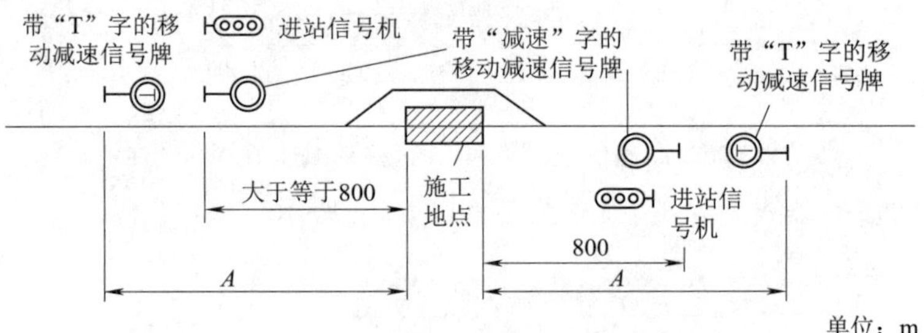

图 6-42　高速站内正线线路施工时,单线移动减速信号牌设置

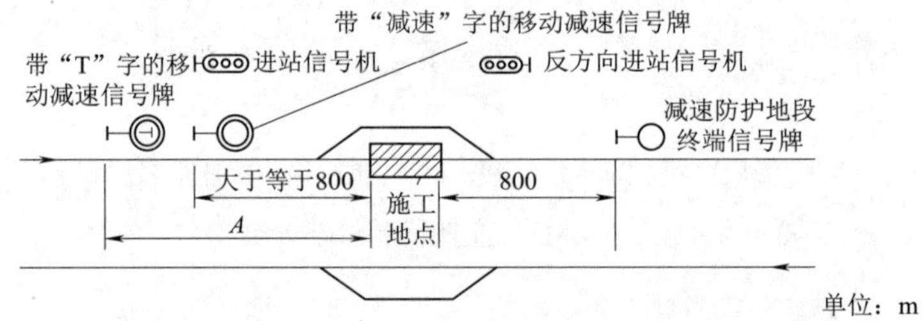

图 6-43　高速站内正线线路施工时双线移动减速信号牌设置

注:当施工地点距进站信号机不足 800 m 时,自施工地点起至 800 m 处区间线路列车运行方左侧,设移动减速信号牌防护;当施工地点距进站信号机大于或等于 A 时,不设置带"T"字的移动减速信号牌,A 取 1 400 m;当施工地点距反方向进站信号机不足 800 m 时,自施工地点起至 800 m 处区间线路列车运行方左侧,设减速防护地段终端信号牌;当施工地点距反方向进站信号机大于或等于 800 m 时,在反方向进站信号机处,设减速防护地段终端信号牌。

2. 在站内正线道岔上施工,当施工地点距进站信号机大于或等于 800 m 时,单线设立位置如图 6-44 所示,双线设立位置如图 6-45 所示。

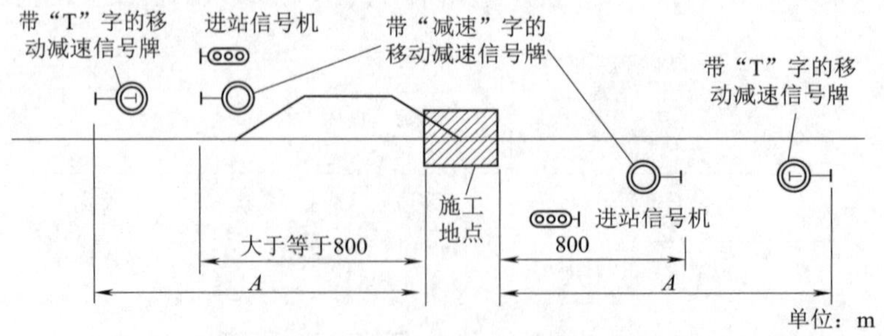

图 6-44　高速站内正线道岔施工时单线移动减速信号牌设置

注:当施工地点距进站信号机不足 800 m 时,自施工地点起至 800 m 处区间线路列车运行方左侧,设移动减速信号牌防护;当施工地点距进站信号机大于或等于 A 时,不设置带"T"字的移动减速信号牌,A 取 1 400 m;当施工地点距反方向进站信号机不足 800 m 时,自施工地点起至 800 m 处区间线路列车运行方左侧,设减速防护地段终端信号牌;当施工地点距反方向进站信号机大于或等于 800 m 时,在反方向进站信号机处,设减速防护地段终端信号牌。

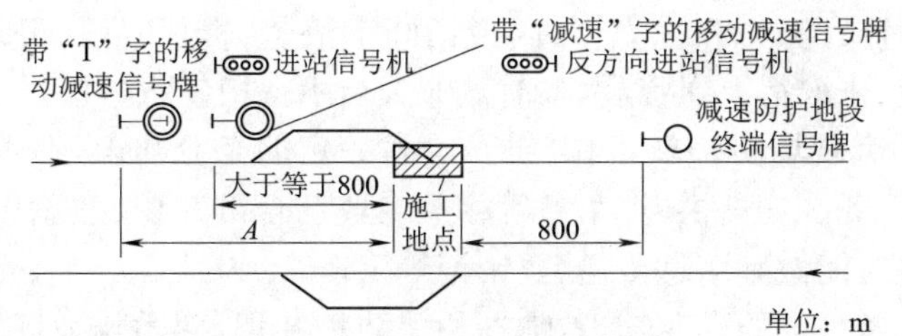

图 6-45 高速站内正线道岔施工时,双线移动减速信号牌设置

3.在站线线路上施工,设立位置如图 6-46 所示。

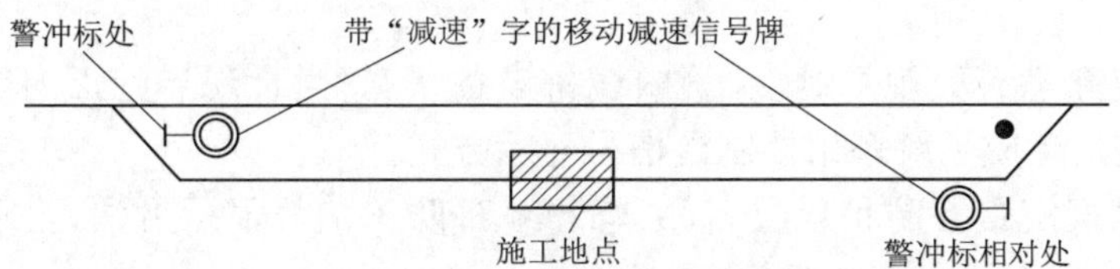

图 6-46 高速站线线路施工时,移动减速信号牌设置

4.在站线道岔上施工,该道岔中部线路旁,设置两面黄色的带“减速”字的移动减速信号牌,设立位置如图 6-47 所示。

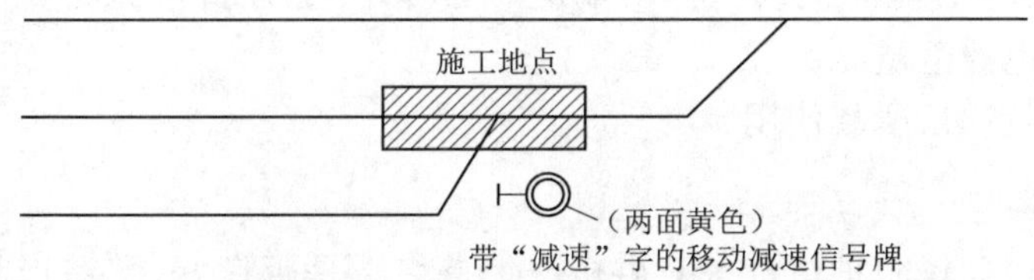

图 6-47 高速站线道岔施工时,设置两面黄色的移动减速信号牌

凡线间距离不足规定时,应设置矮型(1 m 高)的移动减速信号牌。

三、设备故障处理

当设备发生故障,需在双线区间的一线上道检查、处理设备故障时,本线应封锁、邻线列车限速 160 km/h 及以下。设备管理单位应在“行车设备检查登记簿”内登记,提出本线封锁、邻线列车限速 160 km/h 及以下的申请,在得到列车调度员(车站值班员)签认后,方可上道作业,本线、邻线可不设置防护信号。司机应加强瞭望。

抢修作业时,邻线列车接近前,防护人员通知现场作业负责人停止作业。作业机具、材料等不得侵限且严禁摆放在两线间。

故障处理后需要现场看守时,设备管理单位应在“行车设备检查登记簿”内登记,提出本线及邻线行车限制条件,并按规定设置防护。

第四节 防护作业标准化

一、防护基本要求

(一)防护员的基本要求

1.驻站联络员、驻调度所联络员、现场防护员、远端防护员、中间防护员通称防护员。

防护员应选用身体健康、听力和视力良好、说话吐字清楚、责任心强，经培训考试合格的正式职工担任，见习生、未取得上岗资质、临时从业人员不得担任防护员。

驻站联络员：须有现场防护员工作经历，具备一定的专业知识，熟悉计算机操作，掌握相关防护知识及与工务、电务、供电、车务等相关专业结合部知识，熟悉作业区段设备、信号情况，发生突发事件时能做好信息传递、登销记等工作。

现场防护员：具备一定的专业知识，掌握相关防护知识，熟悉作业区段设备、信号情况，能够胜任作业现场防护工作。

2.必须按照规定着装，佩戴标志，持证上岗，携带通信设备。防护员一经确定，不得临时调换。

3.防护员应熟悉有关规章制度、管内线桥设备状态、当日现场施工内容和防护要求等事项。驻站联络员还应了解车站控制台信号显示方式。

4.必须按照规定带齐防护信号备品，懂得各种防护信号显示方法，会使用对讲机和各种防护用品。

5.作业负责人、驻站联络员、现场防护员，必须携带列车无线调度电话等通信设备。

（二）对讲机或手持终端

1.对防护员使用的对讲机或手持终端应专管专用，加强日常保养和定期检测，使用前须确认性能良好，电池电量充足。

2.通话质量不良时，严禁使用。

（三）准备作业

1.驻站联络员、现场防护员检查对讲机或手持终端是否良好，掌握当日作业地点、作业内容、作业人数、作业使用的主要机具和防护办法等主要情况。

2.防护员必须按照职责和不同的施工作业内容，带齐通信、记录用品、防护备品和信号、标志。

3.驻站联络员负责校对时间，使行车室、作业负责人、驻站联络员、现场防护员时间一致。驻站联络员代表作业负责人按有关规定办理作业登记，需签证的作业项目，车站签认后方准作业。

4.现场防护员到达规定地点，与驻站联络员试验通话，并通报现场准备情况。

5.防护员根据不同的作业，实行不同的防护方式，进行准备工作。

（1）利用列车间隔不需封锁作业时，驻站联络员要提前在“行车设备施工登记簿”内登记。

（2）封锁施工前，驻站联络员按施工方案申请施工。施工负责人确认施工准备工作完毕时，与驻站联络员联系，办理正式封锁施工手续，驻站联络员根据调度命令通知施工负责人。

（3）慢行施工前，驻站联络员参照封锁施工的有关程序办理施工慢行手续。现场防护员根据批准的慢行速度，使用移动减速信号防护后，方可开工。

（四）基本作业

1.利用列车间隔作业

（1）预报：车站对施工区间办理闭塞时，驻站联络员应立即向现场防护员发出预报；如系通过列车，则应提前一个车站（即邻站向本站发车时）发出预报。

（2）确报：车站向施工区间发车时，驻站联络员应立即向现场防护员发出确报。

（3）施工地点距车站较近或施工条件较复杂，需提前预报、确报时，施工负责人应事先与驻站联络员商定明确，并通知全体防护员及施工人员。

（4）变更通知：对预报、确报有变化时，驻站联络员应向现场防护员发出变更通知。

（5）发出预报、确报、变更通知时，要求现场防护员复述一遍，掌握下道情况。

（6）现场防护员根据作业负责人指示，通知驻站联络员“现场作业准备完毕”，并询问是否可以上道作业。

（7）接到驻站联络员可以上道的通知后，现场防护员复诵确认，通知作业负责人组织上道作业，并做好安全防护。

（8）接到驻站联络员闭塞的预报后，现场防护员复诵确认，发出信号，做下道的准备。

（9）接到驻站联络员已向施工区间发车的确报后，现场防护员复诵确认，发出信号，通知负责人组织下道避车，人员、机具下道完毕，现场防护员通知驻站联络员。

（10）列车通过施工现场后，现场防护员通知驻站联络员，同时询问是否可以上道作业，得到同意上道通知，复诵确认，通知施工负责人。

（11）驻站联络员应加强与车站值班员的联系，双线区段反方向来车时，驻站联络员应及时通知现场防护员转报作业负责人。

（12）现场防护员应站在瞭望条件良好的位置，并与作业组人员保持一定距离。瞭望不良、通信不畅、多方向等特殊地段上道作业时应纳入天窗，确需点外进行时应增设远端防护员。增设的防护员应在栅栏外安全地点进行防护作业；未设置栅栏地段，应在路基坡脚以外、路堑坡顶等瞭望条件较好的地点进行防护，发现来车立即通知现场防护员下道避车，特殊情况需进入栅栏时，必须制定安全卡控措施。

2. 维修、施工天窗作业

（1）驻站联络员通知施工负责人调度命令，施工负责人通知现场防护员在施工地点设置移动停车信号（手信号）。

（2）双线、多线区段或站内邻线来车，驻站联络员要及时发出预报、确报、变更通知，现场防护员复诵确认，通知作业负责人组织人员按规定避车或停止作业。

（3）施工负责人根据现场施工进度，通知驻站联络员按时或延长施工时间，驻站联络员应及时报告车站值班员并办理相应手续。

（4）施工结束，撤除防护信号，人员、机具、材料撤出栅栏或线路后，施工负责人通知驻站联络员销记，办理开通手续。施工后有慢行的，现场防护员要按施工负责人通知设置慢行标志和信号，需要更换不同速度减速信号牌时，由施工负责人与驻站联络员联系后，方可通知现场防护员更换，并相互确认。

（五）作业要求

1. 凡影响行车、人身安全的施工和维修作业及发生线路故障地点，均应设置防护。

2. 营业线施工及邻近营业线施工应按规定设置驻调度所（驻站）联络员和现场防护员。

3. 防护员一经确定，不得临时调换。作业开始前因特殊原因调换，须经施工负责人批准，施工负责人应对调换后的防护员进行安全交底。

4. 现场防护员应根据作业现场地形条件、列车运行特点、作业人员和机具布置等情况确定站位及移动路径，并做好自身防护。

5. 作业前后上下道、转移作业地点、人员进入两线间、小群体作业等情况下应重点防护，必要时增设现场防护员。瞭望、通信不良及避车困难地段，应制定专项防护措施。

在瞭望不良、噪声干扰大的处所及夜间天窗、跨越 2 条及以上线路（含股道）时，应在跨线地点安排专职防护员，严禁在相对固定的施工车辆前后 10 m 范围内及移动的施工车辆前跨线。

6. 应急处置时，应设驻调度所（驻站）联络员、现场防护员，现场防护员不得兼职，带齐防护备品。

7. 在列车接近作业地点前，应发出紧急下道的通知信号。如果机具无法及时下道或线路不具备放行列车条件，现场防护员应果断显示停车信号防护，拦停列车。

8. 防护员在班前充分休息，严禁饮酒。

9. 防护员在防护作业中，严禁看书、闲谈、离岗及从事与防护作业无关的事项。

二、防护联控规定

1. 作业时，施工负责人、防护员应按规定携带必需的通信联络工具。驻站联络员应携带具有录音功能的对讲机或音视频记录设备，对防护作业全过程录音或录像。

2. 利用列车间隔的作业，驻站联络员和现场防护员应严格执行 3 min 联系制度，及时通报本线和邻线列车运行情况。驻站联络员不得漏报、错报列车。

3. 1 个车站有 2 名以上驻站联络员时，不得共用 1 个对讲机频道，相邻 2 站不宜使用相同频道。防护人员不得随意变更对讲机频道。确需变更时，应经施工负责人同意。变更后，相互间应及时联控确认。

4. 一项施工在同一站有 2 名以上驻站联络员进行防护时，对施工地点作业车、施工车辆及邻线列车情况要进行沟通，防止漏报。

5. 现场作业组应进行编号（1 号、2 号、3 号等），防护开始前，驻站联络员、现场防护员、施工负责人应对防护组编号及对应现场防护员姓名进行确认。

6. 驻站联络员作业期间填写防护员有关通话记录表，使用带录音功能的对讲机或音视频记录设备时，可不填写通话记录表。

7. 驻站联络员通报列车、施工列车及作业车等运行信息应采用由远及近递进方式进行，列车距离作业地点不少于 3 个闭塞分区时的每一个闭塞分区，要逐一通报列车接近信息。列车接近作业地点时，要督促现场作业组下道或停止作业。通过与现场防护员的联控，驻站联络员要随时掌握现场作业组所在位置及线上或线下移动路径。

8. 利用列车间隔作业或邻线行车时，现场防护员要主动与驻站联络员进行联系，汇报作业组所在地点及线上或线下移动路径，掌握本线或邻线列车所在位置及运行径路。接驻站联络员通报行车信息，应立即转报施工负责人。不得采取单向监听驻站联络员通话或车机联控的方式进行防护。

9. 现场防护员或驻站联络员暂时离开岗位，应经施工负责人同意，现场作业人员必须停止作业，人员、机具、材料至线下安全地点避车。

10. 防护联系中断，现场防护员应立即通知施工负责人停止作业，协助施工负责人组织作业人员、工机具下道避车，必要时将线路恢复到准许放行列车的状态。

11. 防护员作业过程中，不得做与工作无关的事情，严格执行防护联控用语规定。

三、高速铁路有关规定

1. 进入路基防护栅栏、桥面和隧道内检查、施工（或维修）作业、设备故障及自然灾害应急处置，应设驻站联络员，在现场设现场防护员。

2. 在实行综合防护的高速铁路进行作业时，应严格执行济南局集团有限公司关于综合防护、施工电子登销记相关规定。

3. 驻站联络员应与现场防护员保持联系，如联系中断，驻站联络员应立即通知列车调度员停止向作业地点放行列车，不得办理作业销记手续。

4. 当设备发生故障，设备管理单位应在"行车设备检查登记簿"内登记，提出本线封锁、邻线限速的申请，在得到列车调度员（车站值班员）给点签认后方准上道作业，本线、邻线可不设置防护信号，现场防护员不得兼职。抢修作业时，邻线列车接近前，防护人员通知现场施工负责人停止作业。

故障处理后需要现场看守时，设备管理单位应在"行车设备检查登记簿"内登记，提出本线及邻线行车限制条件。如需在路肩、桥梁作业通道、隧道救援通道看守检查时，应设现场防护员，本线列车限速 160 km/h 及以下，看守检查人员可在本线一侧路肩、桥梁作业通道、隧道救援通道检查，且不得侵入铁路建筑限界。如需上道检查或作业时应办理本线封锁、邻线列车限速手续。

应急处置过程中或现场看守时，现场防护员应执拢起的红旗在本线路肩防护。

5. 客货混跑及动车与普通旅客列车混跑的高速铁路线路现场设置移动减速防护信号标志，仅运行动车组的高速铁路线路、车站不设置移动减速防护信号标志。

6. 高速铁路施工作业和维修作业，本线和邻线均不设置作业标，不配备带数字的移动减速信号牌。

四、驻站联络员上岗基本要求

1. 参加班前点名，掌握施工（作业）计划要素，与施工负责人、现场防护员确定现场作业组编号、确定下道时机。

2. 穿橘红色带反光条防护马甲，带通信设备、施工计划（日计划）、驻站联络员派工单、"驻站联络员关键项目、节点控制及通话记录表"、相关配合通知单、施工方案等，持营业线施工安全培训合格证书上岗。

3. 按规定时间到达行车室（调度所），与施工负责人确认作业组信息、校对时间，确认天窗点是否有晚点列车及天窗点内是否有施工车辆运行。

4. 能够熟练进行运统 46 纸质及电子登销记操作，向施工负责人传达有关行车命令。在车站行车室备有与车站协商同意的应急处置登销记模板。

5. 熟悉防护区段内的列车运行速度、密度和各种信号显示方法，掌握现场各作业组地点和内容，随时与车站值班员沟通，熟悉车站信号控制台显示，及时向施工负责人、现场防护员及时准确通报列车运行信息，按规定填写记录。工作期间应佩戴耳麦。

6. 多线并行地段作业时，应和现场防护员联控来车车次、线名、行别；作业地点或邻线有反方向行车，应立即通知现场防护员转报施工负责人；列车进出站、站内调车作业通过作业地点及相邻线路时，应通知现场防护员列车运行径路。

7. 作业结束前 30 min 要提示作业负责人，作业结束前 10 min 要及时提醒作业组撤离，确认作业结束后人员、作业工机具撤离情况，在得到施工负责人许可后，方可销记离开行车室。请示施工负责人同意后，关闭通信设备。

五、现场防护员上岗基本要求

1. 参加班前点名，掌握施工（作业）计划要素及施工负责人布置的防护注意事项，确认作业组编号。

2. 穿橘红色带反光条防护马甲，携带通信设备、防护备品、持营业线施工安全培训合格证书上岗。按规定时间到达作业地点，与驻站联络员试验通话，向驻站联络员报告作业组信息。

3. 掌握驻站联络员与施工负责人对话信息，经驻站联络员同意后，与作业负责人组织作业人员入网。现场防护员先于作业人员入网，防护员在作业组前，施工负责人在后，带领作业人员沿路肩一字排开走向现场（复线地段面向本线来车方向前进），向驻站联络员报告上道或跨线位置具体线别、行别、里程（道岔、股道编号），确认无车通过或接近时方可通知作业人员上道或跨线，并执行“一停、二看、三通过”和“手比、眼看、口呼”制度。

4. 到达现场后，现场防护员站在作业地点附近，来车方向端，视线良好的安全地点，面向来车方向防护，除掌握驻站联络员通报行车信息外，以瞭望防护为主。在双线或多线地段防护时，应做好自身防护，不得侵入邻线或跨线防护，站内股道作业时不得在站场咽喉区道岔上防护。随时观察施工现场和列车运行情况，发现异常情况时及时通知驻站联络员和施工负责人。

5. 从事单岗作业的防护员应做好自身防护，应从本线一侧进出作业门。特殊情况下确需上道或跨线时，应与驻站联络员联控确认来车情况，执行“一停、二看、三通过”和“手比、眼看、口呼”制度，严禁来车时抢越。

6. 点外作业，现场防护员应手执拢起的红色信号旗，站在本线防护。维修天窗作业，现场防护员应站在本线，显示停车手信号，昼间执展开的红色信号旗垂直于线路显示，夜间执红色信号灯背对作业地点显示。施工天窗区间封锁显示停车手信号防护人员，应站在本线路肩显示停车手信号，昼间执展开的红色信号旗垂直于线路显示，夜间执红色信号灯背对施工地点显示。

现场防护员不得在正线两线间进行防护，本线显示停车手信号，邻线列车接近时应暂时收回，列车通过后再显示。

7. 接列车预报后，复诵确认预报内容，通知作业人员做下道准备。接列车确报后，吹响喇叭（口笛），通知作业人员下道，复诵确认确报信息。下道或停止作业后协助施工负责人检查机具是否侵限、人员避车位置是否妥当，现场防护员、施工负责人在两端设置警戒绳，观察作业人员避车状态。

8. 接到施工负责人的封锁或限速命令后，按规定设置停车或限速信号，设置完毕，立即撤离到铁路建筑限界之外安全地点。接到施工负责人开通或取消限速命令，撤除停车或减速信号。

9.施工结束，与施工负责人确认作业人员、机具和材料全部撤出，最后下线出网。

六、施工防护联控用语规定

施工负责人、驻站联络员、现场防护员必须携带对讲机或手持终端，规范使用防护通话用语。一名驻站联络员联系现场作业小组超2组时，现场作业小组应进行编号，如1号、2号、3号等作业小组。

(一)入网前、线路外等候防护用语

现场防护员、远端防护员(小车、点外、区间封锁800 m)向驻站联络员汇报已经到达××号栅栏门、××线×行×××km×××m地点；驻站联络员与负责人核对当日作业计划内容，申请要点。车站给点后，驻站联络员向负责人传达、确认当日作业计划或命令内容，并观察信号台栅栏门处或上线地点没有列车接近或通过，方准通知现场作业员、远端防护员(不含点外作业)进入栅栏或线路，现场作业人员得到驻站联络员同意后，方准在现场防护员和负责人带领下进入栅栏或线路。

(二)上道前防护用语

现场防护员向驻调度所(驻站)联络员汇报具体上道、跨线、走行路径，要具体到××线×行K××+××(××站×股道时还应说对应正线里程、××号道岔)，跨越线路名称及数量，线上或线下走行路径及到达线上或线下具体地点，驻调度所(驻站)联络员确认。

(三)本线及邻线来车防护用语

驻站联络员按照预报、确报将行车信息通知现场防护员，列车距离作业地点3个闭塞分区时的每一个闭塞分区，驻站联络员要逐一通报列车接近信息。现场作业人员下道、停止作业或者接到驻站联络员报告的行车信息时要回复并与驻站联络员确认。

接到设置的远端防护员汇报列车接近信息时，现场作业人员要立即通知作业人员下道或者停止作业，远端防护员要和现场防护员确认下道或者停止作业信息。

(四)三分钟联系防护用语

一般由现场防护员主动联系驻调度所(驻站)联络员，作业地点××线×行K××+××(××站×股道时还应说对应正线里程、××号道岔)第×号作业组及相邻线是否有列车接近，驻调度所(驻站)联络员观看信号台后，回复××线×行K××+××作业地点(××站×股道时还应说对应正线里程、××号道岔)及相邻线列车运行情况，确认是否继续作业。

(五)列车运行情况现场防护用语

驻站联络员通知现场防护员站内列车运行情况时，要将正线线名、行别描述清楚，途径的站线股道号、道岔编号叙述清楚，从哪里来到哪里去描述清楚，经过作业地点及相邻作业地点的列车运行情况都应通知现场防护员。

列车区间运行，驻站联络员通知现场列车运行线名、行别及具体的闭塞分区(里程)位置。

(六)施工负责人、驻站联络员、现场防护员之间设置施工防护信号标志用语

现场防护员到指定标记位置后，施工负责人与现场防护员确认防护信号标志设置具体

地点、信号标志内容、信号标志高度、信号标志朝向、信号标志在线桥上的位置，防护员站位朝向及位置。

普速铁路限速施工负责人安排现场防护员更换限速信号牌时，应通知现场防护员更换时机及牌面的限速值，驻站联络员确认。

（七）转移作业地点的防护用语

现场防护员向驻站联络员汇报具体转移作业地点的详细路径，要具体到从××线×行×××km×××m（××站×股道对应里程、×号道岔）线上或线下开始，线上或线下走行路径及到达具体××线×行×××km×××m（××站×道对应里程、×号道岔）线上或线下地点。

（八）销记防护用语

施工作业结束，作业人员、工机具、材料全部撤出铁路或者栅栏外，负责人通知驻站联络员销记并确认销记情况。

七、普速铁路防护员一日作业手册

（一）驻站联络员一日作业手册

1. 目的要求

为确保现场作业的行车、人身安全，应掌握工务有关的列车运行信息、设备状态，了解本站及相邻区间天窗修、点外作业计划情况；按规定进行登销记，向作业负责人传达调度命令；与现场防护员保持联系，通报列车运行情况，随时处置设备故障及相关安全问题。

2. 防护用品

（1）具备录音功能的对讲机（带耳麦）或手持终端。

（2）驻站联络员派工单。

（3）施工一日一案。

（4）经车站审核同意的应急处置登销记模板。

（5）铁路岗位培训电子证书。

（6）驻站联络员关键项目、节点控制及通话记录表。

3. 作业程序

（1）作业前

①参加安全技术交底会、点名会，掌握施工（作业）计划要素，与作业负责人确定现场防护员编号，对讲机频道。

②穿橘红色带反光条防护服，检查防护用品功能良好。

③携带资料：驻站联络员派工单、施工一日一案、“驻站联络员关键项目、节点控制及通话记录表”、铁路岗位培训电子证书。

（2）作业中

①按规定时间到达行车室，与负责人、现场防护员建立联系；确认作业组信息、施工作业计划内容、校对时间。

②与车站值班员（列车调度员）确认作业命令。

③向施工负责人传达作业命令并确认。

④天窗点前有晚点列车、天窗点内有施工车辆运行、反方向列车运行等特殊情况及时通知现场防护员。

⑤垂直天窗及单线点内无作业车辆时，驻调度所（驻站）联络员与现场防护员每隔30 min联络一次。天窗开始后和结束前10 min内每隔3 min联络一次。

⑥垂直天窗及单线点内有作业车辆运行时，执行3 min联系制度，及时通报作业车辆运行情况。

⑦防护过程中要及时准确地向作业负责人、现场防护员传递信息。

⑧驻站联络员通报列车、施工列车及作业车的运行信息应采用由远及近递进方式进行，列车距离作业地点不少于3个闭塞分区时的每一个闭塞分区，要逐一通报列车接近信息，提醒现场防护员停止作业或下道避车。

⑨与现场防护员确认下道或停止作业情况。

⑩点外作业、邻线行车或作业地点有施工列车应与现场防护员保持3 min联系制度，点内作业要保持随时联系。

⑪站内要及时通知现场防护员列车进出站、调车作业通过作业地点及相邻线路时的运行径路。

⑫阶梯提速更换减速防护信号时，要通知施工负责人。与现场防护员确认更换时机，核对减速速度值。

⑬暂时离开要经作业负责人同意，联系中断要立即采取措施联系作业负责人。

⑭按规定填写有关记录。

⑮作业结束前30 min提示作业负责人，作业结束前10 min提醒作业组撤离。

⑯确认作业人员机具下道出网。

⑰根据作业负责人通知销记。

(3)作业后

①经作业负责人同意后撤离行车室。

②作业负责人同意后关闭通信设备。

③参加班后总结会(慢行施工期间除外)。

4.安全注意事项

(1)天窗点外作业，防护作业小组不得超过3组。维修作业不超4组，点外作业与天窗作业组合时，点外作业不超2组。

(2)同一行车室有2名以上驻站联络员时，不得共用1个对讲机频道；施工地点作业车、施工车辆及邻线列车情况要互相沟通。变更对讲机频道，经施工负责人同意，并相互联控确认。

(3)确认命令下达后，方可通知现场人员入网上线。

(4)有列车接近或者通过，不得通知现场作业人员入网上线。

(5)作业地点线路及邻线有列车接近或者通过，不得通知现场作业人员上道或跨线。

(6)不得错报、漏报行车安全信息。

(7)横越线路到达行车室时，要有防止机车车辆伤害的安全措施(安排其他人员监控或与车站值班员联系确认行车情况)。

(8)多线并行地段作业时，应和现场防护员联控全部来车车次、线名、行别。

(9)因特殊原因需调换驻站联络员时,须经作业负责人批准,报经单位分管领导同意,并在调度备案。作业负责人应对调换后的防护员进行安全交底。

(10)需变更对讲机频道时,应经作业负责人同意。变更后相互间应联控确认。

(11)不得兼职、不得做与工作无关的事情。

(二)现场防护员一日作业手册(点外)

1. 目的要求

掌握本次作业计划、内容、人员等情况,在防护时,除掌握驻站联络员通报信息外,应以瞭望防护为主;与驻站联络员联控相关行车信息,将列车运行信息及时通知作业负责人,协助作业负责人管理作业人员、下道后清道,确保现场行车及人身安全。

2. 防护用品

(1)对讲机或手持终端。

(2)红色信号旗(灯)、喇叭、短路铜线(轨道电路区段)。

(3)铁路岗位培训电子证书。

3. 作业程序

(1)作业前

①参加点名会,掌握作业组数、作业项目、驻站联络员姓名、进出作业门地点、上道或跨线地点、对讲机频道。

②穿橘红色带反光条防护服。

③携带对讲机、红色信号旗(灯)、喇叭、短路铜线(轨道电路区段),检查状态良好。

④铁路岗位培训电子证书。

(2)作业中

①按规定时间到达工地。

②到达工地与驻站联络员、作业负责人试验对讲机,建立联系。

③掌握驻站联络员与作业负责人之间的通话信息。

④入网前与作业负责人清点确认工机具、材料、人员。

⑤入网、上道前与驻站联络员确认列车运行情况。

⑥入网上道前提前做好防护,面向列车来车方向站立。

⑦点外作业,现场防护员应执拢起的红色信号旗,应站在本线防护。

⑧与驻站联络员执行 3 min 联系制度。

⑨及时准确向作业负责人、驻站联络员传递信息。

⑩作业地点与车站相距较近或在站内时,按商定的时机通知作业负责人上下道。

⑪一名现场防护员只承担一个作业组的防护任务(每个作业组一般不超过 100 m,瞭望不良地段应适当缩短)。

⑫接列车确报后,吹响喇叭提醒、督促作业负责人组织人员下道避车或停止作业。

⑬点外作业增设远端防护员,可在作业地点来车方向前 2～3 km 栅栏外设置,发现来车立即通知现场防护员。

⑭下道或停止作业后协助作业负责人设置警戒绳。

⑮与驻站联络员联控下道或停止作业情况,再次上道或作业请示驻站联络员同意并确

认本线、邻线列车情况。

⑯主动与驻站联络员进行联系，汇报作业组所在地点、编号及线上或线下移动路径，掌握本线或邻线列车所在位置及运行径路。

⑰接到驻站联络员反方向行车或其他异常情况立即通知作业负责人。

⑱联系中断时立即通知作业负责人采取措施。

⑲撤出栅栏或撤离线路与作业负责人清点确认工机具、材料、人员。

⑳作业完毕最后下道出网。

(3)作业后

①作业负责人同意后关闭通信设备。

②参加班后总结会。

4.安全注意事项

(1)不得错传、漏传行车安全信息。

(2)驻站联络员同意后，方可通知现场人员入网、上道。

(3)不得跨线或站在邻线防护，不得和作业人员混在一起。

(4)不间断瞭望本线及邻线列车运行情况。

(5)跨线、上道执行"一停、二看、三通过"及"手比、眼看、口呼"制度。

(6)现场不得有蹲、躺、坐、卧、靠行为。

(7)不得兼职、不得做与工作无关的事情。

(三)现场防护员一日作业手册(维修天窗)

1.目的要求

掌握本次作业计划、内容、人员等情况，在防护时，除掌握驻站联络员通报信息外，应以瞭望防护为主；与驻站联络员、作业负责人联控相关行车信息，将列车运行信息及时通知作业负责人，协助作业负责人管理作业人员、清道，确保现场行车及人身安全。

2.防护用品

(1)对讲机或手持终端。

(2)红色信号旗(灯)、喇叭、短路铜线(轨道电路区段)。

(3)铁路岗位培训电子证书。

3.作业程序

(1)作业前

①参加点名会，掌握作业组数、作业项目、驻站联络员姓名、进出作业门地点、上道或跨线地点、对讲机频道。

②穿橘红色带反光条防护服。

③携带对讲机、红色信号旗(灯)、喇叭、短路铜线(轨道电路区段)，检查状态良好。

④铁路岗位培训电子证书。

(2)作业中

①按规定时间到达工地。

②到达工地与驻站联络员、作业负责人试验对讲机，建立联系。

③掌握驻站联络员与作业负责人之间的通话信息。

④入网前与作业负责人清点确认工机具、材料、人员。

⑤入网、上道前与驻站联络员确认列车运行情况。

⑥入网上道前提前做好防护,面向列车来车方向站立。

⑦一名现场防护员只承担一个作业组的防护任务(每个作业组一般不超过 100 m,瞭望不良地段应适当缩短)。

⑧维修天窗作业,现场防护员应站在本线,显示停车手信号,昼间执展开的红色信号旗垂直于线路显示,夜间执红色信号灯背对作业地点显示。

⑨与驻站联络员保持随时联系。邻线行车、作业地段有施工列车运行时与驻站联络员执行 3 min 联系制度。

⑩及时准确向作业负责人、驻站联络员传递信息。

⑪接列车确报后,吹响喇叭提醒、督促作业负责人组织人员停止作业。

⑫停止作业后协助作业负责人设置警戒绳。

⑬与驻站联络员联控停止作业情况,再次上道或作业请示驻站联络员同意并确认本线、邻线列车情况。

⑭接到驻站联络员反方向行车或其他异常情况立即通知作业负责人。

⑮邻线来车时应暂时收回停车手信号,待列车过后再显示。

⑯联系中断时立即通知作业负责人采取措施。

⑰主动与驻站联络员进行联系,汇报作业组所在地点、编号及线上或线下移动路径,掌握本线或邻线列车所在位置及运行径路。

⑱撤出栅栏或撤离线路与作业负责人清点确认工机具、材料、人员。

⑲作业完毕最后下道出网。

(3)作业后

①作业负责人同意后关闭通信设备。

②参加班后总结会。

4. 安全注意事项

(1)不得错传、漏传行车安全信息。

(2)驻站联络员同意后,方可通知现场人员入网、上道。

(3)不得跨线或站在邻线防护,不得和作业人员混在一起。

(4)不间断瞭望本线及邻线列车运行情况。

(5)跨线、上道执行"一停、二看、三通过"及"手比、眼看、口呼"制度。

(6)现场不得有蹲、躺、坐、卧、靠行为。

(7)不得兼职、不得做与工作无关的事情。

(四)现场防护员一日作业手册(施工)

1. 目的要求

掌握施工计划、内容、防护图要求等情况,在防护时,除掌握驻站联络员通报信息外,应以瞭望防护为主;与驻站联络员、施工负责人联控相关行车信息,按一日一案工作分工安排,设置防护信号、标志,确保现场行车及人身安全。

2. 防护用品

(1)对讲机或手持终端。

(2)红色信号旗(灯)、喇叭、短路铜线(按施工方案要求),移动停车、减速防护信号、标志(按施工防护图要求)。

(3)设置移动停车信号防护、停车手信号、移动减速防护的防护员携带防护图。

(4)铁路岗位培训电子证书。

3.作业程序

(1)作业前

①参加安全技术交底会、点名会,掌握作业项目及防护要求、防护范围、驻站联络员姓名、进出作业门地点、上道或跨线地点、对讲机频道等。

②穿橘红色带反光条防护服。

③按方案要求携带对讲机、红色信号旗(灯)、喇叭、短路铜线(按施工方案要求),移动防护信号或标志,检查状态良好。

④铁路岗位培训电子证书。

(2)作业中

①按规定时间到达工地。

②到达工地与驻站联络员、施工负责人试验对讲机,建立联系。

③掌握驻站联络员与施工负责人之间的通话信息。

④入网前与作业负责人清点确认工机具、材料、人员。

⑤入网、上道前与驻站联络员确认列车运行情况。

⑥入网上道前提前做好防护,面向列车来车方向站立。

⑦区间封锁显示停车手信号防护人员,应站在本线路肩,昼间执展开的红色信号旗垂直于线路显示,夜间执红色信号灯背对施工地点显示。

⑧封锁施工范围内的现场防护员执拢起的红色信号旗防护。有施工列车、作业车运行时,现场防护员显示停车手信号。

⑨与驻站联络员随时保持联系。邻线行车、施工地段有施工列车运行时执行 3 min 联系制度。

⑩根据施工负责人安排设置、撤除防护信号、标志,必须同施工负责人、驻站联络员确认设置线名、行别、地点、朝向、时机、本线一侧相邻两个接触网立柱编号等。

⑪及时准确向作业负责人、驻站联络员传递信息。

⑫接列车确报后,吹响喇叭提醒、督促作业负责人组织人员下道避车或停止作业。

⑬一名现场防护员只承担一个作业组的防护任务(每个作业组一般不超过 100 m,瞭望不良地段应适当缩短,两线间已设置隔离的无缝线路应力放散、成段更换钢轨、成段更换轨枕施工可适当延长或按照施工方案执行)。

⑭协助作业负责人设置警戒绳。

⑮接到驻站联络员反方向行车或其他异常情况立即通知施工负责人。

⑯邻线来车时,按一日一案防护作业要求设置警戒绳。

⑰联系中断时立即通知施工负责人采取措施。

⑱主动与驻站联络员进行联系,汇报作业组所在地点、编号及线上或线下移动路径,掌握本线或邻线列车所在位置及运行径路。

⑲线路开通后继续作业,须向驻站联络员联控确认作业项目、地点。

⑳撤出栅栏或撤离线路与施工负责人清点确认工机具、材料、人员。

㉑作业完毕最后下道出网。

(3)作业后

①施工负责人同意后关闭通信设备。

②参加班后总结会。

4. 安全注意事项

(1)不得错传、漏传行车安全信息。

(2)驻站联络员同意后,方可通知现场人员入网、上道。

(3)不得跨线或站在邻线防护,不得和作业人员混在一起。

(4)要面向列车来车方向站立,不得和作业人员站在一起。

(5)不间断瞭望本线及邻线列车运行情况。

(6)跨线、上道执行“一停、二看、三通过”及“手比、眼看、口呼”制度。

(7)不得兼职、不得做与工作无关的事情。

(8)现场不得有蹲、躺、坐、卧、靠行为。

第七章 路基轨道桥涵工程施工

第一节 通用要求

一、一般规定

1. 营业线及邻近营业线施工必须严格执行现行《中华人民共和国安全生产法》《铁路安全管理条例》等法律、法规、规章、规程有关营业线施工安全的规定。

2. 施工前应进行图纸会审,依据设计文件会同设备单位共同进行施工调查和现场核对,确认施工影响范围内的管线、光电缆径路、封闭栅栏、既有路基及边坡防护、排水设施、桥梁等运营设备情况,制定相应的技术措施。

3. 营业线及邻近营业线施工应编制专项施工方案,专项施工方案和应急预案报项目管理机构审查,并按相关规定审批后执行。

4. 设计、施工方案发生变更调整的,应按规定组织方案审查。

5. 施工单位应与设备管理单位和行车组织单位按施工项目分别签订施工安全协议,明确双方的安全责任和义务。

6. 邻近营业线路基施工时,施工作业区域的临时建(构)筑物、材料、设备、机具等不得侵入营业线设备安全限界。

7. 对营业线可能造成安全影响的机械设备,应采取防倾覆、防冲撞和隔离措施。

8. 营业线施工应按规定设置施工安全防护,防护不到位不得施工。

二、路基施工

(一)路基工程施工基本要求

1. 施工宜避开雨季,确需雨季施工时必须保持营业线排水系统畅通。

2. 需拆除原有排水系统时,应先建后断,确保排水系统完整畅通,防止渗漏。

3. 对可能影响安全度汛的施工地段应制定防洪预案。

(二)临时道口设置要求

1. 临时道口设置应按规定办理相关审批及验收手续,电气化区段应加设限高架,严禁擅自设置。

2. 设置期间必须指派专人看守。

3. 施工中必须保证临时道口设备及其安全技术条件符合相关标准的规定,并按铁路道口管理有关规定进行管理。

4. 使用完毕必须及时拆除。

(三)机械设备的管理、使用及防护要求

1. 大型机械实行"一机一人"防护。邻线来车,施工机械应暂停作业。

2. 夜间施工应有足够的照明及防护设施,照明灯光不应影响行车瞭望。机械车辆在夜间作业时,应防止灯光干扰行车信号。

3. 雨、雪、大风天气施工时,应采取安全措施防止大型机械滑溜、侧翻。

4. 机械作业完成后应及时撤离现场,严禁靠近营业线停放。

三、轨道施工

1. 双线或站线施工作业,施工单位除按规定设置施工防护外,还应在两线间加设隔离措施,防止作业人员、施工机具侵入邻线限界。

2. 施工单位应在实际施工调度命令的起止时间内完成作业,施工单位作业完成后,经施工、监理、设备管理单位检查达到放行列车条件,开通后由运营单位接管,开通 24 h 内施工单位协助运营单位进行维护。

3. 在轨道电路区段和绝缘接头附近作业时,不应使用没有绝缘装置或绝缘装置不良的金属机具。

4. 抬(搬)运钢轨、辙叉等金属物体,不应担在或放置在两股钢轨上。

5. 在钢桥上施工,不应把联结钢梁杆件的金属线绑在螺栓或道钉上。

6. 施工完成后,应达到列车放行条件并经设备管理单位确认后,方可申请开通线路。

四、桥涵施工

1. 桥涵施工影响铁路建筑限界或营业线设备安全限界的,应根据机车车辆限界和设备管理单位要求,制定营业线运营安全保障措施并按规定经相关部门审批后实施。施工中搭设的脚手架、堆放的工程材料或机具设备等必须稳固可靠,严禁侵入批准的范围内。

2. 施工前,施工单位和设备管理单位应现场标识地下管线位置范围。在设备管理单位监护人员监护下,对管线进行探测,以人工沟槽确定其准确位置。不得使用机械探挖地下管线,对已暴露的管线必须采取保护措施。

3. 施工前,由勘察设计单位提出监测要求,施工现场加强对既有线路基、轨道、桥涵等构筑物的监测,发现异常按规定及时、妥善处理。

4. 施工前,应核对桥位处铁路两侧地质勘测资料,无误后方可施工。

5. 在设有防护网的区段施工,如需临时拆除防护栅栏,必须事先经过批准并设专人24 h 看守,未经报备和批准的人员不得进入。

6. 线路封锁施工安全要求:

(1)按批准的线路加固方案做好各项准备工作,确认信号设备、机具、材料齐全完好,防护设施和人员到位。严格按批准的施工项目施工,严禁超前准备和超范围施工。

(2)严格落实要点登记手续,确认行车调度部门发布命令后方可施工。

(3)开通前,按规定进行安全质量检查验收,确认线路设备状态达到开通条件,及时办理销点手续。

(4)开通后，按规定安排专人巡查整修线路，保持线路处于良好状态。

第二节　路基工程

一、涉及营业线路基工程施工主要危险源、危害因素

1. 地下、地上管线及行车设备。
2. 临时工程及道口。
3. 材料堆码。
4. 机械作业。
5. 爆破作业。
6. 慢行施工，封锁施工。
7. 影响既有路基的防护及排水设施施工。
8. 恶劣天气条件。
9. 营业线侵限，交通事故。
10. 物体打击、机械伤害、触电、高处坠落等。

二、路堤帮宽

1. 路堤帮宽填筑与既有路基接近持平或高于既有路基时，应设置隔离措施，划分作业区域。

2. 采用挖台阶分层填筑方式进行路堤帮宽，挖除路肩影响道床稳定时，应采取措施防止道床边坡溜塌。

3. 拆除既有路堤防护设施规定。

(1)拆除植被防护坡面时，应随挖台阶高度挖除植被，保持边坡稳定。

(2)拆除圬工防护工程时，应随填筑进度自下而上拆除。拆除原路基边坡防护应与填筑协同进行。

4. 弃土不得阻塞河道和营业线路基排水设施，并应符合国家环保规定。

三、路堑拓宽

1. 拆除既有挡护、防护设施应保证既有路堑边坡稳定，必要时设置临时支撑进行加固或防护，并随开挖进度自上而下分层、分段拆除。

2. 路堑拓宽应按照横断面自上而下进行，防止因开挖不当，引起边坡不稳或坍塌。

3. 路堑拓宽时，按相关要求在营业线一侧设置防护隔离设施，严禁材料、机具侵限。

4. 路堑拓宽时应随时观测坡面稳定情况，发现异常应及时采取措施。

5. 影响营业线行车的路基爆破作业必须在线路封锁时间内进行，应采用控制爆破技术，并设防护网、排架或棚架等防护设施。爆破后应清理限界内的土、石，整修线路达到开通条件。

6. 爆破施工应符合爆破开挖的相关规定和有关法律法规要求。

7. 弃土不得阻塞河道和营业线路基排水设施，不得影响既有路基安全稳定及运营安

全，并应符合国家环保有关规定。

四、路基加固

1.营业线路基加固应在线路封锁或慢行条件下进行，并按规定做好安全防护。

2.采用注浆、挤密桩等方法加固路基时，应随时监测影响范围内路基及行车设备、周边建(构)筑物的变化，发现异常立即停止施工，及时反馈，研究和采取应对措施。

3.路基加固工程施工除应符合地基处理工程的相关规定外，同时应符合下列规定。

(1)采取桩体加固类型时，应根据与营业线的距离，由近及远逐排跳桩施工。

(2)机械设备移位和作业过程中，应采取防倾覆安全技术措施。

(3)拆除既有挡护、防护设施应符合路堤帮宽和路堑拓宽的相关规定。

第三节 轨道工程

一、涉及营业线轨道工程施工主要危险源、危害因素

1.营业线施工手续不完善。

2.施工准备不充分。

3.无计划、无命令、超范围施工。

4.施工安全防护不到位。

5.设备管理单位、施工配合单位未到位擅自作业。

6.电气化区段未设置临时轨道回流线。

7.材料、机具、设备侵限。

8.施工不当耽误列车开行。

9.作业人员在行车线上行走、坐卧休息等。

10.线路开通前未检查确认列车放行条件。

二、改建营业线施工总体要求

1.改建营业线施工，营业线运营管理单位应根据施工等级成立相应的施工领导小组，负责组织相关部门和单位协调解决施工、运输、安全等问题以及施工现场的组织协调工作，做到运输、施工统筹兼顾，维护施工期间的运输秩序，确保行车和施工安全。

2.改建营业线施工前，施工单位应根据设计文件，对施工现场的环境和条件进行详细调查，制定施工方案。

3.施工单位应根据批准的施工计划，按规定提前向设备管理单位申请施工计划、施工地点及影响范围。设备管理单位接到施工单位的施工请求后，应对施工方案和施工计划及影响范围进行认真核对。

4.施工前，设备管理单位应积极协助设计和施工单位核查既有设备情况，提供地下管线、电缆等隐蔽设施的准确位置。无法提供准确位置时，由建设单位组织，设计、施工、监理、设备管理单位参与，共同探查、核实，确定防护范围，并签订安全协议，明确各方的安全责任。

5. 施工中，施工单位应对施工区域内影响施工作业的既有设备采取防护措施。设备管理单位应派员对施工过程进行安全监督。

三、营业线施工劳动安全规定

1. 行车速度大于160 km/h时严禁在两线间停留或跨越邻线避车，所持料具不应侵入建筑限界。

2. 严禁随意横越铁路，确因施工需要，应按相关规定设置防护。

3. 不应钻车、扒车、跳车或通过车底部、车辆连接处传递料具。

4. 严禁在车下、线路上或有塌方落石危险处坐卧休息。

四、营业线拆铺线路及道岔、轨道过渡工程以及临时道岔、便线施工作业相关规定

1. 根据批复的改建、拆铺以及临时设施施工计划进行书面安全技术交底。

2. 营业线拆铺线路和道岔，应在封锁线路的条件下进行。

3. 封锁命令下达前严禁上道施工，施工命令下达后，施工负责人应确认施工命令内容，防止误判、臆测给点。

4. 施工准备时不应超范围作业。安放滑轨、预铺新设备或搭设滑移平台时，不得侵入建筑限界，并应防止滑轨、设备或平台垮塌；工机具放置有序、稳固，防止侵入建筑限界；双线区间施工应设置安全警戒绳或隔离措施；无缝线路区段不应在超出允许轨温范围以外进行松动或拆卸扣件、扒挖道床、切割钢轨等有碍行车安全的作业。

5. 在自动闭塞区段拆铺线路和道岔，作业涉及道岔联锁、轨道电路、通信信号等设施时，施工命令下达后，由设备管理单位拆除施工区段影响作业和信联闭的轨道电路设施，施工单位不应随意剪断计划拆除设备中任何部位的轨道电路。

6. 电气化区段封锁施工开始后，应先加设时轨道回流线，施工完成后应及时拆除。

7. 施工作业完成后，经施工、监理、设备管理单位进行共同检查，确认达到放行列车条件后，方可登记销点开通线路。开通前应将施工机具、新旧路料清理到建筑限界以外。

8. 线路或道岔经检查确认达到放行列车条件，施工单位接到开通命令后，应按批复的施工方案、命令规定的速度，设置限速标志。

9. 线路或道岔开通后，由运营单位接管，开通24 h内施工单位协助运营单位维护，同时应符合下列规定。

(1)铁路建设项目新线施工中的正、站线线路经验收交接后方可开通。正式办理验交手续的线路及设备，应由设备管理单位负责维修养护。

(2)对不能进行动态验收的线路、道岔施工，由建设、施工、监理和设备管理单位联合检查确认达到工程施工质量验收标准要求，验收合格后方可开通，开通后由运营单位接管。

五、营业线换铺无缝线路相关规定

1. 无缝线路换铺作业应在封锁线路的条件下进行。

2. 换下的旧轨应及时回收，存放在线路附近的应清理出限界，摆放牢固。

3. 待换的长钢轨应采取加固措施，防止胀轨侵限、损坏既有设备，在跨越信号机两端处

防止侵限联电。

4. 无缝线路应按设计锁定轨温锁定，如不符合设计要求，应重新进行应力放散。

5. 对焊接接头应及时进行探伤检查，发现问题及时处理。

六、线路拨移相关规定

1. 线路拨移前应设置拨移控制桩，标明拨移量。

2. 拨移准备工作不得影响行车安全，严禁超前和超范围准备。

3. 无缝线路区段，宜提前放散应力。未放散区段，超出锁定轨温允许作业范围严禁挖开道床。

4. 采用滑轨拨移线路作业时，未封锁线路前，严禁向线路内穿放滑轨。

5. 过渡段、新旧路基结合地段，线路应使用机械养护。

七、站场改造相关规定

1. 站场股道升级、换铺道岔应在封锁(闭)线路条件下进行，并按规定设置防护。

2. 采用平台滑移轨排或道岔时，平台搭设应稳固可靠。预铺好的设备不应侵入限界，并采取失稳加固措施。

3. 预铺轨节或道岔的场地应平整，拼装好的轨节或道岔以及其他材料不应侵入限界。

4. 轨节或道岔预铺完成后，应及时做静态验收，各部位几何尺寸满足设计要求。

5. 拆除的旧轨料如：钢轨、轨枕、岔轨、岔枕、连接配件等应放置有序，严禁掩压、碰撞行车设备，确保邻线行车安全。

6. 在线间距不足 6.5 m 地段(两线间已有站台、栅栏等设施的除外)一线施工邻线行车时，邻线限速在执行相关规定基础上，限速标准为 60～100 km/h，瞭望困难地段可按 45 km/h。邻线限速长度不应小于实际作业范围，并按规定设置防护。

7. 轨道升级、换铺道岔施工破底清筛道床或使用大型机械设备配合施工时，邻线来车时应停止施工，设备严禁侵入限界。

8. 跨线滑移预铺轨节、道岔作业，应封锁所跨线路，封锁所跨线路的时间，按调度命令实施。

八、轨道过渡工程相关规定

1. 轨道过渡应根据设计文件，对现场进行核对，严格按设计文件和批准的施工过渡方案进行施工。

2. 过渡工程的开通速度和运行速度由施工单位依据设计和施工资料提出申请，经运营单位审查后确定。验收合格的过渡工程，由运营单位(维管单位)维护，开通后 24 h 内，施工单位协助运营单位进行维护。

3. 过渡工程应比照正式工程组织验收。过渡工程除拨接地段外，其他应提前进行验收。

4. 普通到发线临时替代旅客列车到发线时，应采取保证旅客上下车和通行的安全措施。

5. 站线或其他线临时替代正线时，应先确认线路行车条件和状况，必要时应采取改造或其他安全措施。

九、线路整道和维修相关规定

1. 线路整道、维修工作应在维修天窗点内进行。

2. 桥上作业，列车通过前，作业人员应撤到桥外或避车台上，所用工具不应堆放在限界内。

3. 在双线区间作业，当邻线来车时，应停止作业，下道避车，严禁站在两线间或跨越邻线避车。

4. 电气化区段线路维修作业时，应按现行营业线施工有关规定执行。

5. 维修作业结束时，机具应停放在限界以外，覆盖机具的篷布应捆扎牢固，防止刮风吹散侵入限界。

6. 在营业线上使用的起道机应采用液压起拨道器，严禁使用齿条式起道机进行养护维修作业。

7. 线路维修作业涉及道岔联锁、轨道电路、通信信号等设施时，应有设备单位人员配合。

8. 线路整道相关要求

(1)经整道的线路应及时补充道砟。

(2)在已卸道砟上不应再卸其他轨料，应将轨料卸在限界以外，并堆放稳固。

(3)线路经过整道后应逐步恢复常速。

(4)线路铺砟整道地段与相邻地段衔接处，应有不大于2‰的顺坡。

9. 线路维修相关要求

(1)起拨道地段，应有足够的道砟，一次起道量不得超过40 mm。

(2)起拨道后的线路应及时找平小坑，消除三角坑以及高低超限，并及时捣固，做到一撬一清。

(3)线路维修作业时，应加强对钢轨、接头、轨枕等轨道主要部件进行失效报废检查并标识，及时更换，轨道材料失效报废标准执行铁路线路修理有关规则的规定。

十、大型养路机械作业相关规定

1. 大型养路机械施工，应在施工天窗点内进行，并办理相关封闭要点作业手续，施工天窗时间不应少于180 min。

2. 大型养路机械的驻站与作业地段的距离不应过长，一般不超过25 km，通信设备保持良好。

3. 施工作业期间，机养施工单位和设备管理单位应分别派驻站联络员1名，传达慢行、封锁、开通命令及预报列车运行情况等。

4. 大型养路机械作业区段的安全防护由机养施工单位负责，随机防护。大型养路机械作业区段两端及区段内的道口、桥梁的安全防护由设备管理单位负责。

5. 无缝线路区段机养作业相关要求

(1)安排无缝线路机养封锁施工的天窗，应避开高温时间。

(2)施工前，设备管理单位应将该段线路实际锁定轨温及安全起、拨道量等技术数据交机养施工单位，并备足道砟，调直钢轨，拧紧螺栓。

(3)作业时，应派专人在施工地段测量轨温，并按规定的作业轨温条件组织施工。

(4)配砟整形车、捣固车、动力稳定车应紧密配合，形成流水作业，确保作业后的线路迅速得到稳定。

(5)营业线上作业时，捣固车一次起道量不得超过 50 mm，起道量超过 50 mm 时应分次起道捣固；一次拨道量不得超过 50 mm。

(6)作业中，机组人员应随时监测线路变化，发现胀轨迹象，应立即停止作业，迅速组织抢修队伍进行处理，并使大型养路机械安全退出胀轨现场。

(7)作业后 3 d 内，应派有经验的巡查人员巡回检查线路状况，发现胀轨或断轨预兆及时处理。

6. 作业结束后，列车放行条件由施工负责人和设备管理单位有关人员共同确认。

十一、线路拨接相关规定

1. 根据设计资料，施工单位应组织相关人员对拨接现场进行复查，按规定编制、报批实施性施工组织方案。

2. 线路拨接前，待开通新建线路(除拨接地段外)应按标准进行验收。

3. 拨接准备工作不得影响行车安全，严禁超前和超范围准备。

4. 对可能影响营业线既有设备的准备作业，应在设备管理单位人员的指导和配合下进行，不应随意拆除连接线、绝缘设施等。

5. 对可能影响轨道电路的作业工机具应加装绝缘保护。

6. 在拨接施工实施前，驻站联络员应根据批准的施工计划，向车站值班员办理登记要点申请封锁施工手续。

7. 施工负责人接到封锁施工命令后，应确认施工起止时间，下达设置防护命令，确认防护措施到位后，方可下达开工命令。

8. 施工中，设计、监理、设备管理单位、施工单位应按审定的方案监督和组织施工，随时掌握进度与质量，消除不安全因素。

9. 拨接施工完毕，线路开通前，设备管理单位、施工单位应进行质量检查，确认线路设备达到列车放行条件，方可开通线路。

10. 拨接施工后 24 h 内，施工单位应配合设备管理单位巡养线路。

11. 线路开通巡养期间应使用液压起拨道器，严禁使用齿条式起道机进行养护作业。起道作业时，应使用带绝缘的水平道尺。

第四节　桥涵工程

一、涉及营业线桥涵工程施工的主要危险源、危害因素

1. 施工前未进行“点前调查”和“危险源辨识”。地下管线未进行探测、标识和妥善保护。

2. 施工准备不充分。

3. 人员上道作业时无专人防护、来车时不按规定及时下道避车。

4. 大型设备无防倾覆措施、来车时不停机避让。

5. 机械设备、材料等侵入限界。

6. 在电气化区段施工时未按规定停电作业。

7. 在自动闭塞区段施工时工具、设备未采取绝缘措施。

8. 对无缝线路加固时未进行应力放散。

9. 线路封锁施工时,不按批准的项目施工或超前准备、超范围施工。

10. 慢行条件下施工时,无防护人员值班。

11. 需要慢行条件下施工时,未按要求设置移动减速信号牌;需要封锁条件下施工时,未按要求设置移动停车信号牌。

12. 线路加固时,支点嵌入深度不够。

13. 营业线改建桥涵施工时,未对既有桥墩台采取防护加固措施。

14. 营业线增建二线桥涵施工时,未采取合理措施,影响营业线桥涵和路基稳定。

15. 跨线桥施工时设备安全系数不足。

16. 影响铁路路基稳定和地下隐蔽设施的各类施工,未按规定进行监控量测。

17. 顶进挖土时违反规定要求,造成路基坍塌。

18. 框架桥涵顶进到位后,未及时回填超挖区,回填材料及压实度不满足要求。

19. 违规利用列车间隔进行施工、维修作业。

20. 自轮运转设备上道前,"三项设备"性能未经有关部门检测合格,未取得上道作业调度命令,无铁路运营管理单位人员带道行车。

21. 劳务工单独上道作业。

22. 营业线施工防护措施不当、针对性不强。

二、桥涵顶进施工

(一)工作坑及顶进后背

1. 顶进工作坑靠近路基一侧的坑顶距路基坡脚不得小于 1.5 m。

2. 工作坑开挖必须按规定进行放坡,分层下挖,不得任意放陡坡度,禁止掏底挖土。坑壁需要支护的,按设计进行支护。机具、材料、弃土等应堆放在基坑顶部周边安全距离以外。

3. 顶进后背应进行设计检算,后背梁、后背墙必须有足够的强度、刚度和稳定性。

(二)纵横抬梁加固线路

1. 纵横梁应按布置方式、跨度等进行受力检算,具备足够的强度、刚度及稳定性。线路纵向加固的长度和范围应根据工程地质、水文地质条件等经计算后按规定取值,两端部采用桩基进行承托和防护,防止坑壁坍塌。

2. 纵横梁应连接并支撑牢固。穿插横抬梁及安装连接构件时应防止轨道电路短路。

3. 扣轨应用扣轨卡紧固,U 形螺栓不得超过轨面高度。扣轨加固的范围,应根据工程地质、水文地质条件等经计算后按规定取值。

4. 连接构件及支垫垫木等应派专人检查,发现松动应及时紧固。

5. 顶进前应对横抬梁采取前顶后拉等措施，防止顶进时线路横移。

(三)铁路便梁加固线路

1. 便梁型号选用应满足箱体两侧坡体安全稳定的要求。

2. 便梁的铁路运输和装卸，必须按照批准的施工计划进行；电气化区段采用机械装卸便梁时，应申请接触网停电；人工装卸时，枕木垛应搭设稳固，滑轨应有足够的强度和刚度。

3. 便梁组装应严格按确定的便梁定位线和组装程序进行，不得侵限。便梁组装完成后，应及时安装防倾覆限位装置，做好日常检查养护，确保轨下绝缘良好。在自动闭塞区段还应进行绝缘监测。

4. 便梁支撑结构应牢固嵌入孔桩本体，满足便梁承载力和稳定性要求。挖孔桩护壁结构应符合设计要求，施工时做好预防塌孔、高坠等安全防护。

(四)桥涵顶进施工

1. 顶进前方土体难以确保稳定时，应在顶进前对土体进行注浆加固。注浆作业前应按规定进行试验，确定注浆工艺和参数。在影响营业线安全的范围内降水和加固的，应编制专项施工方案并经审批后实施。

2. 地下水位高于框架桥基础底面以下 1 m 时，应采取降水措施，严禁带水顶进。软土、砂土或粉土地区且地下水丰富，降水不能保证营业线和周边环境安全的，应设置必要的截水和围护结构。降水作业应加强监控量测，严格控制线路和周边环境沉陷，发现异常应按规定及时处置。

3. 顶进设备应配套检验，合格后方可安装使用。每次顶进前应检查液压系统、传力柱安装和后背变化情况，发现问题及时纠正。

4. 传力柱支承面要密贴，方向应与顶力轴线一致，一般 4～8 m 加横梁一道，以保持顶柱的稳定。顶进时安排专人密切观察传力柱的变化，如有拱起、弯曲等变形应立即停止顶进，进行调整。为防止传力柱崩出伤人，应采用填土压重等措施，传力柱上方严禁站人。

5. 应避免在雨季施工，无法避开雨季施工时，应编制汛期专项施工方案并经审批后实施。

6. 挖土机械铲斗在线下作业时，应一机一人监视监控，不得碰撞线路加固设施和桥涵主体结构。

7. 需拆除的支承桩应采用机械破碎或静态爆破。

8. 顶进挖土时，应派专人监护，发现异常情况时，作业人员及机械立即撤离危险区域，并按规定及时报告。

9. 顶进挖土作业相关规定

(1)坚持“勤挖快顶”原则。

(2)不得超挖、掏洞取土或逆坡挖土。

(3)列车通过时不得挖土。

(4)顶进设备发生故障时不得挖土。

(5)顶进暂停期内不得挖土。

(6)没有防范措施时雨天不得挖土。

10. 桥体顶入路基后，应连续顶进。当列车通过时，施工人员及机械必须撤离挖土工作面，顶进液压系统置于非工作状态。顶进过程中，应配备足够的抢修人员和料具等。

11. 当采用中继间法或顶拉法施工时，节间缝隙应采取防止土石掉落的封闭措施。

12. 顶进就位后，应严格按照方案规定进行框架桥边墙外侧土体加固，必要时进行物探以检测加固效果。

三、营业线桥涵改建施工

1. 营业线桥涵改建，新建、拆除墩台应编制专项施工方案。

2. 新建墩台相关规定。

(1)施工时，应对既有墩台采取防护措施，不得影响既有墩台的使用安全。既有墩台需要拆除时，应严格按批准的拆除方法进行。

(2)采用便梁加固线路时，临时支墩应安全可靠。施工过程中，应加强对便梁支墩的防护。

(3)桥墩台顶帽加高或落低时相关规定：

①操作平台稳固，临边防护及施工爬梯满足使用要求。

②顶梁时严禁端同时施顶；同一端使用的两个千斤顶，其规格、型号、起落速度应一致，保持梁体平衡；千斤顶使用前应经过检验；每次升降顶程不得超过 10 cm。

③顶梁时应设置保险垫木并随顶随支。

(4)桥梁横移时，滑道应按设计布置，桥梁两端采用相同型号的动力设备，同步滑移，协调一致。

(5)换梁后应按规定对线路进行阶梯提速，确保行车安全。

(6)小桥涵改建成框架桥相关规定

①框架桥采用顶进施工时，既有梁体应采取便于拉出的支顶方案，边顶边拆，确保加固线路的安全稳定性。

②既有桥涵混凝土结构按批准的拆除方法施工。

四、营业线增建二线桥涵施工

1. 对影响营业线桥涵基础和路基稳定的增建二线桥涵，应先进行坡体防护结构施工，后进行主体结构施工。邻近营业线施工的钻机等高大设备，必须采取可靠的防倾覆措施。

2. 沉入桩基础的打桩顺序应从营业线一侧开始，逐排向外打，并随时观测营业线路及桥涵的变化，且不应采用射水或振动法施工。

3. 沉井基础施工应控制超挖量，随时观察井内的地质、水文情况，及时监测既有路基和周围地面的沉降变形，发现异常及时处置。

4. 钻(挖)孔桩基础施工应考虑列车振动影响，加强防坍孔措施。泥浆池应远离路基坡脚，避免泥浆浸泡路基。

5. 脚手架、支架应符合安全规定，靠近铁路一侧不得侵限，且必须设置安全围挡设施。

6. 吊装、拆除墩台模板时，不得侵限。严禁在营业线设备上拴挂牵引绳索。

7. 排水涵接长施工，应有防汛应急措施。

8. 交通涵接长施工，应联系交通管理部门采取疏导交通措施。设置交通安全防护设施。

9. 架梁时，所选方案不得危及营业线行车和设备安全，并符合跨线桥及下穿铁路桥梁的施工规定。

五、跨线桥及下穿铁路的桥梁施工

1. 邻近营业线的墩台施工，应符合墩台和营业线增建二线桥涵的规定。

2. 跨线施工的悬臂挂篮、悬臂拼装支架等临时结构的安全系数应比一般情况大20%。

3. 跨线架设桥梁和设备过孔应编制专项施工方案，并封锁线路。电气化区段，当梁底与接触网承力索距离不足2 m时，应停电作业。

4. 吊装作业、架梁施工时，起重机和架桥机应定位准确，起重能力应满足作业半径、吊重等安全要求，起重索具安全系数应符合规定。

5. 吊装就位的梁、构件应摆放稳固。稳定性较差、迎风面积较大的梁、构件，在封锁时间内不能做永久固定时，必须采取临时稳固措施。

6. 经批准不需要封锁施工的跨线作业，应在车站按规定进行施工登记，派驻站联络员，设置现场防护，利用列车间隔进行。

7. 在电力牵引铁路上方进行施工时，应设置静电屏蔽防护和安装接地防护装置。养生用水不得随意泄流。

8. 跨线桥施工前，应按审核批准的方案设置营业线防护棚架。

9. 下穿运营铁路桥梁构筑物的设计、施工和监测相关规定。

(1)施工期间应对铁路桥梁结构变形实施全过程监测，并根据监测情况进行动态评估，适时调整工艺和措施，保证设备状态良好。实测值超过报警值时应采取停工、限速等措施。

(2)下穿工程应针对工程的风险特点，编制应急预案。

(3)下穿工程的基坑开挖施工过程中，应加强基坑稳定性和变形监测。

(4)基坑开挖应分层、对称进行，弃土应堆放在铁路影响区外。

(5)机械吊装施工前应对吊装设备进行全面的安全技术检查，并做好相应的起吊试验。

第八章　电力牵引供电工程施工

第一节　通用要求

一、加强施工安全生产管理

1. 施工单位应对工程进行危险源辨识，对危险性较大或技术复杂的分部工程、分项工程应制定专项施工方案，并按有关规定审批。

2. 在编制施工组织设计时，应针对具体施工项目，制定有针对性的安全技术措施；下达施工计划的同时，应根据项目特点下达安全技术措施要求。

3. 工程技术人员应对单位工程、分部工程、分项工程进行施工技术及安全技术交底，交底材料应采用书面形式。

4. 工程技术人员进行技术交底时，应同时强调相关的安全注意事项以及需采取的安全技术措施。

5. 施工过程中发现影响施工安全的异常情况应立即停止施工，并立即向建设等单位报告；发现设计文件错误或与实际不符，应立即向建设、设计等单位报告。

二、吊装作业相关安全要求

1. 在邻线有列车通过的情况下不得进行吊装作业。

2. 吊机不得斜拉重物，不得吊拔被埋住、压住或冻住的物体。

3. 设备吊装受力点应为设备标示吊装点。

4. 轨行吊车在轨道上行进时不得进行起吊作业，吊臂不得超过机车车辆限界。

5. 轨行吊车在曲线上操作支腿时，不得使曲线内侧车轮轮缘的下端高出线路钢轨轨面，以防落下时脱轨。

第二节　电力牵引供电工程

一、开挖及浇筑作业

(一)做好现场调查和防护措施

在基坑、管道沟、电缆沟等开挖或顶管作业前，应调查各类地下设施，在有可能影响既有地下设施设备安全时，应采取安全措施。

(二)基坑开挖作业安全要求

1.坑边不得放置重物和工具,弃土应距坑边 0.6 m 以外,堆土高度不应超过 1.5 m;作业人员之间应保持一定的安全距离,且不得相对刨土作业。

2.居民区或交通道路处基坑开挖作业现场应设置围栏、围挡等防护和警示标志,夜间应设置红色警示照明标志。

3.特殊不良地质基坑开挖相关安全规定:

(1)在土质松软地带挖坑时应按斜坡形开挖或采用防护板、沉箱等加固措施。斜坡形开挖坡度应根据土壤的性质、湿度及坑深确定,并符合土质松软地带挖坑的坡度规定。

(2)湿陷性黄土、流沙等地区基坑施工应采用支护结构形式的防护措施。

4.路基区段基坑开挖相关安全规定

(1)应设专人巡回检查,遇有大雨、暴雨天气不得开挖作业,已开挖的基坑应及时回填。

(2)列车通过时,应停止作业。

(3)应在坑口的线路侧做好挡板等防护措施,防止道砟掉落,保证路基稳定。

(4)应有防止弃土堵塞排水沟措施;改移排水沟时,应保证截面积不小于原沟的大小。

(5)基坑内积水不应排放到路基上。

5.爆破法开挖基坑相关安全规定

(1)爆破前,应对爆区内存放和已安装的设备及器材采取防护措施。

(2)在路基、桥梁、房屋等建筑物及既有设备附近进行基坑爆破时,应根据安全距离要求、坑深及地质情况采用控制爆破技术。

(三)沟槽开挖安全要求

1.遇有大雨、暴雨、连阴雨天气时,不得进行开挖。

2.已开挖的沟应采取有效的防护措施,并设专人巡回检查。

3.人工开挖时,作业人员之间应保持一定的安全距离。

(四)基础浇筑安全要求

1.施工过程中应随时检查基坑周边的稳固程度,遇有塌方危险的基坑应修复后再施工。距坑口边沿 1 m 范围内不得堆放料具。

2.采用人力翻斗车运送材料时,前后车应保持一定距离。双手应扶牢车把倒料,防止翻车伤人。倒料时,应有挡车措施,不得用力过猛和撒把。

3.邻近营业线使用的混凝土运输车不得侵入铁路建筑限界,并应设专人监护。

4.营业线路使用输送泵输送混凝土,应在封锁点内进行。

5.浇筑混凝土使用的溜槽及串筒节间应连接牢固。

6.深基坑内有人捣固或进行其他作业时,坑周边应有人防护。

二、支柱组立

(一)接触网支柱组立安全要求

1.支柱堆放地点应平坦坚实,支柱堆放应整齐稳固。

2.利用平板车装载支柱或横卧板等混凝土制品时,应装载均匀,放置平稳、牢靠。安装支柱或撒料时，应根据载重情况均匀卸载，防止偏载。

3. 待整正的支柱不得向线路侧倾斜，股道间支柱应顺线路倾斜。

4. 组立支柱时坑内不得有人。

5. 深水基坑、塌方基坑应先处理再立杆，立杆后不得倚靠坑壁和模板，并应及时整正。

(二)接触网支柱整正安全要求

1. 整正器使用时，应用力均匀，注意平衡两整正器的动作，不得猛拉猛推，以防支柱折断。

2. 需下坑作业时，应装好支柱整正器，确认坑壁稳固、无塌陷危险。

3. 坑内有人时不得移动支柱、不得向坑内放置横卧板。

4. 整正钢柱时，地脚螺栓的螺母只可松动，不得卸下。

5. 整正后应及时回填，填土应分层夯实，每回填不大于 0.3 m，应夯实一次。冬季回填基坑时，应将冻土块打碎，并不得掺杂冰雪块等。

6. 整正后支柱的任何部分不得侵入铁路建筑限界。

三、承力索及接触线架设

(一)补偿装置安装安全要求

1. 提升坠砣串时，连接件应牢固，下方及近旁不得有人。

2. 线索架设完成后，应有防止坠砣串摆动措施，防止侵入铁路建筑限界；安装坠砣限制架，限制架导管应直立，补偿传动灵活，坠砣串无卡滞。

3. 补偿绳在滑轮上缠绕前应将扭力彻底释放，缠绕时应顺着绞线方向，防止在放线后因内应力产生扭绞；不得使用有松股、断股、接头等缺陷的补偿绳。

4. 下锚时，连接线索与补偿装置的钢丝绳套应结实，连接部位正确，不应使补偿装置受力产生变形，紧线器安装应牢固。

5. 紧固 UT 形线夹时，应交替紧固螺母，并仔细观察螺栓和部件的外观状态。

(二)承力索及接触线架设安全要求

1. 应对现场的架空电力、通信设施、低净空隧道、低净空跨线桥等施工干扰情况进行调查，制定相应安全措施。

2. 放线区段内平交道口应设专人防护。

3. 架设前，应检查架线车及工器具状态。

4. 架线时，线索下方、坠砣下面及近旁不得有人。

5. 架线车应行驶平稳且速度不得超过 5 km/h。

6. 架线过程中均应采用封口滑轮，并在曲线区段对滑轮加强固定。

7. 进入低净空桥梁、隧道前应降低作业台，并设专人监护、注意瞭望、加强联络。

8. 接触线每跨内吊弦应不少于 3 根，在曲线外侧支柱定位环上应将放线滑轮临时固定。

9. 架设完成后，应及时安装中心锚结装置，两端进行临时接地。

10. 架设刚性接触网接触线时，应在第一、二个悬挂点两端固定汇流排，确保汇流排在放线时不滑动；架线小车被卡住时，应立即松开拉绳，解除对架线小车的拉力。

(三)下锚作业安全要求

1. 承力索紧线时,应将紧线器尾侧的承力索固定牢靠。

2. 紧线应平缓施加紧线张力,起锚端、中间巡线人员、终锚端应保持密切联系,发生卡滞应停止紧线。紧线时应观察锚柱状态。

3. 作业完成后,应有防止坠砣窜动措施。

第三节 接触网现场看护

接触网导线、承力索等上部构件一旦发生破坏、盗窃将造成上部设备脱落,严重危及行车安全。施工单位必须把接触网看护作为安全控制重点,逐级落实责任制,强化巡守组织、抢险组织和检查组织,认真落实各项管理制度、事故应急预案;加强对重点部位和区段的巡守工作,严防死守,全力确保行车安全。

施工单位要科学组织施工,架线前要对沿线治安环境和自然环境进行调查研究,对治安环境和自然环境较差易发生盗窃破坏的地段应重点看护。

施工单位要加强重点部位和区段的排摸,挂网前对通往挂网线路的小便道、机动车通行道、距离网线较近桥涵等易发生割盗电气化设备的部位和区段进行一次认真彻底的排摸,并根据排摸情况确定重点巡守部位。对重点巡守部位应采取设置定点看护、加强巡守力量等措施,加强看护。

施工单位要根据施工进度及时划定各巡检人员巡视范围,绘制区段巡守图(包括锚段布置、重点部位位置、巡守人员安排、负责人、联系电话等),落实人员和责任。

施工单位要采取多种方式建立联防联控共保体系。要加强与铁路和地方公安部门、车站、巡线组织、护路联防组织及各设备管理单位的联系,提前通报有关施工和巡守等情况以及联络方式,与有关单位签订联防共保协议。

施工单位要建立包保责任制,项目部要成立接触网设备防盗领导组织,落实干部包保责任,建立检查工作制度,确定检查方式、检查内容、检查频次及检查结果处理要求。项目部要根据巡守布置情况,分段成立巡守小组,对巡守人员进行安全和业务培训,落实巡守人员工作制度、责任追究制度和应急处理机制。

严格落实巡线看护制度。所有挂线锚段必须设置巡守人员,要加强重点区段和夜间的巡守,杜绝巡守中人员扎堆现象,看守人员不得脱岗离岗。巡守人员要严格落实上线巡视有关规定,统一着装,统一安全标志,统一携带上岗证;巡守人员要加强自身安全保护,巡视过程中应在线路两侧路肩及以外进行巡视工作,禁止巡守人员上线巡视,禁止巡守人员用照明设备照射列车司机。应向巡守人员配备必要的通信、照明、安全防护用品和临时抢险处理工具。建立统一的巡检记录,认真记录巡检情况、交接班情况及有关问题的处理等情况。

严格落实巡守抢险值班报告制度。巡守现场一旦发生接触网线、腕臂、坠砣等设备坠落危及行车安全的异常情况时,巡守人员应在第一时间内通知就近车站值班员请求拦停列车,同时要立即对异常情况进行检查,准确判断影响情况,并将情况及时通知车站值班员和值班领导,准确说明处理措施;作业队和项目部领导要根据汇报情况,立即启动应急抢险预案，迅速组织抢修。项目部值班领导应在第一时间内向施工指挥部及工程建设指挥部等有关单位汇报，并积极配合有关单位做好抢修组织和事故调查等工作。

落实抢险队伍、机具，强化抢险组织。施工单位要制订应急预案，成立抢险小组，配备相应抢险机具、物资和通信器材，加强昼夜值班，随时应对可能发生的事件。必须安排足够的抢险人力、物资和车辆，要落实抢险人员、车辆、工具和材料，明确各抢险小组负责人、驻地、车辆和工具及材料存放地点、联系电话。各抢险小组必须 24 h 值班，随时做好抢险准备，确保反应迅速，行动及时。在既有线上抢险，现场抢险负责人应按照“先通后复”的原则组织抢修，确保以最快的速度恢复通车。通车后，抢险负责人必须安排足够的人员和设备，对抢险地段设备临时处理情况进行重点监控，并尽快向车站和调度所提出要点申请，尽快对临时加固处理的设备进行正式恢复。

第九章　通信信号工程施工

第一节　通用要求

营业线电务工程施工前，施工单位应与设计、监理和设备管理单位认真核查设备情况，共同制定施工方案。对既有地下管线、光电缆径路的位置、走向、埋深、防护要有准确的描述，并明确对既有设备的防护范围和防护措施，同时在施工过程中加强监护。

一、电缆沟槽施工

在电缆沟槽施工前，应先调查地下隐蔽设施情况，当有光电缆(特别是电力电缆)、管路等隐蔽设施时，需与有关部门联系，做好防护后，方准施工。穿越或靠近铁路线路挖沟及挖坑时，应有防护措施，列车通过时需停止作业，并离开危险地带。

挖掘同一条光电缆沟时，作业人员的间距应大于 3 m，在行车线路附近开挖时，严禁采用掏挖的方法。在站场内危及行车和调车作业安全的地段挖沟及挖坑时，需与有关单位联系，并设专人防护，沟坑应于当日填平夯实，必须过夜时，应通知有关单位，并需设防护栏和警示灯光。在铁路路肩或斜坡地段挖沟及挖坑时，需将挖出的土石放在下坡的一侧，沟内和坑内有人作业时，坡上不得有人行走或做其他工作。在人行横道或车行通道的路口挖沟及挖坑时.应于当日填平夯实，必须敞口过夜时，应搭人行便桥及车行便道，并设防护栏木与警示灯光，必要时需设专人看守。横过公路或繁忙车道敷设光电缆时，应采用打过道管方法。必须开挖时，采取先挖半边铺好桥板，再挖另半边的方法。如系公路，应取得公路交通管理部门的同意。并按照规定做好防护，方可施工。从沟坑内挖出的土石应投放在距沟边沿 0.6 m 以外，沟及坑的边沿不得放置重物。

在建筑物旁挖沟及挖坑时，应根据挖掘的深度，做好必要的安全措施，以防倒塌。人工打过道的三脚架和吊钢轨的铁链应安装牢固。在土质松软、不稳固或有倒塌危险的地段挖沟、坑、槽、井时，应设置安全边坡或采取沉箱、防护板等安全防护措施。进入挖掘过的沟坑前，必须检查土质和护土板的情况，发现有裂缝或不正常情况时，应采取加固措施。回填有防护板的沟、坑、槽、井时，应边回填边向上撤防护板，不得将防护板一次全部撤除，在强流沙地带，不应撤除防护板。

二、光电缆敷设

1. 抬运光电缆过桥梁、隧道或在铁路路肩上抬运时，不应将光电缆曲伸到限界以内。抬运光电缆过铁路线时，应在统一指挥下平行跨越。

2. 光电缆穿越铁路施工应符合下列安全要求：

(1)光电缆过轨道应采用顶钢管安装。穿越轨道的防护管长度，必须大于轨枕头以外0.3 m。

(2)顶管施工前，应调查施工地段地下管线状况，严禁在煤气管、供水管、通信线等限界内实施顶管作业。

(3)顶管施工时的脚手架应搭建牢固，严禁侵入铁路建筑限界。

(4)顶管施工完毕，应及时将钢管封堵。

从光电缆盘上拆下的防护板，应放置在安全地点，光电缆盘两侧的作业人员，不得将脚伸入光电缆盘底下，也不准用脚蹬光电缆盘侧面。光电缆盘应架设稳固。轴杠保持水平。光电缆盘离地面不大于100 mm，并有制动措施。

人工敷设光电缆时，应做到：

①作业人员需戴垫肩及手套。

②光电缆应从盘的上部出缆，放缆时每人负重不应大于35 kg。

③敷设光电缆时，应有专人统一指挥。扛光电缆的作业人员均应站在光电缆的同侧，并保持适当距离，在拐弯处应站在拐弯外侧。

④敷设较长光电缆过铁路或公路时，扛光电缆的作业人员需排列成与公路或铁路平行的直线，首尾同时起步跨越，严禁排成与铁路或公路垂直的队形过道。

⑤在桥梁、隧道或路肩上敷设光电缆时，应设专人防护，严禁将光电缆伸到限界以内。

三、信号机柱施工

竖立或撤除信号机柱前，必须与车站值班员联系，办理登记手续，经同意并按规定设置防护后，再进行施工。人工撤、立机柱时，应按每人承担50 kg的重量配备作业人员，作业时应设专人指挥，明确分工。立机柱的拉绳和叉杆必须绑扎牢固，严禁将叉杆、支杆支在身体上，不准将拉绳缠绕在胳膊或腰间。使用滑车立机柱时，机柱下方不得有人，当机柱起高到70°时应减慢牵引速度。机柱竖立、移位、转向时，必须停止坑内一切作业。无关人员应离开机柱高度的1.5倍以外。

撤机柱时，应先用绳索牵引并用叉杆加固后，再挖根部。放倒机柱时应避免倒于线路上，不准有人逗留在机柱倒下方向柱高1.5倍的范围内。已经立起的机柱，必须回填夯实后，方准撤去叉杆及拉绳，机柱坑未回填夯实，严禁攀登。安装或撤除信号机构时，严禁用肩扛，必须使用滑车吊装，机构吊起后，下方不准站人，滑车吊绳在使用前应进行检查。

雷雨或暴风、雨、雪天气时，严禁在铁塔、信号机上作业。列车通过时，应关好机构门，不得在线路两侧信号机上作业。在接近馈电线路竖立或撤除信号机柱时如距离不足时，必须停电后方准施工。

第二节　信号工程

一、信号工程施工监控重点

信号工程施工时以下情况为危险施工源及危险因素：

1. 未与设备管理单位和行车组织单位签订施工安全协议；未调查了解既有信号设备类型和使用情况。

2. 施工及施工过渡、开通方案不合理或未按批准的方案实施，未制定应急预案。

3. 电缆沟槽施工前未对地下设施进行调查，未采取相应的防护措施。

4. 过渡施工未对新设备与既有设备结合部位查线摸底，确认实物与图纸是否相符。

5. 信号电缆绝缘不良，设备配线错误。

6. 施工借用既有信号电缆、电源。

7. 工具、材料放置侵限或使轨道电路短路。

8. 道岔调整不密贴。在非正常行车施工中，工务紧固、加锁道岔的转辙机未甩杆、未断开安全接点、未切断启动电源。

9. 竖立或拆除高柱信号机柱时未登记要点及按规定设置防护。

10. 尚未开通使用的信号机不打无效标或漏光。

11. 高空作业未佩戴安全帽及安全带。

12. 机械室施工无防火措施。

13. 采用封连线或其他手段封连使用中的各种信号设备电气接点。

14. 信号联锁、列控及列车调度指挥/调度集中等系统未试验或试验不彻底。

15. 新开通线路，可能造成分路不良的轨道区段未登记。

16. 设备开通前信号设备变化资料未按规定上报公示。

17. 在营业线上安装、更换钢轨绝缘时未登记要点；电力牵引区段更换轨道设备需断开轨道牵引回流通路时，未执行先通后断原则。

18. 在营业线路上施工，未按规定设置列车和人身安全防护。

19. 营业线施工，设备管理单位监护人员未到位，擅自施工。

20. 电缆沟槽开挖、敷设、地下接续等隐蔽工程施工，以及站场改造过渡施工的联锁修改未制定专项施工方案，或施工方案未按规定进行审核审批。

二、信号工程施工安全要求

信号施工时不得将材料、工具物品放置在道岔、钢轨以及其他任何妨碍行车安全的地点，防止材料、工具将轨道电路短路。进行轨道钻孔作业时，必须使用专用钻孔设备。钻孔设备电源应采用发电机电源，不得借用既有信号设备的电缆、电源。发电机应放置在线路外侧 2 m 以外。电源线横过线路钢轨时，应从钢轨底部穿过。如中间停止作业时，应设专人看守或即时收回。在无砟轨道的轨道板、道床板、防护墙、隧道壁等混凝土构件上钻孔作业时，应经相关单位同意后进行，钻孔前应进行钢筋探测，钻孔的深度不得大于规定值。新增信号设备需接入既有电源屏时，设计单位应会同设备管理单位、施工单位核实确认电源屏的容量。

光电缆沟开挖作业前，施工单位应与相关单位对光电缆路径、交叉施工的项目进行定测，对前期预设的沟、槽、管、线进行核查。开挖作业应有可靠的安全防护和应急抢修措施。

三、地面固定信号机施工

营业线上组立信号机时，应做好施工安全防护，组立后不得侵入铁路建筑限界。在土质松软、不稳定且有坍塌危险的地点挖高柱信号机机坑时，应采取加固防护措施，高柱信号机机坑坑底应采取防沉降措施。人工挖高柱信号机机柱坑时，机柱马道应顺着线路方向。

(一)人工竖立高柱信号机机柱应符合的安全要求

1. 人工竖立高柱信号机机柱前，应对参加作业人员进行安全知识及作业程序方法的培训。

2. 立机柱前应检查立柱工具，特别是“把杆”、大绳及各种钩环必须结实无损伤。

3. 作业人员应服从指挥，步调一致，牵引大绳人员用力要均匀，脚不应离地，绳子不应缠在腰间及手臂上。

4. 基坑回填时应分层夯实。

(二)机械竖立高柱信号机机构应符合的要求

1. 检查起重机、滑车、吊杆等的机械状态应完好。

2. 滑车立高柱信号机机柱时，人员应在机柱高度 1.2 倍的距离之外。

3. 使用起重机立杆时，作业人员不得站在起重机臂或机柱下。

4. 回填并夯实后方可撤去拉绳或者撤离起重机。

竖立高柱信号机机柱和撤离高柱信号机机柱时应注意：

竖立高柱信号机机柱，在机柱坑未回填及夯实前不得攀登机柱。撤离高柱信号机机柱时，用绳索牵引及叉杆加固后再进行作业。机柱倾倒方向应避免机柱倒于线路、接触网、电力线和其他建筑物、设备；使用机械拔杆时，必须做好防护措施。机械设备的作业半径不得侵入铁路建筑限界。

在电力牵引区段，竖立、撤除信号机柱以及吊装信号机构时，施工机具、设备外缘及施工作业人员距接触网带电部分不得小于 2 m。当小于 2 m 时，应按规定办理停电手续或利用停电天窗时间施工。

(三)在信号机机柱上作业应符合的安全要求

1. 雾天、雷雨或六级以上大风天气时严禁在信号机机柱上作业。

2. 工具、材料等物品应放在工作袋内，不得放在信号机上。

3. 必须系好安全带并检查扣环是否扣牢，必须佩戴安全帽。

4. 严禁在同一机柱上、下同时作业或两人站在一个靠梯上作业。

5. 作业人员不得站在最高两级梯挡上作业，身体重心不得倾斜到梯脚范围以外。

6. 作业人员在梯子上作业时，梯子内侧不得有人逗留。

7. 作业人员严禁上、下抛递配件或者工具。

(四)在营业线进行信号机施工时应符合的安全要求

在营业线进行信号机施工除应符合上述规定外，尚应符合下列安全要求：

1. 竖立或拆除高柱信号机机柱时，应在车站行车室设驻站联络员，现场应设防护员。

2. 列车通过时严禁在该线路两侧高柱信号机上作业。

3. 安装信号机机构前应对机构密闭性进行检查，防止漏光。

4. 已安装尚未启用或应拆除但尚未拆除的信号机，应将机构向线路外侧旋转 90°或加无效标志。机构门应关严，并熄灭灯光。

5. 竖立或拆除高柱信号机时，应利用天窗点或施工点进行施工并做好防护。

四、道岔转辙装置施工

（一）在营业线上进行道岔转辙装置施工应符合的安全要求

1. 在车站行车室设驻站联络员，并须办理相关施工手续，施工地点设安全防护员进行施工防护。

2. 车站值班员同意后，应关闭防护信号机并将有关防护道岔操纵至不通向施工地点的位置。

3. 对失去联锁的道岔，室外应断开转辙机安全接点，室内应单锁并断开启动电路。严禁封连端子或人为给出道岔表示或人为开放信号。

4. 列车通过前必须将工具、材料提前撤离到线路以外不妨碍行车的地点。

5. 在有轨道电路的道岔上作业时，工具、材料等不得将轨道电路短路。

6. 施工完毕必须试验良好，并经设备管理人员确认后方可办理销点手续。

（二）转辙装置安装作业应符合的安全要求

1. 在进行安装作业时，严禁进行该道岔的任何转换作业。

2. 施工时严禁用手指探销孔。

3. 需转动道岔时，应确认尖轨与基本轨之间无作业人员和工具、材料。

4. 安装完毕后，应确认各紧固件、开口销及防松卡安装正确、齐全、牢固。

5. 在道岔上钻孔作业时，应在尖轨和基本轨间放置带有木柄或铁环的木垫；作业完毕后，应立即将木垫撤除。

6. 营业线转辙机施工，应针对手摇把及电动转辙机钥匙制定专项管理制度，严禁施工人员私自带手摇把进入工地。

7. 道岔手动转换时应指定专人统一指挥，指挥信号准确清晰，作业人员要听从指挥，避免转辙机等零部件损坏。

8. 各紧固件应连接齐全牢固，弹簧垫应紧牢。各牵引点手动转换无异常后，再进行电动试验。

营业线新安装的道岔以及应拆除尚未拆除的道岔必须纳入车站联锁，并按照有关规定做好监控防护，必要时切断启动电源或者挂牌明示。

五、轨道电路及轨旁设备施工

道岔跳线及钢轨连接线应及时盘绕、固定，穿越钢轨的跳线或钢轨连接线距轨底不得小于 30 mm。电力牵引区段更换扼流变压器、中心连接板（线）、连接线、钢轨绝缘时应按规定办理要点停电手续或利用停电天窗时间，确认停电后方可进行施工。严禁在轨道上拉临时线沟通轨道电路。

（一）ZPW-2000A 轨道电路施工作业应符合的安全要求

1. 基础桩安装不得侵入铁路建筑限界，引线口必须面向大地。

2. 调谐单元、匹配变压器、空芯线圈、防雷单元等设备的安装必须符合相关技术标准的规定。

3. 在营业线电力牵引区段接触网不停电更换轨道电路设备时，除应符合上述要求外，尚应符合下列安全要求：

(1)按规定办理登记要点手续。

(2)更换轨道变压器、电阻器及配线时，严禁切断扼流变压器的轨道侧回路。

(3)更换双轨条轨道电路的扼流变压器连接线时，必须先将两条钢轨与相邻轨道的扼流变压器中点连接好后，方可施工。施工完毕必须将临时连线拆除。

(4)更换双轨条轨道电路扼流变压器的中点连接线(板)时，必须先将两个扼流变压器中点端子连接后，方可施工。施工完毕必须将临时连线拆除。

(5)更换钢轨绝缘时，在双轨条轨道电路中严禁断开接向扼流变压器连接线中任何一侧或两个扼流变压器中点的连接线。

(6)更换轨端接续线时，不得将双线同时断开。

(7)拆除废弃轨端绝缘时，应保持封连绝缘的接续线连通，方可更换钢轨接头夹板。

4. 安装补偿电容应符合下列安全要求：

(1)安装补偿电容时，作业人员应面向列车接近方向进行作业，并设专人防护。

(2)补偿电容的安装必须一次性完成，且固定牢固。

(3)营业线补偿电容在正式开通投入使用前不得连接轨道电路。

(二)安装计轴设备应符合的要求

1. 禁止金属器具在已开通使用的计轴传感器上滑行。

2. 计轴设备轨道箱不得侵入铁路建筑限界。距所属线路不得小于规定值。

(三)应答器安装应符合的安全要求

1. 安装人员应经过安全和安装培训，并考试合格。

2. 在安装前应确认应答器标签上标明的安装位置、线路公里标位置、上下行位置与设计图纸中安装应答器位置相符合。

3. 应答器距轨面的高度应以应答器侧面的电气中心十字标记为准，应答器安装误差应符合相关要求。

六、室内设备施工

在既有机械室内施工时，应符合下列安全要求：

1. 过渡施工或更换设备时应办理要点申请手续，经车站值班员同意，并在设备运行维护人员的配合下方可施工。施工前应向设备运行维护人员交底。

2. 施工单位进入机械室前应向设备管理单位值班人员递交当日工作单，明确责任人、施工范围、施工时间。

3. 进入既有机械室施工后，应遵守设备管理单位相关规定，并对既有设备进行可靠防护。

4. 应在设备管理人员的配合下，确认新设备与既有设备的结合部位的实物与图纸相符。新增配线及拆除线均应标识清楚。

5. 施工人员查线时，不得影响既有设备使用。

6. 室内施工用电和新设备导通试验严禁使用既有设备电源。

7. 施工完毕必须对更换后的设备进行试验，经设备管理单位确认合格后交付使用。

8. 改造施工中，室内拆除废弃设备和配线时，应在施工点内进行，并做好防护措施。

七、信号设备防雷接地

（一）室外设备接地应符合的安全要求

1. 信号室外设备的接地应就近与贯通地线的接地连接端子连接，其引接线截面积应符合设计要求。

2. 室外设备进行接地连接前，应检查和测试贯通地线或综合接地连接端子的接地电阻不应大于 1 Ω。

3. 信号防雷设备安装前必须先做好接地连接。

4. 信号设备在进行通电前，必须做好接地连接。

5. 信号设备的安全地线、屏蔽地线和防雷地线等的设置应符合设计要求。接地导线上严禁设置开关、熔断器和断路器。

6. 信号设备防雷及接地装置的设置应符合设计要求。接地线与接地体之间应可靠连接，严禁虚焊虚接。

7. 电力牵引区段有综合接地系统时，信号机构与梯子、继电器箱、道岔握柄、带柄道岔表示器以及距离接触网 5 m 范围以内信号设备的金属结构物应接入贯通地线接地端子，无综合接地系统时应可靠接地。

（二）室内设备接地应符合的要求

电源室（电源引入处）防雷箱处、防雷分线室（或分线盘）处的接地汇集线应单独设置，并分别就近与环形接地装置单点冗余连接。

八、系统调试

（一）道岔设备试验调试应符合的安全要求

1. 道岔第一连接杆处尖轨与基本轨间有 4 mm 及其以上间隙时，道岔不得锁闭。

2. 室内作业人员操动道岔时，室内外作业人员应做到呼唤应答，室外应设立专人进行道岔区域的防护。

3. 室内外试验人员必须共同确认道岔实际开通位置与控制台定反位表示、控制台显示、继电器状态及联锁表位置一致。

4. 三相交流转辙机必须进行断相检查。

5. 营业线道岔试验结束时，应经设备管理人员验收确认正确后，方可销点、撤离现场。

（二）信号机调试应符合的安全要求

1. 信号机安装完成，须检查各个灯位的安装、排列顺序、配线是否正确后，再从室内分线盘处对各灯位逐一进行送电试验。

2. 列车色灯信号机必须进行主副灯丝的转换试验，并与室内进行核对。

3. 信号机、表示器灯光必须显示正确，必须达到正常的显示距离要求。

4. 营业线进行信号机送电试验不得影响行车，信号机试验期间灯光必须遮挡。

5. 信号机有灯光转移功能的，应进行灯光转移试验。

(三)轨道电路调试应符合的安全要求

1. 送电试验前，应检查各部件的接地连接、送电电压等是否符合相关技术规范规定，检查死区段的长度是否符合设计要求。

2. 轨道区段应逐个区段进行送电试验，室内送电电压必须符合规定，并对轨面电压、电流、分路状态、残压、死区段等逐项进行测量，并符合有关技术条件的要求。

3. 营业线轨道电路试验不得影响既有轨道电路的使用，如需接入试验必须要点进行，试验结束后必须恢复既有轨道电路状态。

(四)联锁试验调试应符合的安全要求

1. 联锁试验应在室内外单项试验结束后进行。

2. 联锁试验前应拆除单项试验所使用的各种模拟条件。

3. 试验必须满足设计要求，联锁关系正确，室内外表示一致。

4. 联锁试验人员必须经过培训、考试合格后持证进行联锁试验。

5. 联锁试验必须编制试验方案，明确试验组织、分工试验内容及安全措施，并规范试验应答用语。

6. 联锁试验必须设专人统一指挥、专人监控联锁试验过程，防止出现试验漏项、误操作等现象。

7. 严禁使用封连线进行联锁试验。

九、营业线施工过渡

营业线施工过渡，应认真进行现场调查，尤其是新旧设备结合部位，既有设备的调查摸底应在设备管理单位人员监控下进行。应根据调查情况及工程特点，编制施工过渡技术方案，并按照规定报有关单位审核批准后方可实施。施工过渡中，信号设备变化涉及修改列控及 LKJ 数据的，应根据规定提前上报有关单位。插入、移设、或应拆除尚未拆除的道岔，必须按过渡工程设计施工，将道岔纳入联锁。施工中、后需拆除的设备，必须由施工单位与设备管理单位提前共同确认，并做好标识，防止错拆、漏拆。

过渡施工设备安装完毕，必须对修改内容进行联锁试验，经设备管理单位确认联锁关系正确后方准开通使用。

第三节　通信工程

在营业线上进行通信施工时，应执行铁路有关营业线施工确保行车安全的规定，减少对铁路运输及安全的影响。对通信设备的搬迁、光电缆割接、改线和设备倒替，应取得有关部门批准并尽量缩小设备停用范围和时间。通信工程开工前，应与相关部门签订安全施工协议，办理开工报告。

一、通信工程施工防护重点

通信工程施工应考虑下列主要危险源、危险因素：

1. 光电缆施工防护不当。

2. 工具材料侵限。

3. 光电缆接续、切割错误，零线与保护地合设、电源的正负极接错及外电源引入质量不良，通信数据未备份。

4. 室内施工使用电器产生明火，室内施工损伤既有设备。

5. 无线通信铁塔组立、天线安装未防护。

6. 机车顶部天线安装未防护。

7. 当采用综合接地时，未与综合接地系统的贯通地线进行等电位连接。

8. 系统的防雷、电磁兼容及接地不彻底。

通信工程中的系统倒接、无线铁塔安装等工序，以及既有通信工程改造中的影响行车和既有设备安全、新建设施开通等施工项目为重大危险源，应制定专项施工方案，并按规定进行审批或备案。在涉及重大危险源施工时，施工单位专职安全管理人员应进行现场指导，监理单位应进行旁站监理，设备管理单位应进行现场监护。

二、通信线路施工

(一)直埋式光电缆沟槽施工安全要求

1. 光电缆沟开挖应调查确认各类地下设施。在有可能影响或妨碍既有地下设施的地方开挖时，应事先与设施产权单位或运行维修单位签订安全施工协议，制定相应的安全措施后方可施工。

2. 在挖沟地段应设专人巡回检查。遇有大雨、暴雨、连阴雨天气时，不得进行开挖，已开挖的光电缆沟应根据具体情况或铁路运输部门的有关规定及时回填。

3. 禁止在路肩开挖光电缆沟，并应在距离护坡底部 2 m 外进行。开挖应有防止道床污染的措施，弃土应投出沟外 0.6 m 以外，堆积高度不得超过轨面。

4. 当光电缆敷设需要通过铁路、公路等交通要道时，应采用非开挖方法进行施工。必须开挖时应采取安全防护措施。

5. 当天施工的沟槽应当天回填或覆盖，否则必须采取防护措施，防止人员坠落。

6. 敷设完毕的光电缆沟应及时回填。回填时，挖沟弃土全部回填，并分层夯实。

(二)高压危险影响区段通信施工安全要求

1. 作业设专人防护，并按带电作业规定进行作业。

2. 切割光电缆金属外皮或打开接头套管前，应将光电缆两端金属外皮连通，并临时接地。

3. 用仪表测试电缆芯线有危险电压时，应申请停电作业；无危险电压时，芯线接地后方准作业。

4. 与电缆芯线的各种外线引入端子相连的设备上作业，应使用带绝缘柄的工具。

(三)穿越铁路、公路光电缆施工安全要求

1. 光电缆过轨道或过公路应采用顶钢管安装。穿越轨道的防护管长度，必须大于轨枕头以外 0.3 m；穿越公路的防护管长度，应大于公路面两侧以外 0.2 m。

2. 顶管施工前，应调查施工地段地下管线状况，严禁在煤气管、供水管、通信线等限界

内实施顶管作业。

3.顶管施工时的脚手架应搭建牢固,严禁侵入铁路建筑限界。

4.顶管施工完毕,应及时将钢管封堵。

在铁路线路附近进行光电缆接续时,应将接续伞或接续帐篷搭扎牢固。

在营业线进行架空通信线路支柱施工时,应注意组立过程中对带电线路的安全距离,组立后应检查是否侵入铁路建筑限界;基坑回填时应分层夯实。

通话柱、扩音柱、直放站支柱、视频摄像杆塔等室外通信设备的安装不得侵入铁路建筑限界和影响铁路信号的显示。

第四节　专项安全管理

集团公司管内的信号施工,包括建设、大修和技术改造工程,以及纳入集团公司月度综合运输施工方案的信号施工。

一、施工管理职责分工

集团公司电务部是电务系统的业务主管部门,负责对电务工程施工的提前介入、方案审查、组织或参与工程验收和开通工作,审核纳入集团公司运输方案的电务施工要点计划,并负责电务施工质量、安全、工艺的检查监督。电务部工程科负责建设、大修和技改造工程的前期及施工管理工作。电务部安全科负责纳入集团公司月度综合运输方案的电务施工方案、施工要点计划的审查。电务段是集团公司信号设备的管理单位,负责既有线电务设备的完整和安全监控,制定或参与施工方案的研究和审核,同时负责管内电务建设、大修和技术改造工程施工的配合、检查、监督、验收、开通和接管。

二、施工安全协议和技术协议

施工单位进入集团公司管内既有线施工前,必须与电务段签订施工安全协议和技术协议(含工艺标准)。既有线要点施工和过渡要点施工,应与电务段签订针对本次要点施工的安全协议。安全协议中,要明确双方的责任和义务、施工范围与期限、安全防护内容和措施,明确施工及联锁试验期间的安全责任以及结合部安全分工等内容。

在技术协议中,需要明确施工工艺标准、质量要求、设备检测要求和技术资料提供等内容。

三、施工有关事项的审核把关

1.开工前电务段须认真核查施工单位的施工设计(包括过渡施工设计)、安全措施、集团公司批准的技术方案、施工方案等文件,各项文件资料齐全、有效后,方准开工。

2.对施工图纸的要求。为确保图纸的准确性,设计单位必须到现场核对设计与设备实物的一致性。电务段须做好设计调查配合,避免设计图纸与现场设备不一致问题。

3.施工单位和电务段须安排专人负责图纸的审核工作,对施工图纸进行全面审核对发现的设计错误,及时与设计沟通,由设计修改并签认,未经设计认可,任何人员不得擅自修改设计图纸。

4. 做好源头控制，严把器材设备的选型关，坚持选用“先进、成熟、可靠、用过”且符合上道许可的电务设备、器材。

5. 施工工艺标准严格执行国铁集团颁发的施工工艺标准，确保工艺、质量、投入一步到位，做到高起点、高标准。

四、施工组织方案的编制

工程具备开通施工条件后，施工负责人须组织召开开通施工方案编制会，按标准要求认真编制开通施工组织方案，报集团公司建设部、施工办、电务部审查。电务段应认真审核施工单位的施工组织方案，并根据施工单位的施工组织方案，由分管段长（重点工程由段长）组织召开工程开通施工配合方案编制会，制定施工配合组织方案。组织方案须达到内容详尽，分工明确，安全措施全面，应急预案可行。

电务段的施工配合组织方案，由电务段施工负责人和技术负责人签字、加盖公章后，报电务部审查。

对施工方案的具体要求：

1. 施工方案中的施工影响范围描述必须准确、严密，既不扩大又不漏项；在施工方案中须根据施工实际需要，申请充足的封锁施工时间，以保证联锁试验内容全面准确完成。如遇有信号机位置、站内及区间载频设置、发码发生变化时，要有坐标和发码变化的说明。

2. 电务段在对施工单位的施工要点计划会签时，对其方案要认真审核严格把关，影响范围不准确、计划不符合要求、组织安排不合理的不予会签。

3. 配合工务专业部门的施工，须清楚工务专业部门作业对电务设备使用的影响范围。影响范围应包括：道岔站内、区间的具体设备，及设备恢复后的测试、试验及联锁试验。

4. 电务段需要安排技术水平和业务素质高、对施工范围内的设备熟悉、责任心强的人员担任施工方案审核工作。施工方案审核后，由主管工程师会签，并经技术科长复核，主管段长审查后签字。

五、对联锁试验方案的原则要求

1. 联锁试验方案须明确室内联锁试验负责人、联锁试验人、联锁试验监控人、室外联锁试验负责人、联锁试验人、联锁试验监控人及职责。

2. 针对施工项目及内容所涉及的有关设备，制定详细的联锁试验方法、步骤以及联锁试验应注意的事项，对较复杂的站场应按照设计做出“信号显示及码序关系图”等。

3. 根据站场设备分布及施工设备情况，对施工的每项设备包括电码化设备，须做好详细的联锁试验分工，做到每项设备都有具体的人员进行测试和确认。

4. 针对每项工程制定详细的联锁试验项目表，联锁试验项目表须全面、准确，并经联锁主任、技术科长、主管段长（段长）签认方有效，并在联锁试验监控人员的监控下，由联锁主任或联锁工程师执行。

5. 既有线站场改造涉及的信号过渡工程，必须由有设计资质的设计单位按信号过渡工程方案进行设计，并将设计方案纳入过渡工程施工方案，经相应级别的施工领导小组审核通过后方可进行施工设计，严禁进路上的有关道岔未纳入联锁时开放进、出站信号。

六、信号工程施工配合

影响既有线信号设备安全的施工，电务段必须全过程配合监控。负责施工配合的安全检查监督人员上岗前，须进行施工安全培训并持证上岗。

对信号隐蔽工程施工，电务段须提前介入，严格质量监控。针对每项工程配合特点，成立施工配合领导小组并下设配合组织，制定提前介入的计划安排，安排专人做好配合工作。配合人员须保持稳定，并且需要明确配合人员的责任，对配合工作须严格考核，实行安全责任制和施工配合质量终身负责制，确保隐蔽工程的施工质量。

涉及影响既有线电缆安全的施工，电务段实行干部“公里包保制”，职工“公里负责制”，并制定措施落实责任。

严格执行集团公司《关于加强营业线施工安全管理防止挖断电缆的通知》的规定，对于危及地下信号电缆等隐蔽设备安全的施工，电务段要积极配合设计、施工单位进行探查、核实，提供既有电缆径路图。电务段不按文件要求执行，发生问题追究电务段责任，施工单位不按文件要求执行，电务段应立即制止并逐级上报。

电缆施工等隐蔽工程质量检查必须有电务配合人员签字，否则不准进入下道工序。

(一)施工配合确认

施工单位必须提前 3 d 将阶段施工计划报电务段工程管理责任部门，阶段施工计划内容应包括：施工时间、施工地点、施工内容以及配合要求等。阶段施工计划可以是单项作业的安排，也可以是阶段工作安排。

电务段收到施工单位的阶段施工计划并确认后，填写“配合施工通知单”下达给车间、工区。

工程施工作业 24 h 前，施工单位将“施工配合作业通知单”提供给电务段有关工区。“施工配合作业通知单”须明确配合时间、施工地点及施工内容，由电务工区填写施工影响范围及注意事项。“施工配合作业通知单”应与“配合施工通知单”内容一致，由电务工区工长及施工单位施工负责人双方签认。

(二)施工配合确认实行“双卡控”制度

1. 配合作业前，施工配合人员应核对施工单位作业内容是否与工区签认的“施工配合作业通知单”内容相符。

2. 配合人员向电务段调度室(或工程管理人员)汇报当日配合内容，调度人员(或工程管理人员)根据配合人员的汇报，核对作业内容和影响范围是否与电务段下达的《配合施工通知单》内容一致。如果不一致，立即停止施工配合，并禁止施工单位施工。

七、机械室等要害部位管理

1. 信号机械室是信号联锁设备及其他信号控制设备的重要部位，凡影响到既有设备安全的施工作业，必须纳入天窗点内进行。施工单位需进入信号机械室进行施工作业时，应提前与电务段联系。进入机械室前须在“电务段要害部位出入登记簿”内登记，写明施工内容、影响范围及起止时间，落实对既有设备的防护、隔离措施，经同意并在设备管理人员的配合下方可作业。

2. 施工人员进入信号机械室时，必须经电务段许可，由电务段派专人配合。作业期间要严格执行“七严禁”卡死制度，坚决杜绝以各种手段使用假负载或使用封连线封连电气接点以及借用既有信号设备电源。配合人员须对作业全过程进行监控。

3. 施工期间，施工人员须严格遵守机械室防火规定，严禁将易燃、易爆物品带入机械室，严禁在机械室内吸烟以及进行电、气焊作业。

4. 每天施工完后，配合人员和施工单位负责人须对信号机械室和控制台室认真巡视检查，施工器具、图纸必须放置到规定位置，做到人走料清，保持室内整洁。

工程施工过程中，电务配合人员发现施工人员有违规行为时，应及时制止。如果施工单位拒不整改，立即向施工单位发出“停工通知单”，并逐级上报。

八、信号工程验收

信号工程竣工且竣工资料齐全后方可进行验收。设备开通前电务段应按照设计文件、《铁路信号施工质量验收标准》《信号工程施工工艺标准》及签订的技术协议等，对工程有关项目进行全面验收，对设备全面进行模拟试验检查。对验收中发现的设备缺陷，要建立施工问题记录库，督促施工单位限期整改克服，需报验收小组的 A 类、B 类问题，形成书面材料报验收小组。电务段要及时将《站细》修改所需资料，经有关部门审核后交车务部门，并将车务签收单保存备查。

信号设备验收主要内容及要求：

1. 信号机验收：信号机的设置、安装限界、安全距离、机构型号规格、灯光配列、机柱质量、装设垂直度及信号显示距离、安全地线等。

2. 转辙设备验收：转辙装置方正、转辙机安装达标、道岔密贴试验、室内道岔表示与现场实际开向和二启动继电器状态与表示继电器状态的一致性等。

3. 轨道电路验收：箱盒的安装、限界，器材设备的型号、规格、数量、安装，极性交叉、轨道绝缘安装位置(特别注意核查是否侵限绝缘)及回流线、引接线、接续线、跳线、横向连接线的材质和安装等。

4. 电缆验收：电气特性、径路、敷设深度、电缆标牌防护，电缆接续及过道、桥、涵、沟的防护，各种箱盒的位置和安装及内部设备安装、配线等。

5. TDCS 及微机监测信息采集、图形显示核对等内容。

6. CTC 及列控信息对位、数据核对等内容。

7. 信号基础数据核对。

8. 电源屏各种电源对地漏电流、带载能力、过载保护等项目。

9. 室内信号设备的验收及联锁设备模拟试验。

10. 信号设备综合防雷验收。

施工要点前，施工单位应将工程竣工文件、工程验收纪要、工程复验纪要、以及存在问题的克服情况报电务段。对影响工程开通的问题，施工单位应在停点施工前全部整改完毕。

九、信号工程开通施工

(一)施工预备会

施工点前，施工单位和电务段施工负责人，应分别组织召开本单位全体施工人员参加的施工预备会，工程负责人将施工方案、人员安排、质量工艺、通信、交通后勤以及时间等各项要求进行部署，并将施工项目、安全责任落实到每位施工人员，并做好会议记录。

联锁主任或联锁工程师将联锁试验方案和联锁试验的内容、顺序、方式、方法、要求等进行详细布置。

安全负责人将工程开通施工中的有关人身和行车安全注意事项进行布置，做到每位参加工程开通的施工人员，都清楚整个工程施工开通的组织及各自的工作内容、安全注意事项和有关要求。

（二）对施工领导组织机构及人员要求

施工过程中施工人员、联锁试验人员和施工配合人员须保持稳定，驻站联络员、安全防护员经培训合格持证上岗，施工过程及配合施工过程中不得随意更换人员。由施工负责人对施工统一指挥，并根据施工区域、内容，分别由室内和室外等相应施工负责人，对室内、外施工单一指挥。

（三）施工登销记要求

电务段应配合施工单位做好施工登销记工作，登销记要符合规定格式。

1.施工登记要求

(1)登记人员必须于施工开始前 50 min 到达要点登记的车站，按照施工文件要求在“行车设备施工登记薄”(运统 46)内登记要点。

(2)“月日、时分、施工项目、影响使用范围、所需时分、施工单位负责人”栏：均由主体施工单位填写。施工主体单位填写内容必须符合施工计划、施工电报、施工调度命令要求。

(3)“设备单位检查人”签认栏：由设备管理单位的配合施工负责人(或其指定的驻站联络员)确认登记内容无误后签认。

(4)施工主体单位与设备管理单位均为同一单位时，“施工单位负责人”和“设备单位检查人”栏均填写施工主体单位负责人或其指定的驻站联络员。

2.施工销记要求

(1)施工作业完毕，施工单位负责人和设备管理单位负责人共同确认联锁试验完毕，联锁关系正确，联锁工程师在联锁表上签字，具备开通条件后，由施工单位在“行车设备施工登记簿”(运统 46)内填写销记内容并签字，设备管理单位确认销记内容正确后，由设备管理单位负责人或其指定的驻站联络员，在“行车设备施工登记簿”(运统 46)内的“设备单位检查人”栏内签字，由施工主体单位送交车站值班员。

(2)销记的签字人员与登记的签字人员须一致。

（四）施工过程要求

1.施工开始，施工单位和电务段驻站联络员及时通知各自施工负责人以及各自的安全防护员，施工过程中及时通知列车的运行情况，做好人身、行车安全防护。驻站联络员与安全防护员必须随时保持联系。

2.联锁试验时须严格执行集团公司信号联锁管理办法，并按联锁试验方案、程序和内容逐项进行试验。联锁试验实行双人控制。一人试验，一人监控。联锁试验应由主持模拟联锁试验的联锁主任(联锁工程师)担当，避免出现工作脱节。

3.停点施工由施工和接管单位分层作业，并将停点施工和联锁试验要点时间分开。停点施工期间以施工单位为主，设备导通试验由施工单位在电务段监控下进行，试验完毕并提供联锁试验合格资料后，电务段再进行全面联锁试验。严禁施工单位代替接管单位进行联锁试验。联锁试验严禁利用列车间隔进行。

4. 电务段必须对联锁试验工作负责。联锁试验工作须落实联锁责任制，事先确定项目，试验方法，绘制表册，逐项展开，防止疏漏。参加试验人员，要分工明确，试验彻底。严禁封连电气接点，甩开联锁条件试验。联锁试验完毕试验人员签字后将原始试验资料归档留存备查。在与工务部门同步施工时，施工分为工务封锁线路作业、电务施工作业和封锁进行联锁试验三个时间段。施工中必须统筹安排好每个层次作业时间，组织安排好每个环节的工作，联锁试验全面准确无误后才能开通交付使用。联锁试验期间，机械室内实行"清场制"。

5. 施工内容完成后，在电务段进行联锁试验前，施工单位应认真清理各种临时过渡配线以及工具材料等，电务段配合人员须检查确认过渡配线和工具材料等清理彻底，落实责任做好记录。联锁试验期间，无关人员不得驻留信号机械室。

6. 联锁主任或联锁工程师在联锁试验过程中发现的问题，以"联锁试验问题处理通知书"的形式通知施工单位进行处理。处理过程中，电务段必须派专人进行配合并对处理过程进行监控。问题处理完毕后，施工单位必须将存在问题的原因及处理方案书面说明，并由配合人员签认，交联锁主任或联锁工程师，联锁试验人员对该项目重新进行试验确认。所有"联锁试验问题处理通知书"作为竣工资料保管，形成档案备查。

7. 施工单位应制定可行的应急预案，组织好应急故障处理人员，按照应急预案对联锁试验中发现的设备故障及时组织处理。电务段施工配合人员，应积极配合施工单位对出现的设备故障进行处理和全过程监控。

8. 电务段根据情况，必要时启动应急预案，做好应急处置，同时配合施工单位做好应急故障处理。有关自动闭塞、站内电码化、列控、CTC、TDCS及其他设备的检查、测试及试验，与联锁试验同步进行，确保联锁关系正确。

9. 认真组织好停用设备拆除等处置工作。施工前电务段会同施工单位对需撤除的设备认真调查，经确认后做出明确标识，并制表登记，撤除旧设备的人员按作业单撤除后销号。对影响行车安全和施工进展的旧信号设备，应优先安排撤除。开通前必须安排专人对撤旧和设备限界情况认真复查，形成闭环管理，确保不错撤、不漏撤。对已停用又不能立即撤除的信号机，必须按规定设置无效标。

10. 对开通后的设备由电务段接管，24 h内与施工单位共同值班。施工单位对遗留的问题须进行整治，整治达标后及时销号。

11. 开通时施工单位整理临时竣工图一份，并与设备钥匙、备品备件、工具仪表等与电务段办理交接，正式竣工图（含电子版）在设备开通后一个月内交齐，并且要图实相符。

十、施工安全监控

施工安全监控必须严格执行集团公司电务系统《营业线施工安全监控办法》的有关规定。电务段对各种施工，要做到统一安排，明确岗位责任，建立段、车间、工区三级施工监控网络，加强施工管理和监控，及时总结分析施工中存在的问题。施工负责人应及时掌握每天各施工处所和监控人员到场监控情况，协调、处理施工监控过程中发现的问题，电务段应对监控人员进行检查考核。

配合施工人员应了解和掌握施工内容、工艺要求、安全重点和关键环节。施工过程中，不但需要落实各项卡控措施，而且须对施工单位采用的工具、材料、工艺等可能影响设备质量和安全的环节，进行全面的监督检查。配合站场改造、道岔大修施工，必须切断施工影响范围内道岔的启动和表示电源，防止道岔误动及给出假表示。由室内监控人员监督断开有关道岔控制电路的启动和表示电源，并挂红色“禁止送电”的警示牌，由室外监控人员监督断开转辙机的遮断器。对只限单一开向使用(另一开向封锁)的道岔，必须断开其道岔的启动电源，防止由于误操后影响正常使用。

道岔施工给点前，须保证道岔密贴和转辙设备的机械强度，严禁进行影响道岔转换设备机械强度和电气特性的施工准备工作。施工中需要进行道岔转换试验时，必须得到施工负责人同意，方可接通道岔启动电源及遮断器。严禁未经车务人员同意擅自操纵道岔进行试验。施工中使用手摇把必须履行登记手续，施工结束后及时交回并销记加封。施工中手摇把由专人保管，使用后保管人及时收回。严禁使用手摇把转换非封锁的道岔。

十一、施工安全管理制度和作业纪律

电务设备是主要行车基础设施，电务设备的好坏直接影响到行车安全，因此施工单位应严格遵守施工作业纪律，确保行车安全。

(一)“三不动、三不离”安全管理制度

三不动：未登记联系好不动；对设备性能、状况不清楚不动；正在使用中的设备不动。

三不离：设备有异状，未查清原因不离；影响设备正常使用未修复不离；工作完毕未试验良好不离。

(二)“七严禁”作业纪律(即“七严禁”卡死制度)

1. 严禁甩开联锁条件，借用电源动作设备。

2. 严禁采用封连线或其他手段封连各种信号设备电气接点。

3. 严禁在轨道电路上拉临时线构通电路造成死区间，或盲目用提高轨道电路送电端电压的方法处理故障。

4. 严禁色灯信号机灯光灭灯时，用其他光源代替。

5. 严禁甩开联锁条件，人为构通道岔假表示。

6. 严禁未登记要点使用手摇把转换道岔。

7. 严禁代替行车人员按压按钮、转换道岔、检查进路、办理闭塞和开放信号。

第十章 应急管理知识

第一节 概　　述

一、突发公共事件与应急管理

(一)突发公共事件

1. 概念

突发公共事件,又称突发事件,是指突然发生,造成或者可能造成重大人员伤亡、财产损失、生态环境破坏和严重社会危害,危及公共安全的紧急事件。从上面定义上看,突发公共事件具有不确定性、紧急性和威胁性。

2. 分类

突发公共事件,通常分为四类,即:自然灾害(如:地震、泥石流等事件)、事故灾害(如:火灾、桥梁倒塌等事件)、公共卫生事件(如:传染病流行、毒气泄漏等事件)和社会安全事件(如:动乱、战争等事件)。

3. 分级

在突发公共事件分类的基础上,还进行分级。按照性质、严重程度、可控性和影响范围等因素,一般分为四级:Ⅰ级(特别重大)、Ⅱ级(重大)、Ⅲ级(较大)、Ⅳ级(一般)。

(二)应急管理

1. 含义

应急管理,从字面上理解为应对紧急情况的管理。

突发事件应急管理就是针对可能发生或已经发生的突发公共事件,为了减少突发事件的发生或降低其可能造成的后果和影响,达到优化决策的目的,对突发事件的原因、过程及后果进行一系列有计划、有组织的管理。

突发事件应急管理涵盖在突发事件发生前、中、后的各个过程,包括为应对突发事件而采取的预先防范措施、事发时采取的应对行为、事发后采取的各种善后措施及减少损失的行为。由此看,突发事件的应急管理应包括:预防、准备、响应和恢复。

2. 任务

应急管理的任务包括:

(1)应急管理规划和制度建设。

(2)做好防范工作。

①对风险隐患的普查和监控;

②各单位安全防范措施的落实;

③做好信息报告和预警工作；

④加强应急管理培训；

⑤安全生产费用专款专用。

(3)提高应对能力建设。

①提高管理能力；

②加强救援队伍建设；

③储备应急资源；

④提高处置和善后工作能力；

⑤加强评估和统计分析。

(4)制定和完善应急措施。

(5)加强领导组织和协调，形成合力。

二、安全生产应急管理的内涵

(一)安全生产与安全生产事故

“无危为安，无损为全”。安全就是使人的身心健康免受外界因素影响的状态。安全也可以看作是人、机具及人和机具构成的环境三者处于协调/平衡状态，一旦打破这种平衡，安全就不存在了。

1. 安全生产的概念

安全生产是指在社会生产过程中控制和减少职业危害因素，避免和消除劳动场所的风险，保障从事劳动的人员和相关人员的人身安全健康以及劳动场所的设备、财产安全。

2. 安全生产事故的概念

安全生产事故是指生产经营单位在生产经营活动中发生的造成人身伤亡或者直接经济损失的事故。

3. 安全生产事故分级

安全生产事故根据造成人员伤亡或者直接经济损失大小，分为四个等级。

(1)特别重大事故，是指造成 30 人以上死亡，或者 100 人以上重伤，或者 1 亿元以上直接经济损失的事故。

(2)重大事故，是指造成 10 人以上 30 人以下死亡，或者 50 人以上 100 人以下重伤，或者 5 000 万元以上 1 亿元以下直接经济损失的事故。

(3)较大事故，是指造成 3 人以上 10 人以下死亡，或者 10 人以上 50 人以下重伤，或者 1 000 万元以上 5 000 万元以下直接经济损失的事故。

(4)一般事故，是指造成 3 人以下死亡，或者 10 人以下重伤，或者 1 000 万元以下 100 万元以上直接经济损失的事故。

本等级划分所称的“以上”包括本数，所称的“以下”不包括本数。

(二)安全生产应急管理内涵

根据风险控制原理，风险大小是由事故发生的可能性和其后果严重程度决定的。发生的可能性越大，后果越严重，则事故的风险就越大。因此，控制事故风险的根本途径有两条：一是事故预防，防止事故的发生或者降低事故发生的可能性；二是应急管理。

事故预防由于受技术发展水平、人的不安全行为及自然客观条件等因素限制，要将事故的可能性降为“0”是不现实的，无疑，应急管理同样重要。

“安全生产应急管理”并不只是事故发生后的应急处置，而首先要立足防范事故的发生。要从安全生产应急管理的角度，着重做好事故预警、加强预防性安全检查、搞好隐患排查整改等工作。一是要加强风险管理、重大危险源管理和事故隐患的排查整改工作；二是要坚持“险时搞救援，平时搞防范”，建立救援和防范有机结合机制；三是要加强信息报告及事故报告制度；四是要强化现场救援工作；五是要做好善后处置和评估工作。

三、安全生产应急管理的基本任务

(一)完善安全生产应急预案体系

建立国家、地区、部门、行业和领域等分级管理体系，具体安全生产监督部门及其他负有安全监管责任的部门负责；生产经营单位负责建立健全集团公司(总公司)、子公司或分公司、基层单位以及关键工作岗位应急预案体系。

注意企业预案要与政府及部门预案相互衔接。

(二)健全和完善安全生产应急管理体制和机制

1. 明确应急管理机构，落实管理责任，做到机构、职责、编制、人员、经费五落实。

2. 理顺各级管理机构的工作关系，加强协作与联动，共享资源，形成统一指挥、相互支持、密切配合、协同应对的全力。

(三)强安全生产应急队伍和能力建设

成立各级指挥机构，配备专职或兼职骨干队伍，强化自身建设，提高责任意识。

(四)建立健全安全生产应急管理规章制度体系

地方及部门建立规章和标准；企业建立和完善内部应急管理规章制度。

(五)坚持预防为主、防救结合，做好事故防范工作

重点做好风险源控制，隐患排查和隐患整改工作。

(六)做好安全生产事故救援工作

发生事故及时报告，根据事故等级分级启动应急预案，进行现场救援，组织事故分析，做好善后处置。

(七)加强培训和宣传教育工作

加强执业资格管理，做好岗前培训和应急知识培训，加强日常教育和媒体宣传。

第二节 预案框架、编制与管理

一、应急预案概论

(一)应急预案

1. 概念

应急预案，又称“应急计划”或“应急救援预案”，是针对可能发生的事故，为迅速、有序

地开展应急行动、降低人员伤亡和经济损失而预先制定的有关计划或方案。

应急预案最早是为预防、预测和应急处理“关键生产装置事故”“重点生产部位事故”“化学泄漏事故”等而预先制定的对策方案。

2. 主要内容

应急预案主要包括三个方面内容：

(1)事故预防：通过危险辨识、事故后果分析，采用技术和管理手段降低事故发生的可能性，或将已经发生的事故控制在局部，防止事故蔓延，并防止次生、衍生事故的发生；同时，通过编制应急预案并开展相应的培训，可以进一步提高各层次人员的安全意识，从而达到事故预防的目的。

(2)应急处置：一旦发生事故，通过应急处理程序和方法，可以快速反应并处置事故或将事故消除在萌芽状态。

(3)抢险救援：通过编制应急预案，采用预先的现场抢险和救援方式，对人员进行救护并控制事故发展，从而减少事故造成的损失。

(二)应急预案的目的

应急预案的主要目的有两个：一方面是采取预防措施使事故控制在局部，消除蔓延条件，防止突发性重大或连锁事故发生；另一方面是能在事故发生后迅速控制和处理事故，尽可能减轻事故对人员及财产的影响，保障人员生命和财产安全。

(三)应急预案的基本要求

1. 应急预案要有针对性。

2. 应急预案要有科学性。

3. 应急预案要有可操作性。

4. 应急预案要有完整性。

5. 应急预案要合法合规。

6. 应急预案要有可读性。

7. 应急预案要相互衔接。

二、应急预案框架体系

1. 基本原则

应急预案框架体系要坚持“横向到边，纵向到底”“统一领导，分类管理，分级负责”的原则。

2. 框架体系

应急预案框架体系包括总体应急预案、专项应急预案、部门应急预案、地方应急预案、企业应急预案和重大活动应急预案。应急预案框架体系如图 10-1 所示。

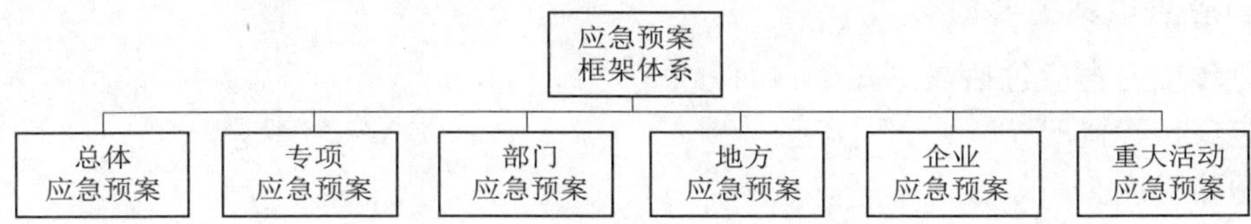

图 10-1　应急预案框架体系

三、应急预案编制

应急预案编制必须以科学的态度，在全面调查的基础上，实行领导与专家相结合的方式，开展科学分析和论证，使应急预案真正具有科学性。同时，应急预案应符合使用对象的客观情况，具有实用性和可操作性，以利于准确、迅速控制事故。

（一）基本要求

编制应急预案有三点基本要求：

1. 要分级、分类制定应急预案内容。
2. 要做好应急预案之间的衔接。
3. 要结合实际情况，确定应急预案内容。

（二）编制步骤

编制应急预案要按照规定的程序，分步实施。大体上可分为四步：

1. 成立应急预案编制小组。
2. 进行危险分析和应急能力评估。
3. 组织应急预案编制。
4. 对应急预案进行评审，评审通过后予以发布。

编制步骤流程如图 10-2 所示。

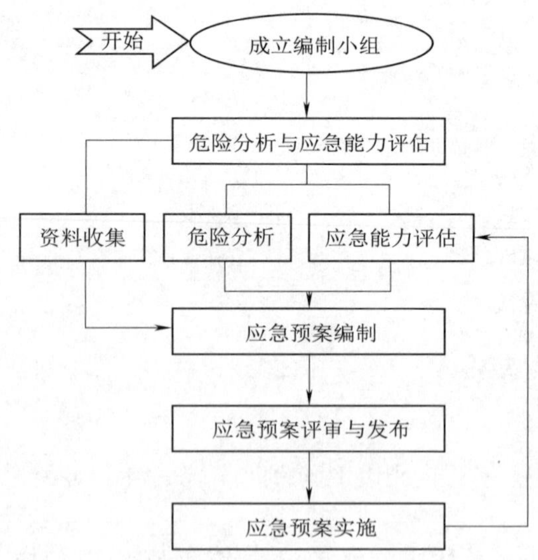

图 10-2　应急预案编制步骤流程

（三）应急预案主要内容

应急预案内容应包括以下几个方面：

1. 应急预案概况。
2. 预防程序。
3. 准备程序。
4. 应急程序。

5. 恢复程序。

6. 预案管理与评审。

四、应急预案管理

应急预案的管理工作主要包括应急预案的评审与发布、备案、宣贯、培训、演练、修订、更新等内容。

1. 评审与发布

应急预案编制完成后应进行评审，评审分为内部评审与外部评审。评审应及时、定期完成。评审后按规定报备，并经生产经营单位主要负责人签署发布。

2. 备案

应急预案应报上一级管理单位审查(备案)。建筑施工方面的应急预还应报安全生产监督管理部门和有关部门备案。

3. 宣传教育与培训

各单位要重视应急预案宣传教育与培训，要确保所有从业人员具备基本的应急技能、熟悉企业应急预案、掌握本岗位事故防范措施和应急处置程序。

宣传教育与培训可结合实际情况，采取多种形式进行。单位负责人、应急工作管理人员、专(兼)职救援人员为培训重点，要确保掌握事故紧急处置方法，增强自救互救和第一时间处置突发事故的能力。

4. 应急预案演练

各单位要定期组织进行应急预案演练。领导要重视，制订科学、详细的计划。应急预案演练必须遵守相关法律、法规、标准和预案规定，要坚持“结合实际，突出重点；周密组织，统一指挥；由浅入深，分步实施；讲究效果，注重质量”的原则，演练过程中应避免惊动公众，造成恐慌。

5. 修订、更新

根据管理对象、内容变化情况，对应急预案及时进行修订、更新。修订后的应急预案要按照程序进行评审、发布。

第三节　应急预案管理

中国特色社会主义进入新时代，对做好突发事件应急管理工作提出了新要求。应急预案作为突发事件管理“一案三制”(即：应急预案和应急工作管理体制、运行机制、规章法制)的主要内容，关系着应急管理工作的整体发展方向，在应对突发事件时发挥着重要指导作用，直接反映着我们对突发事件的防范应对能力。目前，从政府到社会经营企业对应急预案管理工作的重要性都有了更新的认识。铁路局集团公司作为铁路运输经营管理企业，对于做好突发事件应急预案管理、保障公众生命财产安全、维护铁路运输安全畅通责任重大。本节从应急预案管理总体情况、应急体系框架、铁路建设工程应急预案等三个方面，介绍某铁路局集团公司(简称集团公司)应急预案管理情况。

一、应急预案管理总体情况

按照国铁集团、省政府应急管理办公室部署和要求，集团公司结合工作实际，坚持“依法规范，加强管理；以人为本，减少危害；居安思危，预防为主；统一领导，分级负责；快速反应，协同应对；科技支撑，提升能力；公开透明，正确引导”的原则，以提高应急管理能力，规范突发事件应对活动，最大限度预防和减少突发事件及其造成的损害为重点，开展预案体系、组织体系、保障体系和工作机制建设，不断强化集团公司应急管理工作。

(一)建立健全组织机构

集团公司成立了应急管理领导小组，全面加强对应急管理、应急处置工作的领导。同时，成立了集团公司应急管理工作办事机构、工作机构和专家组，具体负责或参与应急管理工作。集团公司所属单位分别成立了相应组织机构，负责本单位的应急管理工作。集团公司已建立了较完善的应急管理组织机构体系。

(二)修订完善应急预案

按照国务院颁布的《铁路交通事故应急救援和调查处理条例》和国铁集团新近颁布的规章制度，修订补充完善了15项铁路局集团公司级应急预案，并报国铁集团、省政府应急管理机构备案。所属各部门、各单位按照集团公司部署安排，及时修订专项应急预案、基层单位应急预案。

(三)规范应急队伍管理

以处置铁路行车事故为主，强化对应急队伍建设和规范管理。集团公司各部门、单位分别确定了1名行政副职领导分管、1至2名专业技术人员具体负责应急管理工作，集团公司应急管理办公室建立了应急管理人员通信录，便于工作开展。进一步规范运输站段应急管理人员管理，明确要求应急管理人员必须有现场工作经历、从事过应急预案编制。每年组织应急管理人员参加集团公司应急管理培训，及时解决了运输站段应急管理工作管与用脱节、不符合实际等问题。近年来，集团公司组织培训400余次，培训近7万人次。

(四)加大物资保障建设和资金投入

为确保处置突发事件快速、高效，抢险救援及时，集团公司大力加强物资保障体系建设，加大保障资金投入。推进集团公司和站段两级应急指挥中心建设，建立信息化网络系统，实施两级应急指挥中心互联互通。结合新形势、新任务，及时充实战备物资储备，充分利用集团公司各物资段、物资站进行物资储备。同时，利用社会资源，进行应急物资储备，例如由驻地施工企业储备防洪抢险物资等。健全紧急物资运输协调机制，建立和制定紧急物资运输工作制度，明确分工，各负其责。目前，集团公司共有应急物资储备场所500余处。

(五)加大监测预警工作力度

对外，加强与地方政府有关部门的联系，及时获取地方政府发布的预警信息。对内，按照规定程序和方式发布气候、灾害等预警信息；加强对运输设备监测预警，建立、完善信息报告制度。

(六)广泛开展应急演练

应急管理是动态的工作，需要针对铁路管理工作、形势的变化，不断改进和提高。集团公司在完善应急救援指挥系统，建立应急信息平台，提高应急管理意识及演练效果等方面，每年应提前制定推进计划，采取实战演练和桌面演练相结合的方式，组织不同层次的应急演练。据不完全统计，每年组织各类应急演练5 000余次，参与演练人员达7万多人次，有效提高了应对突发事件的处置能力。

二、集团公司应急体系框架

集团公司为全面提高应对各类突发事件的能力，规范突发事件应急管理工作，最大限度预防和减少突发事件的发生，降低其造成的损害，推进应急管理体系和管理能力现代化水平提升，保障公众的生命财产安全，维护铁路运输安全畅通，建立完善突发事件应急体系框架。

（一）应急预案体系

按照“统一规划，分类指导，分级负责、动态管理”的原则，建立分级管理的应急预案体系。集团公司应急预案体系分为集团公司应急预案、基层单位（项目管理机构）应急预案和现场应急处置方案三个层级。

集团公司应急管理领导小组及办公室负责集团公司应急预案体系管理，各单位按照分工分别建立相应的应急预案体系并负责管理。明确要求下属单位（部门）预案必须与集团公司预案相互衔接。

1. 集团公司应急预案

集团公司应急预案包括总体应急预案、专项应急预案和部门应急预案。

（1）总体应急预案。总体应急预案是应急预案体系的总纲，是集团公司应对突发事件的总体制度安排，主要规定突发事件应对的基本原则、组织体系、运行机制以及应急保障的总体安排等，明确相关各方的职责和任务，由集团公司应急管理办公室牵头组织编制。

（2）专项应急预案。专项应急预案是为应对某一类型或某几种类型突发事件，或者针对重要目标物保护、重大活动保障、应急资源保障等重要专项工作而预先制定的涉及多个部门职责的工作方案。侧重明确应对突发事件的组织指挥机制、信息报告要求、分级响应条件及响应行动、队伍物资保障、各部门和各单位职责等，其中必须明确应急预案启动条件及启动者、演练频次及时机、有效性评估周期，重点规范应对处置行动，体现集团公司应急处置的主体职能。专项应急预案由集团公司相关部门根据工作需要牵头组织编制。

（3）部门应急预案。部门应急预案是集团公司机关相关部门根据总体应急预案、专项应急预案和部门职责，为应对本系统（专业）、本部门相关突发事件而制定的工作方案。由相关部门自行编制。

2. 基层单位应急预案

基层单位应急预案是集团公司所属单位根据集团公司总体应急预案、专项应急预案和主管部门应急预案，结合本单位实际情况与生产特点，为应对相关突发事件而制定的工作方案，侧重明确应对突发事件的组织指挥、风险评估、监测预警、信息报告、应急处置措施、队伍物资保障等内容，其中必须明确应急预案启动条件及启动者、演练频次及时机、有效性评估周期，重点规范信息报告和先期处置工作。

3. 现场应急处置方案

现场应急处置方案是集团公司所属单位的车间、班组和岗位，结合生产实际和作业特点，为应对相关突发事件而制定的应急处置行动方案，侧重明确突发事件的信息报告、应急处置措施等内容，重点规范应急处置工作流程。

（二）应急预案组织体系

1. 领导机构

成立突发事件应急管理委员会，负责对集团公司突发事件应对工作实施统一领导、综合协调，研究制定集团公司应对突发事件的重大决策和指导意见；决定和部署集团公司应急工作重大事项；根据应急工作需要，协调与山东省和驻鲁军队、武警部队的关系；当突发事件超出集团公司应对能力时，请求国铁集团和山东省委、省政府支援。

2. 办事机构

成立应急管理办公室，作为应急管理委员会的办事机构，并在集团公司办公室设立总值班室。主要负责履行应急值守、信息传递、综合协调和服务监督职能，发挥运转中枢作用。指导协调集团公司应急预案体系建设与管理，建立完善集团公司应急管理基础制度，组织编制、修订集团公司突发事件总体应急预案；承担集团公司日常政务值班工作，向集团公司应急委报告紧急重要事项，按照应急委指示向国铁集团和山东省委、省政府报告重要信息。

3. 工作机构

由集团公司各部门、各单位依据国家有关法律法规、国铁集团和集团公司应急管理工作有关制度办法，按照国铁集团和集团公司各类应急预案规定以及各自职责，开展相关突发事件应急管理工作。主要负责牵头编制有关应急预案并做好相应应急预案的实施、管理工作，向相关应急预案应急处置领导小组提出启动应急响应的建议，贯彻落实集团公司应急委决定事项，及时向集团公司应急委报告重要情况。

4. 专家组

根据需要分别聘请了有关专业领域技术人员及具有丰富突发事件应对处置经验的人员组成应急专家组，建立了集团公司应急管理专家库。专家组主要负责参与集团公司应急预案的编制和管理，为应急管理提供决策建议和技术咨询，必要时参与突发事件应对处置工作。

（三）应急预案运行机制

应急预案运行主要包括：监测预测、预警、应急处置、恢复与重建、信息发布等内容。

1. 监测预测

主要是做好突发事件预防及应急准备工作，及时发现、化解各类风险和突发事件，做到早发现、早报告、早预警、早处置。

2. 预警

主要是按照预警级别及时发布预警信息，响应预警，采取措施，做好相关防范工作。在确认危险解除后，及时宣布解除预警。

3. 应急处置

主要是在发生突发事件后，按照信息报告要求做好报告，立即组织初步处置，防止引发次生、衍生事件；启动相关应急预案的应急响应，在应急处置组织指挥机构统一指挥下，采取措施做好应急救援和处置工作；在应急处置工作结束并确认危害因素消除后，终止相关应急响应，解除应急状态。

4. 恢复与重建

主要是在应急状态解除后，按照有关规定，及时对突发事件的起因、性质、过程和后果、影响、责任、经验教训等进行调查评估，提出防范和改进措施。积极稳妥、深入细致地做好恢复和重建等善后处置工作，尽快恢复正常生活秩序。

5. 信息发布

主要是遵循依法、及时、准确、客观、全面的原则，由集团公司党委宣传部统筹，相关业务部门参与，协调媒体及时准确报道事故及处置的有关情况，正确引导舆论，防止炒作或由此产生的其他负面影响。

三、集团公司铁路建设工程生产安全事故应急预案

集团公司铁路建设工程生产安全事故应急预案是集团公司应急预案体系的重要组成部分，是铁路建设工程突发事件处置的重要指导性文件。主要包括：总则、组织体系、监测预警、事故报告、应急响应、后期处置、保障措施、应急预案管理、附则等内容。

（一）总则

1. 编制目的

深入贯彻落实安全发展理念，坚持安全第一、预防为主、综合治理原则，强化安全底线思维，加强安全风险管理，建立健全铁路建设应急管理体系，加强铁路建设项目生产安全防范工作，提高应急处置能力，消除、减少事故，防止事故危害扩大，最大限度地降低和减少人员伤亡、财产损失和对公共安全等方面的不良影响，尽快恢复社会秩序和工程建设。

2. 编制依据

主要依据《建筑法》《铁路法》《生产法》《建设工程质量管理条例》《建设工程安全生产管理条例》《生产安全事故报告和调查处理条例》等法律法规和《铁路建设项目生产安全事故应急预案》（铁建设〔2021〕95 号）、《山东省人民政府关于印发山东省突发事件总体应急预案的通知》（鲁政发〔2021〕14 号）、《中国铁路济南局集团有限公司关于进一步加强应急处置工作的通知》（济铁办函〔2021〕26 号）等规范性文件制定。

3. 适用范围

适用于集团公司管理的铁路基建大中型项目（含委托代建项目），工程项目管理所、各工程建设指挥部管理的技术改造项目、涉铁工程及专用线工程，各运输站段、山东济铁工程建设监理有限公司、山东济铁设计咨询有限公司管理的涉铁工程及专用线工程，建设实施过程中发生生产安全事故（含施工现场自然灾害、地质灾害、火灾、爆炸等引发的突发事件）的应急准备和响应。

4. 工作原则

（1）以人为本、安全第一。预防和救援工作必须以保证人身安全为最高准则和首要任务，最大限度地预防和减少铁路建设工程生产安全事故，减少事故造成的人员伤亡和财产损失，规避救援过程中的次生灾害及由此带来的伤亡和其他危害。

（2）预防为主、源头防控。切实增强风险意识，加大风险排查和隐患整治力度，强化事故预防、预测、预警和预报工作，做好常态下的风险评估、风险控制、物资储备、队伍建设、装备配置、预案演练等综合防治工作。

(3)统一领导,分级负责。建立集团公司、项目管理机构、项目参建单位三级应急管理体系,成立相应的应急救援组织机构,实行生产安全事故应急救援逐级负责制。

(4)结合实际,注重专业。结合建设工程管理实际情况,认真落实应急处置"六专"(专业队伍、专人值守、专用电话、专簿记录、专项制度、专门标准)工作要求,及时、准确、高效的处置各类突发事件。

(5)依靠科技,高效抢险。铁路建设生产安全事故应急抢险救援要依靠现代科学技术,运用先进的科技手段和装备,提高抢险救援水平。

(6)平战结合、适用可靠。坚持预防与应急相结合、常态与非常态相结合,统筹日常施工和应急救援资源,不断优化完善应急预案,加强应急培训演练,做好应急人员、装备、物资准备,确保应急救援资源和预案适用可靠。

(7)路地结合,协作救援。建立路地结合、区域联动的铁路建设项目应急救援机制,形成应急处置与抢险救援相结合、自救互救与专业救援相结合、铁路救援与社会救援相结合的抢险救援体系。

(二)组织体系

建立集团公司、项目管理机构、参建单位三级生产安全事故应急组织体系。

1.集团公司应急组织

(1)集团公司铁路建设生产安全事故应急处置领导小组(简称集团公司铁路建设应急领导小组)。

组　长:集团公司主管建设副总经理

副组长:建设部主任、涉铁办主任

成　员:集团公司办公室、科信部(总工室)、安监室主任,运输、客运、货运、机务、供电、车辆、工务、电务、信息化、劳卫、计统、财务部主任,物资、土房、社保、经营开发部主任,调度所、提前介入办主任,建设部、涉铁办副主任,党委宣传部、工会生产部部长,工程质量监督站站长,舟桥处处长,济铁公安局副局长,工程项目管理所、各工程建设指挥部、监理公司和设计所主要负责人。主要职责是:

①编制、审定集团公司铁路建设工程生产安全事故应急预案,组织建立和完善项目应急救援组织体系。

②监督指导各项目危险源预测、预防和预警工作。

③根据需要决定预警发布和应急救援响应的启动和结束。

④确定事故状态下各级各部门人员的职责。

⑤决定向国铁集团和地方人民政府请求应急支援。

(2)集团公司铁路建设生产安全事故应急领导小组在建设部下设办公室(简称集团公司铁路建设应急办),负责日常工作。

根据分工和管辖范围不同,主任分别由建设部主任、涉铁办主任担任。副主任由建设部、涉铁办副主任,工程项目管理所、各工程建设指挥部主要负责人及其他建设项目执行单位主要负责人担任。工程项目管理所、各工程建设指挥部及其他建设项目执行单位分管领导为办公室成员。其中,建设部牵头负责集团公司管理的铁路基建大中型项目(含委托代建项目)、技术改造项目;涉铁办牵头负责涉铁工程项目及专用线工程项目。主要职责是:

①制定集团公司建设项目生产安全事故应急工作制度，组织建立和完善项目应急救援组织体系。

②编制集团公司铁路建设工程生产安全事故应急预案，并报国铁集团铁路建设应急办核备。

③指导、检查项目管理机构对施工单位应急预案的审查，必要时组织专家评审。

④监督指导各项目危险源预测、预防和预警工作。

⑤指挥、协调铁路建设项目生产安全事故应急救援工作。

⑥协调所管理建设项目的应急资源。

⑦组织开展预防、救援、抢险等安全知识培训、演练，完成下达的事故应急技术研究任务。

领导小组办公室各成员单位、部门按照职责分工，负责组织或协助事故抢险处理、事故调查、善后处置等工作。集团公司下设的项目管理机构，可根据授权行使建设单位负责的铁路建设项目生产安全事故应急救援组织体系的现场管理职责。

2.项目管理机构应急组织

工程项目管理所、各工程建设指挥部及其他建设项目管理机构分别成立本单位建设工程安全生产事故应急工作小组，组长分别由单位主要负责人担任，成员为安质、工管、物资等部门负责人、各专业工程师。主要职责包括：

(1)负责组织编制本单位应急预案，督促各施工单位制定相应的应急预案，必要时报集团公司铁路建设应急办组织专家评审。

(2)做好本单位建设项目危险源预测、预防，及时上报本单位重大危险源管理、控制情况，按规定发布本项目黄色、蓝色预警。

(3)具体负责协调工程建设过程中所发生的安全生产事故抢险处理工作。

(4)及时向集团公司铁路建设应急办报告信息，重大事故同时向工程所在地人民政府主管部门报告。

(5)具体负责对参建单位应急工作的开展情况进行检查指导，督促其按照集团公司要求及时启动或结束应急响应。

(6)具体负责本单位应急预案的演练。

(7)及时搜集铁路建设工程事故应急处理有关情况。

(8)完成集团公司铁路建设生产安全事故应急处置领导小组及办公室下达的任务。

3.参建单位应急组织

(1)施工单位结合企业实际和项目特点，成立应急救援机构，主要职责是：

①制定现场应急预案和专项应急预案。现场应急预案和专项应急预案经施工企业审查后送监理单位审核，报项目管理机构审查；应急预案内容要科学、简明、实用，有针对性和可操作性。

②配齐配强人员，配足应急救援器材、设备，定期组织演练，全面开展事故应急知识培训教育和宣传工作。

③发生生产安全事故时，按规定时限向项目管理机构、集团公司、当地行政主管部门报告，在第一时间组织开展应急处置，按照应急救援指挥机构的指令实施救援。

(2)设计单位发挥专业技术优势，为应急抢险救援提供技术支持和其他必要的支援。

(3)监理单位负责施工单位应急预案审核并监督实施情况，协助开展应急救援。

(三)监测预警

1.预防监测与预警报告

(1)危险源监测是预防工程事故的关键环节。根据铁路建设项目的具体情况,由项目管理机构组织对工程项目的危险源进行监测,掌握危险源的监测信息,必要时组织重大危险源的风险评审;督促设计单位在设计文件中明确项目的主要危险源、提出监测方案,并对施工过程中危险源监测工作进行指导;督促施工单位落实在建铁路建设项目危险源监控监管的分管领导和责任部门,由具有丰富经验的专职人员负责监测工作,配备必要的监测工具和防护装备;督促监理单位加强对危险源监测工作的日常监督检查。

(2)工程开工前,由项目管理机构组织参建单位对建设项目进行详细的安全风险因素分析和评估,确定危险源的风险等级,在此基础上制定具体的风险监测程序、监测方法和预防措施。

(3)项目管理机构要督促施工单位采用先进的工程施工安全监测、监控技术装备,实施监测工作,建立完善集监测、管理、救援于一体的预防预警救援系统。

(4)按照“早发现、早报告、早处置”的原则,发现工程险情时,发现人员要立即通过最快方式通知项目部负责人和现场监理人员。项目部负责人接到报告后,立即组织项目部有关人员迅速到场,落实情况、分析预测险情,建设单位、监理单位应在现场指导和参与分析。根据预测结果按规定确定预警等级,把握不准的,应及时将有关情况报上级确定。

施工单位、项目管理机构生产安全事故应急组织应通过电话、传真或铁路工程管理平台,将险情按规定逐级上报。

2.预警行动

(1)集团公司铁路建设生产安全事故应急处置领导小组办公室接到报告后,立即报告集团公司铁路建设生产安全事故应急处置领导小组负责人,集团公司铁路建设生产安全事故应急处置领导小组按权限发布预警信号和紧急处置指令。

上级指令未下达前,险情现场负责人要按经审批的预警预案实施紧急处置。

(2)有关单位接到预警信号和紧急处置指令后,要立即通知应急救援人员迅速到场实施救援或到指定地点待命。

(3)现场负责人应随时将险情控制、发展情况报告上级机构。

3.预警支持系统

(1)工程开工前,项目管理机构要督促参建单位做好下列工作:

①保证工地联络畅通。

②掌握当地应急机构、安监、医疗、消防、公安等政府部门的应急救援电话、传真号码等联络信息。

③将本级指挥机构人员的联络方式,通报上级、本级、下级应急救援机构,以及相关的地方政府部门及救援机构,并及时通报变动、变更信息。

④在现场醒目位置,张贴公布接收事故信息的电话。

(2)各级应急指挥机构间的联络通知、信息传递,采用先电话后传真或铁路工程管理平台的方式。

4.预警等级

依据铁路建设项目生产安全隐患可能造成的危害程度、发展情况和紧迫性等因素,由高到低划分为红色、橙色、黄色、蓝色四个预警级别。

(1)红色预警。铁路建设项目实施过程中，现场存在极高度风险，可能导致特别重大事故或影响时；项目所在地有关部门(集团公司防洪办)发布恶劣天气(含地质灾害，下同)红色预警时；铁路建设项目或类似工程可能发生特别重大生产安全事故时。

(2)橙色预警。铁路建设项目实施过程中，现场存在高度风险，可能导致重大事故或影响时；项目所在地有关部门(集团公司防洪办)发布恶劣天气橙色预警时；铁路建设项目或类似工程可能发生重大生产安全事故时。

(3)黄色预警。铁路建设项目实施过程中，现场存在中度风险，可能导致较大事故或影响时；项目所在地有关部门(集团公司防洪办)发布恶劣天气黄色预警时；铁路建设项目或类似工程可能发生较大生产安全事故时。

(4)蓝色预警。铁路建设项目实施过程中，现场存在低度风险，可能导致一般事故或影响时；项目所在地有关部门(集团公司防洪办)发布恶劣天气蓝色预警时；重大节假日、施工高峰期、特殊季节(如汛期)到来之前，铁路建设项目或类似工程可能发生一般生产安全事故时。

5. 预警发布和解除

(1)预警发布单位

①红色预警由国铁集团铁路建设应急办发布，其中区域性恶劣天气红色预警由所在区域集团公司发布。

②橙色预警由集团公司发布，橙色预警发布后报国铁集团铁路建设应急办备案。

③集团公司管理的项目，黄色、蓝色预警由建设项目管理机构发布。

(2)预警发布范围

①恶劣天气预警、其他建设项目发生生产安全事故等涉及建设项目外部条件的预警，应逐级发布到项目管理机构、参建单位。

②涉及危险源的专项预警，应发布到所有与危险源有关的参建单位。

③风险可能影响到工程所在区域周边公共设施、建筑物、结构物及居民生活时，应立即通报影响范围内的有关单位和人员。

(3)预警发布方式

预警发布方式主要包括调度指令、电报和会议等形式，紧急时可先电话通知，预警发布内容包括预警级别、起始时间、可能影响范围、警示事项、应采取的预防措施和要求、发布单位等。

(4)预警解除

预警解除方式包括到期自然解除、提前解除、指定条件验收解除等方式，提前解除、指定条件验收解除执行“谁发布、谁解除”的原则。

(四)事故报告

1. 报送程序和时限

(1)事故(含较大涉险事故，下同)报告实行逐级报告制度。

(2)事故发生后，施工单位要立即向本单位、项目管理机构、集团公司铁路建设应急办报告，并于 1 h 内报告事故发生地县级安全生产监督管理部门。

(3)项目管理机构接到事故报告后,立即电话报告集团公司铁路建设应急办、质量监督站,同时报告集团公司应急办(总值班室)、集团公司宣传部。

(4)集团公司铁路建设应急办接到事故报告后立即电话报告集团公司铁路建设生产安全事故应急处置领导小组、区域质量监督站、国铁集团建设部、铁路建设应急办(工程管理中心)、工程监督局、集团公司宣传部,同时应向所在区域国家铁路局地区监管局报告。

(5)铁路建设应急办在接到事故报告后立即报告国铁集团应急办和国铁集团铁路建设应急领导小组。

(6)集团公司铁路建设应急办应在 12 h 内向国铁集团建设部、铁路建设应急办、工程监督局、集团公司宣传部提交书面报告,必要时在事故发生后的 24 h 内向国铁集团建设部、铁路建设应急办提交事故应急救援方案。

(7)集团公司铁路建设工程事故应急领导小组办公室联系方式(略)。

2. 报告内容

(1)事故电话快报应当包括下列内容:

①事故发生项目名称,事故发生单位概况。

②事故发生的时间、地点(线路里程及地名)以及事故现场情况。

③事故已经造成或者可能造成的伤亡人数(包括下落不明、涉险的人数)。

(2)事故书面报告应当包括下列内容:

①事故发生项目名称,事故发生单位概况。

②事故发生的时间、地点(线路里程及地名)以及事故现场情况。

③事故的简要经过(包括应急救援情况)。

④事故已经造成或者可能造成的伤亡人数(包括下落不明、涉险的人数)和初步估计的直接经济损失。

⑤已经采取的措施。

⑥到达现场的媒体和已监测到的网上信息情况。

⑦其他应当报告的情况。

(五)应急响应

1. 应急响应标准

根据《生产安全事故报告和调查处理条例》,应急响应相应分为Ⅰ、Ⅱ、Ⅲ、Ⅳ级。

(1)Ⅰ级响应。涉险被困、可能导致死亡、死亡总数达到 30 人以上。

(2)Ⅱ级响应。涉险被困、可能导致死亡、死亡总数达到 10 人以上 30 人以下的。

(3)Ⅲ级响应:涉险被困、可能导致死亡、死亡总数达到 3 人以上 10 人以下的。

(4)Ⅳ级响应:人员涉险被困、可能导致死亡、死亡总数 3 人以下的。

上述各项中的"以上"含本数,"以下"不含本数。

2. 应急响应启动及救援

发生铁路建设项目生产安全事故,应按照响应等级启动相应应急预案,开展现场应急处理,并按规定程序及时上报。

(1)Ⅰ级应急救援响应

①Ⅰ级应急救援响应由国铁集团铁路建设应急领导小组在接到报告后宣布启动。集

团公司及以下各级单位相应启动响应。

②集团公司铁路建设应急领导小组组长及时赶赴现场，在国铁集团现场救援指挥部的指挥下与集团公司相关部室、项目管理机构、施工单位主要负责人和地方政府相关人员组织、协调、指挥集团公司相关专家和现场有关单位人员采取应急措施，根据应急工作需要，调集专业抢险救援队伍和抢险设备，组织、指挥开展事故应急救援工作。

③Ⅰ级应急响应宣布后，集团公司铁路建设应急办立即启动 24 h 值班制，及时掌握救援进展，集团公司铁路建设应急办及时向集团公司应急办、国铁集团铁路建设应急办、报送突发事件信息。

④集团公司主管业务部室和相关业务部室主要负责人赶赴现场，依据相关职责组织或协助开展处置工作。相关建设、设计、施工、监理单位负责人立即赶赴现场开展救援工作。

(2)Ⅱ级应急救援响应

①Ⅱ级应急救援响应由国铁集团铁路建设应急领导小组在接到事故报告后宣布启动。集团公司及以下各级单位相应启动响应。

②集团公司铁路建设应急领导小组组长赶赴现场，根据应急预案开展应急救援工作，在国铁集团现场救援指挥部的指挥下与集团公司相关部室、项目管理机构、施工单位主要负责人和地方政府相关部门人员组织、协调、指挥现场有关单位的人员采取应急措施，并及时向国铁集团建设应急办报告救援情况。

③Ⅱ级应急响应宣布后，集团公司铁路建设应急办立即启动 24 h 值班制，及时掌握救援进展。

④根据应急预案开展应急救援工作，项目管理机构及时向集团公司铁路建设应急办通报救援情况，由集团公司铁路建设应急办及时向国铁集团建设应急办报告救援情况。

⑤相关设计、施工、监理单位负责人立即赶赴现场，在集团公司铁路建设工程事故应急领导小组的统一指挥下开展救援工作。

(3)Ⅲ级应急救援响应

①Ⅲ级应急救援响应由国铁集团建设应急办在接到事故报告后启动。集团公司及以下各级单位相应启动响应。

②集团公司铁路建设应急领导小组负责人赶赴现场，在国铁集团现场救援指挥部的指挥下与项目管理机构、施工单位主要负责人和地方政府相关部门人员组织、协调、指挥现场有关单位的人员采取应急措施。

③Ⅲ级应急响应宣布后，集团公司铁路建设应急办立即启动 24 h 值班制，及时掌握救援进展。

④项目管理机构立即根据应急预案开展应急救援工作，并及时向集团公司铁路建设应急办、集团公司应急办(总值班室)通报救援情况，集团公司铁路建设应急办按规定及时向国铁集团建设应急办报告救援情况。

⑤关设计、施工、监理单位负责人立即赶赴现场，在集团公司铁路建设工程事故应急领导小组的统一指挥下开展救援工作。

(4)Ⅳ级应急救援响应

①Ⅳ级应急救援响应由集团公司铁路建设应急办在接到事故报告后启动，同时上报国铁集团铁路建设应急办。项目管理机构通知地方政府相关部门。集团公司及以下各级单

位相应启动响应。

②集团公司铁路建设应急领导小组主要成员、项目管理机构负责人及时赶赴事故现场,与地方政府相关部门人员组成现场救援指挥部,组织、协调、指挥现场有关单位的人员采取应急措施。

③Ⅳ级应急响应宣布后,施工单位项目负责人应立即通知施工企业负责人,同时立即启动 24 h 值班制,根据应急预案开展应急救援工作,并及时向集团公司铁路建设应急办报告救援情况。

④相关设计、监理单位项目负责人立即赶赴现场,在项目管理机构负责人的统一指挥下开展救援工作。

⑤集团公司铁路建设应急办对抢险救援工作进行监督指导。必要时,集团公司铁路建设应急办直接组织或派员赶赴事故现场指导救援。

3. 应急救援内容

(1)紧急处置

①事故发生后、应急预案启动过程中,集团公司铁路建设应急办主要负责人要立即赶赴事故现场,组织有关参建单位成立现场临时抢险救援指挥部,指挥部要在第一时间开展应急处置,并根据事故具体情况和实际需要,组织应急队伍,集结专用设备和物资,必要时向事发地人民政府请求支援。

②指挥部有权调动需要的应急救援资源,建设项目参建单位必须无条件支持配合应急救援工作,不得延误救援工作。

③应急救援相关人员应保持联系畅通,并派专人值守联系电话或传真。

(2)救护和医疗

铁路建设项目生产安全事故发生后,现场指挥机构根据现场情况,及时组织救援,有人员伤亡时,及时组织现场救护,并及时按应急预案通知当地相应医疗救治机构,请求事发地医疗卫生机构进行紧急医疗救护及现场卫生处置。

(3)现场救援

①应急救援现场指挥部全面负责事故现场的抢险救援工作。抢险救援现场组织机构要包括指挥协调、救援队伍、技术专家、监测评估、物资供应、警戒保卫、医疗救护、后勤保障、安置处理、信息发布等专业小组(根据事故情况可合并设置)。

②应急救援现场指挥部实行总指挥负责制。参加事故救援的单位和部门要指定或确定现场负责人。

③现场指挥部应及时全面了解人员伤亡和事故造成的损失,掌握地形环境和事故影响范围等情况,确定应急救援方案,迅速组织实施。

④在实施抢险救援的过程中,各单位应当严格执行抢险救援方案,防止事故扩大化,避免产生次生灾害可能再次造成人员伤亡。

⑤事故救援现场要保持通信联系的畅通,事故造成通信中断时,现场指挥部要迅速按时限组织恢复或开通应急通信系统,保障应急救援工作的顺利进行。

⑥应急救援现场指挥部被授权负责事故调查工作的,要立即指定事故调查小组开展事故调查工作。当有专门的事故调查组进行事故调查时,现场指挥部要配合做好事故调查,协助做好事故资料收集、事故证据移交、事故现场记录等工作。

⑦应急救援采取的临时措施和临时工程需要取消或拆除的，要指定专人进行检查，明确安全要求。

⑧应急救援完毕后，现场指挥部应组织救援人员对现场进行全面检查清理，进一步确认无伤亡人员遗留，拆除、回收、移送救援设备设施。

(4)应急信息发布和舆论引导

集团公司宣传部门在国铁集团宣传部的指导或授权下，进行铁路建设项目生产安全事故的应急信息对外发布工作和舆论引导工作。

(5)应急响应结束

遵循“谁启动、谁结束”的原则，由相应的组织按规定宣布应急救援响应结束。

(六)后期处置

1.赔偿

(1)事故责任单位应及时进行善后工作处理，做好安抚工作，按有关规定及时赔偿。

(2)事故相关责任单位按政府及主管部门结案批复文件，承担抢险费用。

2.保险理赔

按照国家、国铁集团及集团公司有关规定及保险合同进行办理。

(七)保障措施

1.应急物资保障

项目管理机构要督促施工单位按铁路建设项目生产安全事故应急预案要求，备足备齐应急救援器材、机械设备、路料等备用机具材料；统一制作在事故救援时各类人员使用的标牌。应急救援实施时，按项目施工企业自备、市场购置、社会租用、建设单位备用料、请求地方政府支援等方式进行应急供应。

2.应急队伍和专业装备保障

(1)应急管理队伍

集团公司、项目管理机构、施工单位项目部要按照专业性和综合性融合的原则，配齐配强各级应急管理人员，持续提高应急管理水平。各层级成立的应急管理队伍均要纳入本单位的应急预案。

(2)应急专家队伍

按照专业需求，集团公司、项目管理机构、施工单位项目部应做好应急专家的信息收集、分类、建档等工作，建立应急专家数据库并做到动态维护。必要时，可协调地方政府部门、企业、科研院所、高等院校等组织专家团队参与应急决策、专业咨询，开展专家会商、研判、培训和演练等活动，有效提供远程应急安全技术支持。

(3)应急救援队伍

按照铁路建设生产安全应急救援体系，建立集团公司、项目管理机构、施工单位项目部三级抢险救援队伍。根据需要，各级应急救援队伍就近参与铁路建设项目工程应急救援。集团公司应急抢险救援队伍主要由各运输站段、舟桥处和各工程局报送的抢险救援队伍组成。项目管理机构和施工单位项目部应急抢险救援队伍由各单位按本预案要求成立，报集团公司建设部备案。

(4)应急装备

各应急救援队伍要按有关规定合理配置救援资源，采用先进的救援装备和安全防护器材，并制订救援专业技术方案，积极开展技能培训和演练，提高快速反应和救援能力。

3. 交通运输保障

启动应急预案期间，应急救援指挥部可以调动各铁路单位交通工具，不足部分可向附近铁路局集团公司、国铁集团求援，或向地方政府求助。根据需要，报请地方人民政府协调地方公安交通管理部门予以协助。

4. 医疗卫生保障

工程开工前，项目管理机构要组织施工单位与地方卫生行政部门建立应急救援机制联系，制订应急处置行动方案。如工程所在地附近无地方医疗条件时，要设置工地卫生所（医院）。

项目管理机构和参建单位应做好日常应急救援资源的调查、准备和协调联系工作，形成相应的工作制度（工作联系制度、调用制度等），确保紧急情况下能最大限度地调用应急救援资源。

5. 实行专人值守

（1）建设部、涉铁办、项目管理机构及其他建设项目执行单位的安全生产调度指挥中心（以下简称指挥中心）实行 24 h 专人值守制度，配齐配强应急处置人员，确保及时高效处置各类突发事件。

（2）指挥中心与处置现场须保持通信畅通，应急处置过程中，指挥中心要对现场人员进行安全提示和业务指导，必要时协调专家团队提供技术支持。同时，对处置完毕后的线路开通、设备恢复使用、列车限速等要求进行审核把关。

6. 设立专用电话

（1）各级应急指挥中心设立专用电话，电话号码要在一定范围内公布，确保应急处置工作通信畅通。

（2）应急处置专家团队成员须保证 24 h 电话畅通，随时接收应急处置信息，快速到达指定位置参加应急处置工作。

（3）应急救援队伍负责人须保证 24 h 电话畅通，随时接收应急处置信息，并组织救援队伍及相关机具、设备快速到达指定位置参加应急处置工作。

7. 设置专簿记录

（1）各级应急指挥中心配备专用记录簿，如实记录突发事件发生的时间、地点、原因、影响范围、已经采取的措施等要素。

（2）指挥中心要充分利用大数据、人工智能等，推进立体监测预警网络，满足突发事件监测监控、预测预警、应急值守、信息发布、视频会商、综合研判、辅助决策、指挥协调、资源调用和总结评估等需要。

8. 监督检查

（1）项目参建单位要对本单位铁路建设项目生产安全事故应急预案实施进行自查和完善，包括应急预案编制、应急救援资源到位维护和管理、应急培训与预案演练等内容。

（2）项目管理机构、监理单位对施工单位生产安全事故应急预案实施进行日常监督检查。

（3）集团公司铁路建设应急办、工程质量监督站对项目管理机构和参建单位应急预案制定及演练、应急救援资源到位等情况进行抽查。

(八)应急预案管理

1. 档案管理

(1)集团公司铁路建设应急办建立应急预案管理档案,并督促项目管理机构完善应急预案管理。

(2)项目管理机构要建立项目的应急预案管理档案。

(3)项目管理机构负责将本单位的应急预案报送集团公司铁路建设应急办备案。

(4)项目管理机构要督促施工单位根据施工项目特点和范围,建立应急预案管理档案,详细记录应急预案的修订、演练情况。

2. 培训和演练

(1)参建单位特别是施工单位要加强人员应急培训,定期或不定期组织事故应急演练,提高应急能力和救援水平。

(2)项目管理机构要组织建立健全安全保证体系,组织指导专项事故救援演练,并督促参建单位开展应急培训和演练工作。

(3)应急预案演练或事故应急救援结束后,要对应急预案进行总结,对不足之处进行改进完善。

(九)附则

1. 处罚

对发生事故后隐瞒不报、故意迟报、漏报,以及应急预案管理不到位、事故应急救援不力的单位和个人,按照国家、国铁集团、集团公司有关规定进行处理。

2. 解释

本预案由集团公司建设部负责解释。

铁路建设项目实施过程中发生的铁路交通事故、公共卫生事件、群体性突发等事件应急处理执行国铁集团及集团公司颁布的相关预案。

第十一章　安全管理行为学知识

"无危则安，无缺则全"。没有危险、不出事故是人们生活中理想的美好境界。安全是铁路又好又快发展的前提，是铁路建设永恒的主题，加强施工安全管理是铁路建设者的责任、义务。

所谓施工安全管理也叫施工安全生产管理，是针对人们在施工过程中的安全问题，运用有效的资源，发挥人们的智慧，通过人们的努力，进行有关决策、计划、组织和控制等活动，实现施工过程中人与机械设备、物资材料、环境的和谐，实现安全生产的目标。

施工安全管理是铁路建设管理的重要组成部分。施工安全管理的主要对象是施工人员，涉及参建单位所有人员，也涉及人们施工过程所管理、使用（利用）的设备设施、物资材料、环境、财务、信息等各方面。

安全管理指向的是人，而不是物（物都需要由人来掌管、运作、推动和实施）。在管理中必须把人的因素放在首位，体现"以人为本"的指导思想；施工过程是一个组织活动，各类人员是通过组织参与到施工活动中的；管理者要研究和了解组织系统内个体、群体、组织及其关系的行为规律，以提高管理者预测、引导、控制人的行为能力，提高管理效率，实施有效管理。

本章从个体心理及行为、群体心理及行为、组织心理及行为领导心理及行为等方面，研究探讨人的安全安全管理行为，做好引导与管理，有效促进施工安全管理。

第一节　个体心理及行为

一、个体的概念与主要特征

1. 概念

个体指处在一定社会关系中，在社会地位、能力、作用上有区别的有生命的个人。

2. 主要特征

个体的力量和作用具有不确定性，在中国的主流文化中，常常忽视个体的力量和作用；个人的利益与集体的利益实际上并不是对立的；个体能量的最大限度发挥，往往才是集体能量的最大限度发挥。

现代文化改变了以丧失个体为代价的传统文化价值观，明确了"人"的价值，它充分肯定每一个个体的价值和潜能，肯定个人的努力，把人看成是一种独立的存在。

二、个体的心理认知过程

个体的心理认知过程包括：从感觉到知觉，到社会知觉三个认知阶段。

1.感觉

感觉是人脑对作用于感觉器官的客观事物个别属性的反映。这些感觉器官主要包括：眼、耳、鼻、舌、皮肤等。可分为来自外部的感觉和内部感觉。外部感觉例如：看到的景色，听到的声音等；内部感觉例如：饿、胀、渴、窒息、恶心、疼痛等。感觉人人都有。

人们对感觉普遍存在着逐渐适应现象，例如：对光存在由暗→明；对温度存在冷→热适应现象。人的嗅觉也会"入芝兰之室，久而不觉其香"。

我们对"温水煮青蛙"的故事并不陌生，把一只青蛙放在沸水锅里，它会立即感觉到热，马上跳出来，死里逃生；而把另一只青蛙放在温水锅里，它竟无动于衷，逐渐适应了温度变化，当水慢慢加热时，它已无力逃脱了。

提示特别：习惯性违章恰如"温水煮青蛙"，它的危害就在于使习惯性违章者在习惯了的思维方式、工作方式中，不知不觉就放松了警惕，以至最终酿成严重的事故。

2.知觉

知觉分为空间知觉、时间知觉和运动知觉。空间知觉是指对物体大小、形状、距离、方位等空间特性的知觉。时间知觉是指对物质延续性和顺序性的反映。运动知觉是指对物体在空间的位移产生的知觉。知觉是人们对感觉的认知，经各种感觉器官协调活动，形成客观事物的整体属性在人脑中的反映。反映的结果受人的知觉经验和态度的影响，同一物体不同的人感觉是相同的，但是知觉确会有差异。人也总是根据自己的需要，把一部分事物当成知觉的对象，其他部分当成背景，有选择的知觉外界事物。图 11-1 是典型的不同认知图形。图 11-1 是关于知觉选择性的经典图案，你看到了什么？每个人看到的会是不一样的。又如：马路上远处高速行驶来的车辆对人身可能造成伤害危险性的认知，人和人之间的认知是不同的。有的人会认为有危险，早点躲避；有的人会认为没有太大危险，发生与车辆抢道现象。

图 11-1　认知图形一

由于受人的知觉经验和态度的影响，人对事物的认知可能产生错觉。这种错觉是在特定条件下产生的对客观对象的歪曲知觉，如图 11-2、图 11-3 所示。

图 11-2 认知图形二

图 11-3 认知图形三

图 11-2 给人的错觉是水平线是不直的，也不是平行线。这种错觉是由于受到黑白正方形错位干扰造成的。图 11-3 人们会错误地认为平面上角是天棚，下角是地面。这种错觉是由于来自于感觉信息不完整造成的。

在日常生活和工作生产过程中，人们就要努力克服错觉，减少判断失误，避免造成不必要损失。

3. 社会知觉

社会知觉又称社会认知，是个体对他人、群体和自己的知觉。影响社会知觉的因素有认知者的经验、认知者的动机与兴趣、认知者的情绪等。正如每个人对另一个人或群体的看法是不尽相同的。在生产活动中，管理者要尽力统一不同个体的社会知觉，形成对事物、群体、组织认知共识，行动统一，共同向好的方面努力。

三、个体需要与动机

(一)需要

需要是有机体内部的一种不平衡状态，它表现为有机体对内部环境或外部生活条件的一种稳定的需求，并成为有机体活动的源泉。

1. 需要的内容

人有感觉、知觉就产生需要。这种需要主要包括：

(1)自然需要(生物学需要)：由有机体内部某些生理的不平衡状态引起，对有机体维持生命、延续后代有重要意义的需要。

(2)社会需要：是人类所特有的需要，反映了人类社会的要求，对维系人类社会生活，推动社会进步有重要意义。

(3)物质需要：指向社会的物质产品，并以占有这些产品而获得满足，如对食品的需要，对工作和生活条件的需要。

(4)精神需要：对各种社会精神产品的需要，如对文化生活的需要、欣赏美的需要。

2.需要的等级(顺序)

人的需要是有顺序的,首先是要满足生理需要;其次是安全需要;第三是归属和爱的需要;第四是尊重的需要;最后是自我实现需要。

(1)生理需要是指人对食物、氧气、水、性的需要等等,它们在人的所有需要中最重要,也是最有力量的。没有了生理需要,人就没有了生命。如植物人,没有了思维,但存在生命,就对食物、氧气、水等产生需要。

(2)安全需要是指人们要求稳定、安全、受到保护、有秩序、能免除恐惧和焦虑等需要。例如工作需要稳定,人身保障,财产安全等均属安全需要范畴。

(3)归属和爱的需要是指一个人要求与他人建立感情的联系或关系。例如交友、爱情、参加社团等需要。

(4)尊重的需要包括自尊和他尊。自尊需要的满足会使人相信自己的力量和价值,使他(她)在生活中变得更有能力、更富创造性。得到他人尊重会使人更加自信和自豪。

(5)自我实现需要是指人们追求实现自己能力或潜能,并使自我更加完善化。自我实现的需要是人类最高层次的需要,但每个人达到自我实现的途径和方式是各不相同的。

3.需要的特点

需要是人的行为的动力源;需要一经产生就必须得到满足;需要具有永不满足性,不断地产生新的需要。

(二)动机

当人意识到自己的需要时,它就会推动人去寻找满足需要的对象,这时活动的动机便产生了。动机是在需要的基础上产生的。动机不能直接观察,但可根据人的外部行为表现加以推断。有了动机就有可能导致行为发生,产生行为后果。

四、动机与行为

(一)动机和行为之间的关系

动机和行为之间有着复杂的关系,同一行为可以由不同动机引起;不同的行为也可由相同的或相似的动机引起。一个人的活动动机是多种多样的,有些动机起着主导作用,有些动机则处于从属地位。人的行为总是由一定的动机引起的。动机是行为产生的直接动力,行为是动机的外在表现。因此,动机和行为有复杂的关系。其具体表现是:

1.同一动机可以引起多种不同的行为。例如某人想得到一大笔财产,可以自力更生通过努力工作去获取;也可以去偷、去抢,不怕犯罪去暂时得到。

2.同一行为可以有不同的动机。例如某人在领导面前积极表现,他可能是为了得到领导欣赏,希望领导重用;也可能是为了完成工作任务,让领导放心。

3.一种行为可能同时为多种动机所推动。例如某小偷去偷东西,一是为了得到心理上的满足,二是为了得到物资上的满足。两种动机促成了小偷去偷东西。

4.合理的动机可能引起不合理的甚至错误的行为。正像人们常说的,动机是好的,办了错误的事情。

5.错误的动机有时被外表积极的行为所掩盖。例如某些腐败分子总是喜欢装出清正廉洁形象,行为上表现得对贪污受贿深恶痛绝,掩盖其犯罪动机。

(二)需要、动机和行为过程

需要、动机和行为过程始终周而复始,循环产生。其过程是:需要→心理紧张→动机→目标导向行为→目标行为→需要满足→新的需要产生。

遵循这一规律,使管理者能从宏观上掌握被管理者的心理,从而制定相应的较为科学的管理措施,高效地实现组织目标。

五、个体行为管理

管理者要讲究对人的行为的引导、控制,提高控制能力,使其产生积极行为。

在日常管理中,管理者对员工的很好行为、社会上的健康有序行为,用精神的、物质的奖励给予鼓励,用正确的舆论给予肯定和引导;对不良行为、违法行为,用批评、惩罚直至依法制裁给予制止和消除,以使个体产生良好的积极行为。

管理者对个体行为的引导与管理主要应采取以下措施:一是合理配置人员与岗位。管理者要重视人事管理,即安排恰当的"人",去做恰当的"事",做到"人员"与"岗位"的优化配置;二是重视人才群体结构优化。处理好人才群体内部各种不同人才的配置及其相互联系;三是力求产生"放大效应"。管理者要重视人与人、部门与部门之间工作配合,做到程序流畅,职责分明,量化考核,充分发挥整体效益,产生放大效应。

第二节　群体心理及行为

人是社会动物,不仅有个体需要自我选择,而且要依靠他人来满足我们所有的物质需要和大部分精神需要。我们与别人一起工作、学习、生活、运动,实际上,有如此之多的人类活动是以群体形式进行的,以至于人们把不和别人往来的人看成是不正常的、孤僻的。事实上,在社会中与他人不和的人心理上是痛苦的。因此,群体活动是普遍的、正常的。

一、群体的概念

(一)概念

群体是由持续的、直接的交往联系起来的具有共同利益的人群。群体是一个社会现象,由两个人或两个人以上个体组成结合体,各成员之间有共同目标、共同规范,行动上、感情上相互依存、相互影响。

(二)群体特征

群体有一定的规模和结构,群体成员要树立主人意识、群众意识、职业意识。其主要特征是:

1. 有明确的成员关系。
2. 有持续的相互交往。
3. 有一致的群体意识和规范。
4. 有一定的分工与协作。
5. 有一致行动的能力。

二、群体心理

(一)群体心理特征

群体作为介于组织与个体之间的人群结合体,可以起到桥梁和纽带作用。群体是特定的一组人群,有其特定的心理现象。

1. 群体有一定的行为准则,每个个体均共同遵守。

2. 群体易于沟通,人与人之间思想、观点通过文字、语言、手势、表情及身体姿势等多种方式传达。

3. 群体具有凝聚力,可把成员聚集于群体中并整合为一体的力量。

4. 群体产生士气,群体成员对某事或某目标产生共鸣,乐意成为该群体一员,有利于共同协助达成群体目标。

(二)对管理者要求

管理者要注意防止和消除群体成员的个人心理冲突、个人与组织冲突、群体成员之间的冲突和群体与群体之间的冲突要设法提高凝聚力和群体士气。

三、群体行为

(一)概念

把成员凝聚在一起作为主体,为达到目标而以一个整体来进行活动、发挥作用时的集体行为叫群体行为。

(二)群体行为类型

典型的群体行为包括:从众、服从与依从三种行为。

1. 从众是指个体力求与大多数人在思想上和行为上保持一致的现象。

2. 服从是指按照他人命令行动的行为。

3. 依从是指个体接受他人的请求,使他人请求得到满足的行为。

依从是个体之间发生相互影响的基本方式。在日常生活中,人与人之间发生相互影响的关系,大多数不是命令—服从模式,而是请求—依从模式。所以引发他人依从的社会影响策略必须引起广泛的注意和研究。

(三)社会促进与社会惰化行为

1. 社会促进现象

社会促进是指个体完成某种活动时,由于他人在场而提高了绩效的现象。他人在场的形式有实际在场、隐含在场、想象在场。例如领导在场,群体行为表现为工作积极,作业认真,纪律严明。男女共同从事农田劳作,有说有笑,气氛活跃,更容易使人兴奋,干活轻松,提高效率。所谓"男女搭配,干活不累"是有道理的。

2. 社会惰化现象

社会惰化指的是群体一起完成一件事情时,个体所付出的努力比单独完成时减少的现象。例如某项集体劳动,如果没有考核,总是效率不高,事倍功半。

3. 对管理者要求

社会心理学的大量研究揭示,社会惰化作用在现实生活中是广泛存在的。出现社会惰化的原因，是对个体的评价减弱，使个体在群体中的责任意识下降，行为动力也相应降低。如果让个体相信自己在群体中的行为效率可以被精确地测量出来，或是对个体行为的贡献单独进行测量，则即便与群体一起完成一项工作，个体也不再有惰化现象出现。单独测量使个体保持了足够的被评价焦虑，因而行为的动机也得到了激发。

管理者如何通过实现对个体单独测量，从而影响群体行为，实现群体目标呢？一是要以群体整体成功为目标激励引导；二是要培养群体成员有团队精神；三是要努力让个体相信群体成员也像自己一样；四是要加强群体成员之间密切关系；五是要科学地检查、考核、兑现。

四、管理者任务

1. 发挥模仿、感染与暗示行为

有益于他人、公众和社会的模仿、暗示和社会感染具有积极的社会意义，反之则具有消极意义。“榜样的力量是无穷的”就是这个道理。

管理者要理解这三种行为，重视群体行为对实现组织目标的影响，努力形成群体间最大限度地配合和最少限度的冲突，因人而异，以人为本，尽力满足每个群体成员的需求，调动个体及群体的积极性、创造性，发挥群体效应。

2. 讲究管理与沟通

沟通决定了管理，管理离不开沟通，管理者要与被管理者、与社会环境、与市场、与群体之间进行信息、思想、情感交流。有研究表明，管理者约有 70%的时间用于与他人沟通，其中 1/3 的时间用于单个会谈。其余 30%的时间用于分析问题和处理相关事务。

3. 改善人际关系

一是要加强领导班子建设，领导群体成员要以身作则，起到好的榜样作用；二是要建立合理组织结构，明确行为规范、办事程序。按照铁路建设标准化管理要求，配齐、配强内部机构人员，明确责任分工，明确工作程序，做到责任落实，管理有序；三是要鼓励、引导员工参与管理，关心员工；四是要建立信息沟通渠道，加强意见收集，及时消除误解；五是要摆正个人位置，严于律已。

第三节　组织心理及行为

一、组织的概念

组织是一群人为达到一个共同的目标，经由人力的分工和职能的分化，运用不同层次的权力和职责，充分调动这一群人的人力资源和智力资源，达到最佳结合的结果，并在外界环境变化时能够主动实行改革。组织与群体比较具有明显的特征：

1. 组织有一个共同的目标，无共同目标，组织不存在。
2. 组织有不同层次的分工，有着明确的责任制度。
3. 组织的功能是协调组织成员为达到共同目标而进行的活动。

二、组织心理特征

组织心理是群体心里的反映或综合。其特征主要有如下方面：

1. 为实现组织目标，具有持续性意向心理。
2. 为提高工作绩效，具有期望成功的心理。
3. 具有共同协作实现愿望的心理；具有沟通信息维护权力的心理。
4. 具有推进组织变革与怕乱的矛盾心理。

三、组织形象

组织形象是生存和发展根本。组织形象包括：
1. 产品形象，包括产品质量、产量、市场占有率等。
2. 员工形象，包括领导水平、职工技能、职工收入等。
3. 组织实力形象，包括单位资质、能力等。
4. 期望形象，包括企业规划、发展目标等。
5. 公共关系形象，包括用户评价、社会信用等。

四、组织行为管理目标

组织行为管理是一门严谨的科学，组织行为管理的目标是：
1. 塑造良好的组织形象，组织形象是企业的生命。
2. 既满足公众要求，又有利于组织发展。
3. 既保持统一的形象，又要在不同类型公众中享有不同的信誉和好感。
4. 长期改进，创造自己的企业文化。

第四节　领导行为

一、领导与管理

1. 领导的含义

领导是影响人们自动为实现组织目标而努力的一种行为。领导是人们促使其部属充满信心、满怀热情来完成他们任务的艺术。领导是对组织内群体或个人施行影响的活动过程。领导是一种说服他人热心于一定目标的能力。领导是关于影响他人来完成某项目标所发生的两个人或更多人之间的相互关系的过程。

2. 领导与管理的关系

领导偏重于决策与用人，管理侧重于执行决策，组织力量完成组织目标。领导的范围大于管理的范围，领导过程更多地影响他人实现的目标。

3. 领导与领导者的区别

领导是一种行动过程，领导者是致力于实现这一过程的人。一个组织可以指定领导者或领导集体，但不能指定或选择领导行为。

4. 领导者与管理者的关系

领导者职责决定了领导者必然是管理者。管理者中包括领导者。管理者的范围大于领导者的范围，组织中只有法定的个人称为领导者，而组织中一切从事管理工作的人员都是管理者。领导者被赋予一定的权力，因此具有比一般管理者大得多的影响力。

二、领导行为

领导者的职责决定领导行为方向，领导行为服务于领导职责。领导行为的有效程度影响履行领导职责，关系到领导绩效。为履行领导职责，领导行为一般包括：目标引导行为、沟通劝导与协调疏导行为、调查研究和重点指导行为、信息传导行为、管理律导行为和组织规范、检查督导行为。

1. 目标引导

领导者要紧紧围绕组织目标，引导员工为之奋斗，并为员工实现目标过程中帮助排除障碍。

2. 沟通劝导与协调疏导

领导者对个体与个体之间、个体与群体之间、群体与群体之间应及时沟通信息，当发生误解或冲突时要及时劝导和做好协调疏导工作。

3. 调查研究和重点指导

领导者要不断调查研究，注重重点指导，发现典型，及时总结、推广，做到以点带面。

4. 信息传导

依靠信息沟通，密切个体与个体、群体与群体之间的关系，使其和谐协调地实现组织目标。

5. 管理律导

领导者、管理者应严格要求，严格管理、严格约束成员的行为。

6. 组织规范、检查督导

制定并实施组织规范，以此来检查、规范、指导下属的行为，为组织目标实现提供保障。

三、高效处理日常事务

领导者在抓好调查研究、科学决策、选人用人及思想政治工作外，还要处理大量的日常事务工作。领导者要明确职责和奋斗目标，分层次管理，各施其责；同时要运用授权艺术和抓关键少数艺术，提高处理日常工作的效率。

附录一　参考规章文件

[1]《铁路交通事故调查处理规则》(铁道部令第 30 号),自 2007 年 9 月 1 日起实施。
[2]《违反〈铁路安全管理条例〉行政处罚实施办法》(交通运输部第 22 号令),自 2014 年 1 月 1 日起施行。
[3]《铁路技术管理规程》(普速铁路部分、高速铁路部分)(铁总科技〔2014〕172 号),自2014 年 11 月 1 日起实施;《铁路技术管理规程》(第一次修订内容)(铁总科技〔2017〕221 号),自 2017 年 11 月 1 日起实施。
[4]《高速铁路工务安全规则(试行)》(铁总运〔2014〕170 号)。
[5]《普速铁路工务安全规则》(铁总运〔2014〕272 号),自 2014 年 12 月 1 日起实施。
[6]《铁路营业线施工安全管理办法》(国铁运输监〔2021〕31 号),自 2021 年 12 月 1 日起实施。
[7]《铁路工程基本作业施工安全技术规程》等 7 项铁路工程建设标准(国铁科法〔2020〕6 号),自 2020 年 5 月 1 日起实施。
[8]《高速铁路接触网安全工作规则》(TG/GD 108—2014)(铁总运〔2014〕221 号),自 2014 年 8 月 9 日实施。
[9]《普速铁路接触网安全工作规则》(TG/GD 115—2017)(铁总运〔2017〕25 号),自 2017 年 4 月 1 日实施。
[10]《铁路道口管理办法》(铁总运〔2013〕121 号),自 2013 年 10 月 1 日起实施。
[11]《铁路建设项目安全生产管理办法》(铁总建设〔2014〕168 号),自 2014 年 7 月 1 日起实行。
[12]《国铁集团铁路营业线施工管理办法》(铁调〔2021〕160 号),自 2021 年 12 月 1 日起实行。
[13]《中国铁路济南局集团有限公司铁路营业线施工管理实施细则》(济铁施工〔2021〕186 号),自 2022 年 1 月 1 日起实行。
[14]《中国铁路济南局集团有限公司铁路建设项目营业线施工管理细化办法》(济铁建〔2022〕67 号),自 2022 年 5 月 1 日起实行。
[15]《中国铁路济南局集团有限公司营业线施工维修登销记管理办法》(济铁运〔2020〕47 号),自 2020 年 4 月 10 日起执行。
[16]《中国铁路济南局集团有限公司铁路建设项目施工专业分包管理实施细则》(济铁建〔2019〕207 号)的通知。
[17]《济南铁路局建设系统自轮运转特种设备管理实施细则》(济铁建发〔2015〕340 号),自

2015 年 9 月 1 日起实施。
[18]《济南铁路局自轮运转特种设备安全监督检查办法》(济铁安发〔2015〕56 号),自 2015 年 2 月 1 日起实施。
[19]《中国铁路济南局集团有限公司落实〈山东省铁路安全管理条例〉实施细则》(济铁环治〔2021〕68 号),自 2021 年 5 月 1 日起执行。
[20]《中国铁路济南局集团有限公司安全红线及刚性约束管理办法》(济铁安〔2021〕155 号),自 2021 年 10 月 1 日起施行。
[21]《中国铁路济南局集团有限公司铁路建设工程生产安全事故应急预案》(济铁建〔2021〕175 号),自 2021 年 10 月 27 日施行。
[22]《中国铁路济南局集团有限公司铁路交通事故内部调查处理实施办法》(济铁安〔2021〕169 号),自 2021 年 10 月 11 日施行。
[23]《中国铁路济南局集团有限公司铁路建设工程安全风险管控和安全隐患排查治理双重预防机制实施细则》(济铁办建〔2021〕71 号),自 2021 年 7 月 15 日施行。
[24]《普速铁路工务施工安全管理有关规定》(工电线路函〔2021〕53 号),自 2021 年 7 月 13 日起实施。

附录二 铁路营业线施工劳动安全复习题(通用)

一、单选题

1. 遇有(　　)及以上大风或恶劣天气时,应停止露天高处作业。在霜冻或雨雪天气进行露天高处作业时,应采取防滑措施。

A. 4 级　　B. 5 级　　C. 6 级　　D. 7 级

2. 在带电的接触网下搬运长大杆件应该平放在车上或者两人抬运,严禁在搬运过程中竖立、高举,以防止长大杆件触及带电体,危及搬运人员安全。测量用的花杆、塔尺应该距离带电体(　　)以上。

A. 2 m　　B. 3 m　　C. 4 m　　D. 5 m

3. 在电气化区段通过或使用各种车辆、机具设备不得超过机车车辆限界,作业人员和工具与接触网必须保持(　　)以上的距离。

A. 1 m　　B. 1.5 m　　C. 2 m　　D. 4.5 m

4. 实施有限空间作业前,必须对作业环境进行评估,提出消除、控制危害的措施,制定有限空间作业方案、安全操作规程、事故应急救援预案,并履行(　　)后方可实施,严禁擅自进入有限空间作业。

A. 审查手续　　B. 检查程序　　C. 审批手续　　D. 校对程序

5. 在双线区间,应(　　)走行;通过桥梁、道口或横越线路时,应做到"一站、二看、三通过",严禁来车时抢越。

A. 背对列车方向　　B. 面迎列车方向

C. 侧向列车方向　　D. 沿道心

6. 野外作业遇雷雨时,作业人员应放下手中的(　　),迅速到安全处所躲避,严禁在大树下、电杆旁躲避。

A. 木制器具　　B. 橡胶器具　　C. 金属器具　　D. 对讲机

7. 开挖基坑时,边坡的坡度必须按照设计要求,按放好的边坡线(　　)开挖,不得任意放陡坡度,禁止掏底挖土。

A. 由左向右　　B. 由右向左　　C. 由上向下　　D. 由下向上

8. 使用直梯登高作业时,在同一架梯子上不得同时有(　　)及以上作业。

A. 3 人　　B. 2 人　　C. 4 人　　D. 5 人

9. 基坑深度超过(　　)时,支护结构必须按要求进行设计计算,要有设计计算书和设计图纸。

A. 5 m　　B. 6 m　　C. 10 m　　D. 15 m

10. 有限空间作业中发生事故后要立即启动救援程序，禁止盲目施救。应急救援人员实施救援时，必须佩戴(　　)、救援器材，做好自身防护。

A. 安全帽　　B. 防护服　　C. 防毒呼吸器具　　D. 安全带

11. 施工(维修)时，于开始前(　　)min 驻站联络员应在“行车设备施工登记簿”内完成登记。

A. 20　　B. 30　　C. 40　　D. 10

12. 安全带应挂在(　　)的物件上，在一个物件上不允许拴挂几根安全带或一根安全绳上拴几个人。

A. 移动　　B. 牢固　　C. 临时　　D. 作业面下

13. 有(　　)人员不得从事高处、巡护、汽车驾驶、特种作业等工作。

A. 感冒　　B. 职业禁忌证　　C. 发烧　　D. 流涕

14. (作业人员使用劳动防护用品、用具前，要进行认真检查和简略漏气试验)，禁止使用未经检测或检测试验不合格及超过试验期的(　　)防护用品和工具。

A. 普通　　B. 绝缘　　C. 护目镜　　D. 耳塞

15. 施工作业人员、临时从业人员参加现场作业须进行安全生产教育，上道作业须由(　　)职工带领。

A. 劳务工　　B. 正式　　C. 临时工　　D. 合同工

16. 使用氧乙炔设备时，操作人员必须按规定穿戴劳动保护用品，其他人员应远离喷嘴前方，防止烧伤。乙炔瓶不得靠近热源和电器设备。乙炔瓶与明火的距离不得小于(　　)，与氧气瓶间的距离不得小于 5 m。

A. 2 m　　B. 5 m　　C. 10 m　　D. 15 m

17. 邻线速度 v_{max}>160 km/h 时，本线必须下道，距离不小于(　　)。

A. 500 m　　B. 1 000 m　　C. 2 000 m　　D. 800 m

18. 严禁扒乘机车车辆以车代步；绕行停留车辆时其距离应不少于(　　)m，并注意车辆动态和邻线开来的列车。

A. 2　　B. 5　　C. 8　　D. 10

19. 现场防护员必须按规定带齐防护信号备品，按规定设置防护，同时与(　　)保持通信联系。

A. 驻站联络员　　B. 车站值班员　　C. 质量员　　D. 安全员

20. 作业人员发现来车或听到(　　)发出的来车信号时，要立即恢复线路设备，下道避车。

A. 驻站联络员　　B. 施工负责人　　C. 现场防护员　　D. 项目经理

二、多选题

1. 线上作业人员接到来车通知后，必须按照下道避车的规定停止作业，(　　)撤离到安全地带。

A. 人员　　B. 机具　　C. 材料　　D. 线下起重设备

2. 高速铁路发生设备故障，需在双线区间的一线上道检查、处理设备故障时，应(　　)。

A. 本线封锁　　B. 邻线列车限速 160 km/h 及以下

C. 邻线列车限速 120 km/h 及以下　　D. 邻线列车限速 140 km/h 及以下

3. 严禁在(　　)及棚车顶上坐卧、站立或行走。

A. 钢轨上　　B. 车底下　　C. 枕木头　　D. 道心内

4. 有职业禁忌证人员不得从事(　　)等工作。

A. 高处　　B. 巡护　　C. 汽车驾驶　　D. 特种作业

5. 作业人员(　　)须设驻站(所)联络员和现场防护员。

A. 入网　　B. 上线　　C. 乘车　　D. 网外巡线

6. 作业人员禁止在带电的电气化铁路接触网及支柱上(　　)。

A. 搭挂物品　　B. 攀登支柱

C. 倚靠支柱休息　　D. 抛掷物品

7. 施工作业人员班前应充分休息，不得饮酒，严格执行规章制度，遵守两纪，作业中应(　　)。

A. 注意瞭望　　B. 确保行车安全

C. 及时下道避车　　D. 确保人身安全

8. 有限空间作业必须做到(　　)，严禁通风、检测不合格作业。

A. 先作业　　B. 先通风　　C. 再检测　　D. 后作业

9. 有限空间作业前，要制定(　　)，并履行审核、批准后方可实施，严禁擅自进入有限空间作业。

A. 作业方案　　B. 事故应急救援预案

C. 安全技术措施　　D. 作业条件

10. 施工中作业人员必须(　　)，要统一指挥，严格执行技术标准、作业标准、工艺流程和卡控措施及联控互控措施。

A. 按规定着装　　B. 佩戴防护用品

C. 正确使用防护用具　　D. 全部到岗

三、判断题

1. 未采取安全措施，施工作业人员不得直接或间接与接触网的各导线及相连部件接触。(　　)

2. 发现牵引供电设备断线或部件损坏，或发现牵引供电设备上挂有线头、绳索、塑料布等异物时，应立即进行处理。(　　)

3. 防护员必须按标准作业，严格执行联系和通话记录等程序和规定，未得到施工负责人许可，不得擅自关闭通信设备。(　　)

4. 上道作业时，现场防护员要先上道，做好作业防护。(　　)

5. 上下工行走时，在作业负责人的带领下，可以沿道心行走。(　　)

6. 绕行停留车辆时其距离应不少于 2 m，并注意车辆动态和邻线上开来的列车。(　　)

7. 作业人员严禁到邻线避车。严格按照《普速铁路工务安全规则》《高速铁路工务安全规则》要求的距离下道避车。(　　)

8. 施工作业人员下道避车时应面向列车认真瞭望，线间距小于 6.5 m 时，两线间不得

停留人员和放置机具、材料。（ ）

9. 遇有降雾、暴风雨(雪)、扬沙等恶劣天气影响瞭望时，可以继续线上作业和上道检查作业。（ ）

10. 对高处作业人员至少每年进行一次体检，严禁患有职业禁忌证人员登高作业。（ ）

11. 高速铁路实行天窗修制度，凡影响设备稳定、使用和行车安全的施工作业和维修作业，可以利用列车间隔进行。（ ）

12. 线上作业人员接到来车通知后，必须按照下道避车的规定停止作业，人员、机具撤离到安全地带。（ ）

13. 在地面 1 m 以上的高空及陡坡上作业，必须戴好安全帽，系好安全带或安全绳，不准穿带钉或易溜滑的鞋。（ ）

14. 基坑施工作业时，应按施工方案和规程挖土，不得超挖、破坏基底土层的结构。垂直、交叉作业时必须设置安全隔离防护措施。（ ）

15. 作业人员步行上下工，做到同去同回，区间应在路肩或路旁行走；在双线区间，应背对列车方向。（ ）

16. 从业人员发现直接危及人身安全的紧急情况时，应该继续进行作业。（ ）

17. 生产经营单位应当对从业人员进行安全生产教育和培训，但在生产任务重时，从业人员可以先上岗，后培训。（ ）

18. 从业人员在作业过程中，应当严格遵守本单位的安全生产规章制度和操作规程，服从管理。（ ）

19. 从业人员必须掌握本职工作所需要的安全生产知识，提高安全生产技能，增强事故预防和应急处理能力。（ ）

20. 实施有限空间作业前，必须对作业环境进行评估，并履行审核、批准手续后方可实施，严禁擅自进入有限空间作业。（ ）

附录三 铁路营业线施工安全相关知识复习题（管理人员）

（适用于项目经理、副经理、施工、安全、质量、技术负责人）

一、单选题

1. 在电气化铁路线路上，所有的（　　），自第一次受电开始即认定为带电设备。

A. 接触网设备　　B. 供电设备　　C. 牵引供电设备　　D. 变电设备

2. 雷、雨、雪、雾天气时，（　　）更换火花间隙、检修支柱下部地线和避雷引下线等作业。

A. 可以进行　　B. 不得进行

C. 根据天气情况确定　　D. 原则上可以

3. 除天窗点外允许的接触网作业项目外，所有侵入建筑限界的接触网作业，必须在（　　）的线路上进行。

A. 封锁　　B. 天窗　　C. 空闲　　D. 无列车运行

4. 几个作业组同时作业时，每一个作业组（　　）设置安全防护措施，分别向供电调度申请停电命令。

A. 无须　　B. 分别　　C. 共同　　D. 根据情况

5. 在有轨道电路的区段作业时，（　　）使长大金属物体（长度大于或等于轨距）将线路两根钢轨短接。

A. 不得　　B. 必须　　C. 原则上可以　　D. 运行

6. 各种车辆和人员通过电气化平交道口时，货物装载高度（从地面算起）不得超过（　　）m。

A. 4.5　　B. 4　　C. 5　　D. 5.5

7. 作业人员的（　　）超出作业平台防护栏范围作业时，必须将安全带系在牢固可靠部位。

A. 安全带　　B. 工具包　　C. 重心　　D. 头部

8. 发现接触网断线及其部件损坏或在其上挂有线头、绳索等物时，不准与之接触；在接触网作业人员未到达前，任何人员均应距断线处（　　）m以外，并设置防护。

A. 20　　B. 10　　C. 15　　D. 5

9. 工作领导人必须确认（　　）后，方可允许作业人员登上作业车的作业平台。

A. 地线接好　　B. 作业车熄火　　C. 人员到位　　D. 线路封锁

10. 在距离接触网（　　）m范围内使用发电机、空压机、搅拌机等机电设备时，应有良好的接地装置；在可能带电部位，应有“高压危险”的明显标志，并有防护措施。

A. 20　　B. 10　　C. 15　　D. 5

11. 在离接触网带电部分不到(　　)m 的建筑物上作业时，必须按规定办理接触网停电申请手续，得到许可停电施工命令，并有接触网工区派人安设接地线后，方准施工。

A. 1　　B. 2　　C. 3　　D. 4

12. 营业线电务工程施工前，施工单位应与(　　)单位核查设备情况。

A. 设计和设备管理　　B. 设计

C. 设备管理　　D. 监理

13. 挖掘同一条光电缆沟时，作业人员的间距应大于(　　)m。

A. 6　　B. 4　　C. 3　　D. 1

14. 穿越或靠近铁路线路挖沟及挖坑时，应有(　　)，列车通过时需停止作业，并离开危险地带。

A. 施工工具　　B. 防护措施　　C. 防护红旗　　D. 电缆标记

15. 竖立或撤除信号机柱前，必须与车站值班员联系，办理(　　)，经同意并按规定设置防护后，再进行施工。

A. 登记手续　　B. 销记手续　　C. 确认手续　　D. 上道手续

16. 更换轨道变压器、电阻器及配线时，严禁切断(　　)的轨道侧回路。

A. 送电变压器　　B. 扼流变压器

C. 受电变压器　　D. 送受端引入线

17. 已安装尚未启用或应拆除但尚未拆除的信号机，应将机构向线路(　　)旋转 90°或加无效标志。

A. 内侧　　B. 外侧

C. 平行线路侧　　D. 垂直线路侧

18. 营业线新安装的道岔以及应拆除尚未拆除的道岔必须纳入(　　)。

A. 车站监控　　B. 车站联锁　　C. 车站管理　　D. 车站站细

19. 司机见作业标须(　　)，注意瞭望。

A. 停车　　B. 长声鸣笛　　C. 限速慢行　　D. 不必理会

20. 移动停车信号牌的作用是要求列车(　　)。

A. 停车　　B. 长声鸣笛　　C. 限速慢行　　D. 不必理会

21. 允许速度(　　)的普速铁路线路施工及其限速区段，按不同线路允许速度的列车紧急制动距离，在移动减速信号牌外方增设带“T”字的移动减速信号牌。

A. $v<120$ km/h　　B. 120 km/h$<v<$200 km/h

C. $v<200$ km/h　　D. 200 km/h$<v$

22. 凡线间距离不足规定时，则应设置矮型(　　)m 高的移动减速信号牌。

A. 1.8　　B. 2.2　　C. 1.5　　D. 1

23. 转移作业地点前，现场防护员应及时通知驻站联络员(　　)及到达地点。

A. 施工方案　　B. 施工内容

C. 行走路径　　D. 材料消耗情况

24. 瞭望不良、通信不畅地段应增设中间联络(　　)进行联络。

A. 防护员　　B. 施工负责人

C. 电务人员　　D. 供电人员

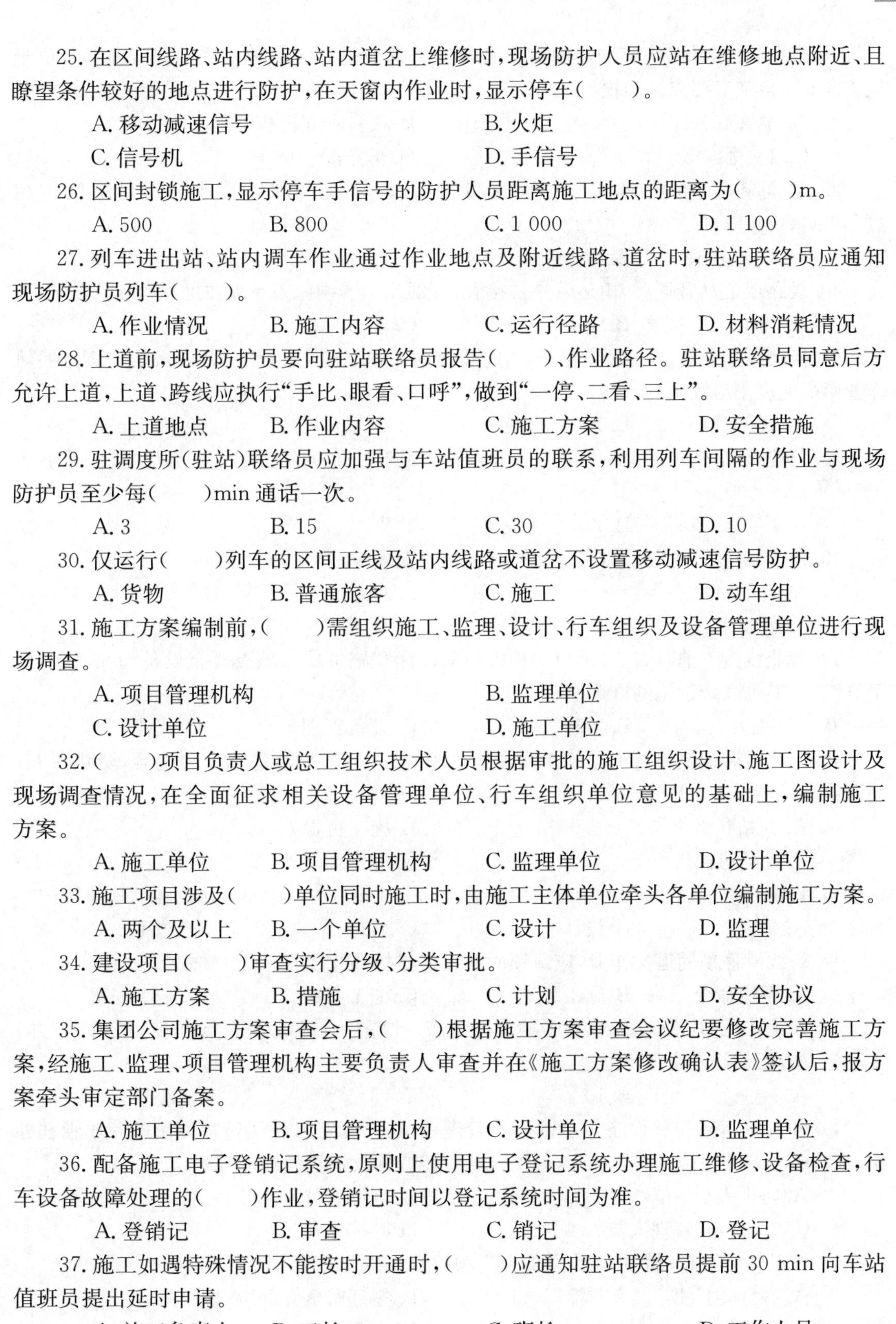

25. 在区间线路、站内线路、站内道岔上维修时，现场防护人员应站在维修地点附近、且瞭望条件较好的地点进行防护，在天窗内作业时，显示停车(　　)。

A. 移动减速信号　　B. 火炬

C. 信号机　　D. 手信号

26. 区间封锁施工，显示停车手信号的防护人员距离施工地点的距离为(　　)m。

A. 500　　B. 800　　C. 1 000　　D. 1 100

27. 列车进出站、站内调车作业通过作业地点及附近线路、道岔时，驻站联络员应通知现场防护员列车(　　)。

A. 作业情况　　B. 施工内容　　C. 运行径路　　D. 材料消耗情况

28. 上道前，现场防护员要向驻站联络员报告(　　)、作业路径。驻站联络员同意后方允许上道，上道、跨线应执行"手比、眼看、口呼"，做到"一停、二看、三上"。

A. 上道地点　　B. 作业内容　　C. 施工方案　　D. 安全措施

29. 驻调度所(驻站)联络员应加强与车站值班员的联系，利用列车间隔的作业与现场防护员至少每(　　)min 通话一次。

A. 3　　B. 15　　C. 30　　D. 10

30. 仅运行(　　)列车的区间正线及站内线路或道岔不设置移动减速信号防护。

A. 货物　　B. 普通旅客　　C. 施工　　D. 动车组

31. 施工方案编制前，(　　)需组织施工、监理、设计、行车组织及设备管理单位进行现场调查。

A. 项目管理机构　　B. 监理单位

C. 设计单位　　D. 施工单位

32. (　　)项目负责人或总工组织技术人员根据审批的施工组织设计、施工图设计及现场调查情况，在全面征求相关设备管理单位、行车组织单位意见的基础上，编制施工方案。

A. 施工单位　　B. 项目管理机构　　C. 监理单位　　D. 设计单位

33. 施工项目涉及(　　)单位同时施工时，由施工主体单位牵头各单位编制施工方案。

A. 两个及以上　　B. 一个单位　　C. 设计　　D. 监理

34. 建设项目(　　)审查实行分级、分类审批。

A. 施工方案　　B. 措施　　C. 计划　　D. 安全协议

35. 集团公司施工方案审查会后，(　　)根据施工方案审查会议纪要修改完善施工方案，经施工、监理、项目管理机构主要负责人审查并在《施工方案修改确认表》签认后，报方案牵头审定部门备案。

A. 施工单位　　B. 项目管理机构　　C. 设计单位　　D. 监理单位

36. 配备施工电子登销记系统，原则上使用电子登记系统办理施工维修、设备检查，行车设备故障处理的(　　)作业，登销记时间以登记系统时间为准。

A. 登销记　　B. 审查　　C. 销记　　D. 登记

37. 施工如遇特殊情况不能按时开通时，(　　)应通知驻站联络员提前 30 min 向车站值班员提出延时申请。

A. 施工负责人　　B. 工长　　C. 班长　　D. 工作人员

38. 根据《中国铁路济南局集团有限公司铁路营业线施工管理实施细则》，施工单位于施工前 3 d 将施工要点计划报（　　）。

A. 主管业务部　　B. 项目管理机构
C. 工务段　　D. 车务段

39. 区间卸车时，严禁机车与车辆摘钩，风动卸砟车卸砟作业时运行速度不超过（　　）。

A. 25 km/h　　B. 20 km/h　　C. 15 km/h　　D. 10 km/h

40. 线路或道岔开通后，由运营单位接管，开通（　　）内施工单位协助运营单位维护。

A. 12 h　　B. 24 h　　C. 36 h　　D. 48 h

41. 换轨车作业时应注意作业安全，防止钢轨下落、入槽过程中压伤、挤伤手脚。换轨作业牵引速度不应大于（　　）。

A. 5 km/h　　B. 10 km/h　　C. 15 km/h　　D. 20 km/h

42. 营业线桥涵顶进时，顶进工作坑靠近路基一侧的坑顶距路基坡脚不得小于（　　）m。

A. 1　　B. 1.5　　C. 2　　D. 2.5

43. 营业线路堤帮宽拆除圬工防护工程时，应随填筑进度（　　）拆除。

A. 自下而上　　B. 自上而下
C. 爆破　　D. 任意

44. 营业线施工前，（　　）单位应积极协助设计和施工单位核查既有设备情况，提供地下管线、电缆等隐蔽设施的准确位置。

A. 建设　　B. 监理　　C. 设备管理　　D. 代建

45. 营业线拆铺线路及道岔施工命令下达后，（　　）应确认施工命令内容，防止误判、臆测给点。

A. 驻站联络员　　B. 施工负责人
C. 现场防护员　　D. 安全员

46. 线路或道岔开通后，由运营单位接管，开通 24 h 内（　　）单位协助运营单位维护。

A. 建设　　B. 设计　　C. 监理　　D. 施工

47. 跨线滑移预铺道岔作业，应封锁所跨线路，封锁的时间按（　　）实施。

A. 调度命令　　B. 施工计划　　C. 施工方案　　D. 一事一案

48. 人工挖孔（井）作业应编制专项施工方案，孔深（　　）m 及以上的人工挖孔桩（井）专项施工方案须经专家评审通过。

A. 5　　B. 10　　C. 15　　D. 20

49. 各自轮运转特种设备主管部门及管理单位，须制定自轮运转特种设备专业管理办法、配备（　　）并明确其安全职责，确保自轮运转特种设备管理规范有序。

A. 防护人员　　B. 监督人员
C. 专（兼）职管理人员　　D. 盯控人员

50. 涉及转场自轮运转特种设备的两个项目管理机构之间须（　　）。

A. 签订委托书　　B. 签订安全管理协议
C. 电话通知　　D. 书面告知

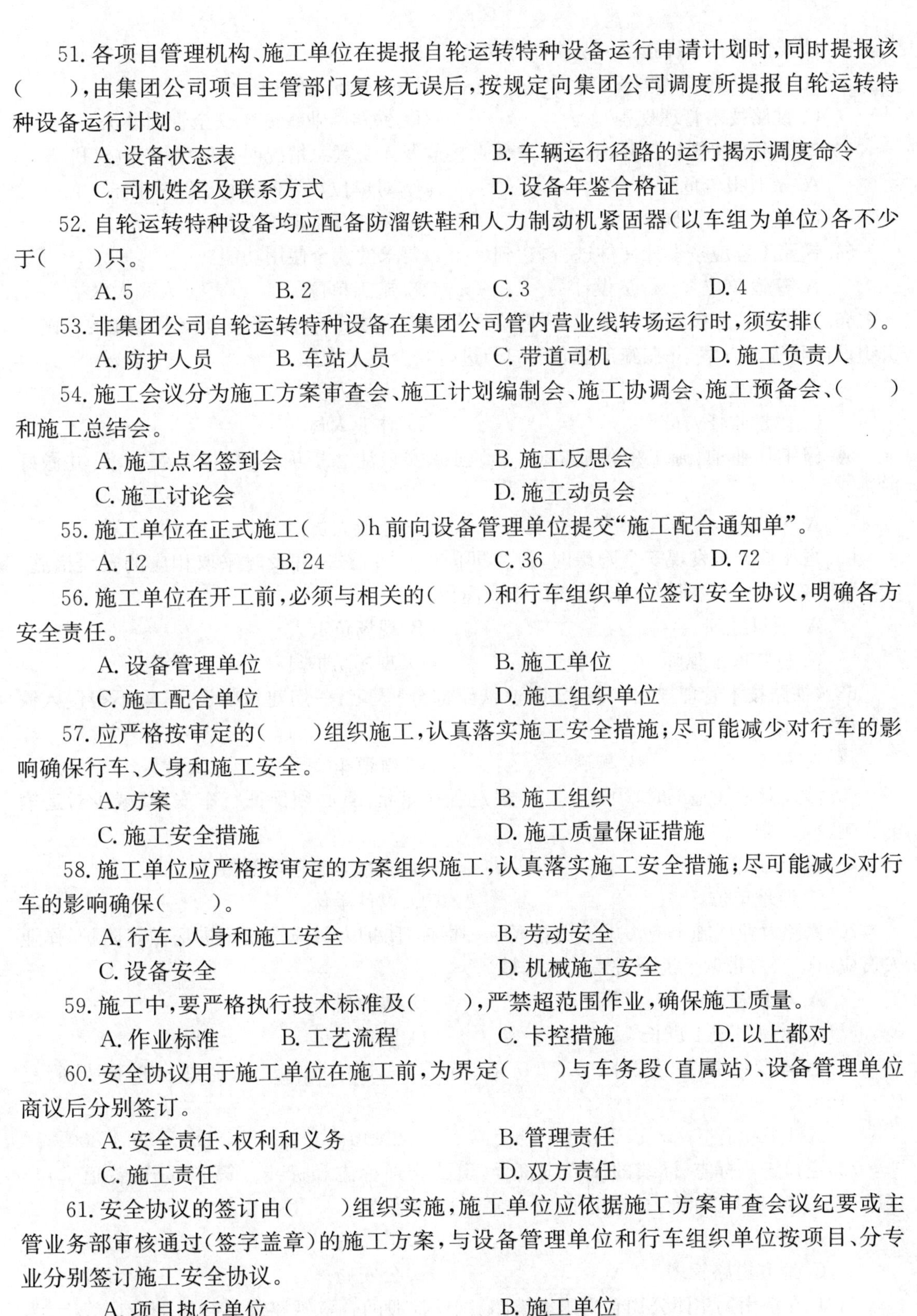

51. 各项目管理机构、施工单位在提报自轮运转特种设备运行申请计划时，同时提报该(　　)，由集团公司项目主管部门复核无误后，按规定向集团公司调度所提报自轮运转特种设备运行计划。

A. 设备状态表　　B. 车辆运行径路的运行揭示调度命令

C. 司机姓名及联系方式　　D. 设备年鉴合格证

52. 自轮运转特种设备均应配备防溜铁鞋和人力制动机紧固器(以车组为单位)各不少于(　　)只。

A. 5　　B. 2　　C. 3　　D. 4

53. 非集团公司自轮运转特种设备在集团公司管内营业线转场运行时，须安排(　　)。

A. 防护人员　　B. 车站人员　　C. 带道司机　　D. 施工负责人

54. 施工会议分为施工方案审查会、施工计划编制会、施工协调会、施工预备会、(　　)和施工总结会。

A. 施工点名签到会　　B. 施工反思会

C. 施工讨论会　　D. 施工动员会

55. 施工单位在正式施工(　　)h 前向设备管理单位提交“施工配合通知单”。

A. 12　　B. 24　　C. 36　　D. 72

56. 施工单位在开工前，必须与相关的(　　)和行车组织单位签订安全协议，明确各方安全责任。

A. 设备管理单位　　B. 施工单位

C. 施工配合单位　　D. 施工组织单位

57. 应严格按审定的(　　)组织施工，认真落实施工安全措施；尽可能减少对行车的影响确保行车、人身和施工安全。

A. 方案　　B. 施工组织

C. 施工安全措施　　D. 施工质量保证措施

58. 施工单位应严格按审定的方案组织施工，认真落实施工安全措施；尽可能减少对行车的影响确保(　　)。

A. 行车、人身和施工安全　　B. 劳动安全

C. 设备安全　　D. 机械施工安全

59. 施工中，要严格执行技术标准及(　　)，严禁超范围作业，确保施工质量。

A. 作业标准　　B. 工艺流程　　C. 卡控措施　　D. 以上都对

60. 安全协议用于施工单位在施工前，为界定(　　)与车务段(直属站)、设备管理单位商议后分别签订。

A. 安全责任、权利和义务　　B. 管理责任

C. 施工责任　　D. 双方责任

61. 安全协议的签订由(　　)组织实施，施工单位应依据施工方案审查会议纪要或主管业务部审核通过(签字盖章)的施工方案，与设备管理单位和行车组织单位按项目、分专业分别签订施工安全协议。

A. 项目执行单位　　B. 施工单位

C. 设备管理单位　　D. 行车组织单位

62. 涉及铁路营业线施工的基本法律是(　　)。

A. 中华人民共和国安全生产法　　B. 铁路安全管理条例

C. 铁路技术管理规程　　D. 铁路营业线施工安全管理办法

63. 安全生产法规定:当从业人员发现直接危及人身紧急情况时,享有(　　)权利。

A. 及时报告危险　　B. 对单位领导的批评、检举、控告

C. 签订劳动合同　　D. 停止作业和紧急撤离

64. 铁路工程应按设计文件进行,达到(　　)要求的安全使用功能。

A. 建设单位　　B. 设计　　C. 施工单位　　D. 人民大众

65. 施工单位应按照设计施工,严格执行有关安全技术标准,将安全技术措施纳入施工组织设计和施工方案,并在施工前向(　　)进行安全技术交底。

A. 监理人员　　B. 设计人员

C. 质量监督人员　　D. 作业人员

66. 施工作业前,施工单位应向(　　)强调安全注意事项、应急措施和要求,并做好记录。

A. 安全员　　B. 安全总监　　C. 作业人员　　D. 项目经理

67. 当作业人员发现安全隐患时,应立即向(　　)报告,并及时采取相应的安全措施,无法保障安全时应立即停止作业,撤出作业岗位。

A. 项目经理　　B. 现场负责人

C. 总监理工程师　　D. 现场防护员

68.《铁路技术管理规程》(普速、高速铁路部分)规定:一切建筑物设备,均不得侵入铁路的(　　)限界。

A. 机车　　B. 车辆　　C. 轨道车　　D. 建筑

69. 涉及营业线施工时,须按(　　)规定程序审批,且必须保证行车安全,减少对运输的影响。

A. 施工单位　　B. 铁路运输管理部门

C. 监理单位　　D. 设计单位

70. 铁路营业线施工应由施工负责人统一指挥,防护人员应按规定进场做好防护,作业人员应由(　　)带领上道或进入施工区域。

A. 项目经理　　B. 防护员

C. 带班员或工班长　　D. 监理人员

71. 客运专线铁路建筑限界(200 km/h$\leqslant v \leqslant$350 km/h)规定站台的限界值是(　　)mm。

A. 1 700　　B. 2 150　　C. 2 440　　D. 1 750/1 800

72. 道口警示标志、标线的设置应符合《道路交通标志和标线　第 6 部分:铁道道口》(GB 5768.6—2017)标准,按规定由(　　)部门负责设置。

A. 铁路　　B. 工务段

C. 地方道路管理　　D. 公安局

73. 凡在济南局集团公司管内国家铁路、国铁控股的合资铁路及其接轨的专用线上,为满足特殊工程施工,一次性通过或其他临时性特殊需要,可设置使用时间不超过 1 年的临时

道口时,施工单位应向(　　)书面提出。

A. 铁路产权单位　　B. 济南局集团公司

C. 相关工务段　　D. 设计单位

74. 临时道口需要延长设置期限的,申请者应当依据本办法规定,在有效期届满(　　)日前提出延期申请。

A. 10　　B. 15　　C. 30　　D. 60

75. 用滑行钢轨装卸钢轨及其他重型机械设备时,滑行钢轨应支撑牢固,坡度适当。滑行前方(　　)站人,后方应有保险缆绳。

A. 可以　　B. 视情况　　C. 禁止　　D. 必须

76. 长轨车运行中,人员必须离开轨端(　　)m 以外,并严禁在长轨上走动。

A. 2　　B. 3　　C. 5　　D. 10

77. 整组道岔在既有线上做铺设前的纵向移动时,应由(　　)统一指挥,合理布置移动轮,平稳移动。

A. 工长　　B. 车间主任

C. 施工负责人　　D. 现场最高职务人员

78. 靠近线路堆放材料、机具等,不得侵入建筑接近限界。道砟、片石、砂子等线桥用料堆放后,边坡不陡于 1∶1,钢轨顶部轨外水平距离不小于(　　)mm,两线间距轨顶高度不大于 300 mm。

A. 700　　B. 750　　C. 810　　D. 910

79. (　　)是普速铁路双线区间一条线路封锁施工的防护图。

A.

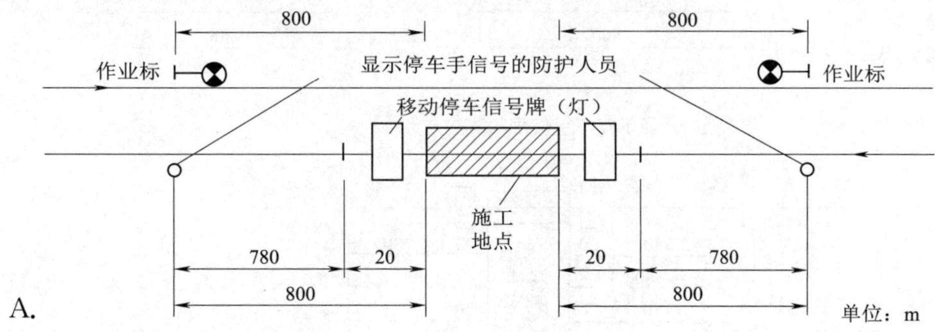

B.

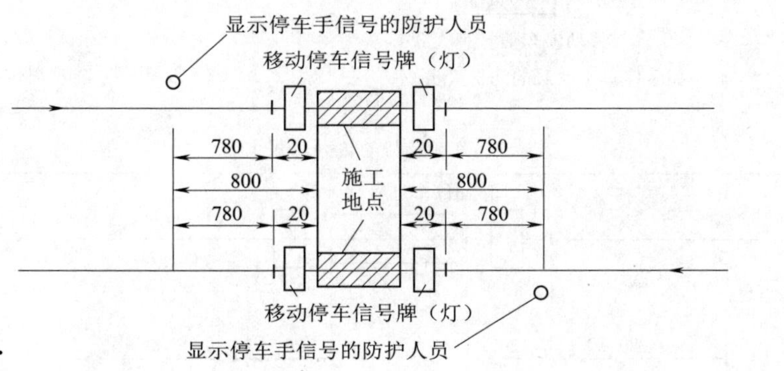

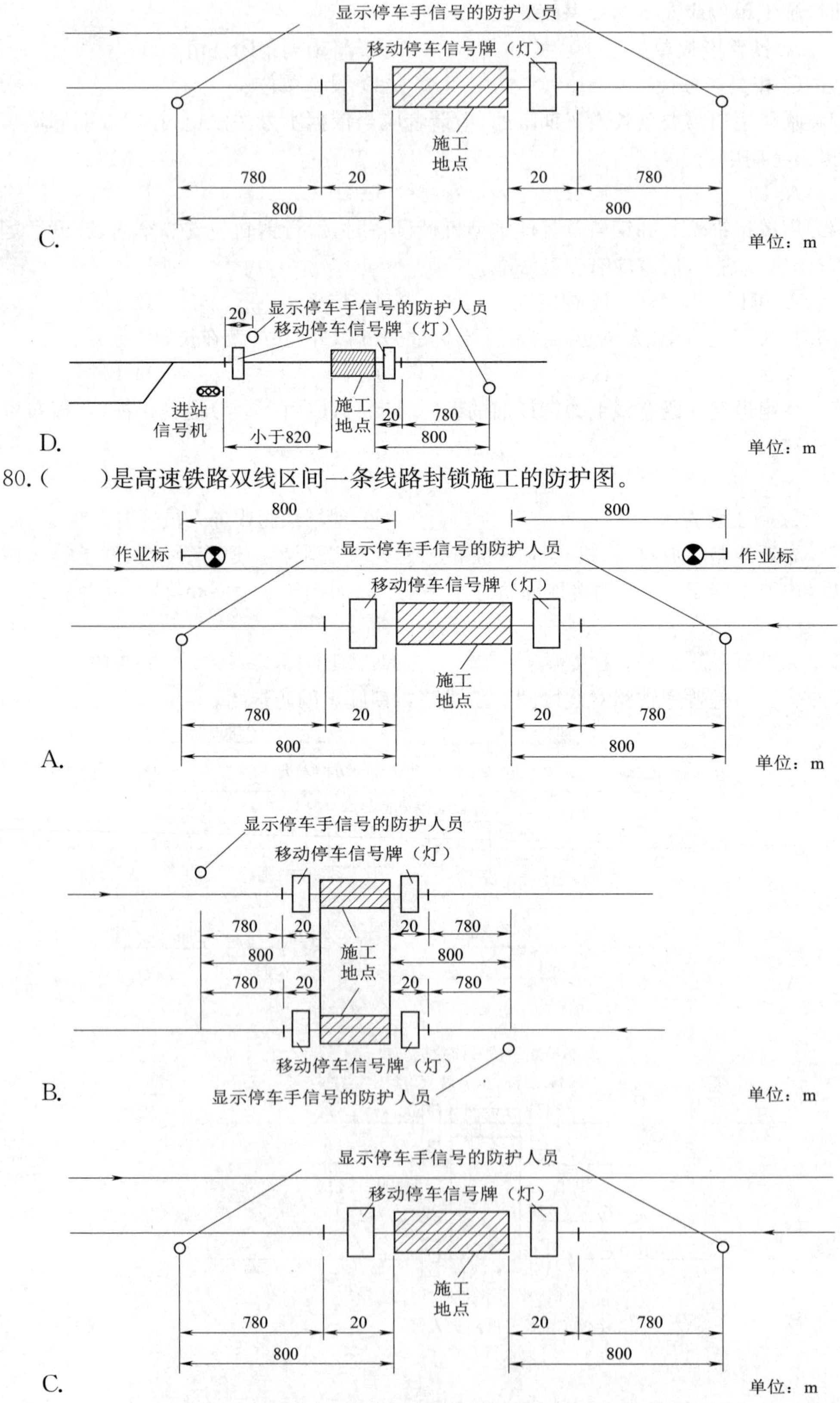

80.（　　）是高速铁路双线区间一条线路封锁施工的防护图。

D. 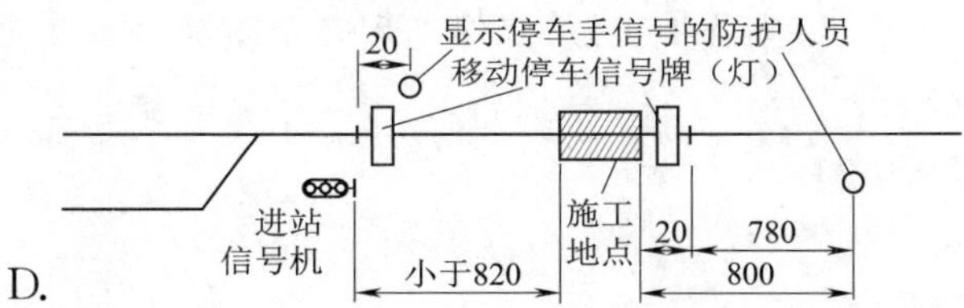

二、多选题

1.(　　)和分段绝缘器等作业时,应用不小于 25 mm^2的等位线先连接等位后再进行作业。

A. 隔离(负荷)开关　　B. 绝缘锚段关节

C. 关节式分相　　D. 电分段

2.(　　)作业等有可能引起接触网参数变化的施工时,必须事先通知供电部门予以配合。

A. 起道　　B. 路肩上　　C. 拨道　　D. 桥梁上

3. 工作票中规定的作业任务完成后,由工作领导人确认具备送电、行车条件,清点全部(　　)撤至安全地带,拆除接地线,宣布作业结束。

A. 作业车　　B. 作业人员　　C. 机具　　D. 材料

4. 信号设备(　　)装置的设置应符合设计要求。接地线与接地体之间应可靠连接,严禁虚焊虚接。

A. 电源　　B. 防雷　　C. 接地　　D. 位置

5. 特殊情况下确需上道或跨线时,应与驻调度所(驻站)联络员联控确认来车情况,执行"一停、二看、三通过"和"(　　)"制度,严禁来车时抢越。

A. 手比　　B. 眼看　　C. 口呼　　D. 摇头

6. 现场防护员应根据施工作业现场(　　)等情况确定站位和移动路径并做好自身防护。

A. 地形条件　　B. 列车运行特点

C. 施工人员　　D. 机具布置

7. 高速铁路驻调度所(驻站)联络员应与现场防护员保持联系,如联系中断,驻调度所(驻站)联络员应立即通知列车调度员(　　)。

A. 停止向作业地点放行列车　　B. 设置减速防护

C. 办理施工手续　　D. 不得办理作业销记手续

8. 普速铁路驻站联络员的主要工作包括(　　)。

A. 办理登销记手续　　B. 传达调度命令

C. 施工安全措施　　D. 通报列车运行情况

9. 利用列车间隔作业或邻线行车时,现场防护员要主动与驻站联络员进行联系,汇报作业组所在地点及线上或线下移动路径,掌握本线或邻线列车(　　)。

A. 所在位置　　B. 车辆编组情况　　C. 运行径路　　D. 乘务人员姓名

10. 普速铁路驻调度所(驻站)联络员应加强与车站值班员的联系,双线区段反方向来车时,驻调度所(驻站)联络员应及时(　　)。

A. 通知现场防护员　　B. 通知车站值班员

C. 并转报作业负责人　　D. 通知行车调度员

11. 营业线施工应积极采用(　　),提高施工工效,确保工程安全质量。

A. 新技术　　B. 新材料　　C. 新设备　　D. 新工艺

12. 施工方案编制前置条件包括(　　)。

A. 施工现场联合调查完成

B. 施工图设计技术审查完成

C. 运输站段参加的专项设计技术交底完成

D. 需专家论证的项目通过专家论证

13. 人身安全控制专项方案编制要求包括(　　)。

A. 营业线Ⅱ级及以上等级的施工

B. 在繁忙干线、干线进行涉及两个专业以上的站场改造施工

C. 两个及以上专业使用自轮运转设备的施工

D. 涉及深基坑、高陡坡、高大模板支撑系统施工

14. 在营业线(　　)作业时,必须在车站行车室设驻站联络员,在施工地点设现场防护员进行施工防护。

A. 施工　　B. 维修　　C. 值班　　D. 网外巡检

15. 提交审查的施工方案必须手续齐全、内容完整,并需提供(　　)等资料。

A. 施工方案报审表　　B. 施工方案预审纪要及签到表

C. 施工现场调查记录　　D. 施工图设计技术交底、设计变更

16. 指挥列车运行的(　　),只能由列车调度员发布。列车调度员在发布命令之前,应详细了解现场情况,并听取有关人员意见。

A. 命令(运行揭示调度命令除外)　　B. 施工计划

C. 口头指示　　D. 装卸车计划

17. 营业线及邻近营业线路基施工主要有(　　)等危险源、危害因素。

A. 地下、地上管线及行车设备　　B. 材料堆码

C. 机械作业　　D. 慢行施工,封锁施工

18. 营业线轨道施工主要有(　　)等危险源、危害因素。

A. 无计划、无命令、超范围施工

B. 设备管理单位、施工配合单位未到位擅自作业

C. 材料、机具、设备侵限

D. 线路开通前未检查确认列车放行条件

19. 轨道工程作业完成后,经(　　)单位进行共同检查,确认达到放行列车条件后,方可登记销点开通线路。

A. 施工　　B. 监理　　C. 设备管理　　D. 设计

20. 营业线施工作业人员应遵循下列安全规定:(　　)。

A. 行车速度大于160 km/h时严禁在两线间停留或跨越邻线避车,所持料具不应侵入建筑限界

B. 严禁随意横越铁路,确因施工需要,应按相关规定设置防护

C. 不应钻车、扒车、跳车或通过车底部、车辆连接处传递料具

D. 严禁在车下、线路上或有塌方落石危险处坐卧休息

21. 人工挖孔(井)施工应符合下列规定:(　　)。

A. 设置人员上下爬梯,配备防坠器

B. 严禁超负荷吊装

C. 严禁作业人员私自捆绑大石块提升作业

D. 提升卷扬设备应安装防脱钩和上限位装置

22. 自轮运转特种设备是在铁路营业线上运行的(　　)等专用车辆。

A. 铁路轨道车　　B. 架桥机、铺轨机

C. 接触网作业车　　D. 大型养路机械

23. 自轮运转特种设备上线运行,须保证(　　)作用良好,并取得设备检测合格证。

A. 运行控制设备　　B. 空调设备

C. 车载无线通信设备　　D. 手机

24. 装载路料应有专人统一指挥进行,必须由(　　)对路料的装载加固、捆绑情况进行全面检查,并在《路料运输装载加固、运行确认表》上签字确认后方可发车。

A. 施工单位装车负责人　　B. 监理

C. 自轮运转特种设备司机　　D. 防护员

25. 自轮运转特种设备营业线和邻近营业线施工编制审查施工方案应明确车辆(　　)、出场计划安排及保障措施,严格按照审批下达的施工计划、运行计划进行作业。

A. 停放　　B. 防溜　　C. 进场　　D. 作业计划

26. 集团公司管内项目转场运行时,申请使用设备的项目管理机构派员现场检查设备状况和机具装载加固情况后,向集团公司项目主管部门提出书面申请。申请内容应包括(　　)。

A. GYK 最新数据版本证明　　B. 带道安全协议

C. 运行揭示调度命令　　D. 安全管理协议

27. 影响行车或影响行车设备(　　)的施工项目未经申报批准严禁施工,擅自施工或擅自扩大施工内容和范围的,一经发现立即停工并追究施工单位责任。

A. 稳定　　B. 检查　　C. 维修　　D. 使用

28. 营业线施工必须把确保安全放在首位,坚持"(　　)"的方针,建设、设计、施工、监理、行车组织、设备管理等部门和单位必须严格执行本细则和施工管理有关规定。

A. 安全第一　　B. 预防为主

C. 综合治理　　D. 边整边改

29. 事故分为特别(　　)四个等级。

A. 特别重大事故　　B. 重大事故

C. 较大事故　　D. 一般事故

30. 非设备管理单位进行天窗点外作业时,除严格执行《营业线施工安全管理细则》第九十五、九十六条规定外,还必须与(　　)签订安全协议,并制定安全防护措施。

A. 设备管理单位　　B. 行车组织单位

C. 监理单位　　D. 项目管理机构

31. (　　)施工期间,需要上线检查时,按天窗点外作业方式在车站登记,同意后方可上线检查;发现危及行车安全时应立即采取措施,确保安全。

A. 工务架空线路　　　　　　　　　　B. 桥涵顶进
C. 封锁施工　　　　　　　　　　　　D. 吊装施工

32. 施工单位是(　　),要严格执行营业线施工的各项规章制度,科学制定施工方案,落实施工安全措施和责任,严格责任追究。

A. 施工安全的主体　　　　　　　　　B. 承担施工安全的主体责任
C. 承担施工安全的连带责任　　　　　D. 承担施工安全的次要责任

33. 施工单位要(　　);要经常对全体施工人员进行施工安全教育,建立完善的施工安全责任制,严格执行营业线施工的各项规章制度。

A. 建立健全施工安全保证体系
B. 按规定设置安全生产管理机构
C. 配备安全生产管理人员
D. 履行施工安全管理和日常检查的职责

34. 施工单位在施工前,要做好充分准备,并提前向设备管理和使用单位进行技术交底,特别是(　　)工程。

A. 影响行车安全的　　　　　　　　　B. 影响人身安全的
C. 影响质量　　　　　　　　　　　　D. 隐蔽

35. 施工完成后,必须达到(　　)后,方可申请开通线路。

A. 临时补修标准　　　　　　　　　　B. 验收标准
C. 线路放行列车条件　　　　　　　　D. 经设备管理单位确认

36. 生产经营单位对重大危险源应当登记建档,进行定期(　　),并制定应急预案,告知从业人员和相关人员在紧急情况下应当采取的应急措施。

A. 检测　　　　B. 评估　　　　C. 鉴定　　　　D. 监控

37. 生产经营单位应当按照国家有关规定将本单位涉及的危险源管理方面的(　　)报告有关地方人民政府安全监督部门和有关部门备案。

A. 重大危险源　　　　　　　　　　　B. 重大风险
C. 安全措施　　　　　　　　　　　　D. 应急措施

38. 因从业人员对本单位安全生产工作提出批评、检举、控告或者拒绝违章指挥的,单位不可以对从业人员采取(　　)措施。

A. 降低其工资　　　　　　　　　　　B. 降低其福利待遇
C. 给予其一定的物质奖励　　　　　　D. 解除与其订立的劳动合同

39. 当施工单位发现(　　)等情况,并影响施工安全时,应及时向有关单位报告,并及时采取安全防范措施,确认无误后方可继续施工。

A. 施工现场情况与设计文件不符　　　B. 天气变化可能影响施工
C. 设计存在缺陷　　　　　　　　　　D. 对设计有疑问

40. 国铁集团规定的铁路建设工程质量安全建设行为方面的红线有(　　)。

A. 无安全专项方案　　　　　　　　　B. 转包和违法分包
C. 偷工减料、以次充好　　　　　　　D. 内业资料弄虚作假

41. 为加强对铁路营业线施工安全管理,济南局集团公司补充提出了以下(　　)等条作业方面的刚性约束。

A. 错误设置移动信号

B. 在高铁线路防护栅栏内遗留作业料具

C. 高风险工点安全专项方案未经审批擅自开工

D. 漏传、错传运行揭示调度命令

42. 铁路营业线施工时,施工负责人在发布上道施工命令前应重点确认(　　)等工作程序是否准确无误。

A. 施工人员设备具备退场条件　　B. 施工内容已经办理施工登记

C. 施工现场防护已按规定设置　　D. 线路已经封锁

43. 铁路营业线施工系指影响营业线(　　)的各种施工,分为施工作业和维修作业。

A. 设备稳定　　B. 设备使用

C. 运输效益　　D. 行车安全

44. 进入现场的(　　)人员,应按规定配备和使用劳动保护用品。

A. 施工　　B. 监理　　C. 作业　　D. 所有

45. 可能侵入营业线限界的大型机械作业时,应采取(　　)等措施。

A. 防止倾覆　　B. 设专人防护

C. 备用电源　　D. 加满燃料

46. 使用风动卸砟车卸砟时不得(　　)。

A. 推进运行　　B. 突然停车

C. 后退　　D. 双侧同时卸车

47. 道口发生危及行车安全的故障时,道口工必须果断拦停列车。采取以下正确措施(　　)。

A. 有道口遮断信号机(故障防护灯)的点亮红灯

B. 有道口无线报警装置的应立即启用报警

C. 有直通车站电话或列车无线调度电话,立即通知车站或机车乘务员

D. 通知相邻道口,可让其代设置停车信号防护

48. 设置临时道口应符合以下条件(　　)。

A. 线路运行速度 90 km/h 及以下

B. Ⅲ级以下等级铁路与城市干路、二级及以下等级道路交叉

C. 道口之间距离小于 1 km,并且无绕行条件

D. 拟通过道口的道路与铁路平面交叉原则上为正交,斜交时交叉角应大于 45°

49. 装载材料、工具时应稳固,不得(　　)。装载危险物品时,应有可靠的安全措施。

A. 偏载　　B. 超量　　C. 超载　　D. 超限

50. 站内(　　)不准存放钢轨、轨枕、机具等。

A. 正线与正线之间　　B. 正线与到发线之间

C. 到发线与到发线之间　　D. 最外侧线路路肩

三、判断题

1. 距牵引供电设备带电部分超过 2 m 的燃着物体,使用沙土灭火时,牵引供电设备可不停电,但须保持灭火机具及沙土等与带电部分的距离在 2 m 以上。　(　　)

2. 牵引供电设备故障时，与牵引供电设备相连接的支柱、接地引下线、综合接地线等可能出现高电压，未采取安全措施前，可与其接触。（ ）

3. 与接触网同杆合架的电力线路设备，非电力部门的专职人员禁止攀登作业。（ ）

4. 在电气化铁路区段使用架空索道或绞车时，应先做好调查，其钢丝绳（包括晃动量）离接触网带电部分最小距离应大于 10 m，并设有接地线。（ ）

5. 在带电的接触网下，不准在敞车、平车、罐车等车辆（棚车、保温车、家畜车内除外）上进行装卸作业。（ ）

6. 在进行接触网作业时，作业组全体成员须按规定佩戴劳动防护用品和正确使用防护工具。（ ）

7. 所有侵入建筑限界的接触网作业，必须在封锁的线路上进行。（ ）

8. 在建筑物旁挖光电缆沟及挖坑时，应根据挖掘的深度，做好必要的安全措施，以防坍塌。（ ）

9. 敷设光电缆施工时，光电缆盘离地面不大于 100 mm，并有制动措施。（ ）

10. 已安装尚未启用或应拆除但尚未拆除的信号机，应将机构向线路外侧旋转 60°或加无效标志。（ ）

11. 营业线新安装的道岔以及应拆除尚未拆除的道岔不需要必须纳入车站联锁，并按照有关规定做好监控防护，必要时切断启动电源或者挂牌明示。（ ）

12. 对失去联锁的道岔，室外应断开转辙机安全接点，室内应单锁并断开启动电路。严禁封连端子或人为给出道岔表示或人为开放信号。（ ）

13. 营业线转辙机施工，应针对手摇把及电动转辙机钥匙制定专项管理制度，严禁施工人员私自带手摇把进入工地。（ ）

14. 雾天、雷雨或六级以上大风天气时可以在信号机机柱上作业。（ ）

15. 减速防护地段终端信号牌作用是要求列车按线路允许速度运行。（ ）

16. 作业地点及邻线有反方向行车，驻站联络员必须立即通知车站值班员。（ ）

17. 移动减速信号牌设在线路两侧路肩上，标志内侧距离线路中心线不少于 2.1 m。（ ）

18. 在尽头线上施工，施工负责人经与车站值班员联系确认尽头一端无列车、轨道车时，则尽头一端可不设防护。（ ）

19. 有动车组列车运行的区间正线及站内线路或道岔不设置移动减速信号防护。（ ）

20. 现场防护员在防护时，除掌握驻站联络员通报信息外，以瞭望防护为主；如通信联系中断，现场防护员立即通知施工负责人停止作业，必要时将线路恢复到准许放行列车状态。（ ）

21. 在列车接近作业地点前，应发出紧急下道的通知信号。如果机具无法及时下道或线路不具备放行列车条件，现场防护员应果断显示停车信号防护，拦停列车。（ ）

22. 封锁施工前，现场防护员必须和驻站联络员确认最后一趟列车通过情况，确认最后一趟列车通过施工地点后，方可根据驻站联络员的通知，通知作业人员进网上线。（ ）

23. 在电气化区段施工，施工方案中没有必要注明是否有需要接触网停电后方可进行的施工作业项目。（ ）

24.建设项目施工方案审查实行分级、分类审批。（　）

25.工程建设等部门施工、天窗点外作业需在车站(含其他作业场所)登销记。（　）

26.经审定的施工方案,实施过程中若原设计方案、施工工艺或施工现场接触网、信号、工务等设备客观条件发生变化,则必须重新编制施工方案并按程序报审。（　）

27.铁路营业线施工计划实行国铁集团、集团公司、车务段(直属站)分级管理、逐级审批制度。（　）

28.未纳入月度施工计划的施工项目原则上不准进行施工。（　）

29.路堤帮宽填筑与既有路基接近持平或高于既有路基时,应设置隔离措施,划分作业区域。（　）

30.轨道工程施工中,施工单位应对施工区域内影响施工作业的既有设备采取防护措施。（　）

31.轨道工程作业完成后,经施工、监理、设备管理单位进行共同检查,确认达到放行列车条件后,方可登记销点开通线路。（　）

32.在线间距不足6.5 m地段进行清筛、成段更换钢轨及轨枕、成组更换道岔作业时,邻线列车应按规定限速,并设置防护。（　）

33.线路拨接时,施工单位应根据设计资料,组织相关人员对拨接现场进行复查,按规定编制、报批实施性施工组织方案。（　）

34.线路开通巡养期间,应使用液压起拨道器,也可使用齿条式起道机进行养护作业。（　）

35.营业线使用单轨车、轨道小平车等非机动轻型车辆应在封锁线路条件下进行。（　）

36.桥涵工作坑开挖必须按规定进行放坡,分层下挖,不得任意放陡坡度,禁止掏底挖土。（　）

37.路堑开挖应自上而下分级分层开挖,严禁掏底开挖。（　）

38.挖孔桩每日开工前必须先检测井下有毒、有害气体的类别和含量,并采取相应的安全处置措施。（　）

39.接触网作业车司机出乘前须携带、熟知运行径路上的运行揭示调度命令。（　）

40.自轮运转特种设备制动系统的制动阀、风压表、制动软管等部件,每年校验一次。（　）

41.自轮运转特种设备未按规定安装GYK设备、车载无线通信设备或技术状态不良的,严禁上线运行。（　）

42.《自轮运转特种设备过轨技术检查合格证》有效期为自始发站过轨技术检查合格时起,10 d后失效。（　）

43.防溜设备的设置与撤除必须执行双人确认制度(一人设置或撤除,另一人确认),使用防溜枕木时,应在距离停留车辆不大于5 m处放置并加锁。（　）

44.自轮运转特种设备未按规定安装GYK设备、车载无线通信设备或技术状态不良的,可以上线运行。（　）

45.装载路料应有专人统一指挥进行,并由施工单位装车负责人、监理、自轮运转特种设备司机对路料的装载加固、捆绑情况进行全面检查,并在《路料运输装载加固、运行确认

表》上签字确认后方可发车，施工后可不进行确认、签字。 ( )

46. 过轨技术检查合格后，由车辆段填发《自轮运转特种设备过轨技术检查合格证》。 ( )

47. 各项目管理机构、施工单位要制定运行揭示调度命令管理、传递、归档、核对、检查落实工作制度，确保运行揭示调度命令有效运转，并逐级传达到位，使现场施工作业人员切实掌控运行揭示调度命令，杜绝漏发、漏接、迟发、迟接。 ( )

48. 便梁施工上线检查时，可以登记邻近营业线点外。 ( )

49. 施工结束后，施工单位上线整修线路时，架子队长应作为施工负责人。 ( )

50. 事故责任分为全部责任、主要责任、重要责任、次要责任和同等责任。 ( )

51. 一般事故分为：一般 A 类事故、一般 B 类事故、一般 C 类事故、一般 D 类事故。 ( )

52. 营业线紧急抢修施工，因施工和开通时间紧迫，可以不在车站登记。 ( )

53. 大型施工机械设备营业线、邻近营业线施工应严格执行营业线施工的各项规章制度，实行一机一人防护。 ( )

54. 施工单位在开工前，必须与相关的设备管理单位和行车组织单位签订安全协议，明确各方安全责任。 ( )

55. 生产经营单位应当建立安全教育和培训档案，如实记录安全生产教育和培训时间、内容、参加人员以及考核结果等情况。 ( )

56. 劳务人员经集团公司培训合格后，可以持证上岗。 ( )

57. 生产经营单位的特种作业人员必须按照国家有关规定经专门的安全作业培训，取得相应资格，方可上岗作业。 ( )

58. 施工完毕应及时清理现场，不得影响铁路运营安全。 ( )

59. 当各部门、各单位制定的技术管理文件与《铁路技术管理规程》规定不一致时，应以《铁路技术管理规程》为准。 ( )

60. 在营业线附近倒车、卸车时，应在其周围设置防护和安全警示标志并派专人监护。 ( )

61. 铁路营业线施工结束并办理销记后，发现在高铁线路防护栅栏内遗留作业料具，应立即进入栅栏进行清理。 ( )

62. 既有接触网施工确认停电后，即可安排施工人员作业。 ( )

63. 在设计建筑物或设备时，距钢轨顶面的距离应附加钢轨顶面标高可能的变动量(路基沉落、加厚道床、更换重轨等)。 ( )

64. 铁路营业线施工机械应按照指定路线进入作业区域。 ( )

65. 邻近营业线施工时应采取可靠措施，防止高大施工机械设备倾倒侵限。 ( )

66. 道口发生危及行车安全的故障时，道口工须按“先防后排，宁停勿撞”原则，立即采取措施，果断拦停列车。 ( )

67. 对设置的临时道口，应当在协议中注明有效期并在道口处设置警告牌予以公告。 ( )

68. 卸车人员要掌握好车门开度，严禁双侧卸砟，避免道砟成堆或车辆偏载。 ( )

69. 卸砟作业时，卸砟车运行速度应控制在 8～15 km/h。在河砂、道砟、炉渣等松散料

堆上,严禁再卸片石等较笨重的材料。 ( )

70.在桥梁人行道上堆放重物时,视情况对桥梁状态进行全面调查,对桥梁结构、承载力和稳定性进行检算。 ( )

四、简答题

1.铁路营业线施工负责人的主要职责有哪些?

2.济南局集团公司营业线施工安全卡死制度有哪些?

3.济南局集团公司建设专业刚性约束有哪些?

4.线路上作业设置移动停车信号防护的程序是什么?

5.绘制普速铁路双线区间一条线路封锁施工的现场安全防护图。

附录四 铁路营业线施工安全相关知识复习题（作业人员）

（适用于安全员、防护员、联络员、带班人员、工班长）

一、单选题

1. 在电气化铁路线路上，所有的（　　），自第一次受电开始即认定为带电设备。

A. 接触网设备　　B. 供电设备

C. 牵引供电设备　　D. 变电设备

2. 雷电时（在作业地点可见闪电或可闻雷声）（　　）在接触网上进行作业。

A. 可以　　B. 禁止

C. 允许　　D. 原则上可以

3. 当用梯子作业时，作业人员要先检查梯子是否牢靠；要有专人扶梯，梯脚要放稳固，严防滑移；梯子上只准有（　　）人作业。

A. 1　　B. 2　　C. 3　　D. 4

4. 几个作业组同时作业时，每一个作业组（　　）设置安全防护措施，分别向供电调度申请停电命令。

A. 无须　　B. 分别　　C. 共同　　D. 根据情况

5. 在有轨道电路的区段作业时，（　　）使长大金属物体（长度大于或等于轨距）将线路两根钢轨短接。

A. 不得　　B. 必须　　C. 原则上可以　　D. 运行

6. 各种车辆和人员通过电气化平交道口时，货物装载高度（从地面算起）不得超过（　　）m。

A. 4. 5　　B. 4　　C. 5　　D. 5. 5

7. 进行高空作业时，人员不宜位于（　　），并采取防止线索滑脱的措施。

A. 线索受力方向侧　　B. 靠近邻线线路侧

C. 线索受力方向的反侧　　D. 靠近田野侧

8. 作业人员的（　　）超出作业平台防护栏范围作业时，必须将安全带系在牢固可靠部位。

A. 安全带　　B. 工具包　　C. 重心　　D. 头部

9. 发现接触网断线及其部件损坏或在其上挂有线头、绳索等物时，不准与之接触；在接触网作业人员未到达前，任何人员均应距断线处（　　）m 以外，并设置防护。

A. 20　　B. 10　　C. 15　　D. 5

10. 在离接触网带电部分不到(　　)m 的建筑物上作业时,必须按规定办理接触网停电申请手续,得到许可停电施工命令,并有接触网工区派人安设接地线后,方准施工。

A. 1　　B. 2　　C. 3　　D. 4

11. 挖掘同一条光电缆沟时,作业人员的间距应大于(　　)m。

A. 6　　B. 4　　C. 3　　D. 1

12. 穿越或靠近铁路线路挖沟及挖坑时,应有(　　),列车通过时需停止作业,并离开危险地带。

A. 施工工具　　B. 防护措施

C. 防护红旗　　D. 电缆标记

13. 更换轨道变压器、电阻器及配线时,严禁切断(　　)的轨道侧回路。

A. 送电变压器　　B. 扼流变压器

C. 受电变压器　　D. 送受端引入线

14. 已安装尚未启用或应拆除但尚未拆除的信号机,应将机构向线路(　　)旋转 90°或加无效标志。

A. 内侧　　B. 外侧

C. 平行线路侧　　D. 垂直线路侧

15. 移动停车信号牌的作用是要求列车(　　)。

A. 停车　　B. 长声鸣笛

C. 限速慢行　　D. 不必理会

16. 允许速度(　　)的普速铁路线路施工及其限速区段,按不同线路允许速度的列车紧急制动距离,在移动减速信号牌外方增设带"T"字的移动减速信号牌。

A. $v<120$ km/h　　B. 120 km/h$<v<$200 km/h

C. $v<200$ km/h　　D. $v>200$ km/h

17. 凡线间距离不足规定时,则应设置矮型(　　)m 高的移动减速信号牌。

A. 1.8　　B. 2.2　　C. 1.5　　D. 1

18. 转移作业地点前,现场防护员应及时通知驻站联络员(　　)及到达地点。

A. 施工方案　　B. 施工内容

C. 行走路径　　D. 材料消耗情况

19. 瞭望不良、通信不畅地段应增设中间联络(　　)进行联络。

A. 防护员　　B. 施工负责人

C. 电务人员　　D. 供电人员

20. 在区间线路、站内线路、站内道岔上维修时,现场防护人员应站在维修地点附近、且瞭望条件较好的地点进行防护,在天窗内作业时,显示停车(　　)。

A. 移动减速信号　　B. 火炬

C. 信号机　　D. 手信号

21. 区间封锁施工,显示停车手信号的防护人员距离施工地点的距离为(　　)m。

A. 500　　B. 800　　C. 1 000　　D. 1 100

22. 列车进出站、站内调车作业通过作业地点及附近线路、道岔时,驻站联络员应通知现场防护员列车(　　)。

A. 作业情况　　B. 施工内容
C. 运行径路　　D. 材料消耗情况

23. 上道前，现场防护员要向驻站联络员报告(　　)、作业路径。驻站联络员同意后方允许上道，上道、跨线应执行“手比、眼看、口呼”，做到“一停、二看、三上”。

A. 上道地点　　B. 作业内容
C. 施工方案　　D. 安全措施

24. 驻调度所(驻站)联络员应加强与车站值班员的联系，利用列车间隔的作业与现场防护员至少每(　　)min 通话一次。

A. 3　　B. 15　　C. 30　　D. 10

25. 仅运行(　　)列车的区间正线及站内线路或道岔不设置移动减速信号防护。

A. 货物　　B. 普通旅客　　C. 施工　　D. 动车组

26. 铁路信号分为(　　)和听觉信号。

A. 视觉信号　　B. 信号　　C. 可见信号　　D. 颜色信号

27. 听觉信号是指号角、口笛发出的(　　)和机车、自轮运转特种设备的鸣笛声。

A. 鸣笛声　　B. 声音　　C. 音频声　　D. 音响

28. 基本进路是指按下进路始端和终端两个按钮后，所排列出的一条运行较合理的列车或调车进路，也称为(　　)。

A. 列车进路　　B. 调车进路
C. 优先进路　　D. 长进路

29. 施工项目涉及两个及以上单位同时施工时，由(　　)单位牵头各单位编制施工方案。

A. 施工主体　　B. 施工单位
C. 指挥部　　D. 项目管理机构

30. 施工方案应尽量采取照片、示意图等(　　)的形式对施工场地、工艺、工序、安全措施等内容进行介绍。

A. 直观　　B. 间接形式
C. 口头的形式　　D. 书面

31. 登销记过程中出现错误时，对错误之处所在行内容一律用(　　)全部抹消，另起一行重新填写，禁止随意涂改、撕页、粘贴。

A. 红直线段　　B. 线段　　C. 直线　　D. 线条

32. 配备施工电子登销记系统时，原则上使用电子登记系统(　　)施工维修、设备检查、行车设备故障处理的登销记作业，登销记时间以登记系统时间为准。

A. 办理　　B. 审查　　C. 批准　　D. 登记

33. 施工和维修作业遇特殊情况不能按时开通时，施工维修负责人(驻站联络员)应提前(　　)min 向车站值班员提出延时申请。

A. 30　　B. 25　　C. 20　　D. 15

34. 施工单位于施工前(　　)d 将施工要点计划报主管业务部。

A. 3　　B. 2　　C. 1　　D. 5

35. 线路或道岔开通后，由运营单位接管，开通(　　)内施工单位协助运营单位维护。

A. 12 h　　B. 24 h　　C. 36 h　　D. 48 h

36. 换轨车作业时应注意作业安全,防止钢轨下落、入槽过程中压伤、挤伤手脚。换轨作业牵引速度不应大于(　　)km/h。

A. 5　　B. 10　　C. 15　　D. 20

37. 营业线桥涵顶进时,顶进工作坑靠近路基一侧的坑顶距路基坡脚不得小于(　　)m。

A. 1　　B. 1.5　　C. 2　　D. 2.5

38. 营业线路堤帮宽拆除圬工防护工程时,应随填筑进度(　　)拆除。

A. 自下而上　　B. 自上而下　　C. 爆破　　D. 任意

39. 营业线拆铺线路及道岔施工命令下达后,(　　)应确认施工命令内容,防止误判、臆测给点。

A. 驻站联络员　　B. 施工负责人

C. 现场防护员　　D. 安全员

40. 跨线滑移预铺道岔作业,应封锁所跨线路,封锁的时间按(　　)实施。

A. 调度命令　　B. 施工计划

C. 施工方案　　D. 一事一案

41. 人工挖孔桩护壁施工应符合设计要求,并做到随挖随护。每一循环进尺最大不得超过(　　)m,并应在当日连续施工完毕。

A. 0.5　　B. 1　　C. 1.5　　D. 2

42. 各自轮运转特种设备主管部门及管理单位,须制定自轮运转特种设备专业管理办法、配备(　　)并明确其安全职责,确保自轮运转特种设备管理规范有序。

A. 防护人员　　B. 监督人员

C. 专(兼)职管理人员　　D. 盯控人员

43. 漏发、错发、漏传、错传调度命令耽误列车,为一般(　　)事故。

A. D10　　B. D14　　C. D15　　D. C15

44. 各项目管理机构、施工单位在提报自轮运转特种设备运行申请计划时,同时提报该(　　),由集团公司项目主管部门复核无误后,按规定向集团公司调度所提报自轮运转特种设备运行计划。

A. 设备状态表　　B. 车辆运行径路的运行揭示调度命令

C. 司机姓名及联系方式　　D. 设备年鉴合格证

45. 自轮运转特种设备均应配备防溜铁鞋和人力制动机紧固器(以车组为单位)各不少于(　　)只。

A. 5　　B. 2　　C. 3　　D. 4

46. 施工单位在开工前,必须与相关的(　　)和行车组织单位签订安全协议,明确各方安全责任。

A. 设备管理单位　　B. 施工单位

C. 施工配合单位　　D. 施工组织单位

47. 施工单位应严格按审定的方案组织施工,认真落实施工安全措施;尽可能减少对行车的影响确保(　　)。

A. 行车、人身和施工安全　　B. 劳动安全

C. 设备安全　　D. 机械施工安全

48. 施工中,要严格执行技术标准及( ),严禁超范围作业,确保施工质量。

A. 作业标准　　B. 工艺流程

C. 卡控措施　　D. 以上都对

49. 安全生产法规定生产经营单位从业人员应履行的义务不包括( )。

A. 发现隐患,及时报告　　B. 遵章守纪,服务管理

C. 接受培训,掌握技能　　D. 定期获得劳动保护用品

50. 安全生产法规定:当从业人员发现直接危及人身紧急情况时,( )权利。

A. 及时报告危险　　B. 对单位领导的批评、检举、控告

C. 停止作业和紧急撤离　　D. 签订劳动合同

51. 施工单位应按照设计施工,严格执行有关安全技术标准,将安全技术措施纳入施工组织设计和施工方案,并在施工前向( )进行安全技术交底。

A. 监理人员　　B. 作业人员

C. 质量监督人员　　D. 施工技术人员

52. 施工作业前,应向( )强调安全注意事项、应急措施和要求,并做好记录。

A. 安全员　　B. 安全总监

C. 作业人员　　D. 项目经理

53. 当作业人员发现安全隐患时,应立即向( )报告,并及时采取相应的安全措施,无法保障安全时应立即停止作业,撤出作业岗位。

A. 现场负责人　　B. 项目经理

C. 总监理工程师　　D. 现场防护员

54.《铁路技术管理规程》(普速、高速铁路部分)规定:一切建筑物设备,均不得侵入铁路的( )限界。

A. 机车　　B. 车辆

C. 轨道车　　D. 建筑

55. 用滑行钢轨装卸钢轨及其他重型机械设备时,滑行钢轨应支撑牢固,坡度适当。滑行前方( )站人,后方应有保险缆绳。

A. 可以　　B. 视情况

C. 禁止　　D. 必须

56. 长轨车运行中,人员必须离开轨端( )m 以外,并严禁在长轨上走动。

A. 2　　B. 3　　C. 5　　D. 10

57. 整组道岔在既有线上做铺设前的纵向移动时,应由( )统一指挥,合理布置移动轮,平稳移动。

A. 工长　　B. 车间主任

C. 施工负责人　　D. 现场最高职务人员

58. 靠近线路堆放材料、机具等,不得侵入建筑接近限界。道砟、片石、砂子等线桥用料堆放后,边坡不陡于 1∶1,钢轨顶部轨外水平距离不小于( )mm,两线间距轨顶高度不大于 300 mm。

A. 700　　B. 750　　C. 810　　D. 910

59. ( )是普速铁路双线区间一条线路封锁施工的防护图。

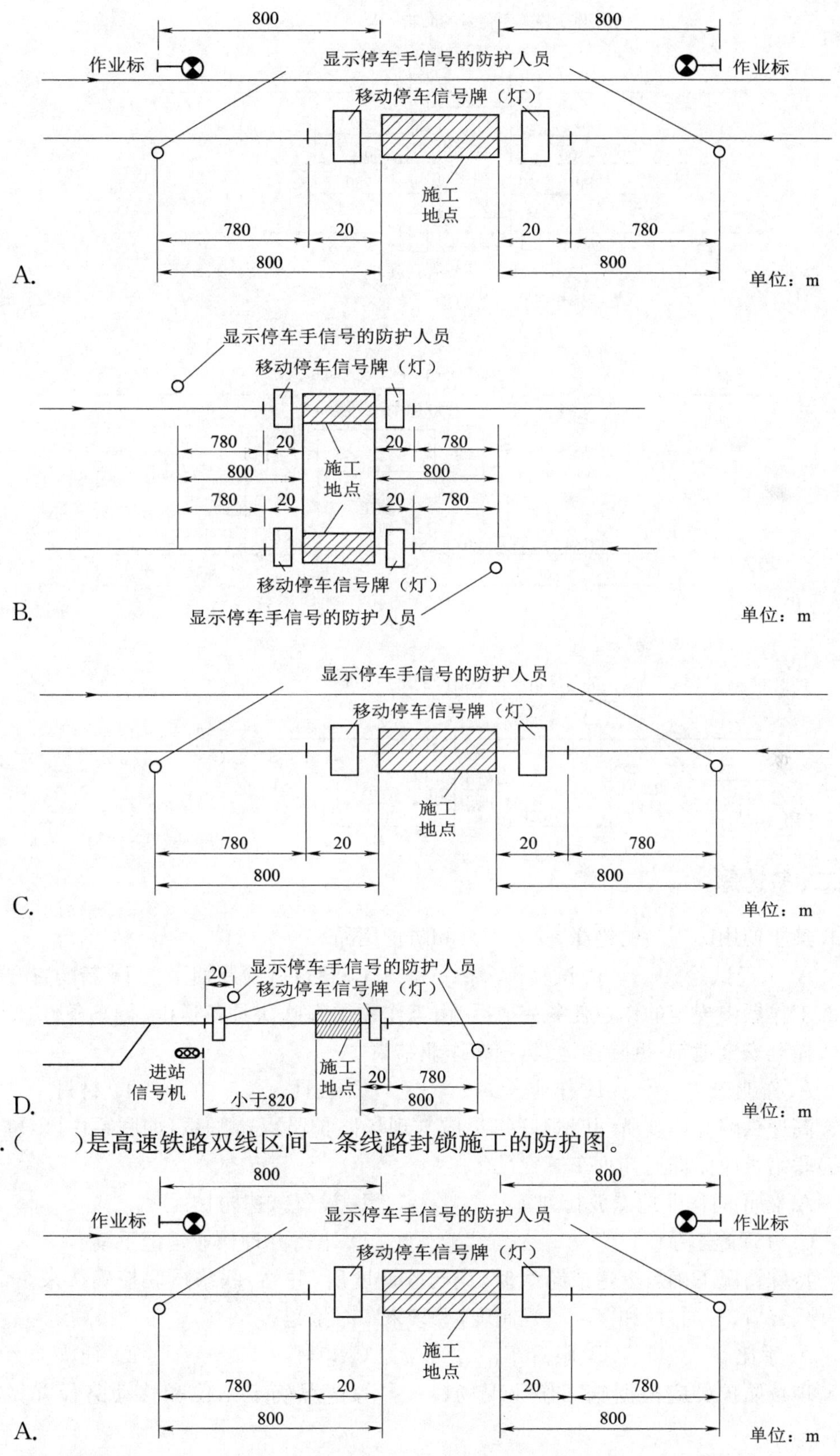

60.(　　)是高速铁路双线区间一条线路封锁施工的防护图。

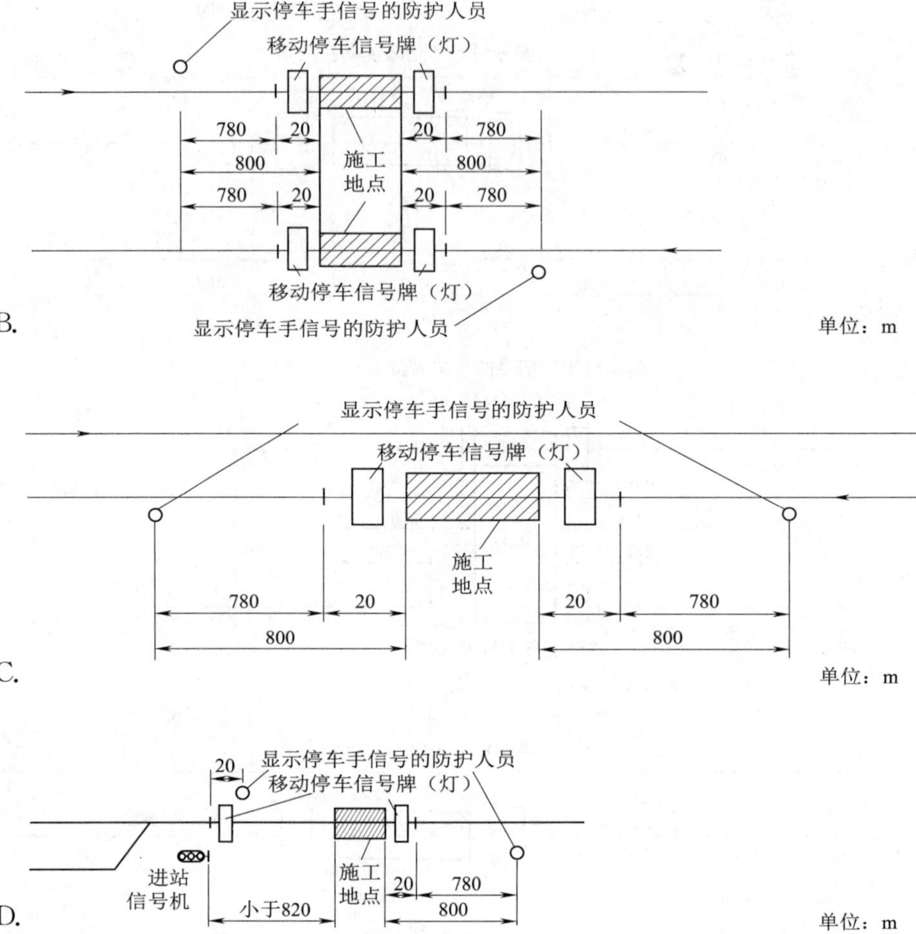

二、多选题

1. 禁止使用(　　)的绝缘、受力工具和防护用品。

A. 未经试验　　B. 试验不合格　　C. 超过试验周期　　D. 新购置合格期内

2. 工作票中规定的作业任务完成后，由工作领导人确认具备送电、行车条件，清点全部(　　)撤至安全地带，拆除接地线，宣布作业结束。

A. 作业车　　B. 作业人员　　C. 机具　　D. 材料

3. 高速铁路驻调度所(驻站)联络员应与现场防护员保持联系，如联系中断，驻调度所(驻站)联络员应立即通知列车调度员(　　)。

A. 停止向作业地点放行列车　　B. 设置减速防护

C. 办理施工手续　　D. 不得办理作业销记手续

4. 特殊情况下确需上道或跨线时，应与驻调度所(驻站)联络员联控确认来车情况，执行“一停、二看、三通过”和“(　　)”制度，严禁来车时抢越。

A. 手比　　B. 眼看　　C. 口呼　　D. 摇头

5. 现场防护员应根据施工作业现场(　　)等情况确定站位和移动路径并做好自身防护。

A. 地形条件　　B. 列车运行特点
C. 施工人员　　D. 机具布置

6. 凡影响(　　)安全的施工和维修作业及发生线路故障地点,均应设置防护。
A. 行车　　B. 电器使用　　C. 易燃易爆物品　　D. 人身

7. 普速铁路驻站联络员的主要工作包括(　　)。
A. 办理登销记手续　　B. 传达调度命令
C. 施工安全措施　　D. 通报列车运行情况

8. 利用列车间隔作业或邻线行车时,现场防护员要主动与驻站联络员进行联系,汇报作业组所在地点及线上或线下移动路径,掌握本线或邻线列车(　　)。
A. 所在位置　　B. 车辆编组情况　　C. 运行径路　　D. 乘务人员姓名

9. 普速铁路驻调度所(驻站)联络员应加强与车站值班员的联系,双线区段反方向来车时,驻调度所(驻站)联络员应及时(　　)。
A. 通知现场防护员　　B. 通知车站值班员
C. 并转报作业负责人　　D. 通知行车调度员

10. 下列(　　)内容属于维修作业项目应同时满足的条件。
A. 作业开始前不需限速慢行
B. 双线Ⅴ形天窗区段,一线作业不影响另一线设备的正常使用
C. 在维修天窗时间内能够完成
D. 作业结束后可分阶段提速

11. 营业线施工要(　　)。严禁不登记、无命令上道施工;严禁未设防护上道施工。
A. 先登记,后防护　　B. 先防护,后登记
C. 先防护,后施工　　D. 先施工,后防护

12. “三图一表”是指(　　)、安全关键卡控表,夜间施工和电气化区段需停电的施工还应分别编制夜间施工照明布置图和电气化区段停电范围示意图等。
A. 施工方案示意图　　B. 施工作业流程计划图
C. 施工防护示意图　　D. 施工作业进度图

13. 编制施工日计划的依据是(　　),无计划、施工要点计划与施工计划(施工文电)内容不相符的不准施工。
A. 月度施工计划　　B. 施工文电
C. 施工月度通报　　D. 国铁集团文件

14. 施工、维修作业登销记,必须(　　)、标点符号完整。
A. 字迹清楚　　B. 段落清晰
C. 内容基本无差错　　D. 叙述大概准确

15. 施工作业登记的内容主要包括:(　　)。
A. 施工作业内容　　B. 起止时间
C. 地点、命令号　　D. 配合监管单位

16. 营业线桥涵施工主要有(　　)等危险源、危害因素。
A. 顶进挖土时违反规定要求,造成路基坍塌
B. 人员上道作业时无专人防护、来车时不按规定及时下道避车

C. 机械设备、材料等侵入限界

D. 在电气化区段施工时未按规定停电作业

17. 纵横抬梁加固线路时，纵横梁应按布置方式、跨度等进行受力检算，具备足够的(　　)。

A. 强度　B. 刚度　C. 稳定性　D. 挠度

18. 桥涵顶进挖土作业必须符合(　　)的规定。

A. 坚持"勤挖快顶"原则　B. 不得超挖、掏洞取土或逆坡挖土

C. 列车通过时不得挖土　D. 没有防范措施时雨天不得挖土

19. 孔内通风及排水应符合的规定包括:(　　)。

A. 孔(井)内空气质量超过规定浓度值时，应暂停作业

B. 孔内二氧化碳含量超过0.1%，或其他有毒、有害气体超过允许浓度，或孔(井)深度超过10 m时，必须采取机械通风措施，供风量不少于3 m^3/min

C. 爆破后要及时排烟降尘，及时清除孔壁上松动的石块、土块

D. 孔内积水应及时抽排

20. 自轮运转特种设备是在铁路营业线上运行的(　　)等专用车辆。

A. 铁路轨道车　B. 架桥机、铺轨机

C. 接触网作业车　D. 大型养路机械

21. 自轮运转特种设备上线运行，须保证(　　)作用良好，并取得设备检测合格证。

A. 运行控制设备　B. 空调设备

C. 车载无线通信设备　D. 手机

22. 装载路料应有专人统一指挥进行，并由(　　)对路料的装载加固、捆绑情况进行全面检查，并在《路料运输装载加固、运行确认表》上签字确认后方可发车。

A. 施工单位装车负责人　B. 监理

C. 自轮运转特种设备司机　D. 防护员

23. 自轮运转特种设备营业线和邻近营业线施工编制审查施工方案应明确车辆(　　)出场计划安排及保障措施，严格按照审批下达的施工计划、运行计划进行作业。

A. 停放　B. 防溜　C. 进场　D. 作业计划

24. 影响行车或影响行车设备(　　)的施工项目未经申报批准严禁施工，擅自施工或擅自扩大施工内容和范围的，一经发现立即停工并追究施工单位责任。

A. 稳定　B. 检查　C. 维修　D. 使用

25. 营业线施工必须把确保安全放在首位，坚持"(　　)"的方针，建设、设计、施工、监理、行车组织、设备管理等部门和单位必须严格执行本细则和施工管理有关规定。

A. 安全第一　B. 预防为主

C. 综合治理　D. 边整边改

26. 事故分为特别(　　)四个等级。

A. 特别重大事故　B. 重大事故

C. 较大事故　D. 一般事故

27. (　　)施工期间，需要上线检查时，按天窗点外作业方式在车站登记，同意后方可上线检查;发现危及行车安全时应立即采取措施，确保安全。

A. 工务架空线路　　B. 桥涵顶进

C. 封锁施工　　D. 吊装施工

28. 施工单位在施工前,要做好充分准备,并提前向设备管理和使用单位进行技术交底,特别是(　　)工程。

A. 影响行车安全的　　B. 影响人身安全的

C. 影响质量　　D. 隐蔽

29. 施工完成后,必须达到(　　)后,方可申请开通线路。

A. 临时补修标准　　B. 验收标准

C. 线路放行列车条件　　D. 经设备管理单位确认

30. 因从业人员对本单位安全生产工作提出批评、检举、控告或者拒绝违章指挥的,单位不可以对从业人员采取(　　)措施。

A. 降低其工资　　B. 降低其福利待遇

C. 给予其一定的物质奖励　　D. 解除与其订立的劳动合同

31. 我们国家安全生产是应坚持(　　)的基本方针。

A. 安全第一　　B. 质量第一

C. 预防为主　　D. 综合治理

32. 当施工单位发现(　　)等情况,并影响施工安全时,应及时向有关单位报告,并及时采取安全防范措施,确认无误后方可继续施工。

A. 施工现场情况与设计文件不符　　B. 天气变化可能影响施工

C. 设计存在缺陷　　D. 对设计有疑问

33. 为加强对铁路营业线施工安全管理,济南局集团公司补充提出了以下(　　)等条作业方面的刚性约束。

A. 错误设置移动信号

B. 在高铁线路防护栅栏内遗留作业料具

C. 高风险工点安全专项方案未经审批擅自开工

D. 漏传、错传运行揭示调度命令

34. 营业线施工,现场防护员在设置防护前应重点掌握(　　)等工作程序是否准确无误。

A. 施工人员设备具备退场条件　　B. 施工内容已经办理施工登记

C. 调度封锁命令已下达　　D. 施工方案已审查

35. 铁路营业线施工系指影响营业线(　　)的各种施工,分为施工作业和维修作业。

A. 设备稳定　　B. 设备使用

C. 运输效益　　D. 行车安全

36. 进入现场的(　　)人员,应按规定配备和使用劳动保护用品。

A. 施工　　B. 监理

C. 作业　　D. 所有

37. 可能侵入营业线限界的大型机械作业时,应采取(　　)等措施。

A. 防止倾覆　　B. 加满燃料

C. 备用电源　　D. 设专人防护

38. 道口发生危及行车安全的故障时，道口工必须果断拦停列车。采取以下正确措施(　　)。

A. 有道口遮断信号机(故障防护灯)的点亮红灯

B. 有道口无线报警装置的应立即启用报警

C. 有直通车站电话或列车无线调度电话，立即通知车站或机车乘务员

D. 通知相邻道口，可让其代设置停车信号防护

39. 装载材料、工具时应稳固，不得(　　)。装载危险物品时，应有可靠的安全措施。

A. 偏载　　B. 超量　　C. 超载　　D. 超限

40. 站内(　　)不准存放钢轨、轨枕、机具等。

A. 正线与正线之间　　B. 正线与到发线之间

C. 到发线与到发线之间　　D. 最外侧线路路肩

三、判断题

1. 距牵引供电设备带电部分超过 2 m 的燃着物体，使用沙土灭火时，牵引供电设备可不停电，但须保持灭火机具及沙土等与带电部分的距离在 2 m 以上。(　　)

2. 牵引供电设备故障时，与牵引供电设备相连接的支柱、接地引下线、综合接地线等可能出现高电压，未采取安全措施前，可与其接触。(　　)

3. 与接触网同杆合架的电力线路设备，非电力部门的专职人员禁止攀登作业。(　　)

4. 在电气化铁路区段使用架空索道或绞车时，应先做好调查，其钢丝绳(包括晃动量)离接触网带电部分最小距离应大于 10 m，并设有接地线。(　　)

5. 各种车辆和人员通过电气化平交道口时，货物装载高度(从地面算起)不得超过 5 m。(　　)

6. 在带电的接触网下，不准在敞车、平车、罐车等车辆(棚车、保温车、家畜车内除外)上进行装卸作业。(　　)

7. 在进行接触网作业时，作业组全体成员须按规定佩戴劳动防护用品和正确使用防护工具。(　　)

8. 所有侵入建筑限界的接触网作业，必须在封锁的线路上进行。(　　)

9. 在建筑物旁挖光电缆沟及挖坑时，应根据挖掘的深度，做好必要的安全措施，以防坍塌。

10. 敷设光电缆施工时，光电缆盘离地面不大于 100 mm，并有制动措施。(　　)

11. 已安装尚未启用或应拆除但尚未拆除的信号机，应将机构向线路外侧旋转 60°或加无效标志。(　　)

12. 进行轨道钻孔作业时，必须使用专用钻孔设备。钻孔设备电源应采用发电机电源，也可以借用既有信号设备的电缆、电源。(　　)

13. 营业线新安装的道岔以及应拆除尚未拆除的道岔不需要必须纳入车站联锁，并按照有关规定做好监控防护，必要时切断启动电源或者挂牌明示。(　　)

14. 对失去联锁的道岔，室外应断开转辙机安全接点，室内应单锁并断开启动电路。严禁封连端子或人为给出道岔表示或人为开放信号。(　　)

15. 营业线转辙机施工，应针对手摇把及电动转辙机钥匙制定专项管理制度，严禁施工

人员私自带手摇把进入工地。（　）

16. 雾天、雷雨或六级以上大风天气时可以在信号机机柱上作业。（　）

17. 减速防护地段终端信号牌作用是要求列车按线路允许速度运行。（　）

18. 作业地点及邻线有反方向行车，驻站联络员必须立即通知车站值班员。（　）

19. 移动减速信号牌设在线路两侧路肩上，标志内侧距离线路中心线不少于2.1 m。（　）

20. 在尽头线上施工，施工负责人经与车站值班员联系确认尽头一端无列车、轨道车时，则尽头一端可不设防护。（　）

21. 有动车组列车运行的区间正线及站内线路或道岔不设置移动减速信号防护。（　）

22. 现场防护员在防护时，除掌握驻站联络员通报信息外，以瞭望防护为主；如通信联系中断，现场防护员立即通知施工负责人停止作业，必要时将线路恢复到准许放行列车状态。（　）

23. 在列车接近作业地点前，应发出紧急下道的通知信号。如果机具无法及时下道或线路不具备放行列车条件，现场防护员应果断显示停车信号防护，拦停列车。（　）

24. 封锁施工前，现场防护员必须和驻站联络员确认最后一趟列车通过情况，确认最后一趟列车通过施工地点后，方可根据驻站联络员的通知作业人员进网上线。（　）

25. 施工现场调查时应对施工涉及范围从各角度拍摄照片并纳入施工方案。（　）

26. 营业线施工应积极采用新技术、新材料、新设备、新工艺，提高施工工效，确保工程安全质量。

27. 施工维修作业应在"行车设备施工登记簿"〔运统46(施工)〕内登记。（　）

28. 天窗点外作业、设备检查、行车设备故障处理等情况应在"行车设备检查登记簿"内登记。（　）

29. 邻近营业线A类施工及纳入月度施工计划的B类施工在"行车设备施工登记簿"内登记；不纳入月度施工计划的邻近营业线B类施工及C类施工(施工安全监督计划)在"行车设备检查登记簿"内登记。（　）

30. 施工遇特殊情况不能按时开通时，施工负责人(驻站联络员)应提前30 min向车站值班员提出延时申请。（　）

31. 营业线施工计划分为年度轮廓施工计划、月度施工计划和施工日计划、维修计划。（　）

32. 对设计、工程部门利用天窗点外作业方式进行勘察、测量和现场调研时，应与设备管理单位签订安全协议，制定安全措施。（　）

33. 危及行车安全需立即抢修时，设备管理单位应立即采取果断措施，迅速通知就近车站封锁线路或停用设备，并按规定登记。（　）

34. 在普速铁路施工时，施工负责人确认已做好一切施工准备工作，于施工开始前40 min，由施工负责人(驻站联络员)在要点登记站的"行车设备施工登记簿"内按规定要求进行登记。（　）

35. 当施工需申请延时作业时，有关单位须按规定提前登记：因××原因，××施工不能按时开通，请求续点××min。（　）

36. 因特殊情况需取消施工作业时，有关单位应在“行车设备施工登记簿”作业内容登记对应处销记：因××影响(原因)，××施工取消。配合作业时相关配合单位应同时签字。
( )

37. 铺架施工作业过程中，施工人员可以在营业线上逗留。 ( )

38. 桥涵顶进施工时，地下水位高于框架桥基础底面以下 1 m 时，应采取降水措施，严禁带水顶进。 ( )

39. 在线间距不足 6.5 m 地段进行清筛、成段更换钢轨及轨枕、成组更换道岔作业时，邻线列车应按规定限速，并设置防护。 ( )

40. 线路拨接时，施工单位应根据设计资料，组织相关人员对拨接现场进行复查，按规定编制、报批实施性施工组织方案。 ( )

41. 挖孔桩孔内应使用低压照明灯具，用电设备应进行可靠接地。 ( )

42. 路堑开挖如遇地下水涌出，应先开挖、后排水。 ( )

43. 防溜设备的设置与撤除必须执行双人确认制度(一人设置或撤除，另一人确认)，使用防溜枕木时，应在距离停留车辆不大于 5 m 处放置并加锁。 ( )

44. 装载路料应有专人统一指挥进行，并由施工单位装车负责人、监理、自轮运转特种设备司机对路料的装载加固、捆绑情况进行全面检查，并在《路料运输装载加固、运行确认表》上签字确认后方可发车，施工后可不进行确认、签字。 ( )

45. 便梁施工上线检查时，可以登记邻近营业线点外。 ( )

46. 施工结束后，施工单位上线整修线路时，架子队长应作为施工负责人。 ( )

47. 营业线紧急抢修施工，因施工和开通时间紧迫，可以不在车站登记。 ( )

48. 大型施工机械设备营业线、邻近营业线施工应严格执行营业线施工的各项规章制度，实行一机一人防护。 ( )

49. 生产经营单位应当建立安全教育和培训档案，如实记录安全生产教育和培训时间、内容、参加人员以及考核结果等情况。 ( )

50. 劳务人员经集团公司培训合格后，可以持证上岗。 ( )

51. 施工完毕应及时清理现场，不得影响铁路运营安全。 ( )

52. 参加铁路营业线施工的现场带班人员可以由经施工单位培训合格的劳务工担任。
( )

53. 铁路营业线施工完毕后由现场防护员组织归整、清理路料，清点人员、机具，并组织撤离。 ( )

54. 在营业线附近倒车、卸车时，应在其周围设置防护和安全警示标志并派专人监护。
( )

55. 铁路营业线施工结束并办理销记后，发现在高铁线路防护栅栏内遗留作业料具，应立即进入栅栏进行清理。 ( )

56. 既有接触网施工确认停电后，即可安排施工人员作业。 ( )

57. 铁路营业线施工机械应按照指定路线进入作业区域。 ( )

58. 邻近营业线施工时应采取可靠措施，防止高大施工机械设备倾倒侵限。 ( )

59. 道口发生危及行车安全的故障时，道口工须按“先防后排，宁停勿撞”原则，立即采取措施，果断拦停列车。 ( )

60.在桥梁人行道上堆放重物时,视情况对桥梁状态进行全面调查,对桥梁结构、承载力和稳定性进行检算。　(　　)

四、简答题

1.济南局集团公司建设专业刚性约束有哪些?

2.线路上作业设置移动停车信号防护的程序是什么?

3.铁路营业线施工遇特殊情况不能按时开通时,应如何办理?

4.绘制普速铁路双线区间一条线路封锁施工的现场安全防护图。

附录五 复习题参考答案

铁路营业线施工劳动安全复习题(通用)参考答案

一、单选题

1. C	2. A	3. C	4. C	5. B
6. C	7. C	8. B	9. A	10. C
11. C	12. B	13. B	14. B	15. B
16. C	17. C	18. B	19. A	20. C

二、多选题

1. ABC	2. AB	3. ABCD	4. ABCD	5. AB
6. ABCD	7. ABCD	8. BCD	9. ABC	10. ABC

三、判断题

1. √	2. ×	3. √	4. √	5. ×
6. ×	7. √	8. √	9. ×	10. √
11. ×	12. √	13. ×	14. √	15. ×
16. ×	17. ×	18. √	19. √	20. √

铁路营业线施工安全相关知识复习题(管理人员)参考答案

一、单选题

1. C	2. B	3. A	4. B	5. A
6. A	7. C	8. B	9. A	10. D
11. B	12. A	13. C	14. B	15. A
16. B	17. B	18. B	19. B	20. A
21. B	22. D	23. C	24. A	25. D
26. B	27. C	28. A	29. A	30. D
31. A	32. A	33. A	34. A	35. A

36. A	37. A	38. A	39. C	40. B
41. A	42. B	43. A	44. C	45. B
46. D	47. A	48. C	49. C	50. B
51. B	52. D	53. C	54. A	55. D
56. A	57. A	58. A	59. D	60. A
61. A	62. A	63. D	64. B	65. D
66. C	67. B	68. D	69. B	70. C
71. D	72. C	73. B	74. C	75. C
76. B	77. C	78. C	79. A	80. C

二、多选题

1. ABCD	2. ACD	3. BCD	4. BC	5. ABC
6. ABCD	7. AD	8. ABD	9. AC	10. AC
11. ABCD	12. ABCD	13. ABCD	14. AB	15. ABCD
16. AC	17. ABCD	18. ABCD	19. ABC	20. ABCD
21. ABCD	22. ABCD	23. AC	24. ABC	25. ABCD
26. ABCD	27. AD	28. ABC	29. ABCD	30. AB
31. AB	32. AB	33. ABCD	34. AD	35. ACD
36. ABD	37. ACD	38. ABD	39. ACD	40. BCD
41. ABCD	42. BCD	43. ABD	44. ABCD	45. AB
46. ABC	47. ABCD	48. ABD	49. ACD	50. ABC

三、判断题

1. √	2. ×	3. √	4. ×	5. √
6. √	7. ×	8. √	9. √	10. ×
11. ×	12. √	13. √	14. ×	15. √
16. ×	17. ×	18. √	19. ×	20. √
21. √	22. √	23. ×	24. √	25. √
26. √	27. √	28. √	29. √	30. √
31. √	32. √	33. √	34. ×	35. √
36. √	37. √	38. √	39. √	40. ×
41. √	42. ×	43. √	44. ×	45. ×
46. √	47. √	48. ×	49. ×	50. √
51. √	52. ×	53. √	54. √	55. √
56. ×	57. √	58. √	59. √	60. √
61. ×	62. ×	63. √	64. √	65. √
66. √	67. ×	68. ×	69. √	70. ×

四、简答题

1.铁路营业线施工负责人的主要职责有哪些?

答:(1)负责施工现场的组织指挥工作。检查施工和开通前的各项准备工作,指挥现场施工,安排施工防护,确认放行列车条件等。

(2)负责协调解决施工中发生的问题,协调各单位施工作业,掌握施工进度,反馈现场信息,及时向施工协调小组汇报施工情况。

(3)负责总结分析施工组织、进度和安全等情况,对施工现场的安全负责。

2.济南局集团营业线施工安全卡死制度有哪些?

答:施工单位要严格执行各项技术规范和安全管理规定。

(1)严禁施工前超范围准备。

(2)严防施工中挖断电缆。

(3)严控爆破损坏行车设备。

(4)防止作业车辆溜逸,轨道车辆违章行驶。

(5)禁止施工后线路未达到临时补修标准及放行列车条件违章放行列车。

(6)杜绝开通后整修线路不及时,影响行车或晃车。

(7)加强路料清理,防止机械和料具侵限。

(8)严禁违章使用封联线、手摇把等易发事故和可能发生危及行车安全的问题。

3.济南局集团公司建设专业刚性约束有哪些?

答:(1)高风险工点安全专项方案未经审批擅自开工。

(2)错误设置移动信号。

(3)在高铁线路防护栅栏内遗留作业料具。

(4)可能侵入营业线限界的大型机械未设专人防护。

(5)需接触网停电作业未确认停电、接地进行作业。

(6)不按规定对停留机车车辆采取防溜措施。

(7)高处动火作业不按规定设置接火盆,不清理或覆盖周围可燃物,不安排现场监护人员,不配备必要的消防器材。

(8)营业线及邻近营业线动土作业未做好光电缆探测确认、无设备管理单位监控配合、无正式职工带班、擅自使用大型机械设备。

(9)漏传、错传运行揭示调度命令。

(10)工程线与既有线接轨不按规定设置隔开设备和视频监控。

4.线路上作业设置移动停车信号防护的程序是什么?

答:(1)驻调度所(驻站)联络员接到调度命令后,通知现场作业负责人。

(2)现场作业负责人通知现场防护员并相互确认后,现场防护员按规定在作业地点设置移动停车信号。

(3)现场作业负责人确认按规定设置好移动停车信号后发出作业命令。

5. 绘制普速铁路双线区间一条线路封锁施工的现场安全防护图。

答：

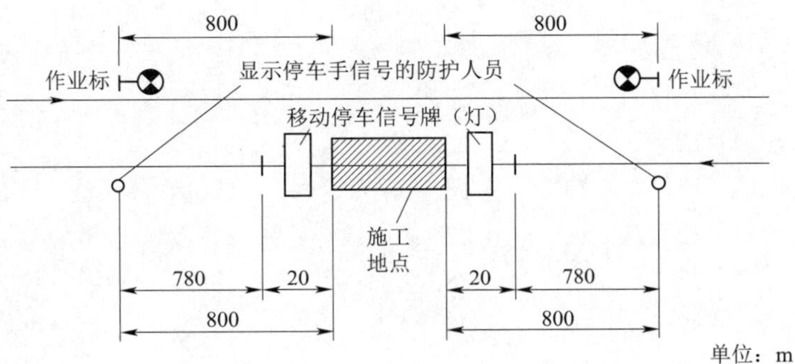

铁路营业线施工安全相关知识复习题（作业人员）参考答案

一、单选题

1. C	2. B	3. A	4. B	5. A
6. A	7. C	8. C	9. B	10. B
11. C	12. B	13. B	14. B	15. A
16. B	17. D	18. C	19. A	20. D
21. B	22. C	23. A	24. A	25. D
26. A	27. D	28. C	29. A	30. A
31. A	32. A	33. A	34. A	35. B
36. A	37. B	38. A	39. B	40. A
41. B	42. C	43. B	44. B	45. D
46. A	47. A	48. D	49. D	50. C
51. B	52. C	53. A	54. D	55. C
56. B	57. C	58. C	59. A	60. C

二、多选题

1. ABC	2. BCD	3. AD	4. ABC	5. ABCD
6. AD	7. ABD	8. AC	9. AC	10. ABC
11. AC	12. ABC	13. AB	14. AB	15. ABCD
16. ABCD	17. ABC	18. ABCD	19. ABCD	20. ABCD
21. AC	22. ABC	23. ABCD	24. AD	25. ABC
26. ABCD	27. AB	28. AD	29. ACD	30. ABD
31. ACD	32. ACD	33. ABCD	34. BC	35. ABD

36. ABCD	37. AD	38. ABCD	39. ACD	40. ABC

三、判断题

1. √	2. ×	3. √	4. ×	5. ×
6. √	7. √	8. ×	9. √	10. √
11. ×	12. ×	13. ×	14. √	15. √
16. ×	17. √	18. ×	19. ×	20. √
21. ×	22. √	23. √	24. √	25. √
26. √	27. √	28. √	29. √	30. √
31. √	32. √	33. √	34. √	35. √
36. √	37. ×	38. √	39. √	40. √
41. √	42. ×	43. √	44. ×	45. ×
46. ×	47. ×	48. √	49. √	50. ×
51. √	52. ×	53. ×	54. √	55. ×
56. ×	57. √	58. √	59. √	60. ×

四、简答题

1. 济南局集团公司建设专业刚性约束有哪些?

答:(1)高风险工点安全专项方案未经审批擅自开工。

(2)错误设置移动信号。

(3)在高铁线路防护栅栏内遗留作业料具。

(4)可能侵入营业线限界的大型机械未设专人防护。

(5)需接触网停电作业未确认停电、接地进行作业。

(6)不按规定对停留机车车辆采取防溜措施。

(7)高处动火作业不按规定设置接火盆,不清理或覆盖周围可燃物,不安排现场监护人员,不配备必要的消防器材。

(8)营业线及邻近营业线动土作业未做好光电缆探测确认、无设备管理单位监控配合、无正式职工带班、擅自使用大型机械设备。

(9)漏传、错传运行揭示调度命令。

(10)工程线与既有线接轨不按规定设置隔开设备和视频监控。

2. 线路上作业设置移动停车信号防护的程序是什么?

答:(1)驻调度所(驻站)联络员接到调度命令后,通知现场作业负责人。

(2)现场作业负责人通知现场防护员并相互确认后,现场防护员按规定在作业地点设置移动停车信号。

(3)现场作业负责人确认按规定设置好移动停车信号后发出作业命令。

3. 铁路营业线施工遇特殊情况不能按时开通时,应如何办理?

答:施工遇特殊情况不能按时开通时,施工负责人(驻站联络员)应提前 30 min 向车站值班员提出延时申请;车站值班员报告列车调度员并办理延时手续(在调度所登记的施工,由驻所联络员报告列车调度员并办理延时手续)。

4. 绘制普速铁路双线区间一条线路封锁施工的现场安全防护图。

答：

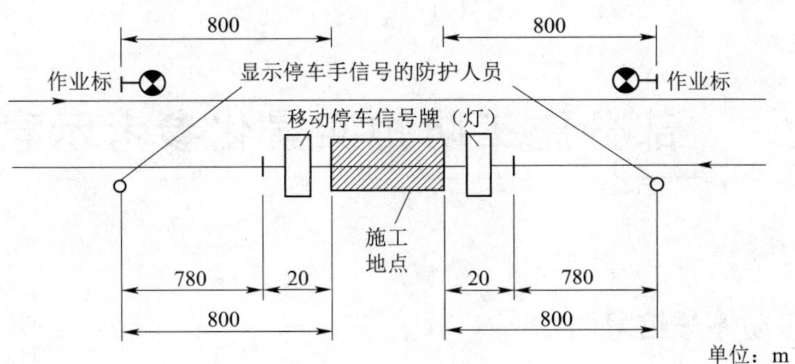

附录六　部分施工防护实景化参考示意图

一、使用移动停车信号防护

1. 区间单线封锁防护 800 m 防护实景(高速、普速通用)(附图 6-1、附图 6-2)

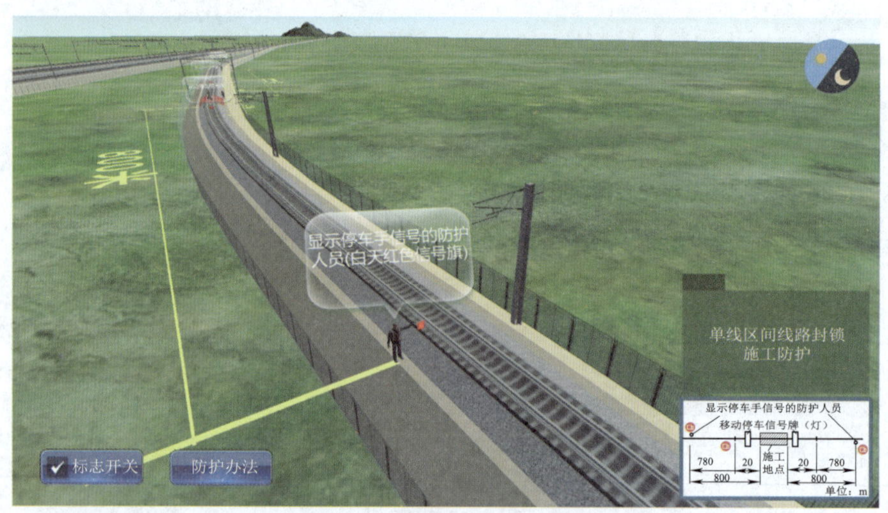

附图 6-1　区间单线防护实景

附图 6-2　移动停车信号牌(正反两面红色,下同)防护实景(高速、普速通用)

2. 区间双线一条线路封锁施工防护 800 m 防护实景(普速铁路)(附图 6-3、附图 6-4)

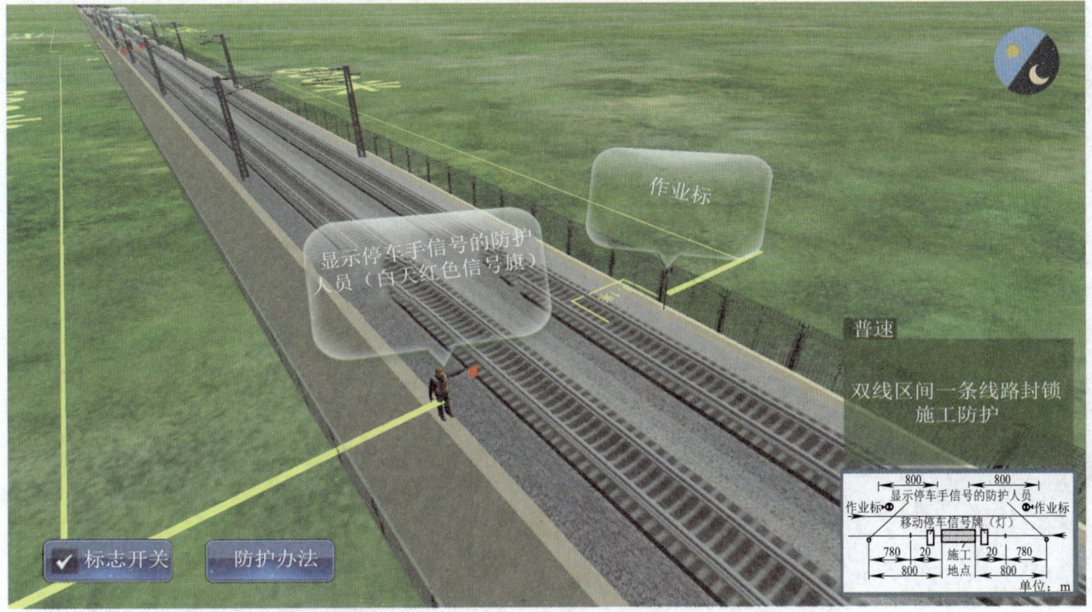

附图 6-3　区间双线一条线路封锁施工防护实景

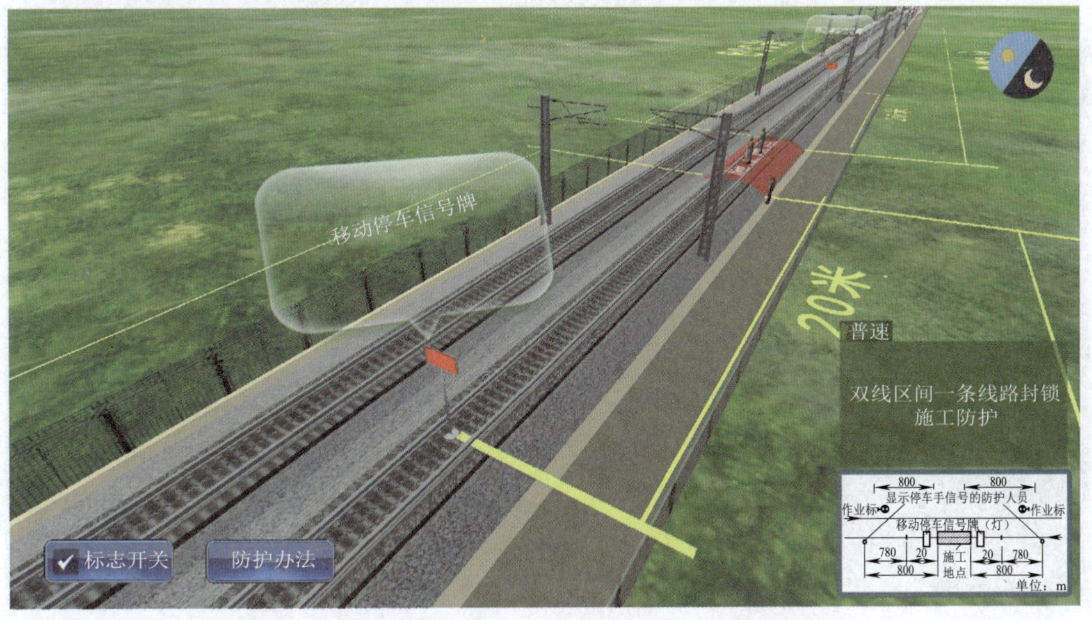

附图 6-4　移动停车信号牌防护实景(普速铁路)

3. 区间双线同时封锁防护 800 m 防护实景（高速、普速通用）（附图 6-5、附图 6-6）

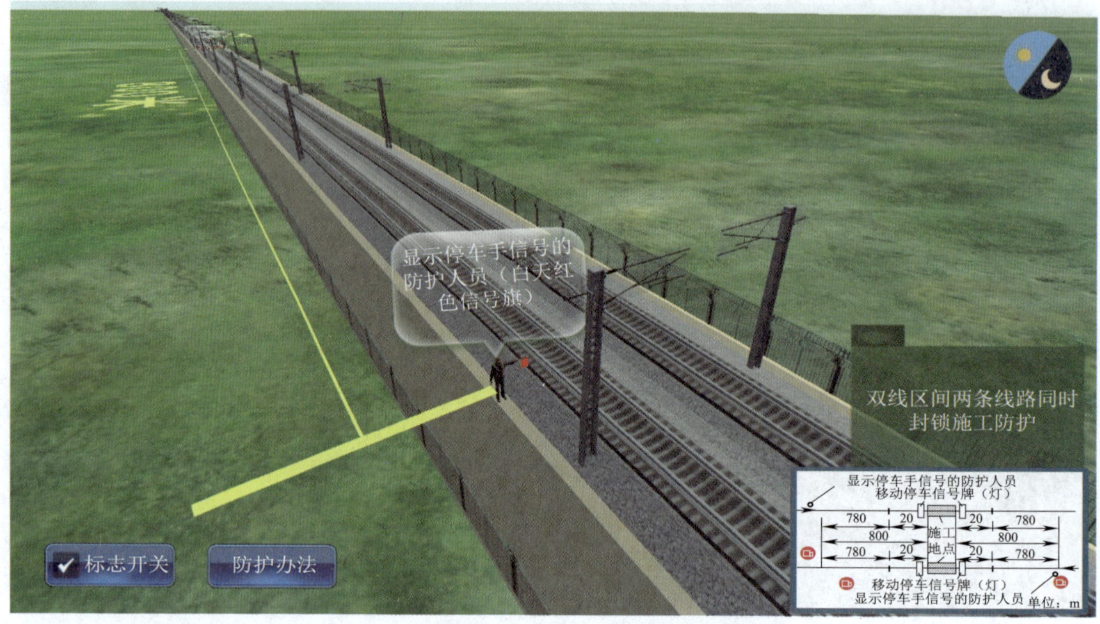

附图 6-5　区间双线同时封锁防护实景

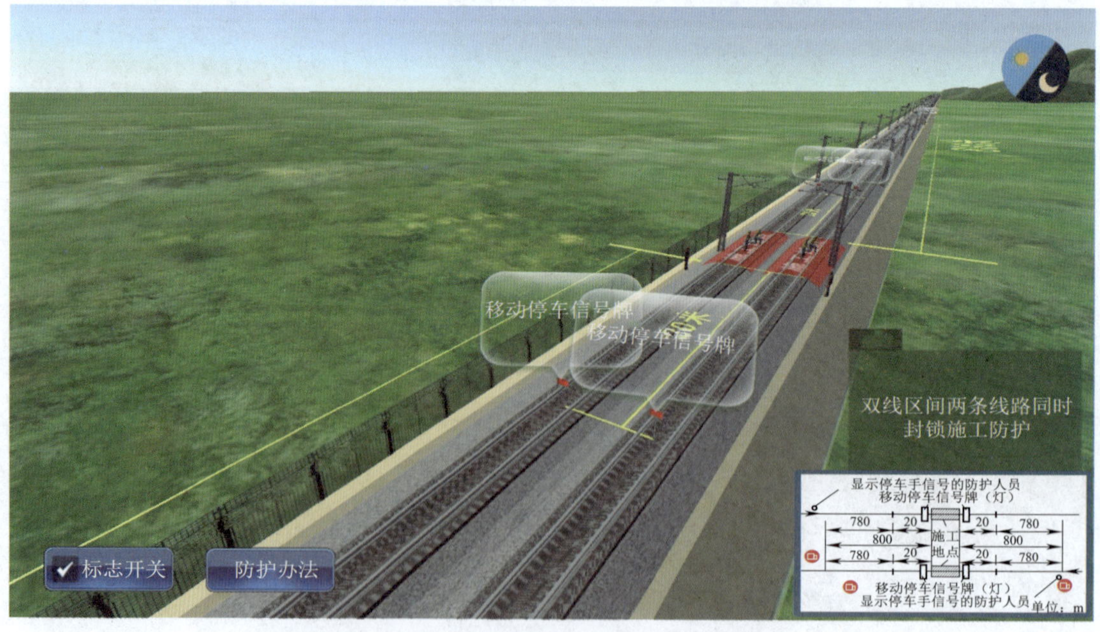

附图 6-6　移动停车信号牌防护实景（高速、普速通用）

4. 在进站信号机(反方向进站信号机)外封锁防护实景(高速、普速通用)(附图 6-7)

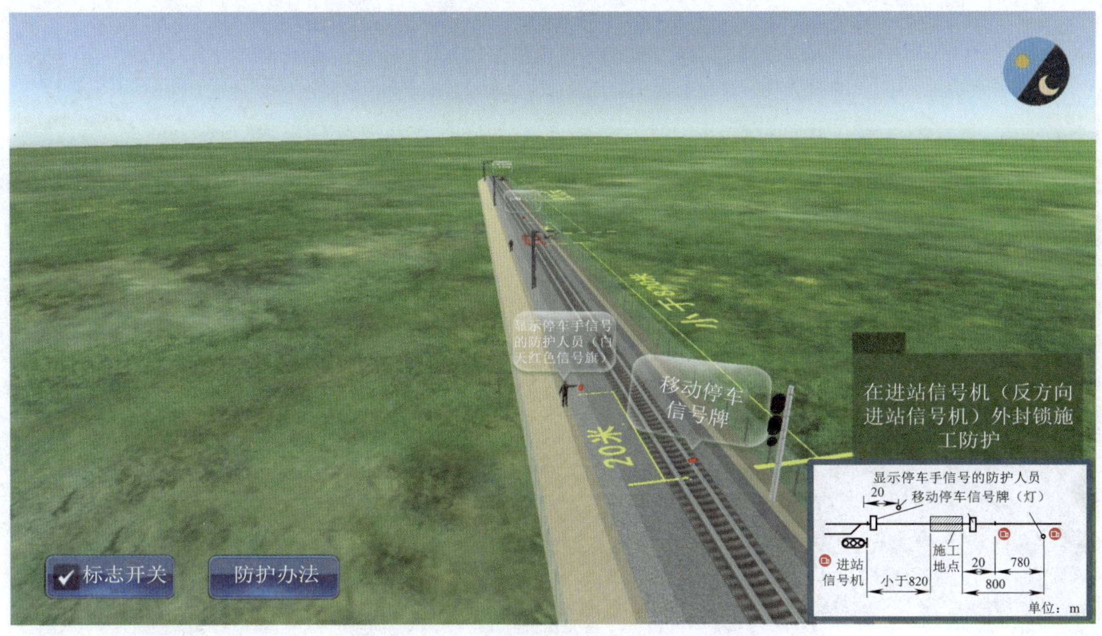

附图 6-7 进站信号机外封锁防护实景

5. 站内线路封锁施工防护实景(高速、普速通用)(附图 6-8)

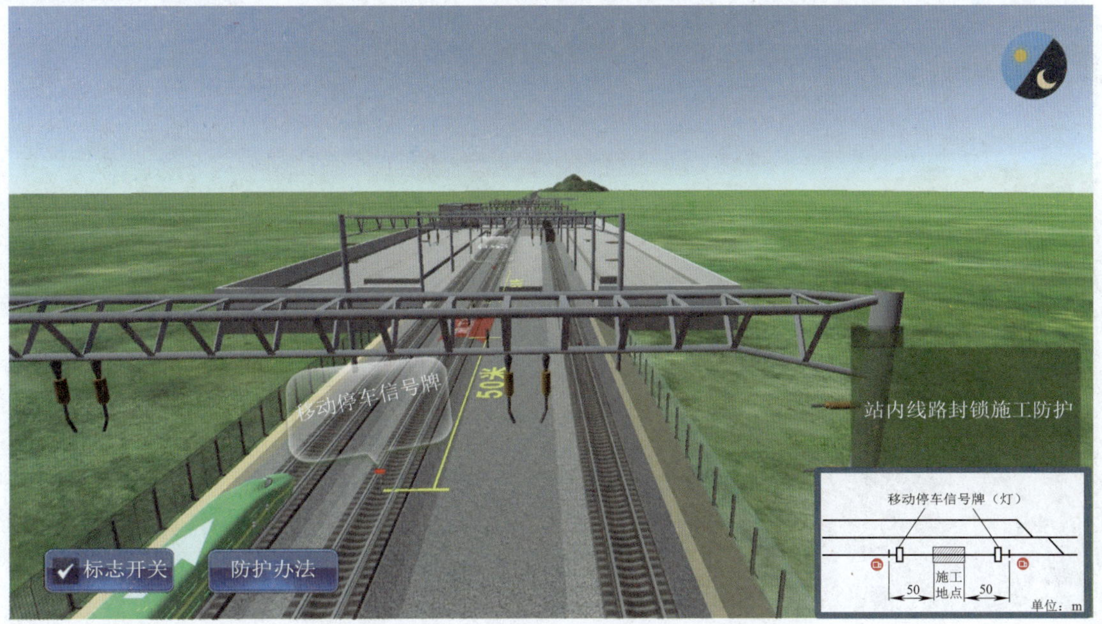

附图 6-8 站内线路封锁施工防护实景

6. 站内线路施工地点距离道岔小于 50 m 的封锁时施工防护实景(高速、普速通用)(附图 6-9)

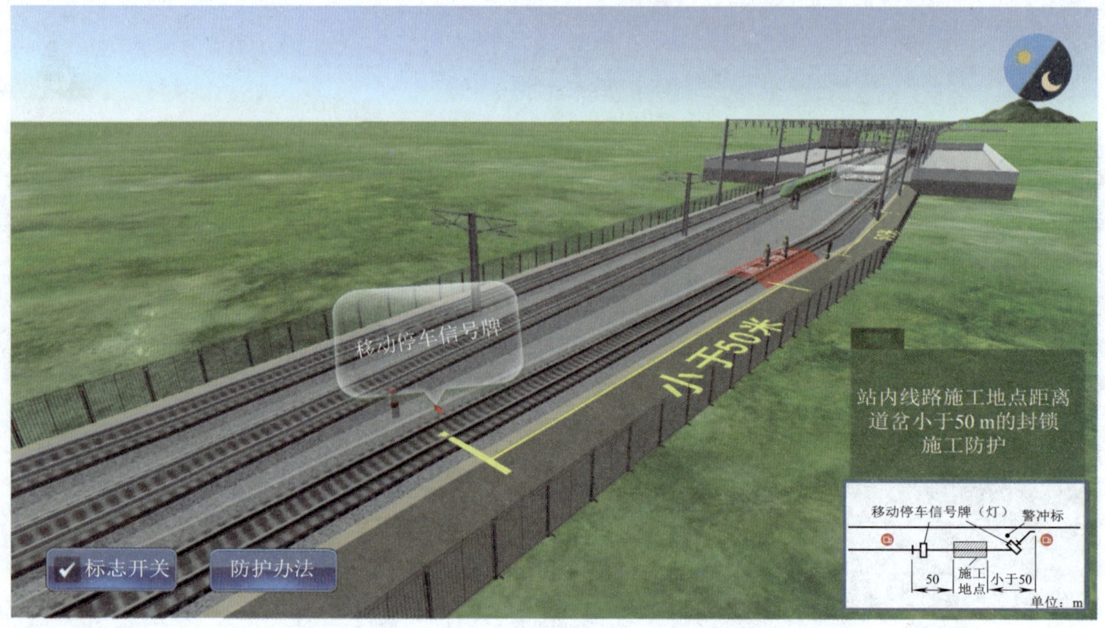

附图 6-9　站内线路施工地点距离道岔小于 50 m 的封锁时施工防护实景(高速、普速通用)

7. 在进站道岔外方线路上施工防护实景(高速、普速通用)(附图 6-10)

附图 6-10　在进站道岔外方线路上施工防护实景(高速、普速通用)

8. 反方向进站信号机至出站道岔线路上封锁施工防护实景(高速、普速通用)(附图 6-11)

附图 6-11　反方向进站信号机至出站道岔线路上封锁施工防护实景(高速、普速通用)

9. 一组单开道岔封锁施工防护实景(高速、普速通用)(附图 6-12)

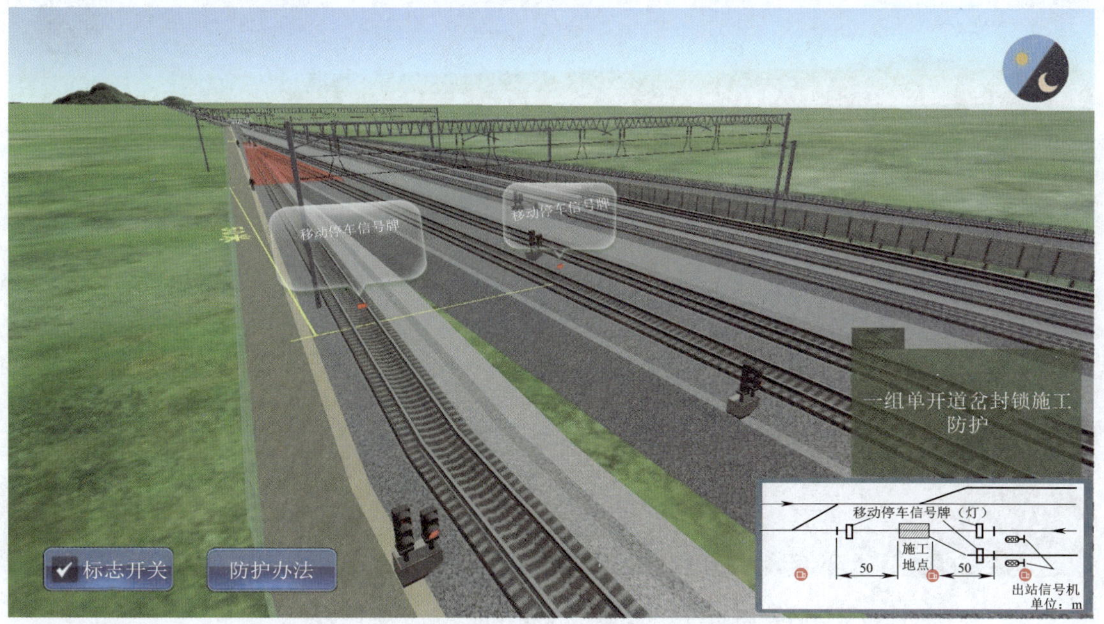

附图 6-12　一组单开道岔封锁施工防护实景(高速、普速通用)

10. 在进站道岔上封锁施工防护实景(高速、普速通用)(附图 6-13、附图 6-14)

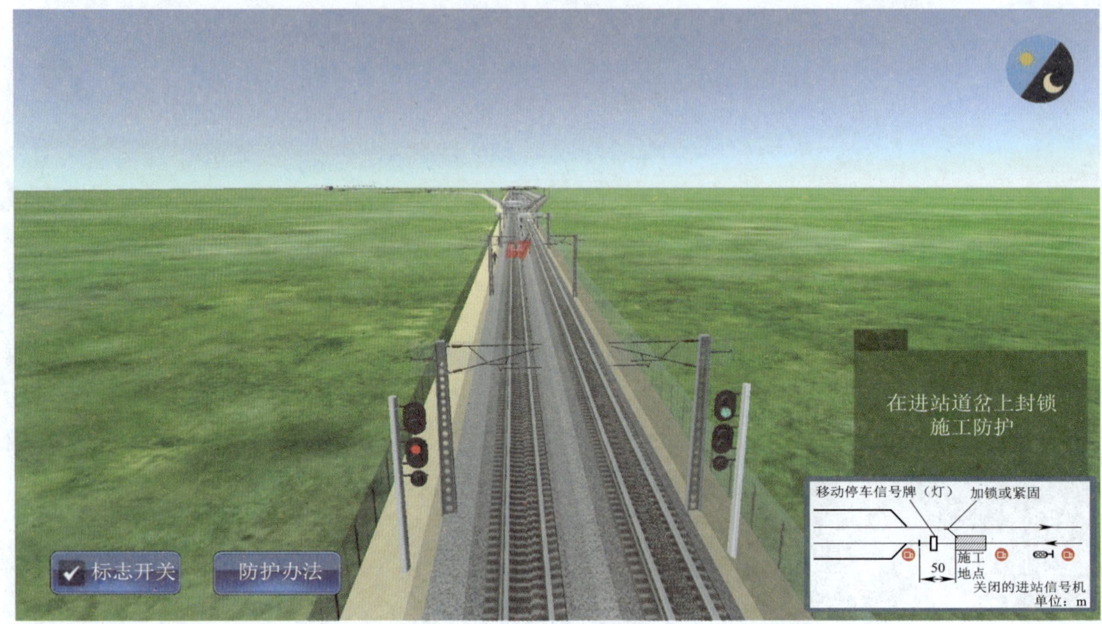

附图 6-13　进站道岔上封锁施工防护实景一

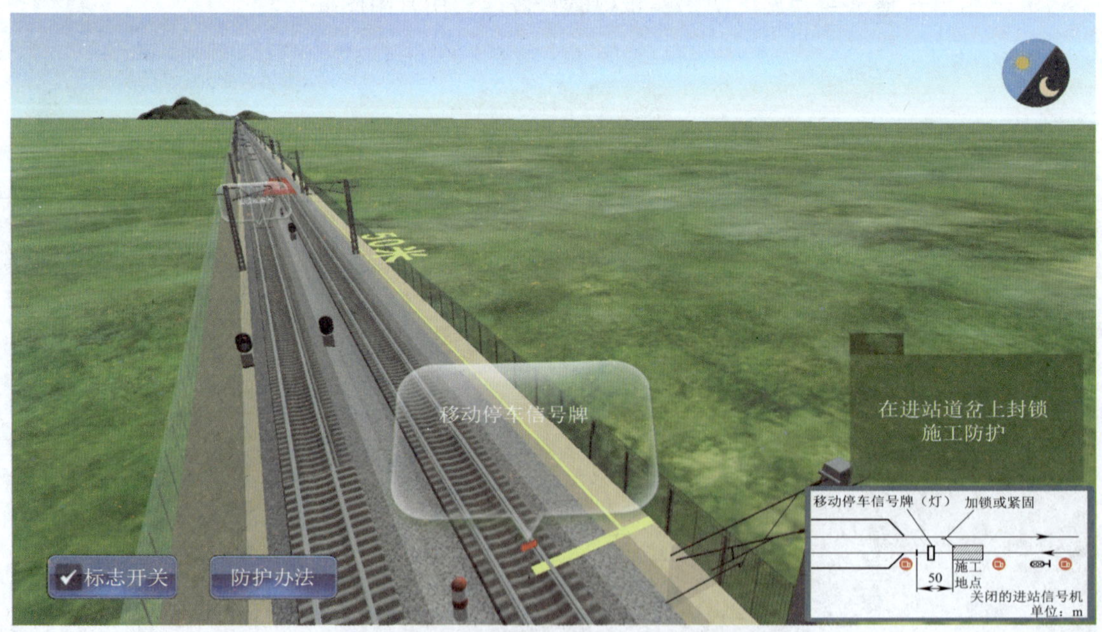

附图 6-14　进站道岔上封锁施工防护实景二

11. 在交分道岔上封锁施工防护实景(高速、普速通用)(附图 6-15～附图 6-17)

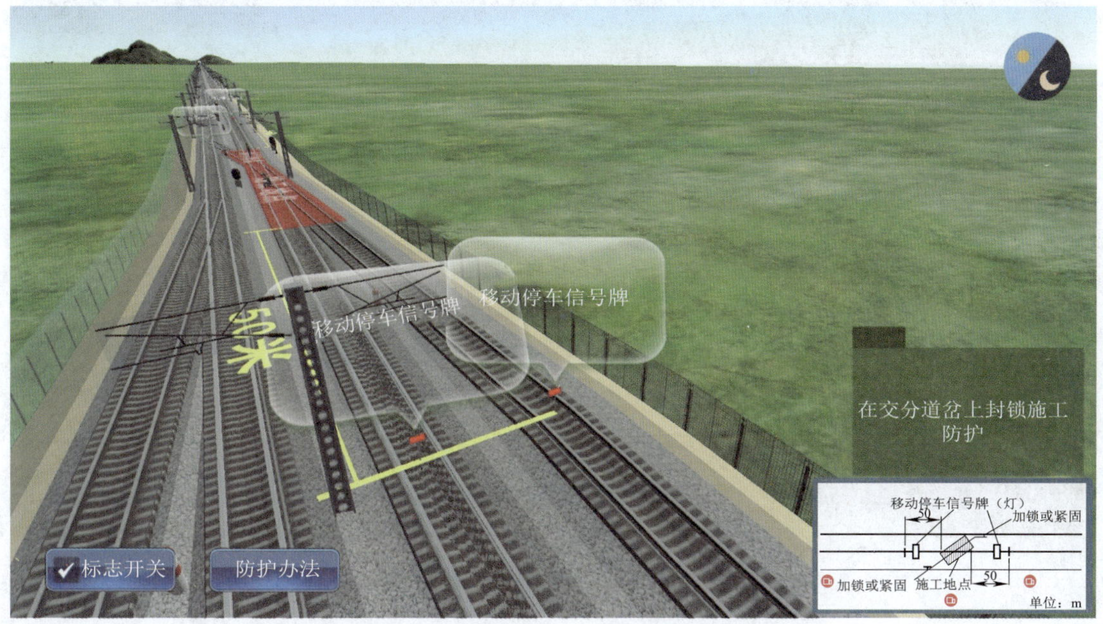

附图 6-15　交分道岔上封锁施工防护实景一

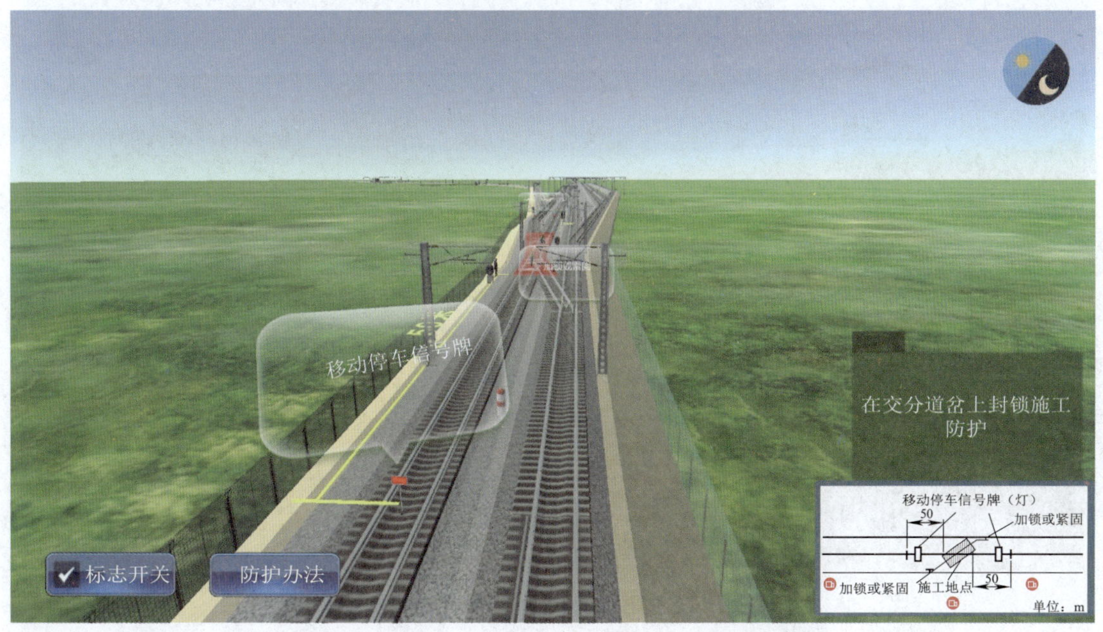

附图 6-16　交分道岔上封锁施工防护实景二

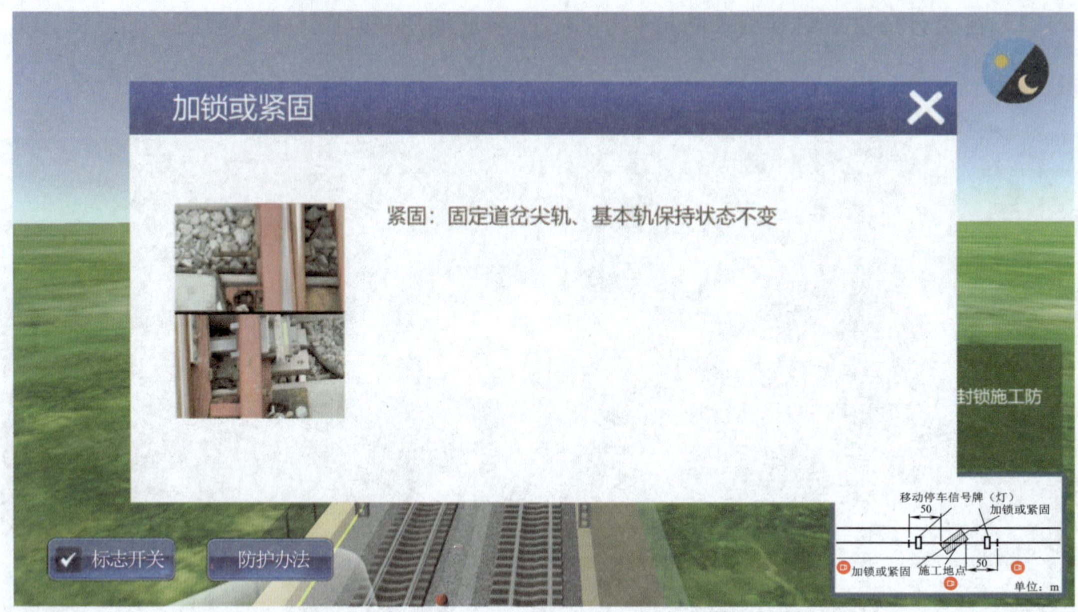

附图 6-17　道岔加锁紧固情况(高速、普速通用)

12. 在交叉渡线的一组道岔上封锁施工防护实景(高速、普速通用)(附图 6-18、附图 6-19)

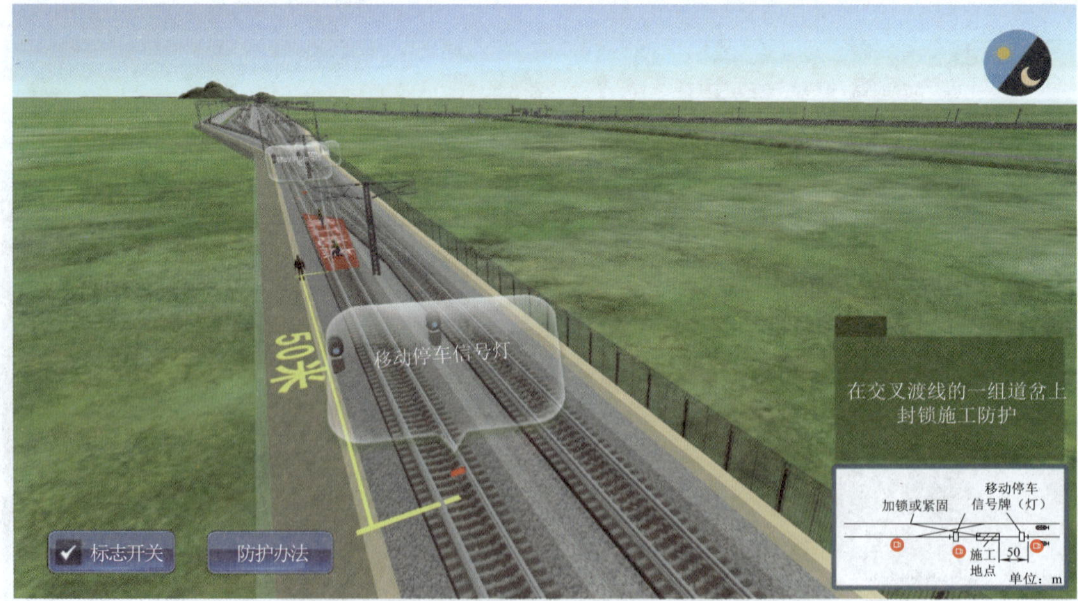

附图 6-18　交叉渡线道岔上封锁施工防护实景一

附图 6-19　交叉渡线道岔上封锁施工防护实景二

二、使用移动减速信号防护

1. 区间单线慢行施工“T”字标及移动减速信号防护实景(普速铁路)(附图 6-20～附图 6-22)

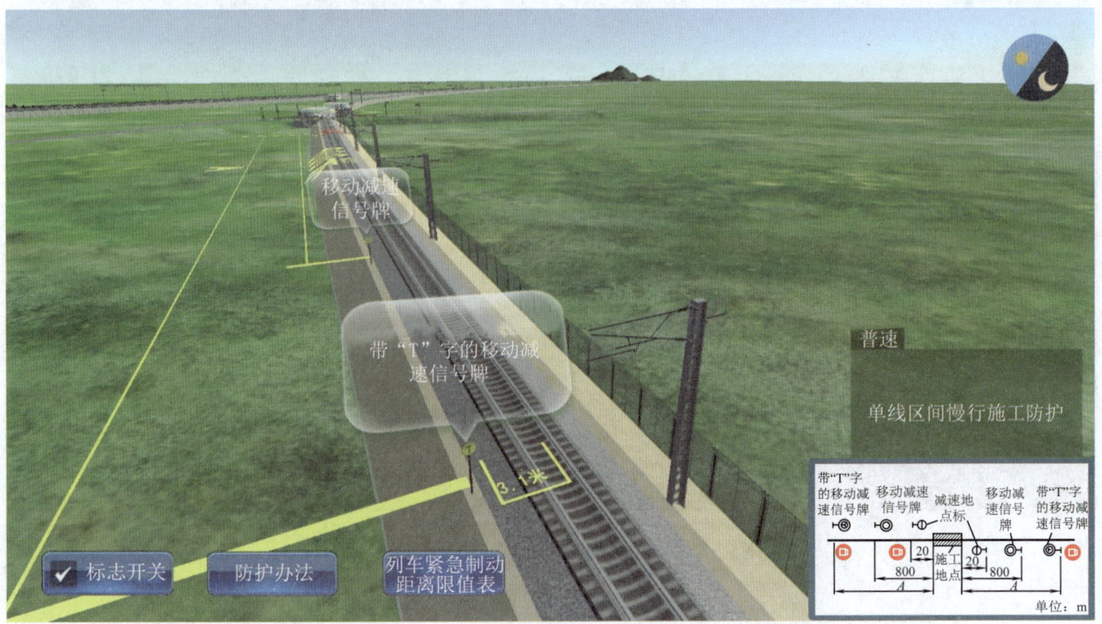

附图 6-20　区间单线慢行施工防护实景

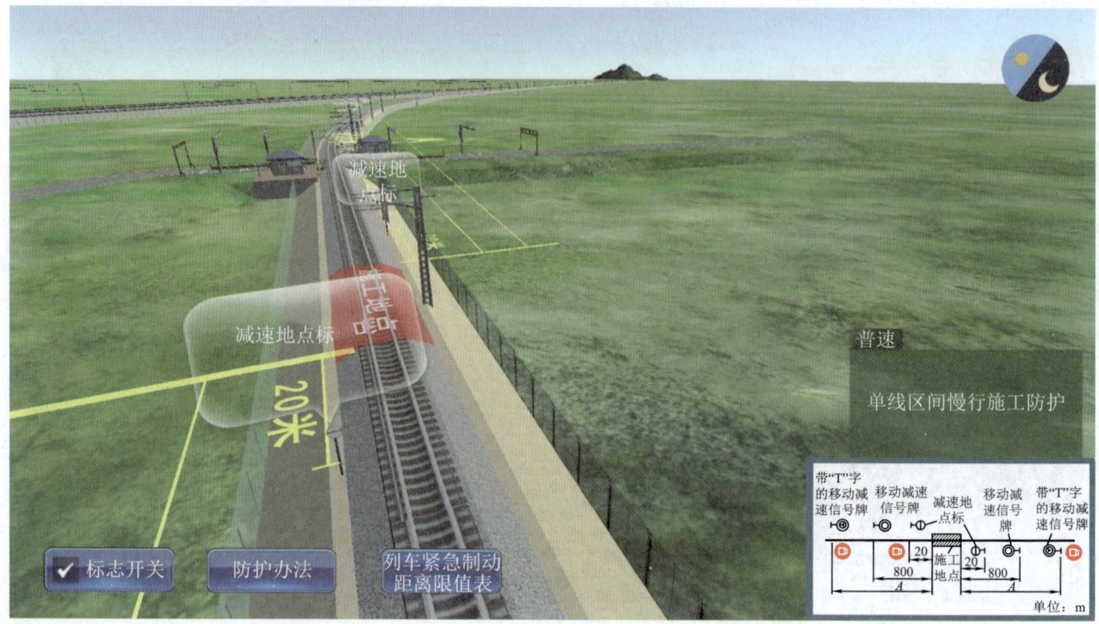

附图 6-21　减速地点标使用情况实景一(普速铁路)

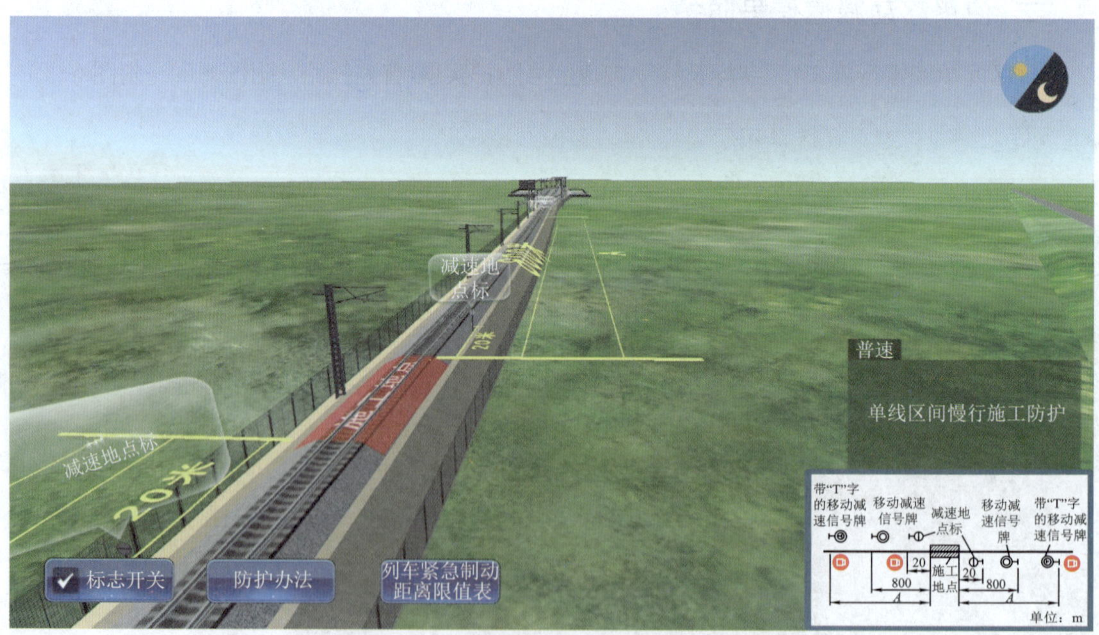

附图 6-22　减速地点标使用情况实景二

2. 区间双线一条线路慢行施工"T"字标、移动减速信号及邻线作业标防护实景(普速铁路)(附图 6-23～附图 6-25)

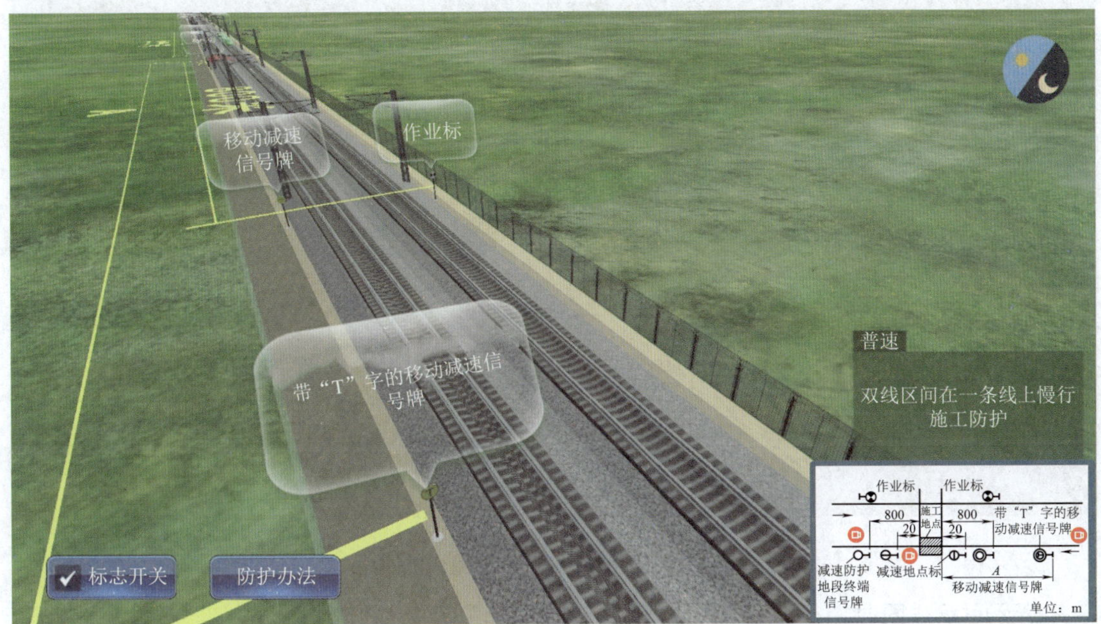

附图 6-23　区间双线防护实景(限速地段无施工作业时不设置作业标)

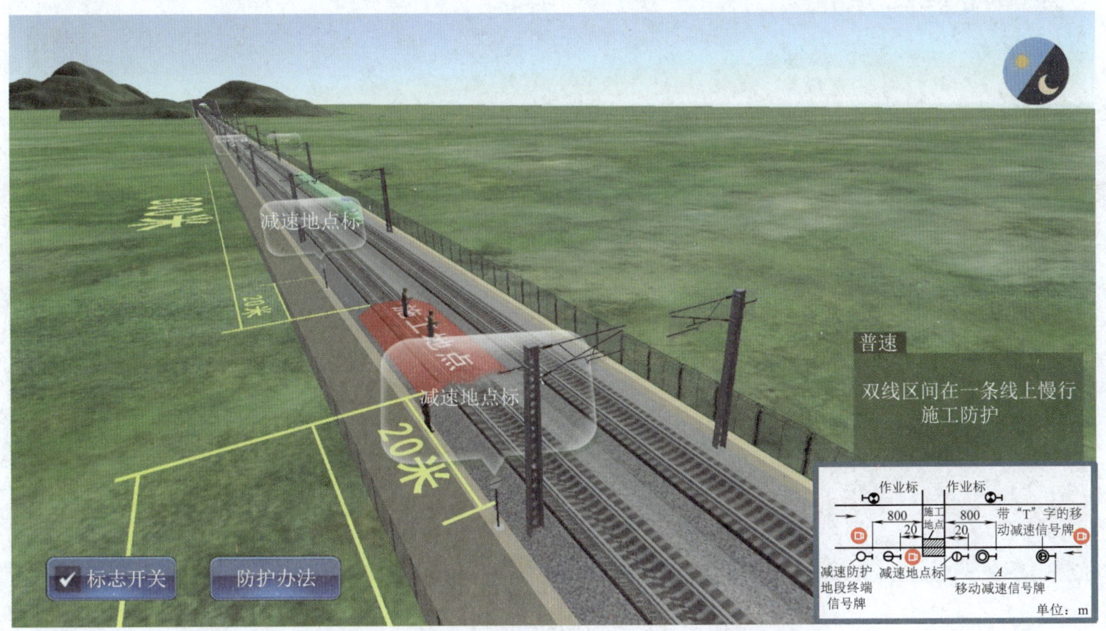

附图 6-24　减速地点标使用情况实景一(普速铁路)

附图 6-25　减速地点标使用情况实景二

3. 区间双线同时慢行施工"T"字标、移动减速信号及邻线作业标防护实景(附图 6-26～附图 6-29)

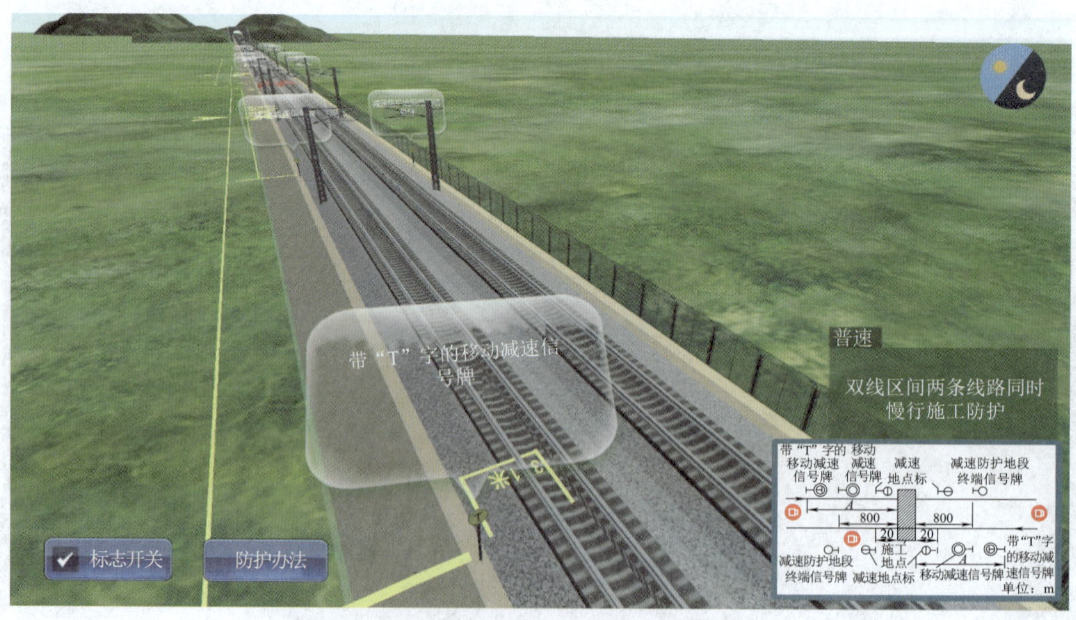

附图 6-26　区间双线防护实景一

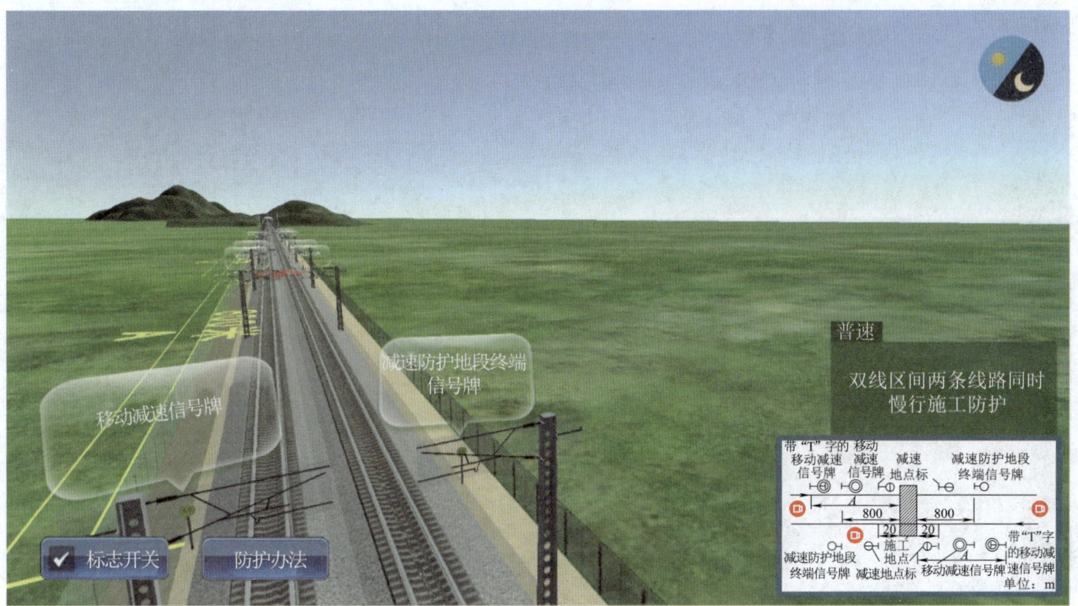

附图 6-27　区间双线防护实景二

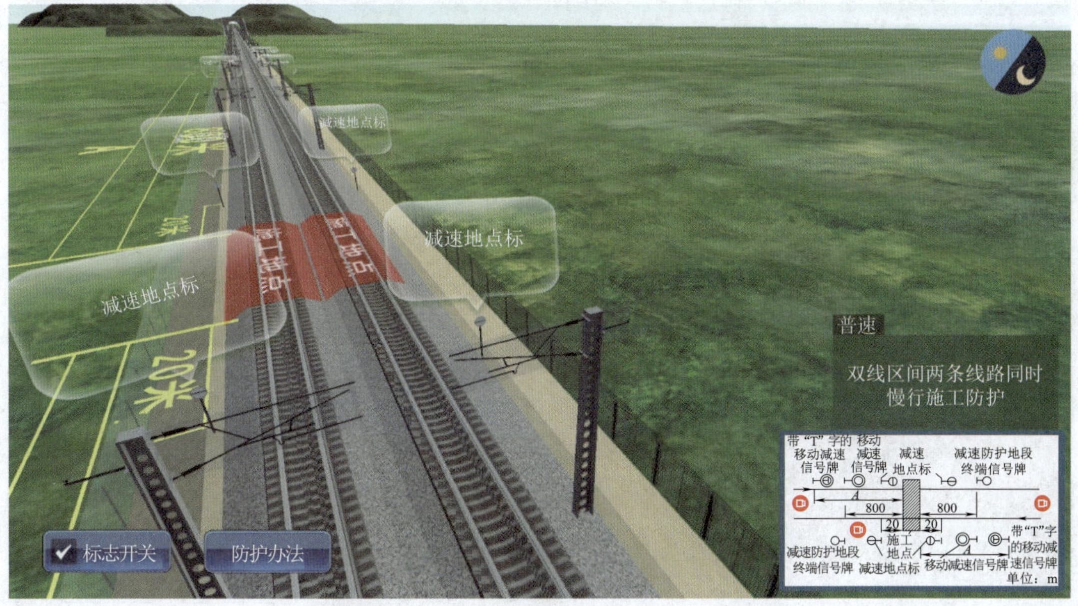

附图 6-28　减速地点标设置实景一

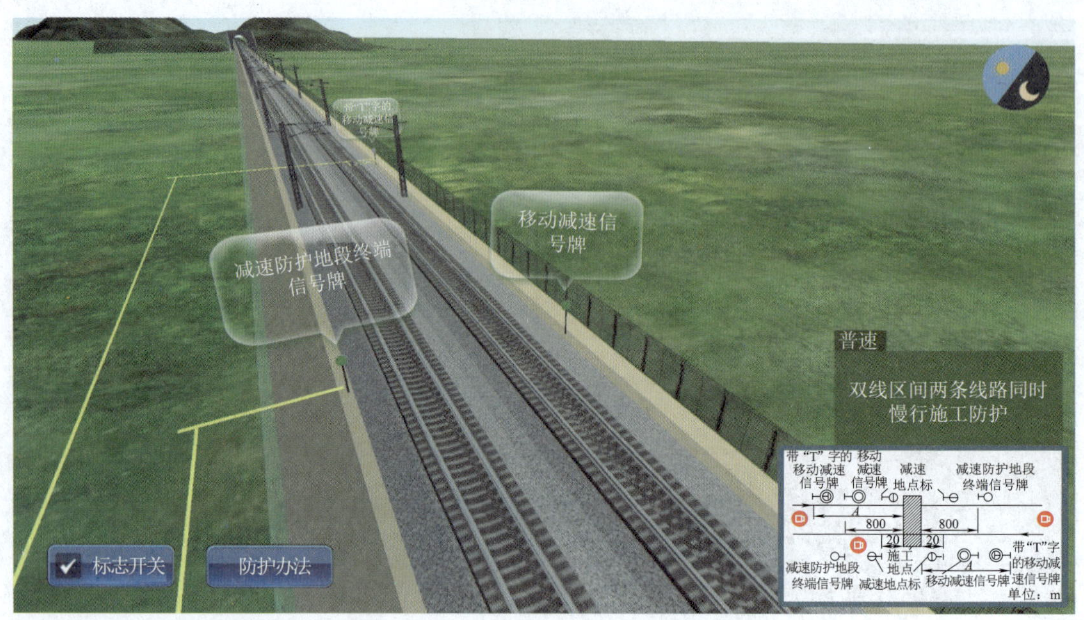

附图 6-29 减速地点标设置实景二

4. 站内正线单线慢行施工防护实景(附图 6-30)

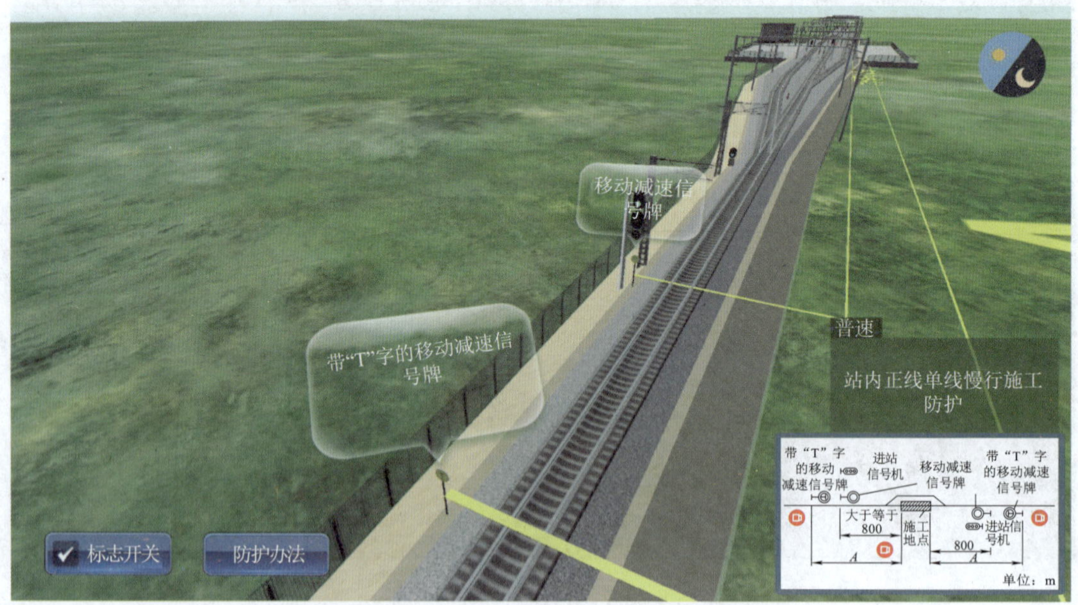

附图 6-30 站内正线单线慢行施工防护实景

5. 站内正线双线慢行施工防护实景(附图 6-31)

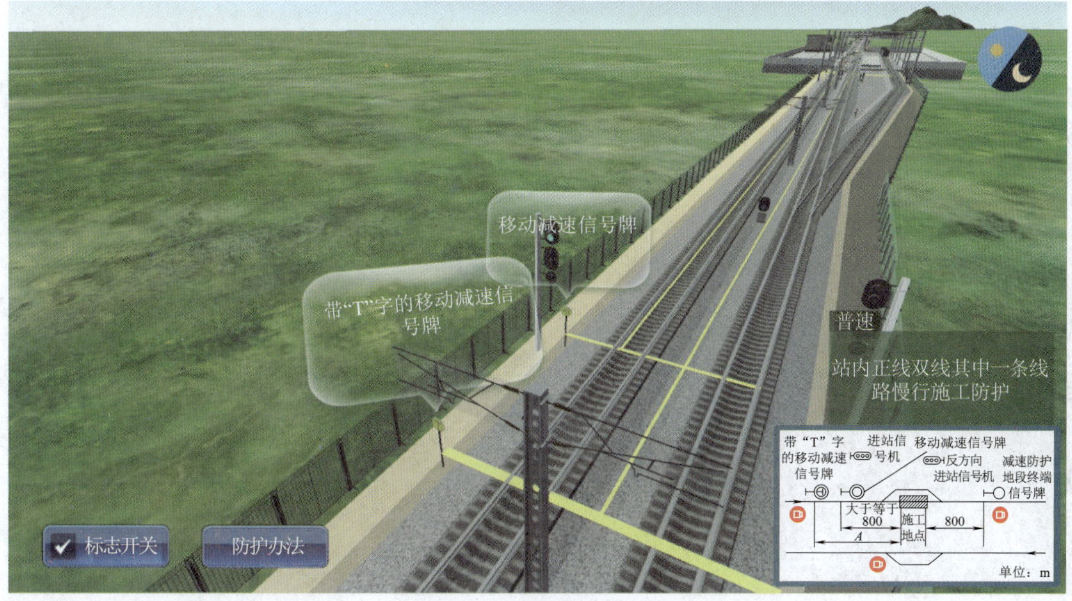

附图 6-31　站内正线双线慢行施工防护实景

6. 站内正线单线道岔慢行施工防护实景(附图 6-32)

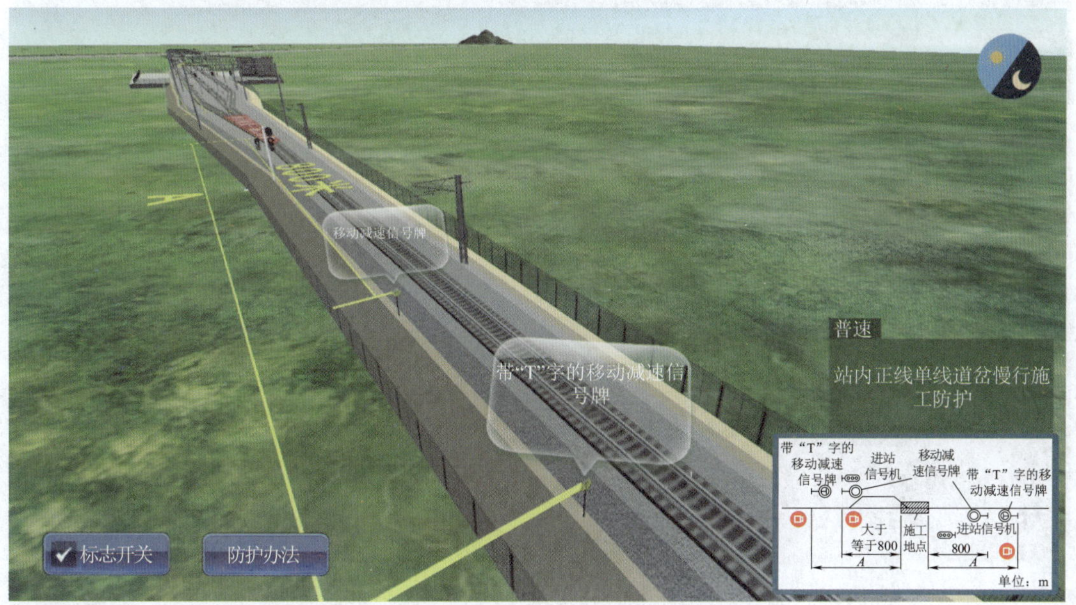

附图 6-32　站内正线单线道岔慢行施工防护实景

7. 站内站线线路慢行施工防护实景(附图 6-33、附图 6-34)

附图 6-33　站内站线线路慢行施工防护实景一

附图 6-34　站内站线线路慢行施工防护实景二

8. 站内站线道岔慢行施工防护实景(附图 6-35、附图 6-36)

附图 6-35　站内站线道岔慢行施工防护实景一

附图 6-36　站内站线道岔慢行施工防护实景二

三、高速铁路

与普速铁路区别:仅运行动车组的线路慢行不设标志标记,与货物列车、普通旅客列车混跑的动车组线路按规定设置移动减速信号防护(慢行防护,下同)防护。高速与普速慢行防护图的区别是所有的移动减速防护信号内的数字变更为带汉字“减速”的移动减速防护信号牌，“T”字标距离施工地点的距离为 1 400 m，慢行防护标志标记的位置与普速铁路防护图相同。

1. 使用移动停车信号防护情况

区间双线一条线路封锁施工防护实景如附图 6-37 所示，与普速的区别是邻线不插设作业标。

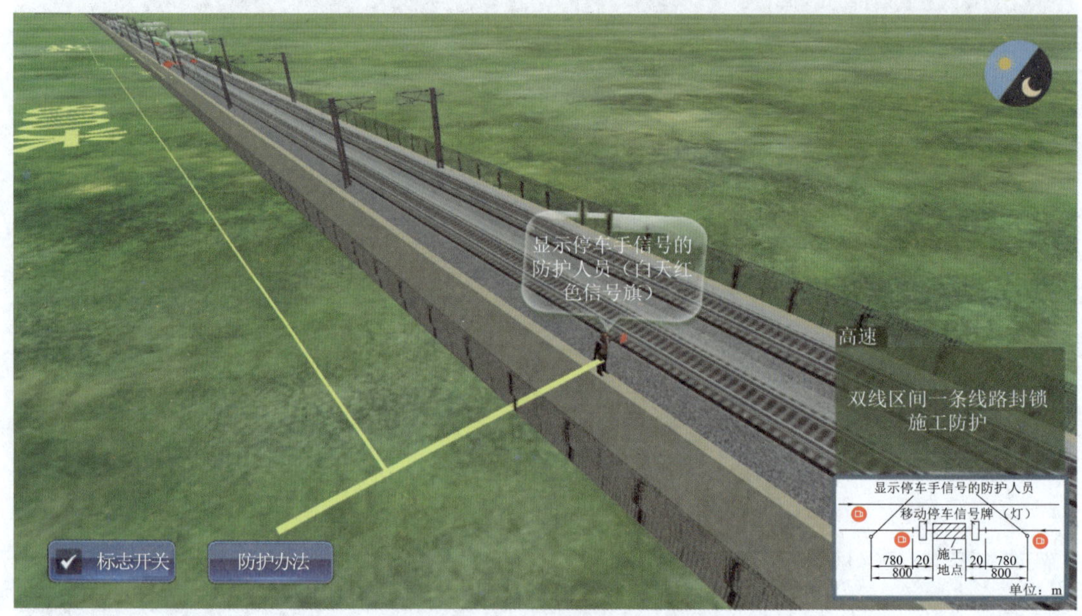

附图 6-37　区间双线一条线路封锁施工防护实景

2. 区间单线慢行施工防护实景(附图 6-38、附图 6-39)

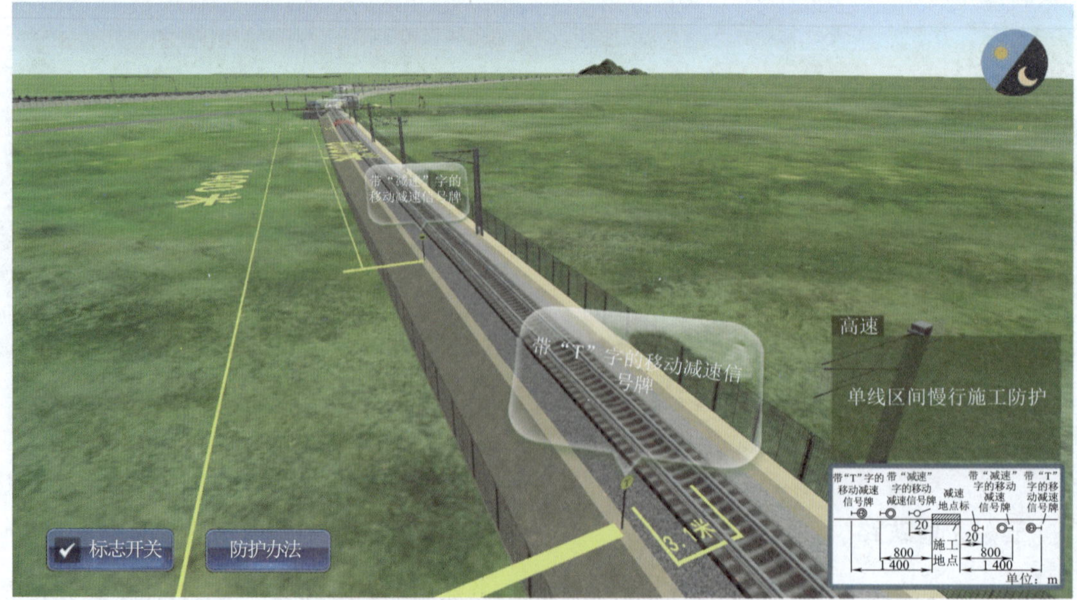

附图 6-38　区间单线慢行施工防护实景一

附图 6-39　区间单线慢行施工防护实景二

3. 站内正线慢行施工防护实景(附图 6-40)

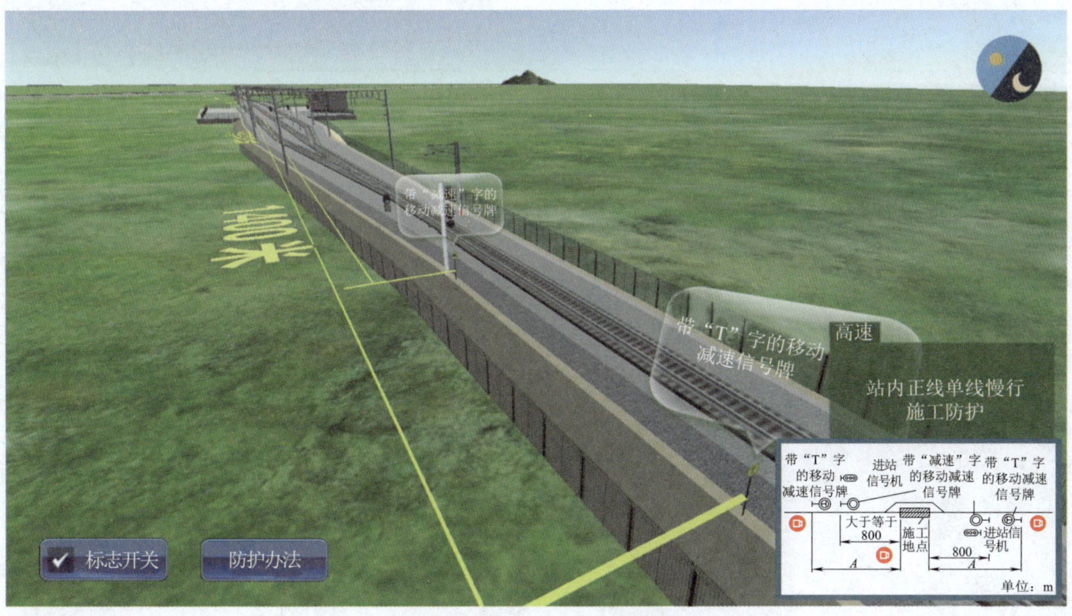

附图 6-40　站内正线慢行施工防护实景

参考文献

[1]济南铁路局.铁路营业线施工安全管理知识[M].北京:中国铁道出版社,2011.
[2]济南铁路局.铁路营业线施工安全管理知识[M].2版.北京:中国铁道出版社,2014.
[3]佟立本.铁道概论[M].8版.北京:中国铁道出版社,2020.
[4]中国铁路总公司.铁路技术管理规程:普速铁路部分[M].北京:中国铁道出版社,2014.
[5]中国铁路总公司.铁路技术管理规程:高速铁路部分[M].北京:中国铁道出版社,2014.

责任编辑：朱敏洁　　封面设计：尚明龙

中国铁道出版社
官方微信

中国铁道出版社
天猫旗舰店

ISBN 978-7-113-29036-8

定 价：55.00元